与 努 力 的 人 一 起 奔 跑

税务合规与纳税筹划

黄玲 —— 著

广东经济出版社
·广州·

图书在版编目（CIP）数据

税务合规与纳税筹划／黄玲著．—广州：广东经济出版社，2024.7
ISBN 978-7-5454-9047-3

Ⅰ.①税… Ⅱ.①黄… Ⅲ.①企业管理—税收筹划—研究 Ⅳ.①F810.423

中国国家版本馆 CIP 数据核字（2023）第 229340 号

责任编辑：刘　燕
责任校对：梁燕飞
责任技编：陆俊帆
封面设计：集力書裝 彭　力

税务合规与纳税筹划
SHUIWU HEGUI YU NASHUI CHOUHUA

出 版 人：刘卫平	
出版发行：广东经济出版社（广州市水荫路 11 号 11～12 楼）	
印　　刷：广州市豪威彩色印务有限公司	
（广州市增城区宁西街新和南路 4 号一楼 106 房）	
开　　本：787mm×1230mm　1/16	印　张：25
版　　次：2024 年 7 月第 1 版	印　次：2024 年 7 月第 1 次
书　　号：ISBN 978-7-5454-9047-3	字　数：410 千字
定　　价：108.00 元	

发行电话：(020) 87393830　　　　　　　　编辑邮箱：gdjjcbstg@163.com
广东经济出版社常年法律顾问：胡志海律师　　法务电话：(020) 37603025
如发现印装质量问题，请与本社联系，本社负责调换。

版权所有　·　侵权必究

前 言

  2021年3月，中共中央办公厅、国务院办公厅印发《关于进一步深化税收征管改革的意见》，国家税务总局稽查局公布了全国税务系统稽查工作的八个重点领域和行业以及五类涉税违法行为，着重强调要充分发挥税务稽查在组织税收收入方面的功能，强化大数据风险分析，组织行业自查，深化"税警关银"部际协作机制，强化税警协作关系。

  2023年，金税四期工程在各省先后正式启动，汇集数千名信息技术、网络安全、人工智能等领域的专业人才和税收征管、纳税服务等领域的业务骨干，开展集中办公、聚力攻关，国家要实现从"以票管税"向"以数治税"分类精准监管转变。各个部门数据共享，并以大数据为支撑，实现每个市场主体全业务、全流程、全国范围内的"数据画像"，未来每一家企业在税务部门面前都是透明的。还成功推出全面数字化的电子发票，助力税务稽查更加快、准、狠。

  金税四期"非税"业务，加强了对资金的监控，特别是对个人卡交易的监控。如果个人名下一张银行卡涉案，那么这个人不仅未来5年内将不能开新户，而且会被禁用手机支付，包括微信和支付宝，买菜都只能给现金，所有业务都得去柜台办理，同时这个涉案记录还会被纳入个人征信，这意味着这个人基本就告别了信用卡，也无法再申请房贷、车贷。可以说，金税四期工程真正实现了"让守信者处处受益，让失信者处处碰壁"！

  此外，金税四期实现了对税务系统业务的全流程监控，搭建了各部委、银行等机构之间信息共享和核查的通道，实现企业相关人员手机号码、企业纳税状态、企业登记注册信息核查三大功能。

  因此，税务合规成为企业经营管理中必须重视的一项内容。

  金税四期的启动对于企业的税务合规和纳税筹划产生了深远的影响。企业需要更加注重税务合规，遵守税收法规，并合理规划税务活动以降低税务风险和提高经济效益。同时，企业也需要加强对税务活动的监管和风险评估，以免因违规行为而受到处罚。

本书是在金税四期时代背景下创作出来的，在这本书里，您将了解到：

1. 金税四期环境下的税收概况、税收政策解读、各项法规及其适用条件；

2. 企业资金、会计、税务三个层面的合规要素；

3. 税会差异与风险防范实务；

4. 医美企业资金涉税合规系统攻略；

5. 房地产企业涉税雷区的合规实务和纳税筹划思路；

6. 网络主播、达人常见的税务不合规行为，相应的税务合规建议；

7. 电商行业的税务合规和纳税筹划顶层布局；

8. 集团型企业的税务合规建议和纳税筹划思路；

9. 金税四期环境下的税务稽查方法和手段，以及企业的应对方法；

10. 企业所得税汇缴前不可忽视的50个风险点及合规建议；

11. 个人或企业在澳大利亚、新加坡、中国香港的税务合规与跨境纳税筹划建议。

本书旨在帮助企业老板提升风险管控水平，规避税务风险，实现税务增效；为财税从业者提供企业税务风险排查指引，加强税务合规管理，实施合法合理的纳税筹划方案，助力企业降低税收成本，实现财务目标，并提高企业的竞争力和可持续发展能力。

黄玲

2024年1月

目 录
CONTENTS

第一章　企业财税合规的重要性

第一节　资、财、税的合规价值　/　003

第二节　企业税务合规的管理之道　/　007

第二章　企业纳税筹划概览

第一节　全面理解和应用纳税筹划　/　073

第二节　企业纳税筹划思路及实战案例　/　076

第三节　纳税筹划实施十步法　/　092

第三章　房地产企业税务合规与纳税筹划

第一节　房地产企业税务风险概述　/　097

第二节　房地产企业税务合规要点　/　105

第三节　房地产企业纳税筹划思路　/　119

第四章
医美企业税务合规与纳税筹划

第一节　医美企业资金涉税合规 / 131

第二节　医美企业税务风险管控 / 141

第三节　医美企业纳税筹划思路 / 149

第五章
网络直播行业税务合规与纳税筹划

第一节　主播主要涉及税种及税务雷区 / 157

第二节　主播偷逃税的处罚及典型案例 / 162

第三节　主播和MCN机构的涉税风险 / 165

第四节　主播税务合规策略 / 173

第五节　主播纳税筹划思路 / 181

第六章
企业集团税务合规与纳税筹划

第一节　企业集团基本税务合规要求 / 189

第二节　企业集团资金往来交易的税务风险与合规 / 204

第三节　承债式股权转让的税务风险与合规 / 217

第四节　企业集团跨国经营的税务风险与合规 / 226

第七章
金税四期管控下的税务稽查

第一节　企业为什么害怕税务稽查 / 249

第二节　税务稽查的原因、类型和程序 / 250

第三节　税务稽查的基本方法、手段及案例分析 / 261

第四节　企业全生命周期的涉税风险管理 / 279

第八章
税务稽查风险及应对策略

第一节　税收违法犯罪行为的法律责任　/　303

第二节　企业应如何应对税务稽查　/　313

第三节　税务稽查结论分析　/　319

第四节　税务危机的处理方法　/　322

第九章
澳大利亚税务合规与跨境纳税筹划

第一节　澳大利亚的税务体系　/　329

第二节　澳大利亚个人所得税　/　330

第三节　澳大利亚企业所得税　/　336

第四节　澳大利亚商品及服务税　/　343

第五节　与房产有关的税务合规与纳税筹划　/　345

第六节　常见税务风险及合规策略　/　349

第十章
新加坡税务合规与跨境纳税筹划

第一节　新加坡的税务环境　/　361

第二节　新加坡企业的税务合规与纳税筹划　/　364

第三节　在新加坡购买房产需要缴哪些税　/　366

第四节　个人所得税的税务合规与纳税筹划　/　368

第十一章
中国香港税务合规与跨境纳税筹划

第一节　香港税制的特点及主要税种 / 373

第二节　香港税收居民的认定和纳税注意事项 / 377

第三节　香港与内地税务体系的对比 / 379

第四节　香港金融账户涉税事宜 / 383

第五节　内地企业赴港上市前的纳税筹划 / 388

第一章

企业财税合规的重要性

第一节　资、财、税的合规价值

有人说纳税筹划就是合理节税，也有人说纳税筹划就是想办法"偷漏税"。盖地在《企业税务筹划理论与实务》一书中讲道："**税务筹划工作是纳税人依据现行税法，根据所涉及的项目和交易等，对企业的涉税事项进行相应的减免筹划与安排。**"纳税筹划是企业财务管理中非常重要的一项内容，其最终目标不单单是减轻企业的税负压力，还有在法律允许范围内间接地实现企业价值最大化。

一、什么是税务合规

税务合规，广义上是指纳税义务人遵循税收法律法规，做好发票管理，准确计算应纳税额，及时、完整地进行税务申报，全额缴纳税款。纳税人须合法利用国家税务优惠政策降低税负，避免偷税、漏税、骗税、抗税等违法违规行为，以免企业遭受经济损失，如额外的税务负担、滞纳金和利息等。狭义上，税务合规是指资金流动的合法性和规范性，会计信息的真实性、准确性和完整性，以及涉税事务的合法性和规范性。

税务合规对企业至关重要，它有助于降低税务风险、避免法律制裁和经济损失、合法降低税负，以及提高资金使用效率。

1. 资金涉税合规

在税务合规中，资金流的合规至关重要，因为资金流往往是企业经济活动的先行指标，且大多数资金流活动发生在纳税义务产生之前。以下是一些需要重点关注的资金流异常情形：

（1）公私账户混合使用。混合使用可能导致无法准确核算应税收入、成本和费用，进而引发税务风险。

（2）长期挂账的其他应收或应付账款。长期未结清的其他应收或应付账款可能掩盖真实的业务活动，成为偷税、漏税的温床。

（3）关联企业之间的无息借款。这可能被视为利益输送或偷税行为，特别是当借款金额较大或持续时间较长时。

（4）营业外支出占比过大。这可能掩盖真实业务活动，未申报、未缴税的部分可能导致偷税风险。

（5）采购方与付款方不一致。这可能导致增值税发票无法抵扣，或者引起虚开发票的嫌疑。

（6）股东借款或者公户套现。若超过一年未归还，可能被视为分红，需要补缴个人所得税。

（7）账外资金回流。如销售收入未开票直接进入个人账户，再作为企业运营借款，从而引发税务风险。

（8）无票支出或商业回扣，未代扣代缴个人所得税，且因无法取得发票，可能隐匿收入或虚开增值税发票。

（9）关联企业间交易定价不合理，未遵循独立交易原则，引发税务部门的关注。

（10）资金跨境流动未合规申报和缴税，面临反避税调查、补缴税款等风险。

为了降低资金涉税风险，企业应建立健全的财务管理制度和内部控制体系，确保资金流动的合法性和规范性。同时，加强税务培训，定期进行自查和审计，及时发现和纠正潜在的税务问题。

2. 会计涉税合规

税务合规的核心支柱之一在于财务规范化，这直接关系到企业的税务风险防控能力。企业常见的财务不规范情形包括：

（1）记账凭证失真。包括获取的原始凭证不真实、记账凭证与原始凭证不符、记账凭证编制无原始凭证依据等，这会直接影响会计核算的准确性和税务处理的合规性。

（2）会计政策与会计估计随意调整。如不恰当地调整固定资产折旧年限、净残值率或折旧方法、随意调整应收账款坏账计提比例等，违反会计准则和税法相关规定，埋下税务风险。

（3）资金管理混乱。未清晰区分企业与股东、个人之间的资金界限，导致资金混用，增加税务审计难度和税务风险。

（4）虚列成本、费用。企业在无实际交易或支出的情况下虚列或者虚增成本和费用；或故意夸大相关支出，以减少应纳所得税，从而引发税务风险。

（5）账册混乱。比如账簿摘要描述不当、记账延迟、错记或漏记，以及账账不符、账实不符、总账与明细账之间的勾稽关系不匹配等问题，严重削弱了财务信息的可靠性和税务合规性。

（6）收入确认违规。如延迟履行确认收入、公款私收不记账不申报纳税，或不履行代扣代缴义务等。

（7）资产减值准备计提不当。包括计提时间不规范、金额不准确、标准不统一、方法滥用，影响企业利润真实性，从而引发税务风险。

（8）费用确认与摊销违规。如混淆费用性质、多扣除不当费用、虚构或虚增费用等，规避税金缴纳，违背权责发生制原则。

（9）发票管理不规范。如错开发票时间、内容填写不规范、未按规定开具发票、虚开发票等。

（10）收入与成本核算不准确。如成本比例不合理、成本构成不真实、成本和收入不匹配、隐瞒收入等。

（11）账簿设置不合规。如入错会计科目、跨科目核算导致财务数据不准确、影响决策分析等。

（12）财务报告披露不规范。如信息披露不充分、数据失真与造假、时间滞后等，误导报告使用者决策。

（13）会计档案保存不合法。未根据《会计法》要求妥善保管会计凭证、账簿、财务报告等资料。

3. 税务法规遵循

企业在所有涉税活动中，须确保其行为严格遵守税收法律法规。这包括正确确定税种和适用税率、准确计算税额、及时足额缴纳税款、确保税务申报的及时性和准确性，以及保证税务备案的完整性。企业常见的不合规情形包括：

（1）虚开发票。企业为了虚增成本、减少利润或骗取税收优惠，虚构交易开具发票，或开具与真实交易不符的发票，引发税务行政或刑事风险。

（2）增值税及附加处理不规范。如未开票收入占比过低、增值税税负异常、税率适用不当、折扣销售和促销赠品未确认收入、纳税义务发生时间不规范、价外费用税务处理不当等。

（3）不缴或少缴印花税。涂改、挖补合同、凭证，或者故意不将应税合同、凭证等文件纳入税务申报范围等,导致企业不缴或少缴印花税。

(4) 企业所得税处理不规范。如虚构成本、转移利润、利用税会差异逃税、隐瞒收入减少应纳税额、弥补亏损不按要求处理等。

(5) 个人所得税处理不合规。如用私人账户给员工发放工资、薪金,隐藏部分应税收入;劳务报酬未按规定代扣代缴个人所得税;赠送礼品未代扣代缴个人所得税;等等。

(6) 房产税、土地使用税处理不合规。如免租期不申报房产税,取得抵债房产、土地等未申报缴纳相应税费,临时建筑物交还或转让不按规定缴纳房产税,房屋租金收入未申报或未按期、如实申报等。

(7) 企业所得税预缴及汇算清缴问题。预缴或汇算清缴收入额明显小于同期增值税申报收入额,可能存在隐瞒收入或虚增成本的情况。

(8) 借款处理不规范。会计通常将借款记入往来款或其他应收款账户,但这是不规范的。如果自然人股东从企业借款,在该纳税年度终了后既不归还,又未用于企业生产经营的,其未归还的借款可能被视同分红缴纳个人所得税;或者,该笔借款还可能会被视同为企业向外提供贷款服务,企业须按同期同类银行贷款利率确认利息收入并缴纳增值税。

这些财务不规范行为很容易引发税务预警或稽查,企业须业财融合,将税务账和经营账合二为一,用一套账真实、准确地记载企业经营情况。然后,按照会计准则和财务报告要求记账、编制财务报告,包括资产负债表、利润表、现金流量表等。最后按照税法规定算准税,及时确认纳税义务,足额缴税。

二、税务合规的价值

在为企业服务的过程中,我们反复跟企业强调要税务合规,但经常被反问:税务合规有什么价值?

税务合规不仅可以为企业规避补缴税款、缴滞纳金,甚至被罚款的风险,还可以让企业保持良好的纳税信誉,不会给企业申请贷款和政府资助,以及与客户合作造成障碍,同时还能为企业降低纳税成本,提高企业利润(图1-1)。

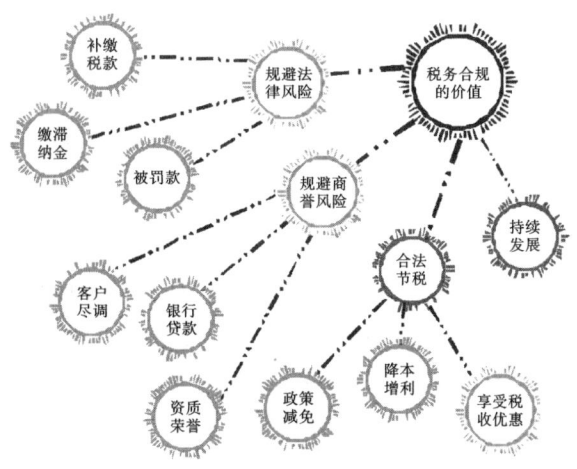

图1-1 税务合规的价值

第二节 企业税务合规的管理之道

一、资金涉税合规管理思路

资金往往是财务和税务工作的起点和基础,一旦资金流向有问题或资金管理混乱,除了会造成资金不安全、资金周转不灵等问题以外,还会导致财务不规范,引发企业的税务风险。

（一）从跨境电商行业看资金涉税合规

近几年,我国通过电商出海的企业越来越多,资金涉税被罚案也越来越多。我们建议跨境电商企业应把资金涉税问题放在企业合规经营的首位,从早期的野蛮生长转变为合法合规的正规化运营。

【案例1-1】

常州某自动化设备有限公司逃避缴纳税款

▲案件概况

2022年11月8日,国家税务总局常州市税务局第一稽查局发布了《税务行政处罚决定书》（常税稽一罚〔2022〕135号）公示，常州某卖家通过eBay取得收入，委托第三方收款未入账，被税务稽查。

▲处罚事由

1. 该单位2022年1—6月通过开具收据方式销售电机，货款通过现金收取，未入账、未申报销售金额合计9,920.17元（不含税）。该单位2022年1—6月通过跨境电商平台eBay销售电机，货款通过第三方收款公司×××盈进行美元收款，折合人民币未入账、未申报销售金额合计129,784.62元（不含税）。以上合计未申报销售金额139,704.79元（不含税）。

2. 2022年4月20日凭证，该单位取得存量留抵退税额7,738.58元、增量留抵退税额39.52元；2022年5月12日凭证，该单位取得存量留抵退税额2,109.42元，合计9,887.52元。因该单位2022年1—6月瞒报收入的行为与2022年4—5月收到的增量留抵退税存在关联，应追回留抵退税款9,887.52元。

▲处罚依据

（1）对上述违法事实1，根据《中华人民共和国增值税暂行条例》第一条，第二条、第十九条第一款，《中华人民共和国增值税暂行条例实施细则》第三十八条第一款规定，该单位应补缴2022年增值税额18,161.63元。根据《中华人民共和国城市维护建设税法》第一条、第二条、第四条、第五条、第七条，《国务院关于修改〈征收教育费附加的暂行规定〉的决定》（中华人民共和国国务院令第448号），《江苏省人民政府关于调整教育费附加等政府性基金征收办法的通知》（苏政发〔2003〕66号）第一条，《江苏省人民政府关于调整地方教育附加等政府性基金有关政策的通知》（苏政发〔2011〕3号）的规定，该单位应补缴2022年城市维护建设税1,271.31元，教育费附加544.85元，地方教育附加363.23元。

（2）对上述违法事实2，根据《财政部　税务总局关于进一步加大增值税期末留抵退税政策实施力度的公告》（财政部　税务总局公告2022年第14号）规定，对该单位2022年4—5月收到的增值税留抵退税款9,887.52元，予以追回。

（3）对上述违法事实1，该单位在账簿上不列、少列收入，实际造成不缴或少缴增值税及城市维护建设税，其行为是偷税。根据《中华人民共和国税收征收管理法》第六十三条规定，对所偷增值税、城市维护建设税处 1 倍的罚款合计 19,432.94 元，其中：增值税罚款 18,161.63 元，城市维护建设税罚款 1,271.31 元。

案例 1-1 所示涉案企业未申报金额虽然只有十几万元，但现在是一个"以数管税"的时代，不论是传统企业经营还是电商企业经营，都会留下大量数据信息，卖家只要出现了逃税行为，就会被税务局监查到。

所以跨境电商企业不要觉得资金留存在收款平台，监管部门就看不到。从上述案件可以看出，资金流向对监管部门来说是相对透明的。

下面再来看一下跨境电商企业在资金回流时有哪些涉税风险。

跨境电商企业常用的资金回流模式主要有三种，我们一一进行分析。

1. 个人账户提现模式

个人账户提现模式，是跨境电商行业最原始并且存在时间最久的资金回流模式。个人账户提现就是将跨境电商平台上的可提现资金直接提取到自己的银行卡上。以前，有 90% 以上的中小卖家直接从个人账户提现，没有向税务局申报收入。现在，很多商家会通过第三方账户或者空中支付工具，把跨境电商收入直接提现到国内个人银行账户。随着银行监管政策愈加完善，卖家个人银行账户被冻结的频率也越来越高。一些卖家由于很难向税务局证明其资金来源的合法性，所以就选择不进行纳税申报。随着金税四期的启动，"非税"业务将被监管，不申报收入的错误做法，会带来补缴税款、缴纳滞纳金和罚款的风险。因此，这种个人账户提现模式的涉税风险最高。

图 1-2 所示就是个人账户提现模式，也是国内跨境电商企业最常用的一种资金回流模式，这种模式的运作流程如下：

第一步，在跨境电商平台销售商品；第二步，把收入打到三方认可的第三方收付款平台，如 P 卡、WF、PayPal、连连支付等，这一步的合规性一般没问题；第三步，把资金直接打进个人银行账户，这里就涉及隐匿收入、偷逃税款的问题，它为后续选择性报税做了准备。看似企业可以在扣除商品采购成本、员工工资、房屋租金、水电费、物流费等支出后，再把剩下的钱打到公司账户确认收入，实则在"以数治税、银税互动"时代，这些收入都逃不过税务局的法眼，这种模式就为企业埋下了税务风险的种子。

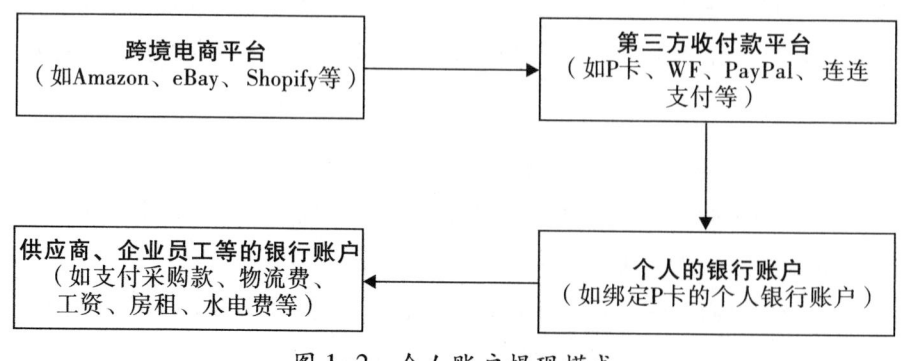

图1-2 个人账户提现模式

2. 公司账户提现模式

现在，也有很多卖家用公司账户提现模式替代个人账户提现模式，公司账户提现模式见图1-3。

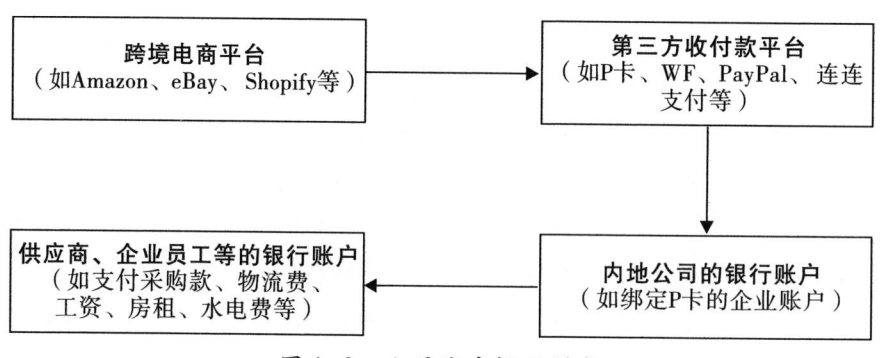

图1-3 公司账户提现模式

公司账户提现模式的运作流程如下：

第一步，在跨境电商平台销售商品；第二步，把收入打到第三方收付款平台，如P卡、WF、PayPal、连连支付等，这一步的合规性一般没问题；第三步，把资金直接打进内地公司的银行账户；第四步，通过内地公司的银行账户将资金打到供应商、企业员工的银行账户。风险往往藏在第四步，因为用公司账户付款给供应商，获得进项发票是合规的，但通过借款、非经营支出的备用金形式从公司账户把款转入企业老板的私人账户，然后用于非工资、薪金支出，这种操作就会让企业有偷漏股息分红税的嫌疑。

尽管公司账户提现模式相比个人账户提现模式更符合税务合规要求，但很多供应商无法提供进项发票，而且在这种模式下要将资金全部转入公司账户，这就导致企业利润虚高，企业需缴纳的企业所得税就会特别高，所以很多企业存在虚开增值税发票、虚列成本、虚付费用等高风险问题。该模式的涉税风险相对也是比较高的。

3. 使用香港公司作为资金池进行提现的模式

越来越多的跨境电商卖家选择使用香港公司作为资金池进行提现的模式（图1-4），该模式的涉税风险也是三种模式中最低的。

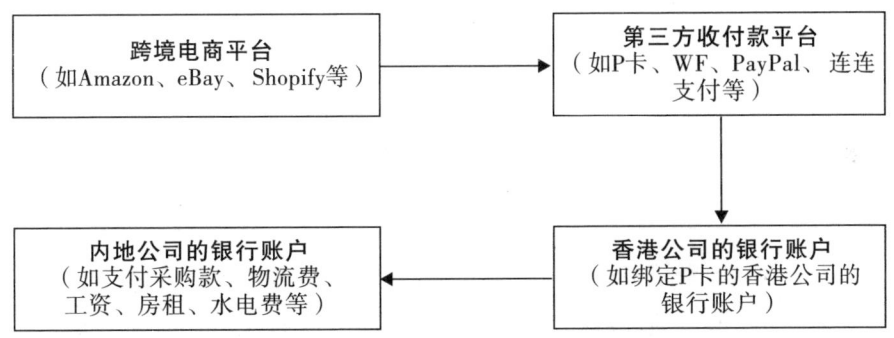

图1-4　使用香港公司作为资金池进行提现的模式

这种模式解决了前述两种模式的痛点问题，它的运作流程如下：

第一步，在香港成立商贸公司，以香港公司名义在跨境电商平台买卖商品；第二步，跨境电商平台打款到第三方收付款平台；第三步，第三方收付款平台把款打到香港公司的银行账户，如绑定P卡的香港公司的银行账户等；第四步，从香港公司的银行账户打款给内地公司的银行账户。

香港公司委托内地公司生产，可以签订"市场采购贸易方式"的贸易合同，这样就可以直接将资金从香港公司的银行账户转到内地公司的银行账户。三种常见贸易方式的对比可见表1-1，相比一般贸易和买单出口，市场采购贸易的优点还是比较明显的。

表1-1　三种常见贸易方式的对比

贸易方式	市场采购贸易	一般贸易	买单出口
海关代码	1039	0110	无

续表

贸易方式	市场采购贸易	一般贸易	买单出口
收结汇	合法收结汇，收汇秒结	合法收结汇	违法收结汇
主体类型	个体工商户	有进出口经营权的企业	不确定
通关	便利化通关	一般通关	违法通关
增值税	免征	正常征收	涉嫌逃税
所得税	整体税负低，核定征收税率4%~5%	企业所得税税率25%，个人所得税税率20%	涉嫌逃税
资金涉税风险	合法	退税风险高	有违法风险
国内扶持	重点扶持	正常鼓励	依法打击
出口成本	低	高	低

以上问题涉及跨境资金政策、国际税收、账务处理以及收付款机构的特殊功能等多方面事宜，建议最好在专业顾问的指导下进行操作，否则，涉税风险极高。

需要注意的是，如果卖家决定用上述资金回流模式提现，为避免资金及税务风险，一定要综合考察所委托的服务机构是否具备相应的专业能力及实践经验，因为搭建香港公司架构涉及合理的贸易模式的设计，既要符合国际税收政策，又要符合国内税务合规的要求，还要适合自身业务，让企业可以以更低成本运营。

我国出台了很多税收优惠政策，只要在免税或免票的综合试验区里面成立公司，按照规定走货物流、发票流、资金流就可以享受无票免税的政策，一个完整的进出口退税流程就有可能让整笔订单的利润提升10%。

需要特别提醒的是，在跨境电商试验区设立企业的商家，一定要注意综合试验区政策的有效性、业务流程的合规性、资金回路的安全性。对于所选择的财税服务机构，应该考察它是否具备货物成本、费用支出等涉税事项的合规处理能力，以及是否熟悉跨境电商涉税政策，其若不具备相应能力、不熟悉相应政策，则无法帮助企业规避资金涉税风险。

此外，跨境电商企业在开展业务时，应避免以下不合规行为，并采取相应措施以降低涉税风险。

（1）收款不合规。合规建议：选择有资质的第三方支付机构，注册虚拟海外收款账户，并将第三方支付账户与国内银行卡绑定，通过第三方支付机构进行结汇，确保资金回流国内的安全性和合规性。企业也可以在香港注册公司并开设香港银行账户，将香港公司账户与第三方支付平台绑定，以实现资金合规流动。无论是否开具发票，企业都应按实际销售情况及时确认收入，并确保所有交易都有完整的记录和相应的凭证支持，包括但不限于报关单、合同、流水单、账册和财务报表。

（2）隐瞒收入不报。合规建议：企业须确保所有收入，包括线上和线下销售收入以及无票收入，都得到准确记录和如实申报。为此，应做好无票收入的记账工作，保证会计核算的账账相符、账实相符以及账表相符。同时，企业可以深入研究并充分利用国家提供的税收优惠政策，通过提前进行纳税筹划，合法合规地降低企业税负。此外，也可以合理利用税收协定，避免被双重征税。

（3）甲公司销售货物，却用乙公司进行报关操作。合规建议：为确保业务合规性，在报关文件中，报关公司（如乙公司）与实际销售主体（即甲公司）最好保持一致。这不仅预防了因报关主体不一致而可能引起的骗取出口退税的刑事风险，也避免了因虚开发票而损害企业声誉和财务安全的问题。对于不具备直接出口资质或对出口涉税事务不够熟悉的企业，可以采取委托报关或直接转售的方式。无论选择哪种方式，都应与第三方（如报关公司或进出口贸易公司）签订详尽的委托合同，明确双方权责，确保合作过程的合规性。妥善保存所有与出口业务相关的单据、凭证、合同、通讯记录等，构建完整的涉税证据链，以备税务稽查或法律诉讼之需。

（4）小件邮政包裹未经过正式报关流程直接发送境外。合规建议：在开展跨境小件包裹业务时，企业首先要深入了解并严格遵守出口国与进口国的相关税收政策和报关规定。企业须明确识别哪些情况下小件包裹必须进行报关，以及掌握报关的具体步骤和所需材料的合规要求。对于达到进口国征税门槛或需要遵循特定进口监管措施的小件包裹，企业应主动向海关提交申报，并确保按规定及时缴纳所有应缴税费。此外，企业应妥善保存所有与跨境业务相关的税务文件，包括报关单、交易发票、购销合同等，以备税务稽查或法律诉讼之需。

（5）无法进行成本费用及 FBA 运费的分摊。合规建议：企业可以考虑在目标市场建立海外仓，以减少 FBA 运费和缩短物流时间。在确保数据及时响应和准确收集的基础上，企业应制定清晰、合理的成本费用及 FBA 运费分摊标准，比如基于销量、重量、体积或销售额等进行分摊，确保毛利及其他关键运营指标的准确性。

（6）企业通过亚马逊等平台进行全球销售时，未遵守销往国家的税务规定，从而引发税务风险。合规建议：企业应深入研究并全面掌握每个目标市场的税务法规，包括增值税、关税、企业所得税等核心税种的税率、纳税义务界定、申报流程及要求、免税额度设定和税收优惠政策等。在此基础上，企业须确保在每个目标市场完成所有必要的税务登记流程，包括获取税号、开设合法的税务账户等。同时，企业应严格遵守当地的税务合规要求，包括但不限于按时、准确地申报纳税，妥善保存和归档所有税务相关记录，以应对可能的税务审计和检查。此外，企业还应积极探索合法途径优化税务结构，如合理利用税收优惠政策等方式降低税负。鉴于各国税务法规的复杂性和频繁变动性，企业可聘请专业的税务顾问或选择信誉良好的税务师事务所作为合作伙伴，获取及时、准确且专业的税务咨询和筹划建议，有效规避税务风险。

（7）出口退税不合规导致退税额度减少，增加税收负担，甚至引发税务稽查风险。合规建议：企业应建立严格的资料收集和管理制度，确保出口货物报关单、出口发票、收汇凭证等基础资料完整无缺，并妥善保存以备税务核查；加强财务和关务人员对商品归类的培训和学习，提高他们的归类能力，确保归类准确无误，避免因归类不准确导致退税额度减少；确保出口数量、金额、价格等申报信息的准确性和真实性，避免因信息不符导致退税申请被拒绝或退税额度减少；建立健全的内部控制体系，定期对已申报的出口业务进行自查自纠，及时发现并纠正申报信息中的错误，确保出口税务合规；建立内部控制制度和风险防控机制，从源头上防范骗取出口退税的风险；对于发现的骗取出口退税线索或疑点，应及时向相关部门反映并协助调查。

（8）使用多套账、多种支付工具，导致资金无法合规并表。合规建议：企业需采取综合性措施来确保财务管理的合规性和有效性。比如：应用支持多账套、多币种、多支付方式的财务管理软件，确保系统能够实时、准确地记录和追踪每一笔交易的资金流动情况。此外，应建立健全的记账和报税制度，确保及时、准确地申报和缴纳相关税款。

（10）聘请社会人士或员工刷单以虚增销量，佣金未按规定代扣代缴个人所得税，以及收入不申报纳税等问题。合规建议：立即停止所有形式的刷单行为，对涉及刷单行为的过往账目进行全面自查自纠，包括佣金支付、收入等是否及时进行涉税处理。对于已支付但未代扣代缴个人所得税的佣金，应尽快完成补扣补缴手续。同时，应主动向税务机关申报未申报的收入，并补缴相应税款及滞纳金。

（11）用私人账户、支付宝或微信发放工资，没有代扣代缴个人所得税。合规建议：所有工资、薪金建议都通过公司账户发放，健全相应支付凭证，如银行转账记录、工资条等，以便于税务检查和税务审计。同时，企业应按时足额进行纳税申报，严格按照税法规定代扣代缴个人所得税。

（12）收入与成本存在严重不匹配的情况。例如跨境电商企业，由于通过私人账户收款，导致收入未按规定申报纳税，如果供应商正常开具采购发票，造成进项税额过多，可能引发税务预警；如果供应商不提供发票，而收入正常申报，可能导致成本不足，企业会计部门可能过度暂估成本，或企业负责人寻求非法途径获取发票进行抵扣，这可能涉及虚开发票的违法行为。合规建议：首先，销售收入通过第三方支付平台等正规渠道收取的，记得转入涉税主体的公户，确保所有收入都及时、准确地反映在财务报表中，并按规定向税务机关申报纳税。其次，与供应商沟通协商，确保在采购过程中能够获得合规的增值税发票。在签订采购合同时，应明确规定发票的开具要求和责任归属，避免因发票问题引发税务风险。对于无法提供合规发票的供应商，企业应考虑终止合作或寻求其他合规的采购渠道。对于已发生的无票成本，企业应按税法规定用合理暂估成本的方式来过渡，但要避免长期依赖和过度暂估，以免引发税务风险。

随着越来越多跨境电商企业被查，跨境电商企业更应该敲响警钟，未雨绸缪，早合规，早安心。如果涉税风险无法避免，我们能做的就是提前了解，尽可能地合规运营。

（二）从资产负债表"货币资金"科目看资金涉税合规

资产负债表中的"货币资金"科目包括库存现金、银行存款和其他货币资金。其余额应为年末现金盘点、银行对账核对，并编制银行存款余额调节表后得出的余额，与"应付账款""预收账款""短期借款"等科目有着紧密的勾稽关系。资产负债表中的货币资金余额不仅反映了企业有无支付能力，还是涉税疑点引发税务预警的突破口，货币资金过多、过少都有可能引发税务预警。那么，它可能隐藏哪些涉税业务呢？

1. 期末库存现金余额出现负数（红字），查出账外账

【案例1-2】

A公司2018年、2019年资产负债表的货币资金见表1-2。

表1-2　A公司2018年、2019年资产负债表的货币资金

（单位：元）

项目	2018年	2019年
货币资金	2,900,000.00	-1,000,000.00

A公司2019年的货币资金期末余额负数过高，2021年引发了税务预警，税务机关实地核查发现，A公司2019年末银行存款余额为负100万元，原因是A公司的老板私人账户收入150万元的销售收入，财务部门把相应的销售收入记到"内账"，于是"税务账"导致企业漏缴或少缴增值税以及附加税、所得税。A公司不仅要补缴税款，还需缴纳每天万分之五的滞纳金，幸好是第一次发生，没有被予以行政处罚。

风险分析：当企业的货币资金余额为负数时，这意味着企业可能有账外收入、漏缴或少缴相关税款，极易引发税务预警，被要求补缴税款、缴纳滞纳金和罚款的风险较高。

合规建议：

（1）规范财务管理，确保企业只做一套规范的账簿，避免因多套账簿而引发税务不合规问题。

（2）建立现金管理制度，及时收集并核对银行对账单、发票、收据等原始凭证，明确现金的收支流程、审批权限、保管责任及盘点程序，以避免因非正常原因导致现金账户出现负数（红字）。

（3）实施职务分离制度，确保涉及现金收付、记账、保管等关键岗位的

职责相互独立，从而降低舞弊风险，保护企业免受不必要的经济损失。

（4）加强对资产负债表中期末库存现金的审查，确保其合理性、合规性，并评估其潜在风险。通过这种方式，可以降低财务风险和税务风险，保障企业的稳健运营。

2. 期末库存现金余额为0，以"借款"为名向股东分红

【案例1-3】

B公司成立于2016年3月，主要从事房地产开发及销售业务。企业在当地开发了某商住城项目，项目占地面积5.6万多平方米，共建造19幢建筑物。B公司2016—2018年的资产负债表库存现金余额为0，国家税务总局宣城市税务局稽查局成立检查组，核查B公司的账簿资料、凭证、报表和有关合同资料及纳税情况。

检查人员分析企业账簿时发现B公司连续3年均有大量资金流向其集团公司，累计金额近3亿元，而且没有附上相应的会计凭证。检查人员决定追查这一线索，调取了B公司银行流水信息，发现每当B公司的售房收款账户资金余额达到1万元时，这些资金均会在当日被自动转至集团公司账户。B公司财务人员解释称，这种资金流动是按照集团内部制定的"资金池"管理制度要求来执行的，分公司需将闲置资金暂存于集团公司账户，目的是集中管理，保证资金安全，其间并不产生任何利息，集团内部企业之间也不存在资金借贷活动。

检查人员了解到，该集团公司性质为投资公司，主要从事企业股权投资等业务，其收入均来自集团下属企业的股息、红利等权益性投资收益。检查人员认为，公告信息显示，集团公司有息负债金额巨大。即使没有支付利息，但其行为依然不符合税法规定的独立交易原则，按照税法规定，税务机关对集团公司调用B公司资金的行为，按照独立企业之间的业务往来核定利息收入，并对B公司进行纳税调整。

检查人员最终确认B公司存在为上级集团公司提供资金未确认利息收入769万元，以"借款"为名向股东分红1,289万元未申报缴税等违法事实。国家税务总局宣城市税务局稽查局依法对B公司作出补缴税款450万元、缴纳滞纳金的处理决定。目前，企业补缴的税款和缴纳的滞纳金都已入库。

风险分析：在实际操作中，许多中小微企业通过私人账户、支付宝、微信等第三方支付平台收取业务款项，而这部分收入往往未按规定申报为营业收入，从而埋下了税务隐患。这种隐患并不会因为时间的流逝而自动消失。一旦被税务机关发现，企业就可能面临补缴税款、缴纳滞纳金和罚款等风险。

合规建议：

（1）对于因特殊经营需求必须将资金转入股东私人账户的情况，务必确保资金用途明确，并在转账时备注清晰。同时，该资金必须严格用于企业生产经营活动，并在财务账簿中及时、准确地记录。如果不得不私户收支的，最佳做法是单独开设一个专属私户，杜绝与个人生活收支或者其他经营主体收支混同，且该专属账户收支全部进行会计记账和税务申报，以确保资金流动的税务合规性。

（2）针对股东分红，企业应制定书面的分红流程，确保每一笔分红款项的发放均合法合规，并明确记录在企业的财务账簿中。同时，企业应积极履行代扣代缴税款的义务，确保在支付股东分红时依法扣缴并及时缴纳相应的税款。最后，对于股东借款行为，企业应建立明确的还款制度，确保所有借款在年度终了前归还至公司账户，避免税务机关将借款误判为分红，从而引发不必要的税务风险。

3. 期末库存现金余额过大，查出"白条抵库"

【案例1-4】

某公司是一家年收入不多的公司，期末库存现金余额显示为160万元，但经过盘点发现，实际库存现金仅3万元，有157万元均为"白条抵库"，白条内容为该公司唯一的自然人股东刘某的生活支出领用，该公司对白条一直未予入账。

风险分析："白条抵库"，即企业使用非正式的借条或收据作为库存现金或银行存款的抵消手段。这种做法不仅导致成本费用支出无法获得真实、有效、合法的税前扣除凭证，无法在企业所得税前扣除，而且可能被视为分红行为，使得企业老板需要缴纳20%的个人所得税。

期末的"白条"可能包括以下几种情形：老板公转私借支、员工预借工资、未取得发票的费用支出、缴纳押金、代垫款或代付费用、现金还款、安全事故借支等。这些情况都可能产生"白条",如果年末关账前财务人员未对上述这些情况进行妥善处理,就会出现账实不符的问题。从税务角度看,未取得发票的费用支出通常无法在企业所得税前扣除,这无疑会增加企业的税务成本。

合规建议:

(1) 制定详细的借款申请、审批、使用和报销流程,确保每一笔借款都有明确的用途、审批人和还款计划。

(2) 规定报销必须提供合法、合规的票据,杜绝使用非正式借条或收据作为财务凭证。

(3) 在年终结账前,一旦发现"白条"入账,企业应立即启动严谨的核实程序,确保每笔"白条"的真实性与合法性。

(4) 如果"白条"用于与经营无关的事项,要求责任人将款项退回。

(5) 如果是用于经营相关的事项,应检查相关合同、发票等合法凭证是否齐全。

(6) 积极研究税法规定,及时了解哪些白条入账能税前扣除。

4. 资产负债表库存现金合规建议

资产负债表库存现金科目的管理不当,大多是由于企业负责人未遵守规定,私自从公司账户提取资金所致。比如,资金被挪用而非用于公司正常运营导致"白条抵库",或者为了不交股息红利税,用借款的形式变相转移资金等。"以数治税"时代,这些不规范的会计处理手段很容易引发税务风险,轻则被要求补缴款和滞纳金,重则被行政处罚。因此,企业必须重视资产负债表库存现金科目的合规管理。

首先,企业应建立健全的资金管理制度,明确股东从公司账户"拿钱"的方式。以下是一些优化策略:

(1) 薪酬与年终奖发放。企业负责人可以考虑将薪酬分为工资和年终奖两部分发放,利用个税税率表及附加扣除项来实现税务效率最大化及企业成本优化。例如,将 50 万薪酬分为每月工资 2.97 万元和年终奖 14.3 万元,根据相关税法规定,两者合计的个人所得税负担可以控制在较低的税率区间。

(2) 分红。选择分红作为收入方式,可以有效降低税负。分红所得的个人所得税税率通常低于工资综合所得的最高税率，是一种经济且成本较低的策略。

（3）固定资产租赁。企业负责人可以将个人名下的固定资产租赁给公司使用，如房屋或汽车，并按月或按项目收取租金，同时确保通过合法渠道缴纳相应的税费。

（4）专利转让。企业负责人可以将个人名下的专利转让给公司，这不仅是一种合法的资金提取方式，还可能通过合理的税务筹划来节省税金。注意，交易过程须合法合规。

其次，企业应建立严格的库存现金管理制度。出纳人员应在每日业务结束时清点库存现金，并与库存现金日记账的账面余额进行核对，以确保账实相符。此外，应成立专门的清查小组，负责对库存现金进行定期或不定期的清查。

库存现金清查通常采用实地盘点法，即对现金进行实际点数，并与现金日记账、银行流水账和银行存款余额表进行核对。清查结束后，应编制现金盘点报告单，详细记录盘点结果和任何发现的差异。若发现账实不符，应首先进行内部核查以确定差异原因。如果内部核查无法解决问题，应委托外部财税服务机构进行专业协助和核查。所有清查活动和结果都应符合相关法律法规和会计准则，并做好详细记录，以备内部审计和外部监管机构检查。

通过这样的管理制度，企业能够及时发现和纠正库存现金管理中的问题，提高财务管理的透明度和合规性，有效降低潜在的财务风险。

5. 库存现金清查实操案例

【案例 1-5】

2021 年 12 月 16 日，D 公司在库存现金清查中发现现金短款 500 元，并有一笔支付给广州某服装公司的 20,000 元货款为现金支付。12 月 31 日，经公司经理会议决定，短款 500 元由出纳人员自行赔偿，财务科应自查现金支付的范围，杜绝违反现金支付范围规定的行为发生。D 公司还制作了表 1-3 所示的库存现金盘点处理结果表。

表 1-3　D 公司的库存现金盘点处理结果

单位名称：D 公司				2021 年 12 月 29 日	
实存金额	账面金额	对比结果		备注	
		盘盈	盘亏		
3,500	4,000		500		批复联
现金使用情况	库存现金限额：4,000； 违反规定的现金支出情况：用现金支付某服装公司材料款； 其他违法行为：无				
处理决定： 　　上述现金短款为出纳人员失误所致，由出纳人员赔偿，今后应杜绝现金支付货款。 　　　　　　　　　　　　　　　　　　　　　　　　　总经理：李××					
财务部门负责人签章：张××　　　盘点人签章：王××　　　出纳员签章：钟××					

6. 现金盘点的表格工具

现金盘点常用的表格工具包括库存现金盘亏盘盈会计处理表和库存现金盘点表，具体见表 1-4 和表 1-5。

表 1-4　库存现金盘亏盘盈会计处理

项目	盘亏	盘盈
批准前	借：待处理财产损溢——待处理流动资产损溢 　贷：库存现金	借：库存现金 　贷：待处理财产损溢——待处理流动资产损溢
批准后	借：管理费用（无法查明原因的） 　　其他应收款（责任人、保险公司赔偿） 　贷：待处理财产损溢——待处理流动资产损溢	借：待处理财产损溢——待处理流动资产损溢 　贷：营业外收入（无法查明原因的） 　　其他应付款（应支付给有关人员）

表 1-5 库存现金盘点

单位名称：	广州×××科技有限公司		盘点日期：	××××年×月×日	
现金盘点情况			账目核对		
面额	张数（张）	金额（元）	项目	金额（元）	说明
100元	30	3,000	盘点日账户余额		
50元			加：收入未入账		
20元	1	20	加：		
10元			加：未填凭证收款		
5元			加：		
2元			减：付出凭证未入账		
1元	8	8	减：未填凭证付款		
5角			减：		
2角			实点现金余额	3,028.89	
1角	8	0.8	调整后现金余额		
5分	1	0.05	现金日记账余额		
2分	2	0.04	差额长款		
1分			差额短款		
合计		3,028.89	处理意见		
出纳员：			盘点人：		监盘人：

（三）资金涉税风险管理

企业做资金涉税风险管理，要先管资金，可从以下几个方面着手。

1. 分析判断企业日常货币资金规模是否恰当

主要从企业日常资产规模、业务收支规模、行业特点、企业对货币资金的运用能力这四个维度进行分析。比如 A 企业资产庞大，水电费较多，但营业收入及日常运营资金极少，缴纳的税款也很少，这显然是不合理的，当然也要看这个企业所处行业的特点，若该企业与大部分同行业企业截然不同，那税务机关基本就会判定这个企业有税务问题。

2. 建立货币资金收支管理制度

（1）收款制度：收款控制中要考察客户的支付能力和信用状况，当然也要根据销售的数量和折扣等级，以及付款的条件来制定账期和收款策略。

（2）付款制度：一是通过账龄分析，了解应付账款现状，解决应付账款长期挂账的问题。账龄分析一般包括：分析应付账款长期挂账的原因并进行记录跟踪，注意其是否无须支付；关注对确实无须支付的应付账款的会计处理是否正确，依据是否充分；关注账龄超过3年的大额应付账款在资产负债表日后是否偿还，分析偿还记录及单据。账龄超过3年的应付款项，如果债务人能够证明债权人没有确认坏账损失，并进行企业所得税税前扣除申报，可以不确认为"确实无法偿付的应付款项"，否则，应当确认为"确实无法偿付的应付款项"，并入当期应纳税所得额缴纳企业所得税，不需要缴纳增值税。

二是关注其他应付款。企业长期占用其股东或关联方的资金，**如果股东或关联方是企业**，则股东或关联方就存在无偿提供贷款服务而需要进行视同销售处理，**股东或关联方就有补缴增值税的风险。如果股东个人无偿借款给企业使用且无正当理由的**，税务机关有权要求企业进行纳税调整，**自然人股东也需缴纳个人所得税**，企业要履行代扣代缴个人所得税的义务。很多企业股东在实缴出资后，经常通过往来款项的方式把资金抽走，于是这笔资金就被放到了"其他应付款"科目下。往往这笔资金金额还特别大，且一直挂账，这就会造成企业占用股东资金的假象，给企业带来涉税风险。

3. 对货币资金的构成项目进行涉税检查

货币资金是纳税人在生产经营过程中处于货币形态的资金，通常包括库存现金、银行存款和其他货币资金。货币资金的收付同纳税人的进销货物和费用开支密切相关。按照账户与征税对象关系的分类，货币资金账户在流转税、企业所得税的检查中，是收入、成本、费用的核对账户。因此，企业需对货币资金有关账户进行涉税检查。比如：

（1）通过货币资金收入与有关收入账户的核对，审查有无未入账应税收入；

（2）通过货币资金支出与有关成本费用账户的核对，审查成本费用列支的真实性、合法性、合理性，并确认对纳税的影响；

（3）较大余额长期挂账，而且营业收入发生额较小，可能存在销售收款用私人账户，导致长期不确认收入的情形；

（4）较小余额长期挂账，而且营业收入发生额较大，但毛利率较低，企业可能存在虚开发票的情形；

（5）借方收入的现金中有无属于应计税的收入却没有将其记入相应收入账户的，如企业出售废旧物资、残次品、边角料及零星材料的收入等；

（6）有无在本企业或外单位私设"小金库"，存在应税收入偷逃税款行为；

（7）有无利用"坐支"的办法隐匿应税收入；

（8）对个人支付的现金是否完全履行了代扣代缴个人所得税的义务；

（9）涉及进货成本和费用列支的现金支出有无不合理、不合法的支出。

"以数治税"的金税四期时代，"非税"业务也被纳入管控范围，而"非税"业务的踪迹大多是资金层面的踪迹。比如"银税互动"，让税务局可以从企业实际控制人、高管、股东及其家属的私人账户资金流动情况中发现涉税线索。税务局将全方位、全业务、全流程、全智能地掌握各种数据，实现从"以票管税"向"以数治税"转变。

"以数治税"是近年来国家税收监管改革的方向，国家税务总局河北省税务局曾发布过一篇文章，描述了"以数治税"的具体做法，包括：根据企业库存、工资、采购发票等信息利用算法预估企业成本和利润，与企业申报数据进行比对；利用外部数据收集股权转让价格数据，与企业实际申报的价格进行比对。另外，货币资金、应收（付）账款、预收（付）账款、其他应收（付）款、研发支出、应付职工薪酬、应缴税费、营业外支出等异常也可能引发税务预警，近些年发生的税务违规大案的调查起点都涉及货币资金方面的异常。

因此，税务合规的第一步就是确保企业资金合法合规使用。

二、财务规范管理思路

会计从业务链条到做账凭证、会计分录和会计科目，都是计算税款、缴纳税款的前奏。企业会计不合规，财务就会不规范，最终导致企业多缴税或者少缴税。因此，企业应重视会计合规。为避免账目不清晰影响企业决策，给企业经营、发展形成障碍，建议企业从八个维度对企业会计处理进行合规分析（图1-5）。

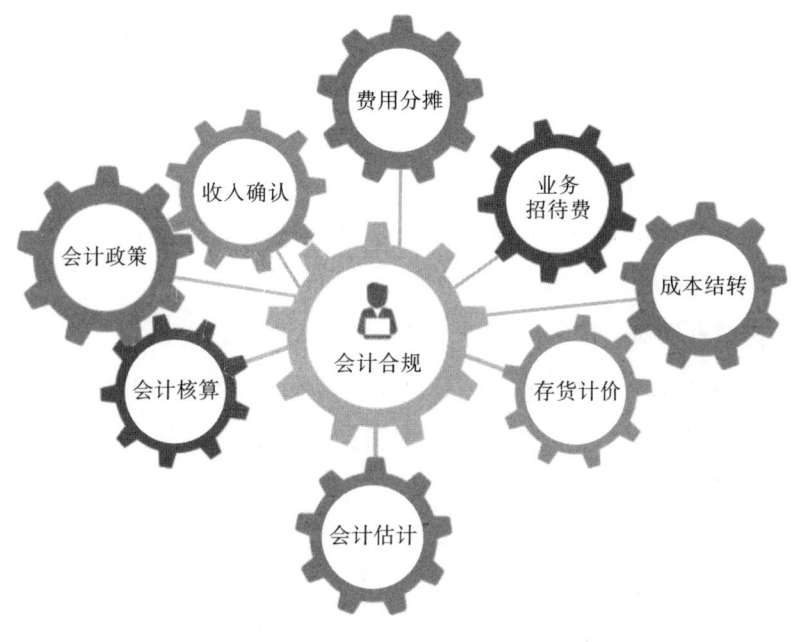

图1-5　八维会计合规

资金合规是税务合规的第一步，而会计合规就是税务合规的第二步。公司财务核算需要在一定的框架内运行，如：会计在获得做账凭证后，要以企业真实发生为前提，满足会计监督、内部审计和内部控制要求，同时按照会计法、会计准则、会计工作条例、会计制度等登记账簿。

（一）会计政策

会计政策的运用，直接影响企业的利润核算和税款缴纳，既是老板关注的重点，也是税务局监管的重点。因此，选择和运用合适的会计政策对于企业的财务报告具有重要的意义。

那么如何选择适合自己企业的会计政策呢？

首先，要坚持以下四个原则。

1. **合规性原则**

企业应该遵循国家法律法规和会计准则的规定，遵循权威性会计准则编制财务报告，确保财务报告的准确性、全面性和可比性。

2. **真实性原则**

企业应该遵循财务报告真实性原则，真实、全面和准确反映企业财务状况和经营成果。财务报表应该反映企业的交易和运营情况，不得有虚报、瞒报、欺诈等不当行为。

3. **稳健性原则**

企业在选择会计政策时应该遵循稳健性原则，即选择保守的会计政策，使财务报告的信息真实、可靠，以提高财务报告的质量。

4. **比较性原则**

企业在编制财务报告时也应该遵循比较性原则，增强财务报告的可比性。确保同一时期内、同一行业的企业可以进行比较，便于投资者、用户、政府监管机构等对企业进行评估。

其次，在采用会计政策时，需要考虑企业特点、所处行业、经营环境、会计准则的规定以及会计政策的比较性等因素。

比如：房地产开发企业的主要业务是房地产销售、物业管理和租赁等。根据《企业会计准则》相关要求，房地产项目的基础设施建设成本、土地购置与开发成本、建设安装工程成本和销售开支都应该计入成本。对于投资性房地产，企业应采用投资性房地产会计准则进行会计处理；对于存货性质的房地产，企业应采用存货会计准则。

制造业的财务报表主要项目包括生产成本、销售成本、库存量和生产利润等。由于制造业是一个周期性波动较大的行业，所以该行业中的企业应该采用稳健的会计政策，降低不确定性对财务报表的影响。

集团公司可以通过统一的会计政策、执行标准，实现会计核算与报告制度的标准化和规范化，确保会计信息的真实性与内部可比性。例如统一会计政策、会计估计、会计科目、核算口径、报告体例等，达到控制和减少公司财务风险、支持主业发展、提高运营效率和降低财务费用的目标。

企业确定了适合自己企业的会计政策后，在运用时需注意以下几个问题。

1. **确定会计框架**

企业应该根据自己的实际情况和需求来确定会计框架。例如,如果企业要上市,就需要采用国际会计准则或中国会计准则编制财务报告;如果企业未上市,就可以采用《企业会计准则——基本准则》或《小企业会计准则》编制财务报告。

2. **采用可行且具有可比性的会计政策**

企业应该采用可行且具有可比性的会计政策,以确保其财务报告的准确性和可靠性。

3. **解释和披露会计政策及制度**

企业应解释和披露会计政策和制度,包括财务报表注释和附注等。

4. **检测和校准财务报表**

企业应通过内部和外部审计等手段检测财务报表的真实性和准确性,修正可能存在的失误或错误。

(二)会计核算

会计核算,严格来说是正确的会计核算,是会计合规的基础。我们总结了27种常见的会计核算不规范情形,旨在为财务管理人员开展会计核算工作提供一些指引。这27种不规范情形具体为:

(1)原始单据填写不规范。如从外部取得的原始单据,付款单位名称填写较笼统,没有收款人、复核人、开票人的签字;单据只填写金额,不填具体单据要素;自制原始凭证缺少制单人、审核人的签字;等等。

(2)记账凭证填写不准确。摘要栏不能准确地表达经济业务的内容,尤其是复合分录。如一张凭证含有购买办公用品和报销差旅费业务,但会计人员只在该凭证摘要栏填写购买办公用品的字样,忽略了报销差旅费内容,造成购买办公用品的业务包含报销差旅费项目。

(3)会计账簿记录不完整。有些往来账簿未设置具体的明细,也未设立相应的备查簿,使得账簿记录缺乏明晰性与完整性。

(4)财务报告信息不充分。财务报告在设计上未考虑核算单位的特点,不能完整、准确地反映企业实际情况;财务人员不能准确理解财务报告指标内容和报表之间的关系，使财务报告的信息披露不充分。

（5）企业出资购买房屋、汽车，权利人却写成股东，而不是付出资金的企业。

（6）账面上列示股东的应收账款或其他应收款。

（7）成本费用中公司费用与股东个人消费混杂在一起，无法区分。

（8）外资企业按工资总额一定比例计提应付福利费，且年末账面保留余额。

（9）未成立工会组织的企业按工资总额一定比例计提工会经费，支出时也未取得工会组织开具的专用单据。

（10）有些企业不按计税标准规定计提固定资产折旧，在申报企业所得税时又未做纳税调整，还有一些企业跨纳税年度补提固定资产折旧。

（11）生产型企业在计算产品成本、生产成本时，记账凭证后未附料、工、费耗用清单，无计算依据。

（12）计算产品（商品）销售成本时，未附销售成本计算表。

（13）以现金方式支付的员工工资，无员工确认签领工资单的记录，工资单与用工合同、社保清单三者均不能有效衔接。

（14）开办费用在取得收入的当年全额计入当期成本费用，未做纳税调整。

（15）未按权责发生制原则随意计提期间费用，或在年末预提无合理依据的费用。

（16）商业保险计入当期费用，未做纳税调整。

（17）生产型企业原材料暂估入库，把相关的进项税额也暂估在内，若该批材料当年耗用，就会对当年的销售成本造成影响。

（18）员工以发票定额报销，采用过期、连号或税法限额（如餐票等）报销的发票，造成这些费用不能税前列支。

（19）预收款项挂账多年，企业未做纳税调整。

（20）增值税的核算不规范，未按规定的产品分项分栏目记账，造成增值税核算混乱，给税务检查时核实应纳税款带来麻烦。

（21）运用"发出商品"科目核算发出的存货，引起缴纳增值税时间上的混乱，按照增值税条例规定，商品（产品）发出后即负有纳税义务（不论是否开具发票)。

(22) 研发部领用非正常损耗原材料，原材料所负担的进项税额没有做转出处理。

(23) 销售废料，没有计提并缴纳增值税。

(24) 对外捐赠的原材料、产成品没有分解为按公允价值对外销售及对外捐赠两项业务处理。

(25) 公司组织员工旅游的费用，直接作为公司费用支出，未并入工资总额计提并缴纳个人所得税。

(26) 企业财务人员忽视印花税的申报，如资本印花税和运输、租赁、购销合同的印花税等，印花税的征管特点是轻税重罚。

(27) 企业财务人员忽视房产税的申报，如关联方提供办公场地、生产场地给企业使用，但该企业未按规定申报房产税，给企业带来补税、缴纳滞纳金和罚款的风险。

第(1)~(4)项是会计核算不规范最为常见的情形，对这4项的规范处理是会计核算合规的基础要求，也是法定要求。第(5)~(7)项均可视同股东从公司分得了股利，需代扣代缴个人所得税。第(9)~(19)项均涉及企业所得税未按《中华人民共和国企业所得税实施条例》及国家税务总局的相关规定计征，在税务稽查时会带来补缴税款、缴纳滞纳金和罚款的风险。第(20)~(24)项均涉及企业增值税未按《中华人民共和国增值税实施条例》及国家税务总局的相关规定完成计提销项税、进项税转出及其他增值税相关的核算，在税务稽查时会带来补缴税款、缴纳滞纳金和罚款的风险。

如要避免上述不规范情形出现，企业可从以下几个方向着手。

(1) 科学设置会计岗位，建立岗位责任制，做到定人员、定岗位，明确分工、各司其职。

(2) 配备的会计人员在学历、实践经验上要符合要求，根据单位的工作量合理配置会计人员。

(3) 为了提高会计人员的业务能力和综合素质，单位领导和会计管理部门应重视在职会计人员的继续教育培训工作，对于国家新出台的财会、税收、金融等方面的政策，要重点进行培训。

(4) 督促会计人员不断学习，自觉遵守会计职业道德，不断提高自身的政治理论水平和业务能力。

（5）开展会计核算工作要遵循一般要求：会计凭证填制要符合规定，对于不符合要求的原始凭证，会计人员有权退回；对于虚假原始凭证，会计人员应向领导报告；会计账簿的登记、更正、对账、结账都应符合相关要求。此外，要按照国家统一会计制度的规定编制、报送财务报告。

（6）为了保证企业资产的安全性，保证企业经营活动符合国家法律法规和行业内部有关管理规定，应在企业内部采取一系列相互制约、相互监督的制度和方法，强化对会计基础工作的监督。

（7）要肯定会计部门的重要性，鼓励会计人员积极主动地提出合理化建议，积极参与企业生产经营管理，使其对本单位的生产经营概况、业务流程和管理情况有一个整体、清晰的认识，以促使会计的事后反映变为事前的预测分析，促进会计基础工作的规范化。

（三）会计估计

会计估计，是指企业对结果不确定的交易或者事项以最近可利用的信息为基础所作的判断。在企业财务报表中，极易引发涉税风险的会计估计行为主要有以下四种。

（1）成本暂估入账。由于成本的实际发生存在一定的延迟，企业一般通过暂估入账的方式提前确认成本，这可能带来以下税务风险：若成本被过高估计，就会导致企业实际税务负担不足；若实际成本高于暂估值，则可能导致企业无力及时支付相应税款，引发税务处罚。

（2）销售收入暂估入账。由于销售收入的实际确认存在一定的延迟，企业一般会通过暂估入账的方式提前确认销售收入。但这样做也可能导致企业出现以下税务风险：若销售收入被过高估计，企业暂估税务负担就会高于实际税务负担；若实际销售收入低于暂估值，又可能引起税务机关的关注，引发税务调查。

（3）关联交易暂估入账。由于关联交易的实际发生存在一定的不确定性，选择通过暂估入账的方式确认关联交易，可能会带来以下税务风险：一是关联交易的暂估入账可能被税务机关视为虚假交易，触发税务调查；二是若实际关联交易金额与暂估值相差较大，可能导致企业实际税务负担不足或超过预期。

(4) 资产减值暂估入账。由于资产减值的真实情况存在不确定性，企业一般会通过暂估入账的方式确认资产减值，但这也会引发以下税务风险：若资产减值暂估过高被税务机关认定为不合理，则可能导致企业税务负担过低，引发税务机关的调查和审计；若资产减值暂估过低，则可能导致企业税务负担增加。

【案例1-6】

东税稽罚〔2022〕130号的税务公告中违法事实（引自国家税务总局广东省税务局官网）：

经对你单位2017年1月1日至2018年12月31日的工程结算成本明细账等资料进行核查，发现你单位2017年度和2018年度的"工程结算成本-暂估"明细账记载2017年度列支成本8,771,437.50元、2018年度列支成本27,019,226.96元，摘要内容为暂估材料、暂估成本，相关成本记账凭证中没有附任何原始单据。

我局于2022年6月7日向你单位发出《税务事项通知书》（东税稽税通〔2022〕151号），限期要求你单位提供"工程结算成本-暂估"相关的合同、结算书、付款凭证、发票及能证明对应成本列支真实性、有效性的单据材料，并查核和说明在2017年度、2018年度企业所得税汇算清缴期间是否有取得合法凭证和在当年度及以后年度是否进行过纳税调整。

你单位书面回复称暂估成本主要是个人承包和个人供货项目，在未取得发票情况下你单位以借款的方式支付了部分工程款，账务核算为暂估应付账款，大部分暂估成本已在次年5月冲销。

但你单位未能提供相关的合同、结算书、付款凭证、发票及能证明对应成本支出真实性、有效性的单据材料，也未能提供冲销暂估成本的账证资料。上述你单位在账簿上多列的工程结算暂估成本合计35,790,664.46元，你单位已全部结转本期损益，没有做企业所得税纳税调整，造成2017年度少缴企业所得税2,192,859.38元、2018年度少缴企业所得税6,754,806.74元，合计8,947,666.12元。

造成少缴企业所得税8,947,666.12元的行为已构成偷税，对你单位上述少缴的企业所得税处以缴税款百分之五十的罚款，罚款金额合计4,473,833.06元。

上述案件是一个典型的会计暂估错误被罚案，税务局认定该企业在没有任何凭证的情况下虚增了成本，给予该企业补税加缴纳罚款的处罚，合计约1,342万元。

由此可见，这家企业的财务风险管理是集体失控的。首先，从业务源头就拿不到税前扣除凭证；其次，会计竟然在没有任何凭证的情况下，仅依靠暂估成本入账；最后，进行企业所得税的汇算清缴的团队竟然没有要求补充与该暂估成本和费用相关的有效凭证，也没有及时调增，因而错过了最好的救济时间。

从罚款数额可以看出，该企业是一个有一定规模的企业。我们在做企业服务时，经常会听到这种说法：大企业有专业的财务团队，不需要做合规诊断，不需要请税务顾问。这绝对是一个错误的认知。从事财、税、法服务工作十多年，我们发现很多税务稽查案件，乃至因税务问题导致刑事处罚恰恰发生在这些具有一定规模的企业身上。这些案例警示我们，无论企业规模大小，财税合规都是不可或缺的。

（四）存货计价

存货计价的会计不合规，引发涉税风险的情形主要有如下两种。

1. 存货跌价/减值的会计处理不当引发涉税风险

在会计上用预估数计提资产减值准备是一个正常行为，但税法却要求以实际损失确认所得税税前扣除金额，所以企业需按税法要求在申报纳税时对计提的减值损失进行纳税调整，否则会存在少缴税款的风险。

2. 存货损失的会计处理不当引发的涉税风险

存货损失分正常损失和非正常损失两种：

（1）正常损失是指客观原因造成的、经营中的合理损失，比如正常损耗、自然灾害等。

（2）非正常损失是指因管理不善造成被盗、丢失的损失，或者因违反法律法规造成的损失，比如被依法没收、销毁等。

纳税人因管理不善造成的货物损失属于非正常损失，按税法规定需要做进项税额转出。如果企业并未将这部分损失做进项税额转出，就可能导致企业少缴税款。

企业在处理存货损失时，如果是正常损失，记得留存相关资料，以证明其损失的真实性、合法性和完整性；如果是非正常损失，就要进行进项税额转出处理。

（五）成本结转

1. 成本结转的重要性

会计科目的余额需要成本结转才有数据出来；本报告期的成本核算、计算当期的损益和利润的实现情况，也需要做成本结转；为了保持会计工作的连续性，也需要把本会计年度末的余额转到下个会计年度。

成本结转是会计工作中不可或缺的一环，它有助于确保企业财务记录的准确性和完整性，支持决策分析，同时满足税务和其他法规的要求。

会计日常工作中经常会遇到各种成本结转问题，若处理不当，就会引发涉税风险。

2. 常见的几种成本结转处理不当的情形

（1）擅自改变成本计价方法以调节利润。

（2）成本核算、分配不正确。

（3）原材料计量、收入、发出和结存存在问题。

（4）收入、成本和费用不配比。

（5）虚计销售数量，多结转销售成本。

（6）销货退回只冲减销售收入，不冲减销售成本。

3. 企业自查方法

（1）检查是否存在擅自改变成本计价方法以调节利润的涉税风险隐患。

检查"原材料""生产成本""产成品""库存商品"等明细账和有关凭证、成本计算单，对照确认各期相关的成本计算方法是否一致。

核实有无随意改变成本计价方法，通过成本调节利润的问题。

（2）检查是否存在成本核算、分配不正确的现象。

对在产品、完工产品成本计算进行检查，核对产品成本计算单、产品入库单、库存商品明细账，看完工产量与入库数量是否相符。

产品成本的计算，是将生产过程中发生的各项成本和费用进行归集，然后采用一定的分配方法在完工产品与期末在产品之间进行划分，以计算出完工产品的总成本和单位成本。

产品成本一般包括直接材料费用、直接人工费用和制造费用。制造费用包括生产车间发生的间接材料费用、间接人工费用、折旧费、办公费等。

在完工产品总成本核算方面，完工产品成本一般指的是产品已全部完工时计入该产品的生产费用总额，计算公式为完工产品生产成本＝期初在产品成本＋本期发生的生产费用－期末在产品成本。

在单位完工产品成本核算方面，单位完工产品成本＝产品总成本/完工产品入库数＝（直接人工费用、直接材料费用等直接成本＋管理员工资、设备折旧费等间接成本）/完工产品入库数。

特别提醒：制造费用通常有平均分配法、按标准比例分配法、作业中心法三种分配方式。其中：平均分配法，是将制造费用平均分配到一种或几种商品中，适用于制造费用低、生产产品品种单一，且品种直接消耗辅助生产费用基本相同的企业。按标准比例分配法，是将制造费用按照产品消耗的机器工时、人工工时、人工工资的其中一种进行分配。这种分配方式比平均分配法更精准，更能反映产品生产过程中对间接费用的消耗，适用于制造费用/生产成本较高，具有一定规模，生产产品多样的企业。作业中心法，是一种将各辅助作业按作业动因分配成为不同的作业中心，并根据资源动因把消耗的资源成本计入作业中心，再根据作业动因将作业成本转换成生产成本的成本管理方法。相对于另外两种方法，作业中心法对财务人员要求更高，但反映的企业成本状况更精确，更便于企业成本控制。

（3）检查原材料计量、收入、发出和结转过程是否规范。

原材料计量的检查，主要检查"原材料"原始凭证中"供应单位""买价""运杂费"等项目的数字及说明，核实凭证是否真实、合法，实物数量计算是否正确，途中损耗是否在合理范围内。

原材料收入的检查，主要检查"原材料"和"材料成本差异"账户，核实差异率的计算是否正确，是否按规定结转材料成本差异额，月末估价入账的材料是否按规定办理调整，材料成本差异额的计算和结转是否正确等。

除此之外还有原材料发出的检查，以及标准成本与实际成本结转方法的检查。

(4) 检查是否存在收入与成本、费用不满足配比原则的情况。

其中包括：是否正确核算主营业务成本和其他业务成本；主营业务成本和其他业务支出的会计处理与税法规定之间是否存在差异，如果存在差异，是否进行纳税调整；"主营业务成本"和"其他业务成本"中具体产品或劳务的名称是否混淆，是否有将甲产品（劳务）成本按乙产品（劳务）成本结转的情况；"主营业务收入"与"主营业务成本"结转时间是否一致。

以下几种情形需特别注意：

① 有成本无收入。销售货物有成本无收入显然是不太合理的，如果是无偿赠送，就要视同销售确认收入。

② 有收入无成本。出租自有房产，部分企业将对应的折旧部分计入期间费用，导致财务上呈现出有收入无成本的情况。

③ 收入与成本不能一一对应。配比原则对于商贸企业销售商品来说很好解释，即销售某货物取得的收入，对应肯定会有购进该货物时支付的成本，因此收入、成本是一一对应的。

服务行业的收入、成本、费用应该如何界定呢？我们知道，成本是能够对象化的费用，应与收入有明确的配比关系，但期间费用是不能对象化的费用。而服务行业有很多期间费用，也就是说服务行业的收入、成本可能不是一一对应的，这时候企业就只能根据实际情况申报，并与税务部门做好沟通解释工作了。

(5) 检查是否存在虚计销售数量、多结转销售成本的问题。

将"主营业务成本"明细账销售数量，与"产成品""库存商品"明细账结转销售成本的数量，以及仓库保管账收、发、存数量互相核对，检查是否有虚计销售数量的问题。

检查"主营业务成本"明细账借方发生额及其对应账户"库存商品"明细账贷方结转的销售成本，核实有无计价不正确或有意改变计价方法，从而出现多结转销售成本的问题。

(6) 检查是否存在销货退回只冲减销售收入、不冲减销售成本的情形。

首先，检查"主营业务收入""库存商品"等明细账，对用红字冲减销售收入的销货退回业务，应与"主营业务成本"明细账核对，结合相关的原始凭证，核实销售退回业务有无冲减销售收入而不冲减销售成本的问题。

其次，对发生销货退回的，要核实退回的实物数量，并将"库存商品"等明细账的贷方结转成本金额与"主营业务成本"明细账核对，以核实企业在进行销货退回账务处理时，是否错误冲减了销售成本。

最后，在审查、核实期末在产品的基础上，还应对生产费用分摊计入完工产品的正确性进行检查。

（六）业务招待费

业务招待费是一项比较敏感的支出，被称为"各国公司税法中滥用扣除最严重的领域"。

业务招待费的会计处理就有很多种不合规的情形，下面我们来看以下三种常见的业务招待费会计处理不规范引发的涉税风险，以及相应的合规建议。

1. 业务招待费错记对增值税、企业所得税和个人所得税的影响

【案例 1-7】

A公司把一台价值 4,000 元的华为手机送给客户，将该发票记入自用固定资产，增值税全额抵扣，每月还计提折旧进行税前扣除，但这一业务事项实际上是业务招待费。

于增值税而言，非增值税应税项目、免征增值税项目、集体福利或者个人消费的购进货物或者应税劳务，其进项税额不得从销项税额中抵扣。

于企业所得税而言，企业发生的与生产经营活动有关的业务招待费支出，按照发生额的60%扣除，但最高不得超过当年销售（营业）收入的5‰。

于个人所得税而言，A公司购买的这台华为手机，事后通过实物资产盘查，是能够发现外购货物无偿赠送这一事实的。

根据《中华人民共和国增值税暂行条例实施细则》第四条第（八）项规定，将自产、委托加工或者购进的货物无偿赠送给其他单位或者个人，视同销售货物。因此，本案例中的华为手机需要视同销售处理，且非增值税应税项目，进项税额不得从销项税额中抵扣，但可以视同业务招待费支出，按照发生额的60%扣除，但最高不得超过当年销售（营业）收入的5‰。

2. 会议费和餐费合并和拆分的涉税风险

【案例1-8】

C公司在某酒店召开年度会议，会议结束后公司组织员工到酒店旁边的海鲜餐厅吃了大餐，事后相关负责人把这次聚餐产生的发票交给会计做账，会计把这笔费用计入了业务招待费。

将会议中的餐费计入业务招待费是不合规的会计处理方式，合规的会计记账方式应该是将这笔费用记入"管理费用——会议费——餐费"科目。

《中央和国家机关会议费管理办法》第十四条：会议费开支范围包括会议住宿费、伙食费、会议场地租金、交通费、文件印刷费、医药费等。

《关于明确金融 房地产开发 教育辅助服务等增值税政策的通知》（财税〔2016〕140号）第十条：宾馆、旅馆、旅社、度假村和其他经营性住宿场所提供会议场地及配套服务的活动，按照"会议展览服务"缴纳增值税。

国家税务总局湖北省税务局进行营业税改增值税政策执行口径的税务答疑：

提问：酒店业纳税人提供会议服务，如何核算和开票？

回复：酒店业纳税人对提供会议服务中包含的餐饮服务、住宿服务收入，可一并按会议服务核算计税，开具增值税发票。

从以上法规、政策和税务答疑可以看出，同一酒楼在会议过程中提供的用餐服务（伙食费），可以一并作为"会议费用"处理；既然属于会议费，自然也可一并开具增值税专用发票，依法予以抵扣。

于健全涉税证据链角度而言，对于大额的会议费，为避免涉嫌虚开，财务人员可以要求"会议费"报销需提供发票、会议照片，以及酒店签订的合同或其他佐证材料。

税务机关要求提供的会议费证明材料包括会议时间、地点、出席人员、内容、目的、费用标准、支付凭证等。公司应提供能证明真实性、相关性的证明资料；不能提供的，不得仅凭一张发票就进行所得税税前扣除。

综上，本案例中C公司员工的聚餐是在酒店旁边的海鲜餐厅进行的，不符合同一酒楼包含餐饮服务的规定，这个餐费不符合抵扣进项税额的规定。

还要注意一点，现实中也有很多是同一酒店提供餐饮配套，但餐费和会议费分别开具发票的情形,这种餐费发票也不得抵扣进项税额。

业务招待费未单独核算,导致不能准确确定金额的,税务局根据相关法律规定,有权按合理方法进行核定。

3. 业务招待费无正规发票的涉税风险

【案例 1-9】

C 公司总经理总是为每年业务招待费税前扣除指标不够用而发愁,于是他想出了一个"好主意",即通过异地关联企业互相交换各自在当地的招待费票据,然后各自记入账目中的"差旅费",以此办法"节税"。

案例 1-9 所示情况是一种税收欺诈行为,而税收欺诈是法律上明确禁止的行为,一旦被税务机关查到,纳税人就要为此承担相应的法律责任,并受到法律制裁。

如果税务机关发现业务招待费支出有虚假现象,或者在税务检查中发现有不真实的业务招待支出,有权要求纳税人在一定期间提供证明真实性的、足够有效的凭证或资料,逾期不能提供资料的,税务机关可以进一步检查,直接否定纳税人已申报业务招待费的扣除权。

4. 合规建议

(1) 一切以真实、合法为前提。

作为企业,想让自己的业务招待费被税务机关认可并顺利进行税前扣除,首先必须保证业务招待费支出的真实性,即以充分、有效的资料和证据来证明这部分支出是真实的支出。而所谓的合理,就是说企业列支的业务招待费,必须是与经营活动直接相关并且是正常的和必要的。另外,企业当期列支的业务招待费应与当期的业务成交量相吻合。

(2) 正确核算餐费涉及的业务招待费。

以下列出了 9 种涉及业务招待费的餐费处理方式,具体见表 1-6。

表 1-6 涉及业务招待费的餐费处理方式

序号	项目	会计处理方式
1	因业务开展需要招待客户就餐	记入"招待费"
2	员工在食堂就餐、活动聚餐、加班聚餐	记入"职工福利费"
3	员工出差就餐	在标准内的餐费,记入"差旅费"
4	公司组织员工职业培训	培训期间就餐,记入"职工教育经费"
5	公司在酒店召开会议	会议期间就餐,一并开票记入"会议费"
6	公司筹建期就餐	记入"开办费"
7	现金发放餐费的补贴	记入"工资薪金"
8	公司召开董事会议	董事会议期间发生的餐费,记入"董事会费"
9	员工工会组织活动	活动期间发生的餐费,记入"工会经费"

(3) 用足扣除限额。

设企业当期列支业务招待费为 Y,企业当期销售(营业)收入为 X,那么,按照规定当期允许税前扣除的业务招待费金额为 $Y \times 60\%$,且 $Y \times 60\% \leqslant X \times 5‰$,通过推算得出 $Y \leqslant 8.3‰ X$,也就是说,在当期列支的业务招待费等于销售(营业)收入的 8.3‰这个临界值时,企业就可能用足了业务招待费的扣除限额。

(4) 提前规划,有效分流业务招待费。

按照税法规定,业务宣传费的扣除限额为销售(营业)收入的 15%(特定行业为 30%),是业务招待费的 30 倍(特定行业的 60 倍),具有更大的限额空间。

业务招待费的存在目的是通过开展必要的招待活动,以维护企业与客户的关系和形象,从而促进销售,但其实业务宣传费也具有与此类似的动机。

如果能够有效搭配业务招待费与业务宣传费之间的开支,将会起到很好的节税作用。

例如,企业经常向客户赠送烟酒、茶叶、土特产等礼品,这部分开支应被纳入业务招待费的范畴。但如果企业改为赠送自行生产或委托加工的产品,则这些礼品起到了推广宣传的作用,就可作为业务宣传费列支。

(5)涉税合规。

过年过节时,公司为客户准备礼品作为福利的税务处理需要特别注意,尤其是当这部分费用被计入业务招待费时。企业必须遵循相关的税法和会计准则,以确保合规性。

首先,要清楚业务招待费的范围,一般情况下企业的业务招待费包括三部分:一是日常性业务招待费支出,如餐饮费、酒水费、住宿费、交通费等;二是重要客户的业务招待费,如娱乐活动费、观光旅游、观看演出、参加体育活动等;三是赠送给客户的礼品费、企业特色产品费、纪念品费等。

然后,要注意扣除限额。根据《企业所得税法实施条例》第四十三条,企业发生的与生产经营有关的业务招待费支出,按照发生额的60%进行扣除,但最高不得超过当年销售(营业)收入的5‰。

比如:A企业今年实现销售收入1,000万,业务招待费发生额为10万。根据规定,其扣除标准计算如下。

60%的业务招待费发生额:10×60%=6(万元);

销售收入5‰的扣除上限:1,000×5‰=5(万元);

综上,A企业在税前允许扣除的业务招待费为5万元。

特别提醒:

在增值税方面,业务招待费进项税额是不得抵扣的。而在个人所得税方面,用于业务招待但未按规定代扣代缴20%个人所得税的业务招待费同样不得在税前扣除。

那么,哪些情形业务费用要扣除个人所得税呢?

一是,礼品赠送。如果企业向客户或合作伙伴赠送了价值较高的礼品,并且这些礼品被视为个人所得(如超过规定的金额限制),则可能需要依法代扣代缴个人所得税。

二是,奖金或奖励。如果业务招待费中包含了向客户或合作伙伴支付的奖金、奖励等费用,并且这些费用被视为个人所得,同样需要代扣代缴个人所得税。

不合规范、与企业生产经营无关的支出若计入业务招待费也不能扣除。如:企业投资者或员工的个人娱乐支出和业余爱好支出不得作为业务招待费申报扣除。

未实际发生的业务招待费不得扣除。

无法证明其真实性的业务招待费不得扣除。

业务招待费的税前扣除计算基数也需准确适用。根据国税函〔2009〕202号文规定，业务招待费的税前扣除计算基数应包括主营业务收入、其他业务收入和视同销售收入，营业外收入和不征税收入不能作为计算业务招待费的计算基数。

（七）费用分摊

费用分摊在很多集团公司、关联控股公司中，由于会计处理不恰当，引发了各种涉税风险，下面来看一个《中国税务报》于2016年发表的"一套人马，两块牌子，费用分摊不合理引发补税"的案例。

【案例 1-10】

A公司和B公司同属于Z集团。其中，A公司是Z集团的二级分支机构，属于商品流通企业，主要负责成品油及化工产品的销售贸易、仓储物流及营销网络建设等业务，A公司在过去5年一直盈利并缴纳企业所得税。B公司是Z公司的全资子公司，长期亏损。A公司和B公司为同一个法定代表人、同一个注册地址、同一套管理团队，是典型的"一套人马，两块牌子"。根据企业人员介绍，两家企业办公场所、设备和人员重合，在实际使用和会计核算上都未作明确区分。对于固定资产，房屋建筑、运输工具、电子设备、办公设备都归B公司所有，由其承担折旧，A公司在2011年向B公司支付房租1,277万元后未再支付任何租金，但办公楼的装修、改建支出作为A公司的长期待摊费用，分期摊销；对于人员，除行政保卫部20多名员工的工资薪酬、福利费和五险一金等在B公司进行税前列支外，其他都在A公司进行税前扣除。

根据《中华人民共和国企业所得税法》第八条和第十条规定，在计算应纳税所得额时，企业只能扣除实际发生的与取得收入有关的、合理的支出；根据《中华人民共和国企业所得税法》第四十一条的规定和实质重于形式的原则，关联企业间的期间费用发生额应合理分摊列支。由于A公司和B公司在房屋建筑、办公设施和人员方面完全重合，在实际工作中没有区分，在会计核算上也没有作出符合功能风险定位的划分，那么除了销售费用（只有A公司有销售功能）和财务费用（资金所有权在会计上划分明确）以外，房屋设备折旧和维护支出、纸笔水电等办公支出、人员薪酬福利和培训支出等其他成本费用，即管理费用，应在两个公司间合理分摊。据测算，盈利企业A公司在2010—2014年累计税前扣除了应由亏损企业B公司承担的费用近1.1亿元，应补缴企业所得税逾2,700万元。

调查还发现，存在"一套人马，两块牌子"现象的企业，有的至今还在共用一本账，共享一个银行账号。

不可否认，企业存在"一套人马，两块牌子"的现象有历史原因，但是这类企业频频出现较高的税务风险，说明这些企业高层人员税务风险防范意识淡薄。许多集团企业的管理层认为，集团成员企业是"一家"，"两块牌子，一套人马"的两家企业更是"不分你我"，费用在哪个公司列支都没有关系；还有一些集团企业的管理层认为，母公司为子公司列支费用、兄弟公司之间相互承担费用是普遍存在的现象，是"行业惯例"，无须进行纳税调整。根据《中华人民共和国公司法》（简称《公司法》）相关规定，每个法人主体都应独立核算。根据《中华人民共和国会计法》（简称《会计法》）和会计准则相关规定，会计记账须按业务发生的真实性、合理性、合法性的原则，保证会计信息真实、准确、完整，而税法也有明确的税前扣除规定。

因此，上述公司显然是违背这些要求的，这样不仅会让企业管理混乱，还会因为违反会计和税务相关法规带来补缴税款和缴纳滞纳金，甚至罚款的涉税风险。企业决策人、财务人员事前应重视每个主体独立核算，事后尤其是次年汇算清缴结束前实行全面风险自查。

企业经营中，一方面要检查是否与其他企业在机构、业务、财产、人员、财务或其他方面存在混同现象，例如是否与其他企业共用一个财务部、人力资源部、研发部，或者是否与其他企业共同研发某产品，办公楼是否被母公司无偿使用，等等。这里不是说不能共用，而是要根据事实厘清相关资产、业务和人员边界，并确定合理的价格与费用分摊方案，健全相关的业务链条证明制度，然后将清晰、完整的涉税证据链交给会计部门作为记账依据，绝不可以只考虑哪个主体收入多就多分摊费用，或者抱着"我的地方我做主"的姿态，要牢记，只有合法合规，才能远离税务风险。

另一方面，在明确资产、业务和人员关系的基础上，针对关联企业之间的交易和费用分摊制定专门的会计核算制度，从管理层至财税人员和业务人员开展培训，建立财税人员与其他部门的沟通渠道，加深财税人员对关联交易的了解，使其认识到税务风险带来的后果，以严格落实会计和税务的相关规定，避免陷入受罚窘境。

（八）收入确认

财务人员必须高度重视纳税义务发生时间的收入确认，这是税务稽查特别关注的事项，因为它直接关系到国家税收的及时性和准确性。企业的交易形式多种多样，包括先签合同后交易、先收款后发货、货到延迟付款、一次性全额收款、分期收款、银行按揭销售、委托销售等。这种多样性使得准确确定纳税义务发生时间变得尤为重要。现行税收政策对不同收款方式的收入确认时点有明确规定。然而，许多财务人员在确认收入时存在误区或薄弱环节，包括对收入确认原则理解不透彻、刻意不按实际情况确认收入，以及视同销售额核算不准确等。如果企业的财务人员未能准确掌握税法规定的纳税义务发生时间，并及时、准确地报税，可能会引发一系列涉税风险，甚至导致国家税收流失和财政紧张。因此，财务人员必须加强对收入确认原则的学习和理解，确保在实际操作中严格遵守税法规定，以降低企业的税务风险。

下面我们来看几种常见的收入确认过程中会计处理不规范的情形。

1. 纳税义务发生时间确定不合理

【案例1-11】

甲公司将自己开发的办公楼出租给乙公司，租期为2022年1月1日—12月31日。合同约定乙公司应于2021年12月1日支付租金（签合同时间），最终乙公司于2022年3月1日支付租金（约定收款期）。甲公司租金纳税义务发生时间判断如下：

（1）甲公司是否开票？答：否。

（2）甲公司是否收到预收款？答：否（租期内才收款，不属于预收）。

（3）是否达到合同约定付款日？答：是，需进一步判断发生应税行为时间。

（4）约定付款日是否发生应税行为？答：否。合同约定2021年12月1日付款，此时尚未起租，不产生增值税纳税义务。

（5）应税行为何时产生？答：2022年1月1日。该日满足发生应税行为且达到合同约定付款日，因此本案例中2022年1月1日为纳税义务发生时间。

根据增值税"以票管税"原则，增值税纳税义务发生时间的判断顺序为开票日期>收款日期>合同约定付款日期，具体操作如下：

（1）先看是否开票，只要开票就需要缴纳增值税。

（2）如果未开票，就看是否收款，只要收款就需要缴纳增值税。

（3）如果未开票、未收款，就看合同是否有约定付款日。只有达到合同约定付款日且已开始出租才需要缴纳增值税。

（4）如果未开票、未收款，同时也未签合同或合同未约定付款日期的，在租赁期结束时才需要缴纳增值税。

综上，增值税纳税义务的发生时间判断可以总结为表1-7。

表1-7 增值税纳税义务的发生时间判断

是否开票	是否收款	是否达到合同约定的付款日期	是否发生应税行为	是否缴纳增值税
是	不限	不限	不限	是
否	是	不限	不限	是
否	否	是（到合同期）	是（在租赁期内收款）	是
否	否	是（到合同期）	否（不在租赁期内收款）	否
否	否	否	不限	否

2. 确认收入时点延后的不合规现象

【案例1-12】

A公司是一家房地产企业，2021年签订了办公楼整售合同，合同约定收款方式为分期收款，收款时间分别为2021年6月和8月、2022年3月和7月，而实际收款时间为2021年6月和8月、2022年3月和6月。该项目于2020年12月完工，2021年8月实际交付。A公司在2021年12月开具全部的增值税发票，并在2021年12月确认收入，申报了企业所得税。

A公司年末一次性确认大笔收入的情况引起了税务机关的关注。考虑到房地产企业采取一次性全额收款方式销售开发产品的情况较为少见，且收入金额较大，于是，税务机关向A公司进行风险提醒。经纳税辅导，税务人员发现，A公司销售收入确认时点不符合政策规定。由于前三期合同约定的收款时间与实际收款时间一致，该企业应按合同约定的付款时间确认收入；最后一期付款方提前付款，应在实际付款日确认收入。也就是说，A公司应在2021年6月和8月、2022年3月和6月确认收入。

根据《国家税务总局关于印发〈房地产开发经营业务企业所得税处理办法〉的通知》（国税发〔2009〕31号），采取分期收款方式销售开发产品的，应按销售合同或协议约定的价款和付款日确认收入的实现。付款方提前付款的，在实际付款日确认收入的实现。但在实务中，对于采用分期付款方式销售的房地产项目，部分房地产企业对政策理解有偏差，在开票后才确认收入，导致确认收入时点延后，产生涉税风险。

综上，企业要税务合规，应严格按照规定，区别不同的收款方式，对应不同时点确认收入，切不可简单地理解成收到款项或开具发票后确认收入。

【案例1-13】

B公司为一家贸易公司，主要销售电子计算机配套产品。税务人员通过大数据分析发现，该公司2019年取得大量进项发票，项目为计算机存储设备、无线路由器、移动硬盘等电子产品，其财务报表中"库存商品""预收账款""应收账款"等科目直到2020年底期末余额仍然较大，但2019年、2020年销售收入并没有明显增长。

税务人员分析发现，电子产品更新换代较快，企业不太可能长期大量压货，该企业存在少计收入从而少缴增值税和企业所得税的风险。经核查，该公司2019年开始规划融资，为了达到经营收入指标要求和满足业绩要求，从2019年开始，该公司大量购入电子计算机配套产品，因而进项增长较快。这些产品在2020年上半年陆续完成销售，并已交付客户，只是部分货款还未收讫。为避免缴纳税款造成资金紧张，该公司一直没有确认收入，造成少缴增值税和企业所得税。经纳税辅导，该企业已认识到错误，补缴了税款，并缴纳了相应的滞纳金。

案例1-13中，B公司已与客户签订销售合同，明确了销售金额，同时商品已交付，成本也能够明确核算，显然符合销售商品确认收入的条件，应予以确认收入。企业在销售商品时，应严格对照《国家税务总局关于确认企业所得税收入若干问题的通知》（国税函〔2008〕875号）中规定的收入确认条件，及时确认收入。部分企业简单地把收入确认条件理解成"收讫货款"，其实是一种误读，容易触发涉税风险。该通知规定，企业销售商品同时满足下列条件的，应确认收入的实现：商品销售合同已经签订，企业已将商品所有权相关的主要风险和报酬转移给购货方；企业对已售出的商品既没有保留通常与所有权相联系的继续管理权，也没有实施有效控制；收入的金额能够可靠地计量；已发生或将发生的销售方的成本能够可靠地核算。

3. 视同销售行为没有确认收入的不合规现象

部分企业对销售商品确认收入的条件理解不准确，或为了逃避缴纳税款，在销售商品满足收入确认条件时没有确认收入，导致少缴税款。根据税法及相关政策规定，企业将自产产品作为样品赠送给客户是常见的市场行为，在税务处理上属于增值税、企业所得税的视同销售行为。

根据《中华人民共和国增值税暂行条例实施细则》第十六条规定，视同销售行为而无销售额者，应按下列顺序确定销售额：按纳税人最近时期同类货物的平均销售价格确定；按其他纳税人最近时期同类货物的平均销售价格确定；按组成计税价格确定。实务中，一些企业认为将自产产品作为样品赠送给客户，并没有给企业带来现金流，因此没有按视同销售确认收入，或者认为赠送的样品没有产生增值，因此按产品成本确认视同销售收入，这些都是对视同销售行为的税务处理理解不准确。

【案例1-14】

C公司是一家贸易公司。为扩大市场，C公司将自产产品作为样品赠送给了客户，产品成本为不含税价格80万元，当年该企业同类产品对外销售的不含税价格为100万元。该公司在会计核算时，借记"销售费用"90.4万元，贷记"库存商品"80万元、"应缴税费——应缴增值税（销项税额）"10.4万元，在申报增值税时按视同销售申报销售额80万元，并缴纳了相应税款（不考虑附加税费）。

根据《中华人民共和国增值税暂行条例实施细则》第十六条规定，该公司应按其最近时期同类货物的平均销售价格确定视同销售行为的销售额。也就是说，C 公司视同销售行为的销售额，应为相应产品的对外销售价格 100 万元，而不是成本价 80 万元。

视同销售是企业经常遇到的一种特殊的销售行为，虽然并没有给企业带来直接的现金流，但是税务处理上应视同销售处理，并按规定缴纳相应税款。同时，视同销售行为销售额的确定依据，一般是产品的销售价格。企业在发生视同销售行为时，应注意准确确认收入，以免产生涉税风险。

三、税会差异风险防范

每年的汇算清缴，税务师或者注册会计师都会要求对涉税事项调增或者调减。这时候，一般有两种情况，一是企业会计处理本身不规范，需要把该部分问题按照会计准则调整；二是会计按照会计准则做账，但因为税法规定与会计制度有差异（以下简称"税会差异"），需要根据税法规定进行纳税调整。

下面将对税会差异进行详细的分析。

（一）税会差异形成的原因分析

1. 目的不同

税法是以课税为目的，根据国家有关税收法律、法规的规定，确定一定时期内纳税人应缴纳的税额。

会计的确认、计量、报告应当遵循会计准则，目的在于真实、完整地反映企业的财务状况、经营成果和现金流量等，为投资者、债权人及其他会计信息使用者提供参考。

2. 规范的内容不同

税法与会计准则分别遵循不同的规则，规范着不同的内容。会计准则的目的在于规范企业的会计核算，真实、完整地提供会计信息，以满足有关方面了解企业财务状况和经营成果的需要。税法规定了国家征税机关的征税行为和纳税人的纳税行为，解决的是社会财富如何在国家和纳税人之间分配的问题，具有强制性和无偿性。税法和会计准则规范的内容不同，最终的表现必然会存在差异。会计体系与税法体系的基本构成可见图1-6。

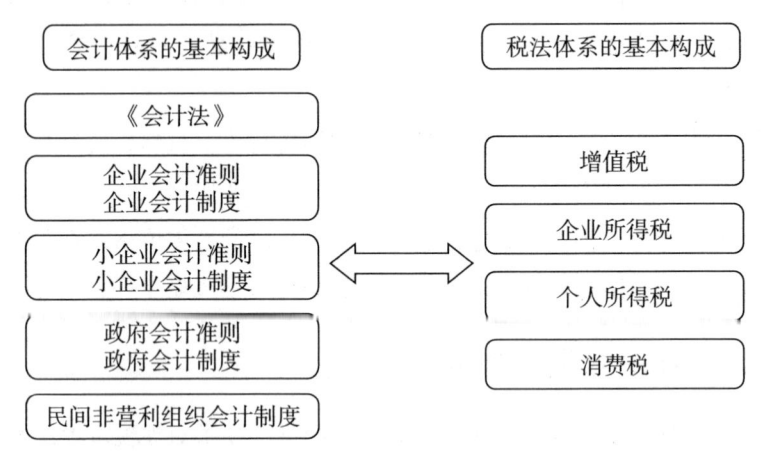

图 1-6 会计体系与税法体系的基本构成

除了税会体系本身的差异外，以下差异也会导致税会差异：

（1）核算基础的差异；

（2）谨慎性原则理解的差异；

（3）税收优惠和减免政策与会计规定不完全一致导致的差异；

（4）特殊事项处理如企业重组、资产处置等会计和税法在确认和计量上的差异；

（5）税收征管实践中的具体操作导致的税会差异。

3. 对会计要素确认要求不同

企业会计制度规定，一般会计核算遵循的是权责发生制，权责发生制的核算方法，是根据交易的时间记录收入和支出，而不是实际的现金流量。收付实现制的核算方法，是根据实际的现金流量记录收入和支出，而不是交易的时间。

例如：甲公司在2022年10月31日向客户出售了一批货物，货款应该在2023年1月1日到账。如果该公司采用权责发生制，则要在2022年10月31日将货款计入会计收入；如果该公司采用收付实现制，则要在2023年1月1日将货款计入会计收入。

而税法是收付实现制与权责发生制的结合。

企业应纳税所得额的计算，以权责发生制为原则，属于当期的收入和费用，不论款项是否收付，均作为当期的收入和费用；不属于当期的收入和费用，即使款项已经在当期收付，均不作为当期的收入和费用。在上述案例中，不管会计上采用权责发生制还是收付实现制，税法上都应在2022年10月31日将货款计入企业所得税应纳税所得额。

4. 暂时性差异和永久性差异

（1）暂时性差异。

暂时性差异一般体现在"递延所得税资产"和"递延所得税负债"科目核算，主要分为可抵扣暂时性差异和应纳税暂时性差异。

①可抵扣暂时性差异是指在确定未来收回资产或清偿负债期间的应纳税所得额时，将导致产生可抵扣金额的暂时性差异。在可抵扣暂时性差异产生当期，符合确认条件时，应当确认相关的递延所得税资产。

②应纳税暂时性差异是指在确定未来收回资产或清偿负债期间的应纳税所得额时，将导致产生应税金额的暂时性差异，在其产生当期应当确认相关的递延所得税负债。

（2）永久性差异。

严格来说是没有永久性差异这一说法的，但常规是指某一会计期间，由于会计制度和税法在计算收益、费用或损失时的口径不同，所产生的税前会计利润与应纳税所得额之间的差异。

暂时性差异和永久性差异形成的原因可见表1-8。

表1-8 暂时性差异和永久性差异形成的原因

形成暂时性差异的原因	形成永久性差异的原因
计提减值准备	行政罚款、税款滞纳金
税会折旧方法不一致	研发费用加计扣除
弥补以前年度亏损	国债利息免征所得税
交易性金融资产公允价值变动认可	—
广告宣传费、职工教育经费超额部分结转以后年度扣除	—

5. 服务对象不同

企业会计制度要求提供的会计报表是为会计信息使用者、投资人、债权人、企业管理层、政府部门和其他利益相关者服务的。税法主要是保证国家财政收入，同时也规定了纳税人的缴税义务，保障其权益。

（二）税会差异的分类

1. 按税种划分

（1）增值税税会差异；

（2）企业所得税税会差异；

（3）个人所得税税会差异；

（4）消费税税会差异。

增值税税会差异具体可分为：

①时间性差异；

②永久性差异。

企业所得税税会差异具体又可分为：

①应纳税暂时性差异；

②可抵扣暂时性差异；

③永久性差异。

2. 按业务事项划分

（1）收入类税会差异。主要出现在增值税、企业所得税和土地增值税等税种，其会计确认计量与纳税义务发生时间、计税依据和计量属性等存在差异。

（2）费用类税会差异。主要出现在企业所得税、土地增值税等税种，其会计确认计量与税前扣除项目、时间和金额等存在差异。

（3）资产类税会差异。主要出现在企业所得税、房产税等税种，其会计确认计量与计税基础存在差异。

（4）优惠类税会差异。主要源于政府出台的增值税减免政策、为鼓励企业技术创新而出台的企业所得税优惠政策、为支持人才引进和创业出台的个人所得税优惠政策、为了支持贸易和经济的发展出台的关税优惠政策等。

（5）特殊事项类税会差异。比如税收优惠和政府补助、关联方交易、企业合并与分立、资产减值等。

（三）会计要素和税法要素的比较

1. 会计要素

在《企业会计准则——基本准则》中，将会计对象划分为6个要素，即资产、负债、所有者权益、收入、费用和利润。

（1）资产是指企业过去的交易或者事项形成的、由企业拥有或者控制的、预期会给企业带来经济利益的资源。

（2）负债是指企业过去的交易或者事项形成的、预期会导致经济利益流出企业的现时义务。

（3）所有者权益是指企业资产扣除负债后由所有者享有的剩余权益。

（4）收入是指企业在日常活动中形成的、会导致所有者权益增加的、与所有者投入资本无关的经济利益的总流入。

（5）费用是指企业在日常活动中发生的、会导致所有者权益减少的、与向所有者分配的利润无关的经济利益的总流出。

（6）利润是指企业在一定会计期间的经营成果。利润包括收入减去费用后的净额、直接计入当期利润的利得和损失等。

2. 税法要素

对我国现行开征的税种，需要从实际操作的角度划分税法要素。纳税人经济业务发展，必须按照各税种的税法要素进行税务分析，确认是否发生纳税义务，并对纳税义务量进行计量。税法要素主要包括：

（1）纳税义务人，简称"纳税人"，是税法中规定的直接负有纳税义务的单位和个人，也称纳税主体。无论征收什么税，其税负总要由有关的纳税人来承担。每一种税都有关于纳税义务人的规定，通过规定纳税义务人落实税收任务和法律责任。纳税义务人一般分为自然人和法人。

（2）课税对象，又称征税范围，是税法中规定的征税的目的物，是国家据以征税的依据。通过规定课税对象，解决对什么征税这一难题。

（3）税基，又称计税依据，是指税法中规定的据以计算各种税款的依据或标准。正确掌握计税依据，是纳税人正确履行纳税义务的重要标志。

（4）税目，是课税对象的具体化，反映具体的征税范围，代表征税的广度。对课税对象进一步划分作出具体界限规定，规定的界限范围就是税目。

（5）税率，是应纳税额与课税对象之间的比例，是计算税额的尺度，代表课税的深度，因而税率是体现税收政策的中心环节。

（6）减税、免税，是对某些纳税人或课税对象的鼓励或照顾措施。减税是从应征税款中减征部分税款，免税是免征全部税款。

（7）纳税环节，是指税法上规定的课税对象从生产到消费的流转过程中应当缴纳税款的环节。按纳税环节的多少，可将税收课征制度划分为一次课征制和多次课征制。

（8）纳税期限，是纳税人计算税款所属的法定期限。国家开征的每一种税都有纳税期限的规定，不同性质的税种以及不同情况的纳税人，其纳税期限也不相同。

（四）会计原则与税法原则的对比

可靠性原则：会计准则规定企业应当以实际发生的交易或事项为依据进行确认、计量和报告，如实反映符合确认和计量要求的各项会计要素及其他相关信息，保证会计信息真实可靠、内容完整。而企业在计算应纳税额时，各项收入、成本、费用、亏损与损失的内容必须真实可靠、内容完整，若虚假申报，将以偷税论处。

相关性原则：企业提供的会计信息应当满足财务会计报告使用者的经济决策需要，有助于财务会计报告使用者对企业过去、现在或者未来的情况做出评价或者预测。而纳税人可扣除的成本、费用和损失必须与取得的收入直接相关，即与纳税人取得收入无关的支出不允许进行税前扣除。

可理解性：企业提供的会计信息应当清晰明了，便于财务会计报告使用者理解和使用。税法对纳税人和税务机关来讲都应是可理解的。

及时性：企业对于已经发生的交易或事项，应当及时进行会计确认、计量和报告，不得提前或者延后。纳税人要及时申报缴纳企业所得税，收入必须及时确认，成本、费用和损失必须及时扣除。

可比性：企业提供的会计信息应当具有可比性。同一企业不同时期发生的相同或者相似的交易和事项，应当采用一致的会计政策，不得随意变更。确需变更时，应当在附注中说明。税法中规定对于同一企业不同时期的申报与缴纳金额，不同企业发生的相同或相似业务的企业所得税负担，都具有可比性，这可以应用于企业纳税评估。

实质重于形式：会计准则规定企业应当按照交易或事项的经济实质进行会计核算，而不仅仅按照其法律形式进行会计核算。例如在售后回购业务的会计核算上，按照实质重于形式的要求，视同融资进行业务处理。但税法并不承认这种融资，而视同销售购入两项业务分别处理，缴纳流转税和所得税。

重要性原则：会计准则的重要性原则指的是在选择会计方法和程序时，要考虑经济业务本身的性质和规模，根据特定的经济业务对经济决策影响的大小，来选择合适的会计方法和程序。而税法不承认重要性原则，只要是应纳税收入或不得扣除项目，无论金额大小均需按规定计算所得。

谨慎性原则：会计准则和税法对于谨慎性原则的理解不完全一致。会计准则对谨慎性原则的理解是在面临不确定性因素时，既不高估资产或收益，也不低估负债或损失。税法对谨慎性原则的理解着重强调防止税收收入的流失，更多地从节税的角度出发。

（五）税会差异的处理方法

出现税会差异，会计账务处理时既要重视账务调整，又要重视纳税调整。

账务调整，是指当会计账务处理违背了会计法规的相关规定时，对账务处理进行修正或补充，使之符合会计法规的相关规定。

在现行收入准则下，企业可以通过编制税会差异表来加强对税会差异的管理。企业也可以利用信息化技术，了解企业会计核算收入与税务申报收入的差异及其产生原因，发现问题，解决问题，及时消除税务风险。

纳税调整，是指会计账务处理没有违背会计法规的相关规定，但由于会计规定与税法规定不一致，在计算税款时，需进行适当的调整使之完全符合税法规定。

四、税务合规的关键管理点

（一）纳税人视角的税务合规关键管理点

我国共有 18 个税种，其中最大的 6 个税种是增值税、增值税附加税、消费税、关税、企业所得税和个人所得税。下面来具体了解一下这 6 个税种。

（1）增值税是我国最大的税种，纳税人为商品的销售方，征税人为税务机关，但进口货物增值税由海关代征。

（2）增值税附加税有城市维护建设税、教育费附加税和地方教育附加税 3 种，它们没有独立的征税对象，是以增值税的实际缴纳额为计税依据，即"税中税"。

（3）消费税的纳税人为商品的销售方，征税人为税务机关，而进口的应税消费品的消费税，于报关进口时由海关代征。

（4）关税是对进出口的货物、进境物品征收的一种税。

（5）企业所得税的征税人为税务机关，纳税人为企业和其他取得收入的组织。其中，个人独资企业、合伙企业以及个体工商户不是企业所得税的纳税人，不缴纳企业所得税。

虽然企业所得税的税率为 25%，但是国家会对重点扶持和鼓励发展的产业和项目，给予相应的优惠政策，如小微企业、高新企业等。

（6）个人所得税的纳税人，包括居民个人和在中国境内取得所得的非居民个人。其中，非居民个人是指，在中国境内无住所又不居住，或者无住所而一个纳税年度内在中国境内居住累计不满 183 天的个人。

在为企业提供多年的涉税服务之后，我们总结发现这 6 大税种暗藏的涉税预警或涉税稽查风险点就有 230 个，将这 6 大税种的税务合规分成 6 类，包括纳税人身份合规、发票合规、四流一致、税前扣除合规、兼营免税合规和投资收益合规（图 1-7）。

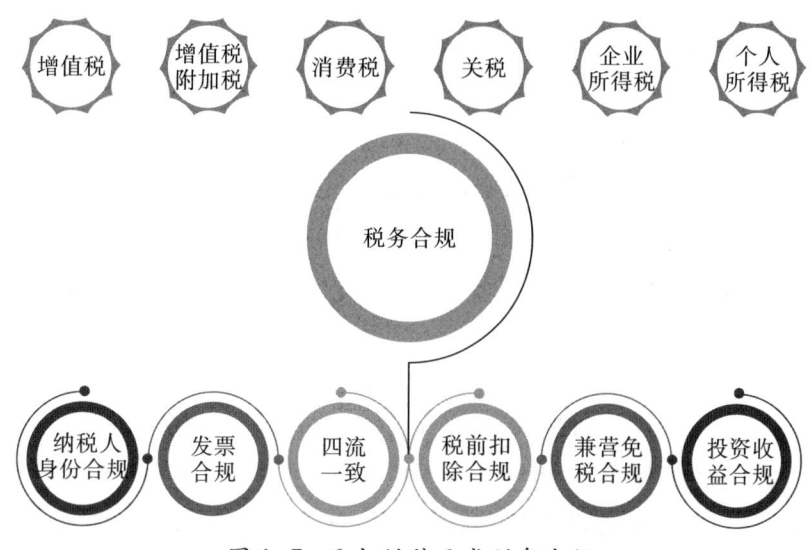

图 1-7　6 大税种 6 类税务合规

1. 纳税人身份合规

一般纳税人采用一般计税法，小规模纳税人采用简易计税法，值得注意的是计税方法的选用是否恰当将直接影响企业税负的高低。主播的纳税人身份相对比较复杂，有的主播是按月领取工资、薪金，而有的主播还有个体工商户或者公司股东等纳税人身份。通过税务监管部门披露的几个网红主播涉税案发现，这些主播就是通过变换纳税人身份来降低纳税金额，由此引发涉税风险。

2. 发票合规

金税三期阶段，我国税务政策以"以票管税"为主要手段，通过对发票的严格管理来监控企业的税务情况，防止不法分子利用虚开发票等手段进行偷逃国家税款的违法犯罪活动。而到了金税四期阶段，我国的发票管理手段得到了进一步优化，发票管理更加强调信息化、智能化和规范化。

2024 年 1 月 15 日，国家税务总局对《中华人民共和国发票管理办法实施细则》进行了修订，从修订内容可以看出，金税四期的发票管理将更加全面和严格，不仅强调了对发票本身的管理，还加强了对发票相关业务流程的监控和风险管理。

发票是增值税计算和管理的最重要依据之一，而增值税又是我国最主要的税种之一，其收入占我国全部税收的 60% 以上。为了加强增值税的管理和征收，我国政府不断完善增值税的相关制度和政策。

数电发票，即全面数字化的电子发票，是与纸质发票具有同等法律效力的全新发票，它不以纸质形式存在、不用介质支撑、无须申请领用、无须进行发票验旧和申请增版增量。数电发票将纸质发票的票面信息全面数字化，多个票种集成归并为电子发票单一票种，全国统一赋码，进行开具金额总额度管理，并进行自动流转交付。这一改革有利于提升纳税人的开票便捷度，降低纳税人的纳税成本。

此外，政府还采取了以下措施来加强发票管理：

（1）建立全国统一的电子发票服务平台，为纳税人提供电子发票的开具、查验、交付等全流程服务，确保电子发票的真实性和合法性。

（2）推行电子发票的区块链技术应用，通过区块链的去中心化、不可篡改等特性，确保电子发票的安全性和可信度。

（3）加大对电子发票的监管和审计力度，建立电子发票的稽查和追溯机制，打击各种形式的电子发票欺诈和违法行为。

这些措施共同构成了我国政府对增值税管理和征收的全方位、多层次、立体化的制度和政策体系，为保障国家财政收入、促进经济发展和维护社会公平提供了坚实的保障。

由此可以看出，在金税四期时代，企业发票不合规将会给企业带来极大的税务风险，轻则缴纳税款、滞纳金和罚款，重则面临牢狱之灾。企业一定要重视发票的开具、使用、保管和销毁等各个环节的要求和流程，确保发票管理的规范性和合规性；同时，建立供应商和客户的信用评估机制，对存在发票违规风险的供应商和客户进行严格的审查和监控，降低发票关联引发的税务风险。

【案例 1-15】

据甬税稽三罚〔2022〕101号，宁波某复合材料有限公司从外面找了个技术人员维护其青岛办事处的电脑和网络，费用是 3.5 万元。

事情办完之后，这个技术人员因是个体经营无法提供发票，于是从某公司开了一张价税合计 3.5 万元的普通发票，交给了青岛办事处的经办员。经办员在收到发票后，用现金的方式支付了费用，并凭这张发票向宁波某复合材料有限公司进行了费用报销。宁波某复合材料有限公司在收到发票后进行入账，并计入成本进行了税前扣除。

然而，就是这张不合规的发票，引来两起所得税罚款案。

经查，这张发票属于不合规发票，且宁波某复合材料有限公司无法在规定期限内补开、换开发票，也无法提供证明材料证实这笔支出的真实性，造成了少缴企业所得税 8,750 元。同时，这笔支付费用被定性为属于劳务报酬支出，宁波某复合材料有限公司也未按规定进行代扣代缴个人所得税，少代扣代缴个人所得税 6,400 元。

最终，企业不仅补缴了企业所得税，还需要补扣个人所得税，另外还领到了两份合计 7,575 元的罚款单。

两份罚款单内容分别为：

1. 少缴企业所得税行为，构成偷税，处以少缴税款的 50% 的罚款，罚款金额为 4,375 元。

2. 未履行代扣代缴义务，处以少代扣代缴税款的 50% 的罚款，罚款金额为 3,200 元。

由于一张不合规的发票，企业补缴税款 8,750 元，补扣个人所得税 6,400 元，缴纳罚款 7,575 元，合计损失 22,725 元。

企业在发票开具及管理方面应遵守如下规定。

（1）业务内容真实：根据相关规定，纳税人必须在发生经营业务确认营业收入时开具发票，未发生经营业务一律不准开具发票。在开票前，应该核对购买方名称、纳税人识别号、发票代码、发票号码、开票日期等信息是否正确，同时还要确保开票金额和税额正确无误，避免虚开发票和错开发票。

（2）次序正确：开具发票时应当按照发票号码顺序，以及发票票面规定的内容逐项进行填写，不得有空格、漏项，填写内容应真实、清楚，并加盖有公司名称、税务登记号的发票专用章。

（3）正确选择开票种类：开具发票需要选择正确的开票种类，通常情况下，企业会开具增值税普通发票和增值税专用发票。在选择开票种类时，需要根据实际情况进行选择，并注意遵守相关税法规定。

（4）文字规范：发票开具应当使用中文，民族自治地方可以同时使用当地通用的一种民族文字，外商投资企业和外国企业可以同时使用一种外国文字。

（5）合规存档：发票开具后，企业需要按照相关规定将发票进行合规存档，按照发票代码、发票号码、开票日期等信息进行分类存储，并在一定时间内保存好相关票据和资料。合规存档不仅有利于企业管理和税务审计，还可以有效避免出现发票丢失等问题。

（6）规范作废：因填写或计算错误而作废的发票，应当全份完整保存，各联次需加盖"作废"戳记。企业开具普通发票后发生销货退回或销售折让的，必须收回原发票并注明"作废"字样，或取得对方有效证明后开具红字发票。

（7）其他规定．任何单位和个人不得转借、转让、代开发票；未经税务机关批准，不得拆本使用发票；不得自行扩大专业发票使用范围；发票限于领购单位和个人在本省、自治区、直辖市内开具。

每一张发票都要谨慎对待，切莫铤而走险、因小失大，依法经营才能让企业走得更远。重视增值税发票违规和违法成本，坚决对虚开发票说"不"。

3. 四流一致

四流一致是企业税务合规的重要体现，它指的是合同流、资金流、发票流和物流的一致。虽然税法没有明确规定四流必须完全一致，但企业建立四流一致的证据链体系，有助于在税务稽查中自证清白。那么，企业具体应该如何做呢？

首先，业务部门和财务部门需要紧密合作。业务部门在进行购销等活动时，应确保所有财务凭证完整，及时交给财务人员记账。同时，财务人员应深入了解业务环节，与业务部门保持沟通，共同解决涉税问题。其次，企业应建立规范的业务流程，确保关键环节有审批流程，以及收支流程中产生的凭证能够及时收集和保存。

在税务稽查中，四流一致只是基础，更重要的是形成完整的证据链。例如，如果A公司为异地企业提供服务并开具大额咨询费发票，稽查时需要提供的证据包括：具有资质或能力的人员的工资发放表和个税申报表；这些人员的差旅费凭证，如机票、火车票、餐票、酒店住宿票等；会议记录或微信等沟通工具上的服务事项沟通记录；咨询成果的证明，如报告、执行方案等。

税务合规不仅仅是满足"四流一致"这一基本要求，更重要的是企业在日常经营中，从交易的每一个环节入手，构建完整、真实的证据链条，以证明交易的合法性和真实性。

4. 税前扣除合规

根据《国家税务总局关于进一步加强普通发票管理工作的通知》（国税发〔2008〕80号）的相关规定，在日常检查中发现纳税人使用不符合规定发票，不得允许纳税人用于税前扣除、抵扣税款、出口退税和财务报销。同时《中华人民共和国发票管理办法》规定，不符合规定的发票，不得作为财务报销凭证。因此，企业一定要注意税前扣除的合规处理，主要包括销项税额计算合规和进项税额抵扣合规。

（1）销项税额计算合规。

销项税额的计算公式：销项税额＝销售额×税率，其中销售额＝含税销售额÷（1+税率）。

在计算销项税额时，需重视两点：

① 纳税义务发生时间确认。就发生应税销售行为而言，其增值税纳税义务发生时间以"收讫销售款项、取得销售款项凭据或者发票开具时间"三者孰先的原则确定。

② 预收账款及时确认纳税义务。须避免出现这两个问题：一是纳税人采取预收款方式销售货物，货物已发出，但不按规定确认纳税义务；二是纳税人提供租赁服务采取预收款方式的，未在收到预收款时确认增值税纳税义务，而是分期确认或延后确认。

（2）进项税额抵扣合规。

进项税额抵扣是指纳税人购进货物、劳务、服务、无形资产、不动产支付或者负担的增值税额，可用于抵减其应纳税额。许多企业因不合规操作被要求补缴税款、缴纳滞纳金和罚款，因此，企业在进行进项税额抵扣时，一定要做到以下合规事项：

①取得不符合规定增值税扣税凭证，要及时退回，避免陷入虚开发票案件。

②识别十种不得税前扣除的发票，包括：用于简易计税方法计税项目的，用于免征增值税项目的，用于集体福利的，用于个人消费的，非正常损失对应的进项税额，购进贷款服务，购进餐饮服务，购进居民日常服务，购进娱乐服务，因购买货物而从销售方取得的各种形式的返还资金。

③发生进货退回或折让，进项税额要及时转出。

④农产品抵扣进项税额处理错误，一定要有防误措施。

⑤运输服务抵扣进项税额，包括非本单位员工发生的运输服务抵扣了进项，不符合抵扣时需要转出。

⑥收到返利进项税额，不得抵扣，要进行转出。

⑦固定资产、不动产进项税额处理错误，要及时调整。

建议企业：

① 关注供应商是否存在异常情形。签订合同之前，可以通过软件查询对方企业工商登记等相关信息，关注对方企业是否存在企业法人、财务人员、办税人员由一人兼任的情形；是否存在成立时间短，或停业多年后，法人、投资方出现变更后突然经营且营业规模增速异常的情形；是否存在合同价格远低于行业平均水平的情形；等等。

② 拒绝用现金方式支付货款。在签订合同时，要明确拒绝用现金方式支付货款。因为用现金支付货款后，一旦对方开具的发票为虚开增值税专用发票，一方面企业在资金流方面无法自证清白，另一方面购进货物的成本支出也不能进行企业所得税税前扣除。如果一定要用现金支付，建议保留一定比例的质保金，期限在半年甚至一年左右。

③ 留存相关信息。合同履约完毕后，归档保存本次交易购销双方的业务人员姓名、联系方式、身份证复印件甚至经办人员照片等信息。保存购销合同、对方工商登记营业执照复印件及交货单据等原始资料，一旦存在虚开问题，既可以向税务机关提供相关证据材料，也可明确追责到个人。

5. 兼营免税合规

一些地区可能会提供一定的税收减免或优惠政策，以鼓励企业从事特定的免税活动。如果纳税人兼营免税项目，一定要分别核算免税项目的销售额，如果未分别核算，将不得免税。同时，要注意税务合规，以免为企业带来风险。

【案例1-16】

A公司是一家房地产公司，于2018年将部分房产租予商户使用，双方签订了物业租赁合同。合同中规定，租赁费用分为租金和物业费两项。其中，租金90万元，物业费60万元，每年费用合计150万元，在年初预收全年租金。

2018年1月,该公司按照兼营行为,分别按照11%的税率开具了租金发票、按照6%的税率开具了物业费发票。然而,在实际经营中,A公司只提供非常有限的物业服务,与同地段同类型物业服务相比价格明显偏高,其行为已经形成涉税违法事实:一是少计提增值税销项税额,二是少申报缴纳房产税。A公司被税务局要求补缴税款、缴纳滞纳金和罚款。

案例1-16是一个典型的过度纳税筹划案,A公司为了享受更低的税负率,少纳税款,故意压低高税率收入,提高低税率或免税、减税收入。

案例1-16中,租金和管理费的占比太过于接近了,自然会引起税务局的关注。一旦税务局进行检查,企业将被要求提供相应的服务证据,以证明其提供的物业管理服务的真实性及费用的合理性。从官方公布的信息可知,该企业只能够拿出非常有限的服务证明,不能支持其高昂物业费的合理性,最终该企业被要求补缴税款、缴纳滞纳金和罚款。

6. 投资收益合规

投资收益也叫投资损益,因为这个科目既反映收益,也反映损失。会计核算的内容包括证券投资收益、投资性房地产的租金、企业处置交易性金融资产、交易性金融负债、可供出售金融资产实现的损益等。

(1)投资收益的形成来源。

① 被投资公司的分红。

② 持有的金融资产最终出售形成的净差价。

③ 对被投资企业进行权益法处理时形成的收益,如股权转让、增资扩股等。

(2)投资收益的涉税风险。

①合伙企业股东的投资收益需缴分红税的合规问题。

很多企业高管、投资人,都喜欢用投资公司、有限合伙企业投资拟上市公司,但其在后续收到分红后,就把这笔分红转至其他收款账户,从而导致该投资公司、有限合伙企业因没有代扣代缴个人所得税而引发税务风险。

【案例1-17】

2019年中下旬,国家税务总局宁波市税务局在对投资类企业进行税收风险评估、核查时发现L公司存在疑点,随后将该线索移交至国家税务总局宁波梅山保税港区税务局。

相关风险数据显示L公司在2018年收到所投资的某上市公司总值3,800万元的分红，但L公司未依法作纳税申报，收到线索后的国家税务总局宁波梅山保税港区税务局检查人员随即对该公司展开投资收益核查。

检查人员首先登录由L公司所投资的某上市公司的网站上查询，查实了L公司确为该上市公司的股东，经推算L公司在2018年可获得分红3,700万元，且因L投资公司为合伙公司，按规定L公司需在收到分红后向税务部门依法申报且作为股东代扣代缴个人所得税。

于是检查人员立即约谈了L公司的法人李某，李某也当即承认确有收到分红，但当时为了投资该上市公司，L公司向外借了1亿多元，于是在收到分红后立即将分红用于还款了，用分红还款的事属于公司保密事项，仅股东知晓，没有在利润表上反映出来，因此财务人员也不知道该事。

最终，经一番劝说，李某表示认同税务机关的意见，并在规定期限内作了账目调整且依法作为股东代扣代缴了股息、红利的个人所得税740万元。

根据《中华人民共和国税收征收管理法》第六十三条规定可知，下列行为会被认定为偷税：

a. 伪造（设立虚假的账簿、记账凭证）、变造（对账簿、记账凭证进行挖补、涂改等）、隐匿和擅自销毁账簿、记账凭证；

b. 在账簿上多列支出（以冲抵或减少实际收入）或者不列、少列收入；

c. 不按照规定办理纳税申报，经税务机关通知申报仍然拒不申报；

d. 进行虚假的纳税申报，即在纳税申报过程中制造虚假情况，比如不如实填写或者提供纳税申报表、财务会计报表及其他的纳税资料等。

案例1-17对企业如何依法规范操作股东分红的税务处理很有借鉴意义。企业不管采用何种方式解决分红降本问题，都应该在合法合规的前提下进行。

②个人转股未申报的涉税合规问题。

依然有很多公司在股权转让时因为没申报个人所得税、印花税而被罚。

【案例1-18】

2022年7月22日，国家税务总局广州市税务局第一稽查局2022年第90299号送达公告披露，伍某当初是以现金出资方式取得广州某公司15%股权，实缴资本为 16,500,000 元。

▲**违法事实**

1. 2017 年 11 月 30 日，伍某与潘某签订《股权转让协议》，转让广州市××投资有限公司 15% 股权，股权转让价格为 110,000,000 元。2017 年 12 月 5 日、2018 年 1 月 8 日，潘某共支付伍某股权转让价款 50,000,000 元。2018 年 1 月股权变更手续办理完成，伍某未按规定申报缴纳财产转让所得的个人所得税。

2. 《股权转让协议》未按规定申报缴纳印花税。

▲**处罚结果**

1. 追征个人所得税，按照个人所得税"财产转让所得"项目，依 20% 的税率，追征个人所得税 18,689,000 元。

2. 追征印花税，按照印花税"产权转移书据"税目，依 0.05% 的税率，追征印花税 55,000 元。

3. 加收滞纳金，对其上述未按规定期限申报缴纳的个人所得税 18,689,000 元、印花税 55,000 元，从滞纳税款之日起，按日加收滞纳税款万分之五的滞纳金。

案例 1-18 发生在 2017 年，被罚时间是 2022 年，是一件典型的"秋后算账"股权涉税案件，也是一个被追讨"双税"的案件。由于印花税金额不大，很多会计不会太在意，所以很多企业家们都会记得缴纳个人所得税，但经常遗漏了印花税。案例 1-18 中的伍某在长达五年的时间里没有自查历史税务风险，没有主动对历史涉税不合规问题进行清理，因而除了补缴税款，还被税务局按日加收滞纳税款万分之五的滞纳金，涉案金额大，代价惨重。

2021 年 6 月 7 日，《国家税务总局广东省税务局 广东省市场监督管理局关于个人转让股权有关事项的通告》（国家税务总局广东省税务局 广东省市场监督管理局通告 2021 年第 6 号）规定，2021 年 7 月 1 日起，企业自然人股东发生股权转让行为的，在向市场主体登记机关申请办理相关变更登记前，股权转让个人所得税的扣缴义务人、纳税人应先到税务机关办理个人所得税纳税申报。而市场主体登记机关查验完税事项后，再依法办理变更登记。这一规定在很大程度上帮自然人股东在进行股权转让时避免未来的税务风险，但也提醒了 2021 年 7 月 1 日之前有过股权转让的自然人股东尽早自查，不然补税后还逃不掉从滞纳税款之日起每天万分之五的滞纳金，甚至还可能被罚款。

股权转让时，股权转让环节的涉税处理具有连续性，通常情况下，前一次股权转让中购买方支付的价款将作为购买方下一次转股的成本。因此，税务机关会对之前历次股权转让涉及的税款进行排查和梳理。若过去股权转让存在漏缴或未缴税款的情况，则须补缴税款、缴纳滞纳金甚至罚款后，才可办理本次股权转让业务，否则按照"先税后照"的规定，本次股权转让将无法在市场监督管理部门办理股权变更登记。

因此，建议企业家们如果决定进行股权转让，在谈妥股权转让价款前，最好对之前股权转让的纳税情况进行梳理，测算可能需要缴纳的税款及滞纳金，安排好应对措施，比如落实缴税资金、调整本次转股价格、准备内部资料等。

③名实不一致的代持涉税合规问题。

在代持安排下，企业股东名册上的股东（"显名股东"）并不是背后真正的出资人（"隐名股东"）。税务机关和司法机关对代持安排的处理方式存在一定的分歧。通常，税务机关以工商登记的股东为纳税人，而司法机关则认为应由背后真正的出资人承担法律责任。这种分歧会给显名股东和隐名股东带来一定的经济纠纷和法律风险。

我们建议企业家在不得不进行代持安排时，应对代持行为可能产生的风险有充分认识，并与对方签署书面合同，明确约定未来因持股而取得的投资收益，如股息、股权转让所得等，均要预扣一定金额的款项用于缴纳税款。

【案例1-19】

甲持有标的公司20%股权，同时乙替甲代持标的公司40%股权。后甲转让给丙51.09%股权（其中，乙持有40%股权全部转让，甲转让持有的11.09%股权）。甲凭着一个虚假转让合同（转让金额较低）去税务局进行纳税申报。

税务机关分别对甲、乙涉税情况进行检查，查明甲、乙有进行虚假纳税申报而少缴税款的违法事实。遂依法作出《税务行政处罚决定书》，决定追缴甲和乙少缴税款、加收滞纳金和罚款等。

一审法院认为乙持有的40%股份是替甲代持，甲应作为实际纳税人。甲将其持有的股权转让他人后，采取欺骗、隐瞒手段进行虚假纳税申报，逃避缴纳税款数额巨大并且占应纳税额30%以上，其行为已构成逃税罪，应予依法惩处，对甲判处有期徒刑4年，并处罚款50万元。

【解析】 从代持股权涉税风险的维度来评价这个案件,我们可以看到甲和乙的行为存在明显的税务违规,是典型的逃税行为,随后毫无意外地被要求补缴税款、缴纳滞纳金和罚款。

首先,代持股权本身在税务处理上就需要特别小心。代持股权意味着实际所有人和名义所有人不一致,这可能导致税务处理上的复杂性和模糊性。在案例1-19中,乙作为名义股东替甲代持标的公司40%的股权,实际收益和风险都由甲承担。然而,这种代持关系在税务处理上并未得到明确的披露和处理,为后续的税务问题埋下了隐患。

其次,甲在转让股权时采取了虚假的纳税申报手段,这是严重的税务违法行为,不仅损害了国家税收利益,也破坏了税收征管的公平性和公正性。

最后,从税务机关的处理和法院的判决来看,甲的行为已经构成了逃税罪,并受到了相应的刑事处罚。税务机关和司法机关对此类行为的严厉打击,体现了对税收征管秩序的坚决维护和对税收违法行为的零容忍态度。

在这里,必须提醒企业老板一定要注意代持股权带来的涉税风险,要充分了解代持股权的相关规定和政策,确保公司的股权安排合法合规。同时,建立健全税务风险防范机制,定期进行税务自查和风险评估,及时发现潜在税务风险。

④合伙企业所得的性质及适用税率。

对于合伙企业的个人合伙人来说,取得的所得主要有两类:一类属于利息、股息、红利所得,按照20%的税率缴纳个人所得税;另一类属于生产经营所得,按照5%~35%的超额累进税率缴纳个人所得税。尽管个别基层税务机关表示,合伙企业的生产经营所得可按20%的税率缴纳个人所得税,但这一规定与上位法精神相违背,存在极大的税务风险,企业家们应谨慎选择。

【案例1-20】

2012年10月18日,A合伙企业注册成立,合伙人为温某与牛某。2014年9月至2015年4月,A合作企业作为代扣代缴义务人,分三次代温某、牛某向国家税务总局拉萨市税务局第一税务分局(以下简称"税务一分局")缴纳个人所得税,品目名称为"股息、利息、红利",共缴纳税款75,607,592元。2016年5月12日,温某因意外事件去世。2017年11月10日,温某的配偶与牛某一起向税务一分局提出退税申请,2017年12月26日,二人又委托律师向税务一分局递交退税申请书。其认为涉案收入系从证券投资基金分配所得，应不征收个人所得税，要求退还税款。后税务一分局作出《税务事项通知书》，决定不予退税。

2019年1月28日，A合伙企业与付某、牛某共同向国家税务总局拉萨市税务局提出复议申请。2019年5月19日，国家税务总局拉萨市税务局作出《行政复议决定书》，结论为："申请人的涉税业务应当适用个人所得税（个体工商户的生产、经营所得）的税目征税，不适用财税字〔2002〕128号和财税字〔1998〕55号文件关于免征个人所得税的规定。被申请人作出的不退税的决定适用依据错误，根据《中华人民共和国行政复议法》第二十八条第三款的规定，本机关决定撤销被申请人作出的《税务事项通知书》（拉税一分税通二〔2018〕701号），责令被申请人在30个工作日内重新作出具体行政行为。"后税务一分局重新作出决定，按"生产、经营所得"税目补征税款6,633.52万元，加收滞纳金，合计税款1.2亿元。

合伙企业作为税务上的"透明体"，其税务处理难度大、复杂程度高。各地税务机关的业务水平、执行口径存在差异。因此，高净值人士利用合伙企业进行投资时，一定要对可能面临的税务不确定性有清晰的认识。

比如，个人合伙人通过合伙企业取得的收入究竟是什么类型的收入？我们来看一个人具体的例子。当个人合伙人通过合伙企业投资银行非保本理财产品、证券投资基金、资管计划等金融产品，并从合伙企业那里取得分配收益时，这部分收入究竟是按照"股息、利息、红利所得"对应的20%的税率缴纳个人所得税，还是按照"生产经营所得"对应的累进税率缴纳个人所得税？各地税务部门对此的处理也有争议。从案例1-20来看，合伙企业从证券投资基金中取得的收入，通常是按"其他所得"归类到"生产经营所得"，并按照5%~35%的累进税率来缴纳个人所得税。

现有税收优惠能否适用？例如：个人合伙人从证券投资基金获得的分红暂免个人所得税，个人合伙人买卖上市公司股票免征个人所得税，个人合伙人从上市公司取得股息适用差别化股息优惠，这些优惠政策都要求个人合伙人直接持股，通过合伙企业间接持股进行上述操作，通常不被税务部门认可。

在多层有限合伙架构下，个人合伙人的税务问题将更多、更复杂。

⑤境外投资收益不做分配的涉税合规问题。

中国籍自然人在境外设立特殊目的公司（Special Purpose Vehicle，简称"SPV"），境外投资或返程投资到境内公司。如果 SPV 获得境内、境外被投资企业的分红，或者减持被投资企业股权获得较大金额的股权转让所得，但中国籍自然人股东将资金留在 SPV 的银行账户，且无正当理由不进行分配，那么这些中国籍自然人就会面临一定的税务风险。

【案例 1-21】

2009—2010 年，南京市某境外上市公司 14 名大股东通过其注册在英属维尔京群岛（BVI）的离岸公司——FA 公司，两次减持其境外上市主体 Y 公司 6,500 万股和 5,700 万股股份，累计实现转让收入逾 18 亿港元。Y 公司是采用红筹模式上市的境外注册公司。

税务机关在公开文件中发现，2010 年末 FA 公司资产已不足 2,000 万元，FA 公司为投资公司，除持股外一般不进行其他经营，收益主要来源于投资收益，营业收入为零。因此，净资产的减少是基于对股东的分配。调查组调取了近几年这 14 个股东个人所得税申报和纳税情况，发现没有包括这部分收入的个人所得税。

企业相关人员解释称：FA 公司为管理层私人公司，不在上市公司信息披露范围之列，上述披露是财务人员误填所致。另一名企业主管人员约谈时称：这两次减持所得款项皆留存在 FA 公司账上，未对股东做分配，并且在 2012 年，已用留存在公司账上的这笔减持所得资金直接增持，但无法提供证明。

2019 年，税务机关对企业相关财务资料进行实地核查，从中发现了 2009 年、2010 年 FA 公司减持收益分回的内部报表，表中显示：2009 年有 7 人、2010 年有 10 人的减持收益部分已汇回国内。当时根据国家外汇管理局的要求，只有提供完税凭证，方能取得这部分境外汇入款项。因此，已汇回的这部分收益已经按规定缴纳了个人所得税。这证明 FA 公司已经对股东做了分配，但有部分减持收益没有汇回国内而是留在了股东境外账户上。

经过多轮交涉，在证据与事实面前，纳税人承认了 FA 公司减持收益分配的事实，愿意依法就境外减持收益申报纳税。经计算，应纳税额为 32,110 万元，扣除汇回境内部分已缴税 7,350 万元，应补缴税款为 24,760 万元。

这是我国第一例境外空壳公司的个人股东被税务局追补税款的案件，税务机关随后加大了对跨境和海外交易的涉税风险管理力度，提出了 9 大类 29 个涉税风险点，主要包括支付佣金服务费、股权转让、股息、股权激励和认股权证、董事高管薪酬、境外上市企业关联交易等。

同时，税务机关加强了对企业公开信息的收集。通过阅读上市公司相关新闻了解企业的重大事件，筛选重大事件中可能存在的涉税疑点信息，然后通过关键字搜索（如大股东姓名、减持）进行定位，再通过查询香港联合交易所有限公司、美国证券交易委员会等网站的相关公告进行二次精确定位，以此核查企业是否存在涉税风险点。

鉴于国家不断完善的各类税收征管法规，税务机关进一步明确了境外收入自行申报制度，并制定了居民个人境外投资和所得的信息报告制度。同时，加强了与境外部门的信息交换，并通过新的个人所得税法首次提出了个人反避税规则。纳税人应及时查漏补缺，避免引发涉税风险。

（二）从税务行政管理视角看企业涉税合规

自 2014 年 7 月起，税务总局先后印发《纳税信用管理办法（试行）》《纳税信用评价指标和评价方式（试行）》等一系列纳税信用规范性文件，形成了涵盖信息采集、级别评价、结果应用、异议处理、信用修复等的全环节纳税信用制度框架体系，逐步推进纳税信用由静态评价向动态管理过渡。目前，纳税信用评价基本覆盖了全部企业纳税人。

税务部门每年依据主观态度、遵从能力、实际结果和失信程度 4 个维度、近 100 项评价指标，对企业纳税人信用状况进行评价，评价结果由高到低分为 A、B、M、C、D 五个等级。税务部门按照守信激励、失信惩戒的原则，对不同信用级别的纳税人实施分类服务与管理。这一举措，其实是税务合规管理的第一步。

企业所能做的，就是尽己所能地合规，最大限度避免税务信用降级，比如：

（1）了解税法及最新的税收政策；

（2）根据税法规定及时缴纳税款；

（3）定期进行涉税风险检查，避免偷税漏税。

（三）从税务刑事风险视角看涉税合规

税收征管类犯罪分为四大类：单纯税款偷逃罪，针对增值税专用发票虚开、买卖、伪造罪，骗取出口退税罪，针对专票之外的发票虚开、买卖、伪造罪。

罪名分别为：逃税罪，抗税罪，逃避追缴欠税罪，骗取出口退税罪，虚开增值税专用发票罪，虚开抵扣税款发票罪，伪造、出售伪造的增值税专用发票罪，非法出售增值税专用发票罪，非法购买增值税专用发票罪，非法出售用于骗取出口退税、抵扣税款发票罪，持有伪造的发票罪。

其中最高发的犯罪就是"虚开增值税专用发票"，这一犯罪高发主要有以下原因：

（1）过去量刑标准门槛很低。虚开增值税专用发票追究刑事责任是从1994年开始的，虚开税款达到1万元或者造成国家税款被骗取5,000元就构罪，虚开税款达到100万元或造成国家税款50万元以上损失的最高可判死刑。2011年刑法修正案废除了该罪的死刑，最高刑期为无期徒刑。

到2018年，最高人民法院将构罪标准从1万元提高到5万元，无期徒刑的标准从50万元提高到250万元。

到2024年3月，虚开发票的税额超过10万元即被认定为犯罪；税额超过50万元，将被认定为数额较大，处以三年以上十年以下有期徒刑；税额超过500万元，将被认定为数额巨大，处以10年以上有期徒刑。

（2）罪名宽泛。根据刑法规定，为他人虚开、为自己虚开、让他人为自己虚开、介绍他人虚开，这四种情况都属于虚开增值税专用发票的范畴。在涉及虚开增值税专用发票的情况下，开票方、受票方、过票方、第三方中介等各方都可能涉及违法行为。

（3）行业原罪。有不少行业，由于历史原因形成了一些行业惯用的商业模式和开票方式，俗称"行规"。而这些行规，在税务全面推行营改增和金税三期以后，变成了这些行业的"原罪"和"地雷"，一碰即炸。

（4）除了自身不规范被税务预警引发稽查外，被举报、因为其他案件被查往往也会导致税务部门介入。而案子一旦进入上级税务部门的"税务稽查"环节，一般都是税务部门掌握了明确的线索。这时，企业需要考虑的不再是如何"据理力争",而是"及时止损"。

因此,建议企业:

(1) 要分析企业出现涉税违法行为的原因,是平时企业管理制度不健全,还是企业负责人刻意为之,前者可以通过制度加以设计改变,而后者则需要增强企业负责人的法律意识。

(2) 加强内部管理,规范发票的开具、保管、使用和报废流程,规避涉税风险。

(3) 企业老板应给予财务部门一定的权利,让其可以强而有力地对接其他部门,从而根据业务涉税环节做好业财融合的涉税证据链归集。

(4) 财务部门要有明确的分工,确定好岗位职责。财务部门要明确公司主要涉及的税种以及纳税管理工作,及时做好相应的账务处理,详尽地了解适合自己企业的税收政策,包括涉税风险点、税收优惠和减免政策,及时报税和缴纳税款。

(5) 重视、做好事后检查。企业财务部门应在年度终了前,及时分析企业可能涉及的税务风险点,进行自查自纠,检查的内容包括会计凭证、会计账簿、会计报表等。检查的方法包括:详查法和抽查法,顺查法和逆查法,联系查法和侧立面查法,以及分析法如比较分析法、推理分析法、控制分析法、盘存法。

第二章

企业纳税筹划概览

第一节　全面理解和应用纳税筹划

一、什么是纳税筹划

税务是财务和法律的结合，而纳税筹划不仅是企业的一种行为，也是纳税人结合财、税、法的一种税后利润管理理念。纳税筹划是纳税人在法律允许的范围内，通过组织、投资、经营、理财活动的事先筹划和安排，充分利用税法对不同纳税方式、不同税率、不同程度的税收优惠政策的规定，利用会计所提供的选择机会合理降低税负的经济行为。

为确保企业全生命周期税务合规，有效避免税务风险，企业一定要有合法性、前瞻性的税务管理理念，实施时做到交易结构、财务处理、会计披露、税务管理等行为与法律合同文本、财务凭证、纳税申报表等的规范衔接，健全涵盖交易结构、契约文书、财务规划、税务安排等在内的符合逻辑关系的一系列证据链条，在财务、税务、法律三个方面为业务开展提供强有力的支撑。

合法纳税筹划的方法包括：

（1）合理利用税收优惠政策。根据国家和地方政府的税收优惠政策，合理规划企业的生产经营活动，享受税收减免或优惠，如减免企业所得税、增值税、个人所得税等。

（2）合理配置资产。企业可以通过对资产配置的规范和优化，达到减轻税收负担、增加企业经济效益的目的。

（3）合理安排企业业务结构。通过企业重组、分立、并购等方式调整企业业务结构，合理分配利润，在不违反法律法规的前提下，减少税负。

（4）合理选择营业地点和登记注册类型。不同地区和行业的税收政策可能存在差异，选择适合企业的营业地点和登记注册类型，有利于降低税负。

（5）合理选择会计政策和核算方法。根据企业的实际情况，合理选择会计政策和核算方法，可以合法地调整企业的利润和税务负担。

合法的纳税筹划是以符合税法规定为前提，综合考虑企业的业务特性、经济效益和税务合规，通过规避涉税风险、控制或减轻税负等方式，实现企业的纳税成本支出最少而资本价值最大的最优纳税方案选择，旨在最大限度地减轻企业的税收负担，提高生存实力。

二、合法纳税筹划的必要性

1. 国家政策层面

在国家层面，税收是政府施加给企业的法定负担。因此，国家在制定税法及有关制度时，对纳税筹划行为早有预期，并希望通过纳税筹划行为引导社会资源的有效配置与税收的合理分配，以实现国家宏观政策。因此，纳税筹划不仅不违法，反而是国家给纳税人有法可依的权利。

2. 企业层面

于纳税人而言，在合法的前提下进行纳税筹划，是对税法立法宗旨的有效贯彻，也体现了税收政策导向的合理性、有效性，更是在企业的税务管理中发挥着举足轻重的作用。

企业在合法的前提下进行纳税筹划主要有三个目标：

目标一：降低企业整体税负；

目标二：延迟纳税、降低资金成本；

目标三：降低企业纳税风险。

在金税四期"以数治税"的管理环境下，偷、逃税将无所遁形。税务部门对各类涉税违法犯罪行为严查狠打，依托公安、检察、法院、海关、人民银行等部门联合，实现从涉税行政案件到刑事案件的高转化率，金税四期加"税警联合"的办案模式全面升级。企业在进行纳税筹划时，想做到"合法节税、合理缴税"的税务合规和优化结果，必须把"业、财、法、税融合"纳入企业的战略规划。事前进行纳税筹划除了可以降低经营过程中的税收成本外，还能起到防范税务风险的作用。事中企业还需要结合实际情况，在确保应纳税款足额、及时、准确缴纳的前提下，确保应该享受的税收优惠措施也足额、及时、准确地享受了。

三、合法纳税筹划的方案设计

1. 纳税筹划方案设计应遵循的原则

合法纳税筹划在方案设计中须遵循五大原则：事前性原则，合法、合理性原则，风险可控原则，全局性原则以及成本效益原则。

2. 纳税筹划方案设计应考虑的因素

主要包括整体税负的合理性、企业自身业务特点、直接依据的税收法规、企业架构及业务流程、国家宏观经济政策、企业长远发展目标等。

纳税筹划是在法律许可的范围内合理降低纳税人税负的经济行为。企业纳税筹划作为一项"双向选择"，不仅要求企业依法缴纳税款以及履行税收义务，而且要求税务机关严格"依法治税"。因此，纳税筹划方案设计应在税法规定的范围内，通过对经营、投资、理财等活动的事先筹划和安排，合理利用各地区、各行业的税收优惠政策进行。

纳税筹划可以通过对商业模式、组织形式、用工方式的选择，以及对合同、纳税时间、计税方式等的合理安排来完成。对于企业而言，税收优惠政策的享受采取的是"自行判别、申报享受、相关资料留存备查"的办理方式，企业需根据经营情况和相关税收规定自行判断是否符合优惠政策规定的条件。

四、哪些企业更需要做纳税筹划

我们在对企业进行税务合规诊断时发现，许多企业存在股东类型选择不当导致分红缴税偏多、商业模式不合理导致税负偏高、税收优惠政策不会用导致多缴冤枉税，以及纳税筹划过度被罚等情况。总结后发现这六类企业更需要做纳税筹划：

（1）高利润企业。这种类型的企业要缴的企业所得税比较多，如果做好纳税筹划，就可以节省大笔税金。

（2）规模大的企业。这种类型的企业有很大空间可以合法、合规地进行纳税筹划，不仅可以避免多缴冤枉税，节约税收支出，增加收益，还可以在一定程度上规避财税风险。

（3）成本低的企业。这种类型的企业往往税负较高，为了不纳税或少纳税而隐瞒收入和伪造成本的情况很多，进行纳税筹划不仅可以合法节税，合理缴税，而且有利于贯彻国家宏观经济政策，使经济效益和社会效益达到有机结合。

（4）重视合规的企业。这种类型的企业一般对纳税信用等级、涉税行政处罚、涉税刑事犯罪都很警惕，纳税筹划可以事前为企业纳税规划，事中动态跟进企业的税务合规，事后让企业安枕无忧地合法节税，还可以避免漏缴、错缴税。

（5）发展快的企业。这种类型的企业的财务团队往往不具备全面了解并充分享受税收优惠政策、多维度事前规划税收、更细致地防范税收风险的能力和经验。合理的税务规划和税务结构设计一定程度上可以为企业降低税负，减少税收支出，从而提高企业的经济效益。

（6）税负高的企业。纳税筹划不仅有利于帮助企业减轻税负，减少运营成本，将更多资金用于投资和扩大再生产，还能提升财务和会计的管理水平。

第二节　企业纳税筹划思路及实战案例

税收是企业经营发展中的一项重要成本，而合法合理的纳税筹划则是企业实现利益最大化的关键途径，通过精心规划与实施，企业可以降低税务成本，减轻纳税压力，从而为企业的持续生存和稳健发展提供更为充足的资金支持。

本节将分享一些常用的企业纳税筹划思路及实战案例，旨在更好地指引企业进行纳税筹划。

一、利用企业性质进行纳税筹划

1. 方案设计原理

纳税筹划是指纳税人充分利用法律赋予的自由交易权利以及节税资源，在合法合规前提下通过运用各种纳税筹划手段降低税负，最终达到以最低的税负实现交易的目的。而实现纳税筹划目的的前提是提前规划，比如：根据不同性质企业适用的税种、税率、税收政策考虑企业性质的选择，子公司与分公司的选择，一般纳税人与小规模纳税人的选择，软件企业、集成电路企业、高新技术企业的选择，特区、浦东新区、西部地区等注册地点的选择。只要有两种以上方式就存在选择，选择的过程就是在做纳税筹划。

2. 纳税筹划实操

【案例 2-1】

李某打算成立一家公司，预计税前利润 50 万元，请问以何种方式组建公司？

【解析】李某存在两种选择：一是成立一家有限责任公司，二是成立一家个人独资企业。

纳税筹划方案 1：成立有限责任公司。

应纳企业所得税=50×5%=2.5（万元）；

股东分红应纳个人所得税=（50-2.5）×20%=9.5（万元）；

税负合计=2.5+9.5=12（万元）。

纳税筹划方案 2：成立个人独资企业。

应纳个人所得税=50×35%-0.675=16.825（万元）。

方案 1 比方案 2 少纳税 4.825 万元。

【案例 2-2】

B 公司主要从事礼品批发业务，年应纳增值税销售额 300 万元，由于礼品的进销差价比较大，进价为销价的 20%，请问 B 公司选择一般纳税人还是小规模纳税人？

【解析】方案一：B 公司为一般纳税人。

应纳增值税=300×13%-300×20%×13%=31.2（万元）；

应纳城建税及附加=31.2×10%=3.12（万元）。

方案二：B 公司为小规模纳税人。

应纳增值税=300×（1+13%）÷1.03×0.03=9.87（万元）；

应纳城建税及附加=9.87×10%=0.99（万元）。

方案二比方案一增加利润=31.2+3.12-9.87-0.99=23.46（万元）；

所得税税负增加=23.46×25%=5.87（万元）。

方案二比方案一节税总金额为 23.46 - 5.87 = 17.59（万元），税负率降低 5.86%。

二、利用业务拆分进行纳税筹划

1. 方案设计原理

将一项业务拆分为两项或多项业务，拆分后的业务可适用更低税率。

2. 纳税筹划实操

【案例 2-3】

中关村某高新技术公司为增值税一般纳税人，主要销售技术含量很高的设备，该公司销售设备的同时，还需要向客户提供技术指导。假设公司全年不含税销售收入 3,000 万元，全年可抵扣进项税额 150 万元。

【解析】该公司销售属于混合销售行为，应当缴纳增值税，税负情况为：

应纳增值税 = 3,000×13% - 150 = 240（万元）；

应纳城建税及附加 = 240×10% = 24（万元）；

应纳税总计 = 240 + 24 = 264（万元）；

筹划方案：经调查，公司增值税税负偏高，主要是由于设备销售后需要为客户提供较长时间的技术指导、咨询，销售额中的 1/3 属于技术指导和咨询费。由于该部分服务费用与设备销售裹在一起，故增值额较高。考虑到该因素及公司实际经营状况，我们建议公司另成立一家技术咨询服务公司，专门提供设备相关的技术服务。在这种设计下，企业整体的税负情况为：

应纳增值税 = 2,000×13% - 150 = 110（万元）；

应纳增值税 = 1,000×6% = 60（万元）；

应纳城建税及附加 =（110 + 60）×10% = 17（万元）；

应纳税总计 = 110 + 60 + 17 = 187（万元）；

通过业务拆分的方式，企业应纳税总额降低了 77 万元；减去因利润增加带来的企业所得税的增加，实际为企业减少的税负为：77 - 77×15% = 65.45（万元），整体税负降低了 24.79%。

【案例 2-4】

某电器零售商有空调销售业务，假设空调进价为 2,825 元，售价为 3,390

元，商家负责送货并安装。那么，该项业务税负应该怎么计算？

【解析】这是一种混合销售模式，税法上规定，销售与安装由同一公司完成的，视为一笔业务，税负情况为：

应纳增值税=3,390÷1.13×13%－2,825÷1.13×13%=65（元）；

应纳城建税及附加=65×10%=6.5（元）；

应纳税所得额=3,390÷1.13－2825÷1.13－6.5=493.5（元）；

所得税影响金额=493.5×25%=123.38（元）；

整体税负=65+6.5+123.38=194.88（元）。

筹划方案：将上述业务拆分为产品销售和送货及安装两项业务，即将一笔业务拆分成两笔，其中送货及安装业务由关联公司完成。假设每台空调的售价为3,164元，安装费为226元，拆分后这两笔业务的总体税负为：

应纳增值税=3,164÷1.13×13%－2,825÷1.13×13%=39（元）；

应纳增值税=226÷1.06×6%=12.79（元）；

应纳城建税及附加=（39+12.79）×10%=5.18（元）；

应纳税所得额=3,164÷1.13－2,825÷1.13－5.18=294.82（元）；

所得税=294.82×25%=73.71（元）；

整体税负=39+12.79+5.18+73.71=130.68（元）。

由此可以看到，经过筹划以后，每销售安装一台空调就可以少缴64.2元（194.88－130.68=64.2）的税，如果业务量大，节税效果就更明显了。

【案例2-5】

东北某公司，主业为生产燃煤锅炉，由于市场及经营原因，公司主业已无法继续经营，于是公司改变了经营业务。公司将生产车间设备全部出售，将厂房改造后出租给某汽配城。双方签订出租协议，协议规定该公司将厂房及公司办公楼出租给汽配城，租金为1,000万元。

【解析】上述案例中，该公司整体税负情况：

应纳增值税=1,000×5%=50（万元）；

应纳城建税及附加=50×10%=5（万元）；

应纳房产税=1,000×12%=120（万元）；

整体税负=50+5+120=175（万元）。

筹划方案：经过对该公司出租业务的详细分析发现，公司已经把厂房租给了汽配城，仅留下了几间办公室办公，工厂除了厂房和办公楼外，还有很大面积的空地，汽配城将其当作停车场。另外，公司将厂房和办公楼一部分附属设施和办公设备也一同交予汽配城使用，还需要保证全部水电正常供应。基于上述情况，我们建议公司将该协议拆分为三份协议：一份为厂房、办公楼出租协议，一份为停车场、场内道路用地、附属设施、办公设备出租协议，一份为物业管理协议，负责水电维护管理，租赁金额分别为500万元、400万元、100万元。在这样的设计下，企业的整体税负情况为：

应纳增值税＝1,000×5%＝50（万元）；

应纳城建税及附加＝50×10%＝5（万元）；

应纳房产税＝500×12%＝60（万元）；

增加的所得税＝60×25%＝15（万元）；

整体税负＝50+5+60+15＝130（万元）。

筹划后，总体节税金额为175-130＝45（万元）。

三、通过改变供应链进行纳税筹划

1. 方案设计原理

多环节征税的税种就减少环节；单环节征税的税种就增加环节，减小税基，比如缩短或延长外部供应链。

2. 纳税筹划实操

【案例2-6】

北京C公司是一般纳税人生产企业，公司生产产品属于工业产品，产品不需要安装，也不需要相关技术服务，属于纯产品销售，公司增值税税负较高，达到10%。

【解析】C公司实际情况显示，公司增值税筹划空间较小，通过对该公司业务进行分析，我们发现该公司增值税税负高的原因是，公司存在很多应当取得增值税专用发票的成本费用支出未能取得增值税专用发票。

筹划方案：我们提出的方案是加强外部供应链的管理。公司明确规定应当取得增值税专用发票的采购项目，如果无法取得增值税专用发票需经总经理和财务总监审批。该方案使该公司增值税税负降低了两个点。

【案例 2-7】

北京某化妆品企业销售化妆品，每盒日霜销售价格为 50 元。这个企业的纳税筹划可以怎么做？

【解析】化妆品为消费税应税产品，销售化妆品除应缴纳增值税外，还应当缴纳消费税 50×30%＝15（元）。

筹划方案：经调查，公司销售模式为代理商销售模式，以及商场和超市直销。如果供应链延长，就将销售部门分立成公司，改由销售部门包销，假设包销结算价格为 38 元。

应纳消费税＝38×30%＝11.4（元）；
节税金额＝（15-11.4）×1.1×（1-25%）＝2.97（元）；
税负率降低 5.94%。

四、通过改变经营方式进行纳税筹划

1. 方案设计原理

不同的经营方式税负可能是不同的，建议企业选择税负较低的经营方式。

2. 纳税筹划实操

【案例 2-8】

为什么现在的歌厅和洗浴中心都提供餐饮服务了？

【解析】歌厅或洗浴中心本是提供唱歌和洗浴服务的场所，两者均属于 20% 营业税应税劳务，流转税税负比较高，虽然现在营业税已经没有了，但是这个案例也能说明一些问题。

筹划思路：通过增加餐饮服务项目改变原来的单一服务经营方式，并且注册成立餐饮服务公司。

【案例 2-9】

某服装生产企业采用代理商门店销售方式进行销售，代理商门店多为个体经营户经营，税收征收方式基本都是核定征收。假定该企业全年销售收入为 20,000 万元。由于该服装生产企业生产的是品牌服装，增值额较高，管理层认为增值税税负偏高。

【解析】经过对该公司业务的详细分析，并考虑代理商门店的利益，我们提出是否可以改变公司的销售模式，即从普通销售模式改为会员制销售模式。代理商缴纳一定金额的会员费后，就可以以更低的价格进货，这种政策可以鼓励代理商多销货，销量越大，代理商利益越大。这种模式下，公司与代理商的利益也不冲突，公司销售部最后也同意采用此种方法。假设，每个门店销售额（含税）平均为100万元，则可规定每年缴纳20万元会员费就可以8折价格进货。下面来看一下这样安排后公司的税负情况。

传统销售模式下公司销项税金＝20,000×13%＝2,600（万元）；

会员制销售模式下销项税金＝20,000×80%×13%＝2,080（万元）；

会员费应缴纳增值税＝20,000×20%×6%＝240（万元）；

会员制销售模式增值税总计＝2,080+240＝2,320（万元）；

会员制销售模式少缴增值税＝2,600-2,320＝280（万元）；

增加利润多缴纳的所得税＝280×25%＝70（万元）；

方案节税总额＝280-70＝210（万元）。

【案例2-10】

北京郊区某工业产业园公司建有大量的车间厂房及仓库，账面价值20,000万元。由于园区周围配套设施不完善，无法引进工业生产企业，产业园只好将厂房租赁给其他公司作为库房存放货物，假设每年收取的租金总额为3,000万元，那么这家公司可以怎么做纳税筹划呢？

【解析】出租房屋属于租赁服务业，需缴纳9%增值税，同时还需要缴纳房产税，应缴纳房产税＝3,000×12%＝360（万元）。

筹划方案：经与这家公司详尽沟通，我们发现它在出租厂房的同时，还会负责整个园区的安全保卫工作及房屋日常维护。因此，我们建议公司改变经营方式，将租赁服务变为仓储服务。这样变更以后，增值税不变，但房产税降低了。

应缴纳房产税＝20,000×0.7×1.2%＝168（万元）；

两者相比较税负降低了360-168＝192（万元）。

【案例 2-11】

为什么开发商热衷于卖精装修房？

【解析】房地产行业是一个税负比较高的行业，除了增值税、企业所得税等外，还需缴纳土地增值税。假设某房地产开发商一楼盘建筑面积为 10 万平方米，土地、建安、开发费用等土地增值税可扣除成本为 4 亿元（4,000 元/平方米），销售收入为 8.5 亿元（8,500 元/平方米），则该项目需要缴纳的土地增值税为：

增值额=8.5-4=4.5（亿元）；

增值率=4.5÷4×100%=112.5%，适用 50%税率；

应纳土地增值税=45,000×50%-40,000×15%=16,500（万元）。

筹划方案：改毛坯房销售为精装修房屋销售，每平方米装修成本（含增加的相关税金）为 1,500 元，总扣除成本变为 5.5 亿元；售价变成 10,000 元/平方米，总售价为 10 亿元。

增值额=10-5.5=4.5（亿元）；

增值率=4.5÷5.5×100%=82%，适用 40%税率；

应纳土地增值税=45,000×40%-55,000×5%=15,250（万元）；

应纳土地增值税减少了 16,500-15,250=1,250（万元）。

五、通过改变交易方式进行纳税筹划

1. 方案设计原理

不同的交易方式可能导致税务处理上的差异。比如，企业可以利用关联方之间的买卖、租赁、提供劳务等方式，合理转移利润，降低税负。

【案例 2-12】

某大型集团由母公司 A 及其两家子公司 B 和 C 组成。B 公司和 C 公司各有分工，B 公司负责生产，C 公司负责销售和售后服务。由于市场环境的变化，集团内部原有的交易方式逐渐显露出税务方面的不足，导致整体税负偏高。为了降低税负，集团决定进行纳税筹划，通过改变内部交易方式来达到节税的目的。

【解析】原有交易方式是B公司将其生产的产品直接销售给C公司，C公司再对外销售给最终客户，在这种交易方式下，B公司和C公司都需要缴纳相应的增值税和企业所得税，企业税负较高。

为了降低税负，集团可以这样进行纳税筹划：B公司不直接将产品销售给C公司，而是采取内部调拨的方式将产品转移给C公司，由于B公司和C公司之间没有发生销售行为，B公司就不需要缴纳增值税和企业所得税了。

【案例2-13】

李某系一家公司股东，假设他每年从公司领取48万元，那么他以什么方式领取总体税负最低呢（不考虑专项附加扣除）？

【解析】李某领取的方式至少有三种。

方式一：作为工资平均领取。

方式二：作为分红一次性领取。

方式三：每月领取一部分，年终领取一次年终奖。

方式一的税负情况：

仅需缴纳个人所得税，个人所得税总计=（480,000-60,000）×25%-31,920=73,080（元）。

方式二的税负情况：

需缴纳个人所得税和企业所得税。个人所得税=480,000×20%=96,000（元）；企业所得税=480,000×25%=120,000（元）。

方式三的税负情况：

假设将48万元平均分成两部分，一部分按工资发放，另一部分按年终奖金发放，则工资应纳个人所得税=（240,000-60,000）×20%-16,920=19,080（元）；年终奖应纳个人所得税=240,000×20%-1,410=46,590（元）；个人所得税总计=19,080+46,590=65,670（元）。

比较后可知，方式二最不可取，税负最高；方式三税负最低，较方式一可节税73,080-65,670=7,410（元）。

六、通过重组、合并与分立进行纳税筹划

1. 方案设计原理

重组、合并与分立可以改变企业的税务结构，不同的企业组织结构和交易

方式会产生不同的税务结果。通过合理的重组、合并或分立，企业可以优化其税务结构，使税务负担更为合理，从而实现节税的目标。

2. 纳税筹划实操

【案例 2-14】

某高新技术公司税前利润率很高，公司已经运用了各种合法手段来降低税前利润，但公司税前利润依然很高。

【解析】由于公司已经将自身能用的政策全部运用了，也就是说从公司本身出发已无任何办法，这种情况下，公司可以考虑通过外部力量进行纳税筹划，例如并购亏损企业。

七、利用税收政策进行纳税筹划

1. 方案设计原理

从税收政策出发，使方案设计符合税收优惠政策，即充分利用税收优惠政策，如增值税减免政策、企业所得税优惠政策、土地增值税优惠政策、个人所得税优惠政策等。每个优惠政策的使用均是一个纳税筹划方案。

2. 纳税筹划实操

【案例 2-15】

利用赊销方式延迟增值税纳税义务发生时间。

《中华人民共和国增值税暂行条例实施细则》第三十八条对增值税纳税义务发生时间进行了明确，具体如下。

（1）采取直接收款方式销售货物，不论货物是否发出，均为收到销售款或者取得索取销售款凭据的当天。

（2）采取托收承付和委托银行收款方式销售货物，为发出货物并办妥托收手续的当天。

（3）采取赊销和分期收款方式销售货物，为书面合同约定的收款日期的当天，无书面合同的或者书面合同没有约定收款日期的，为货物发出的当天。

（4）采取预收货款方式销售货物，为货物发出的当天，但生产销售生产工期超过 12 个月的大型机械设备、船舶、飞机等货物，为收到预收款或者书面合同约定的收款日期的当天。

（5）委托其他纳税人代销货物，为收到代销单位的代销清单或者收到全部或者部分货款的当天。未收到代销清单及货款的，为发出代销货物满180天的当天。

（6）销售应税劳务，为提供劳务同时收讫销售款或者取得索取销售款的凭据的当天。

【案例2-16】

利用技术转让、免税收入、研发费用等加计扣除政策设计纳税筹划方案。

按《中华人民共和国企业所得税法》的相关规定，研究开发费用的加计扣除，是指企业为开发新技术、新产品、新工艺发生的研究开发费用，未形成无形资产计入当期损益的，在按照规定据实扣除的基础上，按照研究开发费用的50%加计扣除；形成无形资产的，按照无形资产成本的150%摊销。

企业安置残疾人员所支付的工资的加计扣除，是指企业安置残疾人员的，在按照支付给残疾职工工资据实扣除的基础上，按照支付给残疾职工工资的100%加计扣除。

【案例2-17】

北京某技术型公司主要收入为技术特许收入，公司除了日常发生的一些管理费用外，几乎没有任何成本，税前利润率很高，为80%左右；所得税税负很高，公司年收入在5,000万元至7,000万元之间。

【解析】假设该公司营业额为6,000万元，则税前利润大致为4,800万元，则公司应纳企业所得税＝4,800×25%＝1,200（万元），所得税税负率＝1,200÷6,000×100%＝20%。

筹划方案：该公司存在的一个最大的问题是成本费用扣除金额过小。一般情况下，这种公司应当具有很高的技术研发费用，但从目前的情况来看，该公司的技术研发费用并不高。经过对该公司业务的详细了解得知，该公司股东持有一项专利技术，这家公司的开设也是源于这项专利技术。因此，企业可以利用研发费用100%加计扣除政策、高新技术企业所得税优惠税率，以及优化股东专利技术使用安排这三个方向进行纳税筹划。

【案例 2-18】

北京某大型酒店公司拥有两座大型酒店，其建设该酒店取得的土地使用权价值 3.6 亿元，酒店总投资 11.4 亿元，两项合计 15 亿元。

【解析】该公司执行《企业会计制度》，故土地使用权应当记入"房屋原值"，按房产税计税。

筹划方案：根据《企业会计准则第 6 号——无形资产》，土地使用权应作为无形资产处理，不再记入"固定资产原值"。既然房产税计税基数中的原值应根据国家有关会计制度规定进行核算确定，我们就建议公司执行新的会计准则，这样公司每年可以少缴一些房产税，应纳房产税 = 36,000×70%×1.2% = 302.4（万元）。

八、通过转移价格、利润转移进行纳税筹划

转移价格和利润转移也是企业进行纳税筹划时常用的两种思路，旨在通过合理安排交易和分配利润，降低税务负担，优化税务结构。

转移价格是指企业内部关联方之间在进行商品、劳务或无形资产等交易时所使用的价格。关联企业之间可以通过调整商品、劳务和无形资产的交易价格来调整双方的利润水平。

利润转移是指通过特定的交易安排或业务重组，将利润从一个地区或企业转移到另一个地区或企业，以达到降低整体税务负担的目的。企业可以通过业务转移、关联交易、设立低税率企业等方式，实现利润转移，从而降低企业整体的税负。

九、其他合法纳税筹划思路

除了上面详细阐述的 8 种合法纳税筹划思路以外，其他可实践的合法纳税筹划思路可见表 2-1。

表 2-1　其他合法纳税筹划思路

序号	纳税筹划方向	纳税筹划具体建议
1	产品结构	于一般纳税人的税负率而言，不同的产品或服务，有 13%、9%、6%、0%四档税率，企业可选择非混合销售方式节税

续表

序号	纳税筹划方向	纳税筹划具体建议
2	业务模式	不同公司有不同业务模式，如：广告设计公司，策划、设计、制作、咨询不需要缴纳文化事业建设税，但代理、发布、宣传、播映、展示需要缴纳文化事业建设税
3	企业类型有关的税收优惠政策	如小微企业、科技型中小企业、高新技术企业、双软企业等税收优惠政策，做好税收政策解读，不错过能够合法享受税收优惠政策的每个细节
4	税前扣除政策	如研发费用、职工教育经费等，降低应纳税所得额
5	税前减免政策	如捐赠公益事业、对外投资等，降低应纳税所得额
6	税前免税政策	如对外承包工程、对外提供劳务等，降低应纳税所得额
7	税前抵扣政策	如抵扣前期亏损、抵扣固定资产折旧等，降低应纳税所得额
8	税前汇算清缴政策	如调整前期所得额、抵扣前期亏损等，降低应纳税所得额
9	税后调整政策	如调整应纳税所得额、调整税款等，降低企业税负
10	税后补偿政策	如退税、税收补贴等，降低企业税负
11	税后调查政策	如申请税务机关调查、申请税务机关复议等，保障企业权益
12	税后诉讼政策	如申请行政诉讼、申请仲裁等，保障企业权益
13	进项税额抵扣政策	将购进货物、接受服务等的增值税专用发票作为进项税额抵扣
14	小规模纳税人政策	如享受增值税减免、简易征收等优惠政策
15	增值税即征即退政策	将符合条件的销售额、进项税额及固定资产作为即征即退对象
16	增值税分税制政策	将增值税分为中央和地方两部分，实现中央与地方的财政收入分配
17	增值税转型升级政策	将符合条件的技术改造、设备更新等作为增值税减免、退税对象

续表

序号	纳税筹划方向	纳税筹划具体建议
18	增值税跨境电商政策	将符合条件的跨境电商交易作为增值税减免、退税对象
19	增值税出口退税政策	将符合条件的出口货物作为增值税退税对象
20	消费税优惠政策	环保设备、公共交通工具等可尝试申请
21	消费税减免政策	农产品、文化体育用品等可尝试申请
22	消费税纳税申报政策	按照规定时间、规定方式进行消费税的纳税申报
23	关税优惠政策	如利用进口设备、进口原材料相关的关税优惠政策
24	关税减免政策	如利用发展中国家、贫困地区等的关税减免政策
25	关税征收政策	如按照规定时间、规定方式进行关税的征收
26	合理抵扣支出	如合理减免企业所得税、增值税等
27	设立合适的产权结构公司	如通过合理建立子公司、分支机构，以及股权、证券等产权分散机构，可以实现良好的资本管理和合理的纳税筹划
28	多元化投资	如通过股票、债券、房地产、基金、期货等多种渠道来实现投资的多元化，降低经营风险，并且减少税负
29	股东的选择	如选择自然人、有限公司、有限合伙作为股东
30	合适的财务制度	可以根据自身状况选择现金制度或应收应付制度，并且合理设置折旧年限和折旧方法，加强资产管理，降低税负
31	发放高额股息	条件允许的企业，可以通过发放高额股息来减少企业所得税支出，同时实现人员激励
32	合理的跨国税收	拥有不同国家的纳税人身份，如境外自然人股东分红税为0%，境外法人股东分红税为10%
33	优化资金结构	如通过合理筹集资金、优化利润，以及提高资金使用效率，降低税负
34	降低汇兑损失	加强汇率管理，降低汇兑损失，降低税负

续表

序号	纳税筹划方向	纳税筹划具体建议
35	减免税收滞纳金	自愿缴纳税款并及时申请减免税收滞纳金，降低税负
36	贴现资金	通过贴现提前收到应收账款，减少贷款利息支出和税负
37	抵减进项税额	如购买进口物资费用、技术费、专利费、知识产权费用等，合理申报抵减进项税额，减少税负
38	低税率及减计收入优惠政策	如对符合条件的小型微利企业实行20%的优惠税率，资源综合利用企业的收入总额减计10%
39	产业投资的税收优惠	如对农林牧渔业给予免税，让国家重点扶持基础设施投资享受三免三减半税收优惠，将环保、节能节水、安全生产等专用设备投资额的10%从企业当年应纳税额中抵免
40	就业安置的优惠政策	如企业安置残疾人员所支付的工资加计100%扣除，安置特定人员（如下岗、待业、转业人员等）就业支付的工资也给予一定的加计扣除
41	存货计价方法	选择不同的存货计价方法，会导致不同的销货成本和期末存货成本，产生不同的企业利润，进而影响各期所得税额。企业应根据自身所处的不同纳税期以及盈亏的不同情况选择不同的存货计价方法，使得成本费用的抵税效应得到最充分的发挥
42	收入确认时间的选择	在合适的范围内，根据企业所得税法规定的销售方式及收入实现时间的确认。如：直接收款销售方式，以收到货款或者取得收款凭证，并将提货单交给买方的当天为收入的确认时间；托收承付或者委托银行收款方式，以发出货物并办好托收手续的当天为确认收入时间；赊销或者分期收款销售方式，以合同约定的收款日期为企业收入的确认日期；预付货款销售或者分期预收货款销售方式，以是否交付货物为确认收入的时间；长期劳务或工程合同，按照纳税年度内完工进度或者完成的工作量确认收入的实现。 可通过销售方式的选择，控制收入确认的时间，合理归属所得年度，可在经营活动中获得延缓纳税的税收效果

续表

序号	纳税筹划方向	纳税筹划具体建议
43	合并筹划法	进入新领域、新行业，享受新领域、新行业的税收优惠政策；并购亏损企业，盈亏补抵，实现成本扩张；企业合并减少关联性企业或上下游企业的流通环节，合理规避流转税和印花税；改变纳税主体的性质，譬如由小规模纳税人变为一般纳税人，由内资企业变为中外合资企业；利用免税重组优惠政策，规避资产转移过程中的税收负担
44	分立筹划法	分立为多个纳税主体，形成有关联关系的企业群，实施集团化管理和系统化筹划；将兼营或混合销售中的低税率或零税率业务独立出来，单独计税，降低税负；使适用累进税率的纳税主体分化成两个或多个适用低税率的纳税主体，税负自然降低；增加流通环节，以便流转税抵扣及转让定价策略的运用
45	收购筹划法	重组利润，收购产业线关联企业，如资源型、技术型、销售型企业，既可以巩固市场地位，又可以合理降低税负
46	资产管理筹划法	一是固定资产、无形资产及时入账，二是用好资产折旧抵税
47	薪酬福利筹划法	利用免税收入、培训支出、奖金、福利、补贴等的合理安排进行纳税筹划
48	累进税率筹划法	利用个人所得税、土地增值税等税种的税率分级临界点进行纳税筹划
49	分摊筹划法	依据税法对无形资产、待摊销费用、固定资产折旧、存货计价方法、间接费用等进行分摊
50	地区不同的税收优惠	如：海南自由贸易港，2020年1月1日至2024年12月31日之间，高新技术企业、旅游业、现代服务业，按15%征收所得税；广州南沙，鼓励类产业的企业，2022年1月1日至2026年12月31日之间，按15%征收企业所得税

企业做纳税筹划时，除了要提前规划，还要在税法允许的范围内，考虑自己所处的地区、行业，以及所用的业务模式等，更要对政策要求的条件进行逐

条解读，逐一匹配分析自身是否满足政策要求。对于持续多年享受的税收优惠政策，更需要持续关注政策变化，并要求负责涉税工作的办税人员对税收政策与财务核算足够熟悉，对政策理解足够透彻，对享受优惠政策以及在日常管理中发现企业存在与政策规定不符等情况，要及时与有关部门进行沟通、传递和确认，确保涉税处理无误。

第三节　纳税筹划实施十步法

作为企业的财税从业人员，熟悉税务合规知识是基础，掌握合法的纳税筹划方法是前提，最重要的是能够根据企业的特点，结合政策适用性去实行纳税筹划。下面来看一下纳税筹划实施的十个步骤。

（1）明确自己的税收目标。不仅要考虑缴纳的税种和税负，还需要考虑自身的经营情况、现行的税收优惠政策以及法律法规等因素。

（2）确定筹划的主体对象的业务类型、人员、资产等要素，为设计纳税筹划方案奠定基础。

（3）收集纳税筹划必需的信息。包括企业或个人的财务情况、业务情况、税收政策及行业动态等，对税收政策和市场环境等进行综合、全面的分析、评估。

（4）设计方案。先了解行业的税收环境，根据企业规模、财务结构、行业特征等，选择恰当的纳税方式，设计纳税筹划方案。

（5）确定目标。比如低税负点、税基最小化、适用税率最低化、减税最大化或递延纳税等。

（6）方案过会、论证、分析和评价。一是论证可行性，二是避免触犯红线。

（7）实施方案审批。经批准后，涉及实施的业务部门、财务部门、决策人全力支持实施。

（8）事中对该纳税筹划方案进行监管、评估并改进。在纳税筹划方案的实施过程中，应及时监控出现的问题，再运用信息反馈制度，对纳税筹划方案的效果进行评价，考核其经济效益与最终结果是否实现纳税筹划目标。如果因为执行偏差、环境改变或者原有方案的设计存在缺陷等问题，最终结果与预期结果产生差异，要及时反馈给纳税筹划的决策者，然后对方案进行改进。

（9）事后对税务安全、健康状况进行检查。

（10）做好涉税证据链健全、归档工作，避免税务稽查无据可依。

综上，纳税筹划是纳税人的一项基本权利，纳税人在合法合规的前提下，所取得的收益应属合法收益。纳税筹划方案的实施，要以合规为前提，深度调研，客观取证（财务数据、政策法规），解决企业的财税痛点。同时，要注意纳税筹划方案要符合公司发展战略，与企业组织架构模式相吻合，这样才能保障企业持续、健康、稳定地发展。

第三章

房地产企业税务合规与纳税筹划

第一节 房地产企业税务风险概述

一、房地产企业常见的税务风险

房地产企业是税务风险的高发地带，常见的税务风险主要在扣除土地价款、列支预提费用等事项的处理中。

（一）违规扣除土地价款

【案例 3-1】

甲公司通过竞价方式，与 A 市国土资源主管部门签订《国有建设用地使用权出让合同》，受让一块国有建设用地使用权，合同约定将出让宗地交付给受让人甲公司的时间为 2017 年 3 月 21 日前（实际交付时间为 2017 年 4 月 21 日）。甲公司于 2017 年 2 月 18 日、27 日分别向 A 市国土资源主管部门支付土地价款 4.18 亿元。2017 年 3 月 5 日，甲公司与房企 M 分别持股 51%和 49%成立项目公司乙公司，合作开发受让土地。2017 年 3 月 18 日，A 市国土资源主管部门、甲公司和乙公司三方签订《国有建设用地使用权出让合同》的补充合同，将原出让合同中的受让人甲公司调整为乙公司，原出让合同其他条款内容及要求不变。

本案例重点需要关注的有三点：一是乙公司在计算增值税时，因不符合硬性条件而无法扣除支付给政府部门的土地价款。也就是说，乙公司在销售不动产产生增值税纳税义务后，在计算应纳增值税时，不能扣除向政府部门支付的土地价款。二是甲公司支付土地价款后，与房企 M 分别持股 51%和 49%成立乙公司，不符合《关于明确金融 房地产开发教育辅助服务等增值税政策的通知》（财税〔2016〕140 号）的规定，即项目公司的全部股权须由受让土地的房地产开发企业持有。三是合同约定将出让宗地交付给受让人的时间为 2017 年 3 月 21 日前，但出让宗地实际到 2017 年 4 月 21 日才被交付给乙公司，在此期间该公司未与相关部门签署变更出让宗地交付时间的补充合同。根据

《中华人民共和国城镇土地使用税暂行条例》和《财政部 国家税务总局关于房产税城镇土地使用税有关政策的通知》（财税〔2006〕186号）中的相关规定，应从合同约定交付土地时间的次月，即2017年4月起申报缴纳城镇土地使用税。该公司从2017年5月开始申报缴纳城镇土地使用税，不符合规定。

获取国有土地使用权是房地产开发的前提，房地产企业一般在取得国有土地使用权后会设立一个项目公司，将国有土地使用权人变更到项目公司名下进行开发。在此过程中，房地产企业应注意设立项目公司不合规带来的税务风险。

（二）违规列支预提费用

【案例3-2】

房地产企业A共开发了3个房地产项目，在项目竣工结转开发产品时，企业对部分未取得发票的应付工程款作了预提处理。预提的费用包括土地征用费、拆迁补偿费、前期工程费、建筑安装工程费、基础设施建设费及公共配套设施费，3个项目合计预提金额约5亿元，对应合同总金额约46亿元。

这个案例中我们需要关注的税务风险点主要有两个，分别是超限额列支预提费用和超范围列支预提费用。房地产企业应注意税法规定的预提比例上限，对于出包工程而言，发票不足金额预提费用不能超过出包工程合同总金额的10%；同时应注意一定要在政策允许的范围内预提费用，只有出包工程费、公共配套设施费、报批报建费用和物业完善费用才可预提，切勿超范围列支预提费用。

（三）甲供工程业务中重复扣除"甲供材料"

【案例3-3】

房地产企业B公司与施工企业签订了一份"甲供材料"建筑施工合同，约定：合同金额为1,000万元（含B公司购买提供给施工企业的施工材料），增值税金额为90万元。工程竣工，决算价为1,090万元，"甲供材料"金额为200万元。另外，B公司向材料供应商采购价值200万元的材料，收到13%的增值税进项发票，B公司记入"开发成本"科目的成本金额为1,200万元。

企业采取包工不包料方式发包工程，在材料供应商提供的材料、水电和其他物资已凭发票被计入开发成本的情况下，让施工企业按劳务费和材料价款的合计金额再次开具发票，并负担其多开部分的税款，重复列支了开发成本。因此，在含"甲供材料"金额的合同中，房地产企业与施工企业在工程结算时，建议尽可能采用"差额结算法"，即不将"甲供材料"金额计入工程结算价和施工企业的销售额中，避免重复列支开发成本的税务风险。

（四）缺失合法有效的税前扣除凭证

【案例 3-4】

房地产企业 C 公司委托某房地产经纪有限公司，开展商品房销售代理及现场手续办理等业务，双方约定根据委托代办完成进度计算代理费。当年，C 公司计提委托销售代理费 390 万元，记入"销售费用"科目，并在企业所得税税前全额扣除。但该笔款项当年并未实际支付，也未取得任何合法有效凭证，产生了违规税前扣除的税务风险。

能否取得合法有效的税前扣除凭证，直接决定了能否扣除成本费用支出。因此，企业在业务交易时须注意上游供货商或服务提供商能否及时开具发票，同时在入账时须注意取得的发票是否符合规定，比如票面信息是否与经济业务一致、是否为作废发票等。

（五）符合资本化条件的借款费用未作资本化处理

【案例 3-5】

房地产企业 D 公司经税务机关提醒后发现，2020 年"财务费用"科目数据为 170 万元，其中 110 万元为工程贷款产生的利息。该笔工程贷款资金用于建设甲项目，符合资本化条件，但该笔贷款发生的相关利息却被财务人员记入了"财务费用"科目，未进行资本化处理。

企业发生的借款费用，符合资本化条件的，必须进行资本化处理；不符合资本化条件的，才可作为期间费用在所得税税前扣除。房地产企业项目开发周期长，占用资金量大，借入资金较多，利息支出所占比重较大，对于为建造开发产品借入资金发生的借款费用，应准确划分成本对象，严格遵守会计准则和税法的规定，精确计算资本化的金额，才能管控好税务风险。

（六）外购礼品赠送客户的费用进行全额扣除

【案例 3-6】

房地产企业 E 公司企业购买服装、雨伞等作为礼品赠送给客户，并将该笔支出记入"期间费用"科目，申报企业所得税税前全额扣除。

外购礼品赠送客户应作视同销售处理，并且礼品赠送支出不得超限额扣除。就增值税而言，视同销售货物为无销售额的，依次按纳税人最近时期同类货物的平均销售价格、其他纳税人最近时期同类货物的平均销售价格、组成计税价格的顺序确定销售收入；就企业所得税而言，除另有规定外，应按照被移送资产的公允价值确定销售收入。案例 3-6 中，E 公司的礼品赠送支出属于业务招待支出，只能按照发生额的 60% 作税前扣除，且不得超过当年营业收入的 5‰。

（七）合同约定应收未收房款未确认收入

【案例 3-7】

房地产企业 F 公司本月预收房款 8,000 万元，签订购房合同金额 2.38 亿元（其中含合同约定分期付款当月应收而未收到的房款 800 万元）。次月申报期内，财务人员仅将预收房款 8,000 万元确认收入并申报了企业所得税，合同约定分期付款当月应收未收房款 800 万元未确认销售收入。

房地产企业通过正式签订《房地产销售合同》或《房地产预售合同》所取得的收入，应确认为销售收入的实现。其中，采取分期收款的方式销售产品的，应按销售合同或协议约定的价款和付款日确认收入的实现。因此，这笔应收未收的房款应确认销售收入，并申报纳税。

（八）未按开发项目正确分摊拆迁补偿（安置）房成本

【案例 3-8】

某房地产开发公司一次性征地 10 万平方米，计划在该宗土地上分 5 期开发商品房 20 栋，所开发商品房总建筑面积为 200 万平方米。其中一期开发工程占地面积为 1 万平方米，开发的商品房总建筑面积为 20 万平方米，已销售 19 万平方米，其中 30 套商品房用于补偿被拆迁户，市场价值 600 万元。该公司在土地增值税清算时，将以实物方式支付的拆迁补偿费全部在第一期开发项目中扣除。

从以上案例我们不难发现，分多期开发的项目共同发生的土地及拆迁补偿成本，如果没有按照开发项目正确分摊，就会导致先开发的项目少缴纳土地增值税，从而产生税务风险。

土地增值税是以开发项目为清算单位的，不同清算单位发生的成本费用不得相互抵减。因此，属于多个清算单位发生的共同成本费用，应在各清算单位之间进行合理分配或分摊。

二、典型案例：税务综合性违法被罚案

【案例 3-9】

吉林市某房地产开发公司税务综合性违法被罚

吉林市某房地产开发公司，在国家税务总局吉林省税务局于 2022 年 9 月 13 日下达的稽查结果中被确定的违法事实如下：

1. 营业税及城市维护建设税违法事实及应补缴的税款

（1）于 2013—2014 年期间收取不动产销售款，但未按规定申报缴纳营业税 19,442.30 元、城市维护建设税 1,360.96 元。

（2）于 2013 年 7 月 4 日收取姜某某的某福苑 8 号网点，未按销售额度开具发票，少申报缴纳营业税 28,510.60 元、城市维护建设税 1,995.74 元。

（3）于 2013 年 2 月至 2015 年 3 月期间与李某某等 11 人签订 17 套网点《商品房买卖合同（预售）》并办理了备案手续、按揭贷款，但未按规定申报缴纳营业税 1,938,227.95 元、城市维护建设税 135,675.96 元。

（4）于 2013 年 2 月至 2015 年 4 月期间与周某某等 7 人签订 18 套网点《商品房买卖合同（预售）》并办理了备案手续、按揭贷款，未按规定申报缴纳营业税及其附加税费，应补缴营业税 832,712.77 元、城市维护建设税 58,289.89 元。

（5）于 2015 年 4 月 20 日分别与刘某、李某某签订《商品房买卖合同

（预售）》，房屋已交付使用，未进行账务处理，未开具发票，未申报缴纳营业税 87,500.00 元、城市维护建设税 6,125.00 元。

（6）于 2015 年 9 月 17 日与徐某签订《内部购房协议》，房屋已交付使用，未开具发票，未申报缴纳营业税 14,956.80 元、城市维护建设税 1,046.98 元。

2. 土地增值税违法事实及应补缴的税款

某项目土地增值税核定征收后，未按规定进行申报，造成少缴土地增值税 100,671.68 元。

3. 个人所得税违法事实及应代扣代缴税款

（1）存在向个人借款支付利息未代扣代缴个人所得税、支付工资未足额代扣代缴个人所得税 3,394,115.98 元。

（2）存在向员工支付工资未足额代扣代缴个人所得税，应代扣代缴个人所得税 57,208.23 元。

4. 企业所得税违法事实及应补缴的税款

2010—2017 年企业所得税汇算申报有误，虽然在 2019 年 12 月 19 日进行了更正，但仍然存在以下问题：

（1）2010 年多申报成本 3,654,142.10 元；管理费用因未取得合法有效凭证仍做了税前扣除，共 461,334.62 元应调增；政府财政扶持资金被记入了"资本公积"科目，造成少计营业外收入 8,543.00 元；有 51,923.23 元的土地增值税需要补缴；应缴企业所得税 252,586.65 元，已缴 350,541.35 元，多缴 97,954.70 元。

（2）2011 年存在多种税金计算错误，纳税调整后仍然存在多缴 148,532.88 元的企业所得税。

（3）2012 年未按账载数据进行申报，纳税调整后仍然多申报企业所得税 1,691,125.70 元。

▲处罚结果

（1）对于 2010 年 1 月至 2013 年 3 月少缴税款 1,185,331.57 元不再给予行政处罚；对于 2010 年至 2013 年 3 月少代扣代缴个人所得税 591,870.70 元不再给予行政处罚，对其余少代扣代缴个人所得税 2,859,453.50 元拟处以 1 倍的罚款，罚款 2,859,453.50 元。

(2) 对于 2013 年 4 月至 2016 年 12 月少缴营业税、城市维护建设税、土地增值税、企业所得税定性为偷税，拟处少缴税款 50% 的罚款。其中营业税 1,873,472.87 元拟处罚 936,736.44 元，城市维护建设税 131,143.1 元拟处罚 65,571.55 元，土地增值税 49,459.01 元拟处罚 24,729.51 元，企业所得税 27,765,321.05 元拟处罚 13,882,660.53 元。

综上，拟处以罚款总计 17,769,151.53 元。

这是一个涉税科目比较全面的房地产企业税务违法案件，在此，也提醒企业不要抱侥幸心理。

该房地产开发公司长期以来记混账，错算税金，不是多缴税就是少缴税，尽管在 2019 年进行了纳税调整，但税务不合规问题依然得不到根治。涉案企业尽管有多缴税的行为，但是少缴税的行为仍被税务局定性为偷税。

从税务稽查结论可以看出：

一是未按纳税义务发生日确认申报，可能被定性为虚假申报，经通知申报而拒不申报纳税就构成了偷税，不管偷税行为发生后过去多少年，仍会被税务局追征并罚款；

二是向个人借款支付的利息、向员工支付的工资和薪金未代扣代缴个人所得税，仍然是大部分企业税务不合规的重灾区；

三是未取得合法税前列支凭证而进行的税前扣除，即使过去很多年，也会被查出来；

四是无论企业的账多么乱，税算得多么不准确，税务局依然有办法把账和税给理清了。

为了降低涉税风险，房地产企业应特别注意避免出现以下这些行为：

（1）签订合同（包括电子合同）未申报缴纳印花税（印花税）。由于印花税征税范围较广、税目较多，纳税人需要事前准确掌握相关法规条例，及时申报缴纳应税凭证对应的印花税，避免出现税款滞纳风险。

（2）外购礼品用于赠送客户未作视同销售处理。房地产企业发生向客户赠送礼品的业务时，财务上要及时作增值税和企业所得税视同销售处理。同时，要注意两者之间存在处理上的差异，视同销售收入确认的，增值税要按照《中华人民共和国增值税暂行条例实施细则》第十六条规定的顺序来确定，企业所得税则按照公允价值来确定。在确认视同销售收入后，则须按照营业收入和业务招待费支出总额，确定该项费用的税前扣除限额。

（3）违规代征契税（契税）。在未按照规定程序取得税务机关代征委托情况下，房地产企业不应向购房者代收任何契税税款，如已收取相关费用则应当尽快退回，及时纠正违规行为。

（4）车位销售未及时确认收入（增值税、企业所得税）。企业应当梳理销售业务和款项，对已取得产权或交付使用的车位销售时要及时作收入确认，避免带来税款滞纳风险。

（5）收入确认时点滞后（企业所得税）。房地产企业要准确把握开发产品的完工界定，即房地产企业开发产品竣工证明材料已报房地产管理部门备案、开发产品已开始投入使用或开发产品已取得了初始产权证明的，视为已经完工，应及时确认收入。同时，不同的销售方式，具有不同的交易环节及操作流程，其纳税义务发生时间亦不同。《国家税务总局关于印发〈房地产开发经营业务企业所得税处理办法〉的通知》（国税发〔2009〕31号）第六条对各种销售方式下收入的确认时点都作了明确规定。企业应对照这一规定，准确判断自身销售方式是否达到确认收入的时点，避免产生收入确认滞后的税务风险。

（6）未及时预扣或代扣代缴自然人股东股息、红利或其他分红的个人所得税。根据个人所得税政策规定，房地产企业在向自然人股东支付股息、红利或其他分红的情况下，应当及时预扣或代扣代缴税款，并做好台账。同时，会计处理上要准确把握分红和往来账的区分。《财政部 国家税务总局关于规范个人投资者个人所得税征收管理的通知》（财税〔2003〕158号）第二条规定，纳税年度内个人投资者从其投资的企业（个人独资企业、合伙企业除外）借款，在该纳税年度终了后既不归还，又未用于企业生产经营的，其未归还的借款可视为企业对个人投资者的红利分配，依照"利息、股息、红利所得"项目计征个人所得税。部分股东长期借款需依照股息、红利所得征收个人所得税，房地产业属于资金密集行业，资金往来多，在这方面更需多加注意，避免产生税务风险。

（7）取得预收款项时未按规定预缴税款（增值税）。建筑企业应准确把握政策规定，及时在建筑服务发生地或机构所在地预缴税款，同时要注意采用不同方法计税的项目预缴增值税时的预征率不同。采取预收款方式提供建筑服务的应在收到预收款时预缴增值税；纳税义务发生时，同一地级市内的项目，不需要在项目所在地预缴税款，直接在机构所在地申报；跨市、跨省项目，需要在建筑服务发生地预缴税款；适用一般计税方法计税的项目预征率为2%，适用简易计税方法计税的项目预征率为3%。

（8）建筑劳务收入确认不及时（企业所得税）。《国家税务总局关于确认企业所得税收入若干问题的通知》（国税函〔2008〕875号）第二条对企业确认劳务收入的确认方法、前提条件、时间点作出了明确规定。建筑企业应对照规定，判断完工进度，及时确定当期建筑劳务收入，避免产生收入确认滞后的税务风险。

（9）简易计税项目取得增值税专用发票并申报抵扣（增值税）。对于取得增值税专用发票的简易计税项目，其进项税额不得从销项税额中抵扣，已抵扣的应将对应的增值税进项税额转出，及时纠正税收违规行为。

（10）发生纳税义务未及时申报缴纳增值税（增值税）。建筑企业应按合同约定的付款时间，到期后及时开具发票，若经双方约定推迟付款时间的，应及时签订补充协议，按新的付款时间确定纳税义务发生时间并开具发票申报纳税，避免带来税款滞纳风险。

（11）未按规定适用简易计税方法及留存备查资料（增值税）。在政策允许范围内，纳税人可根据项目税负和发包方情况，选择适用一般计税方法或者简易计税方法，企业应注意按规定强制适用简易计税方法的不能选择适用一般计税方法。建筑企业选择适用简易计税方法的项目虽不用再备案，但仍需将相关证明材料留存备查，包括为建筑工程老项目提供的建筑服务，需要留存建筑工程施工许可证或建筑工程承包合同；为甲供工程提供的建筑服务、以清包工方式提供的建筑服务，需要留存建筑工程承包合同。

第二节　房地产企业税务合规要点

房地产项目的开发建设具有投资大、成本高、周期长的特性，不管是在土地获取环节，还是在房地产的开发、销售等环节，都容易出现会计处理错误，尤其是增值税、土地增值税、城镇土地使用税的处理，在实务中有许多争议，因而引发了大量的补缴税款、缴纳滞纳金和罚款的案件。本节主要呈现房地产企业财务涉税处理时常犯错的 11 个问题，旨在帮助财务人员合规处理企业涉税问题，减少涉税风险。

一、工业厂房借款利息应进行资本化还是费用化

【案例 3-10】

A 公司 2021 年度为扩大生产建造厂房，当年 5 月向银行借入一笔共计 8,000 万元的流动资金贷款，其中 4,200 万元实质上是用于购买土地（净地），于 2021 年 8 月按要求办理了相关产权证书等，并于当月开始建造厂房，预计到 2022 年 12 月能完工。那么这 4,200 万元贷款产生的利息支出该怎么处理呢？

从税法这个角度来看，购买土地所占用的 4,200 万元贷款产生的相关利息在税收上不需要资本化，可直接计入当期损益。

《中华人民共和国企业所得税法实施条例》第三十七条规定，企业为购置、建造固定资产、无形资产和经过 12 个月以上的建造才能达到预定可销售状态的**存货发生借款的，在有关资产购置、建造期间发生的合理的借款费用，应当作为资本性支出计入有关资产的成本，并依照本条例的规定扣除。**

A 公司购得的土地已属于"净地"，在购买时即已达到预定用途且已符合建筑用地的要求，不像"毛地"还需要拆除地上建筑物及进行土地开发等，因而该借款相关的利息与该土地是否达到预定用途并无关联，故无需将利息进行资本化处理。

从会计制度这个角度来看，《企业会计准则第 6 号——无形资产》第十二条规定，外购无形资产的成本，包括购买价款、相关税费以及直接归属于使该项资产达到预定用途所发生的其他支出。

按目前的政策规定，建设用地使用权实行"净地"出让，出让前应处理好土地的产权、补偿安置等经济法律关系，完成必要的通水、通电、通路、土地平整等前期开发，防止土地闲置浪费。故在实践中，绝大多数企业取得的建设用地都属于"净地"，除房地产开发公司外，一般企业不具备利息资本化的前置条件。

由此规定可知，A 公司并非房地产开发企业，所购得的土地（净地）主要用来建设厂房，在购买时该土地已达到预定用途，因而在会计上有关利息也不需要进行资本化处理。

二、开发用地闲置期间，其购置所用贷款产生的借款利息是开发成本还是财务费用

【案例 3-11】

房地产企业 B 公司 2019 年 1 月用银行贷款 4,000 万元取得国有土地使用权，由于种种原因，截至 2020 年 12 月该土地上的房地产开发项目没有启动。B 公司取得土地使用权之后未进行房地产开发期间的利息支出，是计入财务费用，还是计入开发成本呢？

首先，在会计上，依据《企业会计准则第 17 号——借款费用》第四条规定，企业发生的借款费用，可直接归属于符合资本化条件的资产的购建或者生产，应当予以资本化，计入相关资产成本；其他借款费用，应当在发生时根据其发生额确认为费用，计入当期损益。符合资本化条件的资产，是指需要经过相当长时间的购建或者生产活动才能达到预定可使用或者可销售状态的固定资产、投资性房地产和存货等资产。

B 公司在购入土地使用权之后发生的利息支出，如果可以直接归属于资产，比如房地产的开发项目，则应当予以资本化。不过，银行贷款 4,000 万元的利息支出，尚未用于房地产项目，根据该会计准则的规定，应计入当期损益。

其次，依据《中华人民共和国企业所得税法实施条例》第三十七条规定：企业在生产经营活动中发生的合理的不需要资本化的借款费用，准予扣除。企业为购置、建造固定资产、无形资产和经过 12 个月以上的建造才能达到预定可销售状态的存货发生借款的，在有关资产购置、建造期间发生的合理的借款费用，应当作为资本性支出计入有关资产的成本，并依照本条例的规定扣除。

由此可以看出，企业为购置土地使用权发生借款的，在土地使用权购置期间发生的借款费用，应当资本化，计入土地使用权成本。

但对于 B 公司购进土地使用权之后发生的借款利息，因为此时房地产开发

项目尚未建造，不是经过 12 个月以上的建造才能达到预定销售状态的房地产项目发生的利息，所以这个阶段的借款利息无资本化对象，应计入当期损益。

三、老项目安装消防设施，是选择甲供材料还是乙供材料更划算

【案例 3-12】

房地产企业 C 公司拟为它的一个老项目安装消防设施，其中工程设备价值 565 万元（含税，税率 13%，不含税价 500 万元），安装费 206 万元。如采取甲供材料形式，需要向消防设备厂家支付 565 万元，另需向安装公司支付安装费 206 万元，合计支付 771 万元；如采用乙供材料方式，由于安装公司可以获得 65 万元的进项抵扣，安装公司只需收取（500+200）×（1+9%）= 763（万元）。那么，C 公司是选择甲供材料还是乙供材料更划算呢？

根据《财政部 国家税务总局关于全面推开营业税改征增值税试点的通知》（财税〔2016〕36 号）规定，一般纳税人为甲供工程提供的建筑服务，可以选择适用简易计税方法计税。因此，本项目是 C 公司的老项目，若采取甲供材料形式，只能简易计税，购买材料多花 8 万元获得的 65 万元增值税专票不能抵扣。而采用乙供材料的方式，因为安装公司可获得抵扣，少收取 8 万元，C 公司直接省了 8 万元，而且更省心省力。

因此，采用乙供材料的形式更划算。

四、同时有多个项目开发，采用不同计税方法的项目之间预缴税款与应纳税款是否可以互抵

【案例 3-13】

某房地产开发企业有 A、B、C 三个项目，其中 A 项目适用简易计税方法，B、C 项目适用一般计税方法。2017 年 7 月，三个项目分别收到不含税销售价款 1 亿元，分别预缴增值税 300 万元，共预缴增值税 900 万元。2017 年 8 月，B 项目达到了纳税义务发生时间，当月计算出应纳税额为 1,000 万元，此时抵减全部预缴增值税后，应当补缴增值税 100 万元。房地产开发企业应在增值税申报表主表第 19 行"应纳税额"栏次，填报 1,000 万元，第 24 行"应纳税额

合计"填报1,000万元，第28行"分次预缴税额"填报900万元，第34行"本期应补（退）税额"填报100万元。

国家税务总局河北省税务局认为，在增值税政策中并不要求A项目和C项目在达到纳税义务发生时间后才可以抵减其预缴的税款。A项目和C项目虽然没有达到纳税义务发生时间，但其预缴的增值税，也可以用于抵减B项目已经达到纳税义务发生时间情况下计算出来的应缴增值税款。

提供建筑服务和房地产开发的预缴税款可以抵减应纳税款，因为应纳税款的形式可以来自简易计税方法，也可以来自一般计税方法。

需要注意的是，增值税的一般项目与即征即退项目需要分开，而简易计税方法与一般计税方法的应纳税额完全可以用预缴税额来抵减，万不能与土地增值税按项目清算概念混淆，土地增值税如果有一个项目增值额为负，另一个项目的增值额是不能与其相抵的。

五、竣工后尚未取得进项发票，是否还能抵扣

【案例3-14】

某房地产开发企业2017年底尚有较多发票未取得，但竣工证明材料已报房地产管理部门备案，于是为了节省税金，该企业篡改备案材料，将时间改为2018年初，顺利把不能税前扣除的票据使用上了。事后引发税务稽查，被要求补缴税款、缴纳滞纳金和罚款。

首先，要了解税收政策规定的应视为已经完工的情形。

根据《国家税务总局关于印发〈房地产开发经营业务企业所得税处理办法〉的通知》（国税发〔2009〕31号）规定，企业房地产开发经营业务包括土地的开发，建造、销售住宅、商业用房以及其他建筑物、附着物、配套设施等开发产品。除土地开发之外，其他开发产品符合下列条件之一的，应视为已经完工：

（一）开发产品竣工证明材料已报房地产管理部门备案。

（二）开发产品已开始投入使用。

（三）开发产品已取得了初始产权证明。

其次，要了解哪些情形不得计入计税成本。

《国家税务总局关于印发〈房地产开发经营业务企业所得税处理办法〉的通知》(国税发〔2009〕31号)第三十四条规定,企业在结算计税成本时其实际发生的支出应当取得但未取得合法凭据的,不得计入计税成本,待实际取得合法凭据时,再按规定计入计税成本。

由此可见,本案就是违反了"企业在结算计税成本时其实际发生的支出应当取得但未取得合法凭据的,不得计入计税成本"的规定。

六、土地增值税成本分摊如何合规处理

【案例3-15】

1993年5月,H公司受让了N公司所转让的地块,作为财富广场项目建设用地。2009年6月,案涉项目竣工验收。

2011年8月1日,H公司达到土地增值税清算条件,向市税务局评估分局提交《关于确认"财富广场"项目土地增值税清算结果的报告》。报告采用"销售比例分摊法"对普通住宅和非普通住宅成本进行计算分摊,H公司认为根据中介机构作出的土地增值税清算鉴证报告,应补缴土地增值税1,111万元。

2014年12月19日,市税务局向H公司送达《土地增值税清算结论》和《土地增值税清算税款缴纳通知书》,明确按"可售面积百分比法"对H公司开发的涉案项目进行成本清算,确认H公司应补缴土地增值税24,976,041.43元。

H公司不服,于2015年5月29日向海南省国家税务局申请行政复议。复议维持了税务局的决定。

H公司仍然不服,向人民法院提起行政诉讼,一审判决撤销了案涉清算结论、通知书和复议决定书。

市税务局、海南省国家税务局不服,向中级人民法院提起了上诉,二审判决撤销原判,认可并维持了税务局的决定,驳回被上诉人H公司的诉讼请求。

H公司不服,向高级人民法院申请再审,再审结果维持了税务局最初的决定。

1. 案例分析

回顾本案,最大的争议点是,普通住宅和非普通住宅成本分摊应适用

"销售比例分摊法"还是"可售面积百分比法"。

企业认为案涉项目计算普通住宅和非普通住宅成本分摊应采用"销售比例分摊法"。

税务机关认为案涉项目计算普通住宅和非普通住宅成本分摊应采用"可售面积百分比法"。

法院认为,海南省适用《国家税务总局关于房地产开发企业土地增值税清算管理有关问题的通知》(国税发〔2006〕187号)中的相关规定,在全省土地增值税清算中统一采用"可售面积百分比法"。据此,市税务局在进行涉案项目的土地增值税清算时,对普通住宅和非普通住宅成本分摊的计算采取"可售面积百分比法",并无不当。

本案企业维度与税务局视角的税金算法差额足有13,866,041.43元,而本案更经典之处在于企业与税务局进行了五轮行政+司法程序博弈。从纳税人权益争取维度来看,纳税人这项权益得到了保障,但从税金计算的角度来看,纳税人最终没有争取到自己理想的计算金额。

因而,企业的财税处理一定要从会计做账源头进行规范。另外,企业在中介机构给出清算鉴证报告时,也要评估其计税方法是否有失公允,如果差额过大,就要在税务局发出涉税决定文书之前,与税务局就政策的普通住宅和非普通住宅成本分摊适用度进行沟通。目前税务管理一般是先沟通再作出决定,因此,这段时期是纳税人和税务局良好沟通、争取更为适中税款计算方法的关键时期。一旦出了涉税决定文书,后续就是按法律程序走,两者差额问题基本不能通过司法调解来解决了。

因此,纳税人进行土地增值税清算时,应当格外关注当地税务机关对土地增值税清算中成本费用的范围、受益对象的认定以及分摊方法的选择等的规定,留存合法有效的扣除凭证,准确核算扣除项目金额,确保扣除项目的真实性、准确性,据实申报,正确履行纳税义务。在成本分摊方法的适用上,纳税人应当积极与税务机关沟通,争取适用有利于企业的分摊方法。

2. 合规建议

企业成本费用分摊应当明确其性质属于何种扣除项目,财务人员做账时要谨慎判断是否属于加计扣除的范围。在不同的分摊方法下,纳税人的税负存在显著差异。只有符合分摊规定的成本才能扣除,若分摊方法不当则可能导致企业补缴土地增值税和缴纳滞纳金。

成本费用在不同清算单位、不同类型房地产之间的归集、分配还要考虑它的专属性，如果某项成本费用不满足直接归集的适用条件，则按其他分摊方法进行分摊。

如果房地产开发企业成本费用分摊违反规定，将会被认定为不得扣除或者扣除错误，极易被税务机关以其他分摊方法调整扣除项目金额，扣除金额减少导致应纳税增值额增加的，纳税人不但需要补缴增值税及缴纳滞纳金，甚至可能被认定为偷税，被处以罚款乃至追究逃税罪的刑事责任。

七、母公司派驻管理人员收取费用，如何处理才税务合规

【案例3-16】

D公司是房地产开发企业（母公司），现向其子公司委派管理人员，工资由D公司发放，但实际由其子公司承担，那么D公司与其子公司在税务上应如何处理呢？

1. 案例分析

D公司作为母公司，应按照提供企业管理服务向子公司收费，并开具发票。母公司为其子公司提供各种服务而发生的费用，应按照独立企业之间的公平交易原则确定服务价格，将其作为企业正常的劳务费用进行税务处理。子公司可凭母公司开具的服务费发票税前扣除委派管理人员的成本，专用发票可以抵扣进项税额。

2. 合规建议

首先，D公司是母公司，不可以做税前扣除，若子公司想在税务上获得税前扣除，除了D公司向子公司开具发票外，还要注意以下细节。

（1）可税前扣除的范围：母公司向子公司提供财务、人力、采购方面的职能服务，且按照独立企业之间公平交易原则确定服务的价格的，子公司可以进行税前扣除。另外，需注意，如果母公司向子公司收取的是管理费用，则子公司不能进行税前扣除，需要进行纳税调整。

（2）收取服务费用的真实性：母公司与子公司之间需签订服务合同或协议，包含具体的服务内容、收费标准及金额。

(3) 收取服务费用的合理性：母公司与子公司之间的服务协议，必然涉及关联交易的问题，因此，母公司与子公司应按照独立企业之间的业务往来方式收取价款。如果不遵循独立交易原则，以非公允价格进行收费，税务机关会要求进行纳税调整。

(4) 收取服务费用的关联性：企业之间的业务往来，需要相应的业务材料，如合同、发票、银行流水（支付凭据）等，以备税务局核查。

其次，母公司方面，D公司向子公司收取的管理费，必须申报并缴纳增值税，同时也要缴纳企业所得税。

八、土地增值税是成本还是费用

1. 土地增值税征收的两种方式

（1）核定征收。

按照转让二手房交易价格全额的1%征收率征收，这种模式类似于个人所得税的征收方式。如成交价为50万元，土地增值税应为 500,000×1% = 5,000（元）。

（2）减除法定扣除项目金额后，按四级超额累进税率征收。

这种征收方式又分两种情况：一是能够提供购房发票；二是不能够提供购房发票，但能够提供房地产评估机构按照重置成本评估法评定的房屋及建筑物价格的评估报告。

能够提供购房发票的，可减除以下项目金额：

① 取得房产时有效发票所载的金额；

② 按发票所载金额从购买年度起至转让年度止每年加计5%的金额；

③ 按国家规定统一缴纳的与转让房产有关的税金；

④ 取得房产时所缴纳的契税。

不能够提供购房发票，但能够提供房地产评估机构按照重置成本评估法评定的房屋及建筑物价格评估报告的，扣除项目金额按以下标准确认：

① 取得国有土地使用权时所支付的金额证明；

② 中介机构评定的房屋及建筑物价格（不包括土地评估价值），需经地方主管税务机关对评定的房屋及建筑物价格进行确认；

③ 按国家规定统一缴纳的与转让房地产有关的税金和价格评估费用。

2. 土地增值税记入的科目

（1）企业销售新房缴纳的土地增值税。房地产企业因为项目开发周期长，销售开发产品一般采取的是预售方式，为了均衡入库税款，土地增值税采取了平时预征、达到清算条件后进行土地增值税清缴、多退少补的办法执行。

①预征期。当房地产企业收到预收款时，应将其处理为借银行存款、贷预收账款，同时需要预缴土地增值税。会计分录：借记"应交税费——应交土地增值税"科目，贷记"银行存款"科目。此时，预缴的税金不能计入当期损益，因为收入尚未确认。

②计提和预提期。当预收款项确认为收入时，应将其处理为借预收账款、贷主营业务收入，同时需要计提土地增值税，并计入当期损益。会计分录：借记"营业税金及附加"科目，贷记"应交税费——应交土地增值税"科目。

③汇算清缴期。在汇算清缴期，会有两种情况。一是如果土地增值税总税款大于计提和预提数，会计分录为：借记"营业税金及附加"科目，贷记"应交税费——应交土地增值税"科目；同时借记"其他应付款——预提土地增值税"科目，贷记"应交税费——应交土地增值税"科目。二是如果土地增值税总税款小于计提和预提数，会计分录则为：借记"应交税费——应交土地增值税"科目，贷记"营业外收入"科目；同时借记"其他应付款——预提土地增值税"科目，贷记"应交税费——应交土地增值税"科目。

（2）企业销售旧房缴纳的土地增值税，在"固定资产清理"科目归集，通过固定资产清理余额转到"资产处置损益"科目。

（3）企业处置投资性房地产的土地增值税，作为日常营业活动产生的税费，计入税金及附加，会计分录为：借记"税金及附加"科目，贷记"应交税费——应交土地增值税"科目。

（4）企业转让土地使用权应缴的土地增值税，若土地使用权连同地上建筑物及其他附着物一并在"固定资产"科目或"在建工程"等科目核算的，会计分录为：借记"固定资产清理""在建工程"等科目，贷记"应交税费——应交土地增值税"科目。若单纯土地转让，土地使用权在"无形资产"科目核算的，按实际收到的金额，借记"银行存款"科目，按应缴的土地增值税，贷记"应交税费——应交土地增值税"科目，同时冲销土地使用权账面价值，贷记"无形资产"科目，按其差额，借记或贷记"资产处置损益"

科目。若涉及增值税和累计摊销的，还应进行相应的处理。

九、预售环节确认收入节点，预计毛利率的企业所得税计税基数如何界定

房产销售环节涉及三个税种：一是增值税，二是土地增值税，三是企业所得税。房地产企业房产预售环节的销售方式也有三种情况：一是一次性全额收款方式，二是分期收款方式，三是银行按揭方式。

1. 增值税

房地产企业采取预收款方式销售自行开发的房地产项目，应在收到预收款时按 3% 的预征率预缴增值税。

应预缴税款＝预收款÷（1+适用税率或征收率）×3%，一般计税方法下适用 11% 的税率，简易计税方法下适用 5% 的征收率。

预缴义务发生的时间为实际收到预收款时，预缴的基数为实际收到的全部预收款。

2. 土地增值税

土地增值税预征计征依据为预收款减去应预缴增值税税款后的余额。

根据《中华人民共和国土地增值税暂行条例实施细则》的相关规定，纳税人在项目全部竣工结算前转让房地产取得的收入，可以预征土地增值税，具体办法由各省（自治区、直辖市）确定。

综上，增值税计算预缴税额的依据和土地增值税预征的计征依据应当是一致的，预缴义务的发生时间也是一致的。

3. 企业所得税

根据《房地产开发经营业务企业所得税处理办法》的相关规定，企业销售未完工开发产品取得的收入，应先按预计计税毛利率分季（或月）计算出预计毛利额，计入当期应纳税所得额。

而收入确认的金额和时间，根据销售方式的不同会有所不同。

（1）一次性全额收款方式：企业应于实际收讫价款或取得索取价款凭据（权利）之日，确认收入的实现。

（2）分期收款方式：企业应按销售合同或协议约定的价款和付款日确认

收入的实现。付款方提前付款的，在实际付款日确认收入的实现。

（3）银行按揭方式：企业应按销售合同或协议约定的价款确定收入额，其首付款应于实际收到日确认收入的实现，余款在银行按揭贷款办理转账之日确认收入的实现。

4. 计算毛利率的基数的步骤

（1）确定销售收入总额，包括所有已售出房屋的总销售收入。

（2）确定销售成本总额，包括所有与销售相关的成本，如土地成本、建筑物建造成本、装修成本、销售人员费用等。

（3）毛利润总额＝销售收入总额－销售成本总额。

（4）毛利率＝毛利润总额÷销售收入总额×100%。

5. 合规建议

在计算销售成本总额时，房地产企业需要按照税法规定计算成本，如应将土地成本在销售房屋时分摊到每套房屋上计算。同时，企业还需要严格按照财务会计准则核算成本，确保计算准确。

十、股东借款在处理决定下发前归还，税务局是否会撤回处理决定

【案例3-17】

房地产企业E公司经营情况良好，2019年实现利润1,000万元，累计之前多年的利润，2019年末报表上未分配利润合计1,800多万元。2020年，大股东李老板看中了一个新项目，需要个人出资500万元，于是李老板和另一股东合计，按照他们各自的占股比例，让财务人员从公司账户给他们二人的私人账户转账共计870万元。

财务人员提醒李老板公对私转账，是要按分红缴税的。李老板问不记为分红有什么办法不缴税吗？财务人员说可以记为借款，但年底要还回来。李老板和股东认为没问题，于是870万元的股东借款就挂在公司其他应收款的账户上了。

然而，由于新项目开展不是很顺利，年底时李老板没有把这笔资金还给公司，另一股东也没有归还的意思。到了2020年汇算清缴期，资金还是没还回

来。2021—2022 年汇算清缴期后，这笔账还是挂在账上没还。

2022 年 10 月，市税务稽查局对 E 公司立案稽查，李老板马上东拼西凑地把 870 万元借款还回 E 公司账户。市税务稽查局于 2022 年 11 月对 E 公司作出税务处理决定，认定 E 公司少代扣代缴 174 万元个人所得税，责令 E 公司补扣、补缴。E 公司不服该决定，提起行政复议，复议结果为维持原处理决定，E 公司提起行政诉讼。

一审法院审理后认为：

E 公司两个股东都从公司的账户取得借款，且借款没有用于 E 公司的生产经营，该事实清楚。两位股东虽然在税务决定文书下来之前有把 870 万元归还 E 公司账户的事实，但是从未支付过合理借款利息，并且归还时已经超过了该纳税年度，按照《财政部 国家税务总局关于规范个人投资者个人所得税征收管理的通知》（财税〔2003〕158 号）等税收法规，应该对股东征收个人所得税，E 公司应履行代扣代缴义务，市税务稽查局责令 E 公司补扣、补缴并无不当。

E 公司不服一审判决，提起上诉，E 公司认为：

（1）法院错误理解了财税〔2003〕158 号文件的规定，投资者归还借款后，借款人已属不得者，在借款人还款后还要按照借款数额征收借款者个人所得税显然是错误的；

（2）财税〔2003〕158 号文件中并没有规定纳税年度终了后多长时间内归还，市税务稽查局也已经确认两名股东已经归还借款的事实，该借款不能视作企业对投资者的红利分配。

市税务稽查局答辩：一审法院认定事实清楚，且 E 公司在庭审中都予以认可。按照规定，E 公司借给股东 870 万元，在 2020 年 5 月截止的汇算清缴期内未归还，且借款没有用于公司生产经营，因此这些借款应该视为企业对个人的红利分配。

二审法院审查后，维持了一审法院的判决。

1. 案例分析

公司享有股东投资形式的全部法人财产权。股东以出资方式将有关财产投入公司后，该财产的所有权发生转移，成为公司的财产，公司依法对该财产享有占有、使用、收益和处分的权利。本案经两级人民法院审理后，维持了市税务稽查局最初作出的行政处罚的决定。对于纳税人而言，其实一点都不冤，即使涉税处罚决定书下来之前，纳税人采取了马上还款的救济措施。因为刚好账上有足够的利润，两个股东就按股权比例跟公司"借款"，财务人员把这笔款项挂在"其他应收款"，然后一直到年底两位股东都没有归还，最后又经过2年的汇算清缴期依然没还款，而且从未付过利息。法院审查后并未发现市税务稽查局的决定有不当之处，因此，法院判决支持了市税务稽查局的做法。

2. 合规建议

股东向公司借款，双方之间形成借贷关系，为保障这种借贷关系受法律保护，股东在借款时必须严格按照公司的程序性规定，就借款内容、借款用途、借款期限、借款利息、担保条件等进行明确约定，若是新三板企业和上市公司，还应当按照规定履行相应的披露义务。

除通过股东会决议，并且借款合同有明确约定的免息借贷条件外，年度终了前一定要归还借款，若账上有足够利润且未用于公司日常生产经营，约定免息也未必得到税务局认可，这种情况，该缴的分红税还是要缴。

十一、销售房产时外购赠送给客户的礼品所产生的费用可以全额扣除吗

【案例3-18】

2013—2015年，房地产企业F公司花费约245万元，购买服装、雨伞和手机等，作为礼品赠送给客户。F公司将该笔支出记入"期间费用"科目，并在申报企业所得税前进行了全额扣除。

事后，税务局根据《中华人民共和国增值税暂行条例实施细则》第四条规定，认定F公司将外购礼品用于业务招待赠送客户的行为应作视同销售处理，须补缴增值税。同时，根据《中华人民共和国企业所得税法实施条例》第四十三条规定，认定F公司该笔支出属于业务招待支出，需按业务招待费的限额进行税前扣除，并调增相关年度的应纳税所得额。

房地产企业发生向客户赠送礼品的业务时，虽然增值税与企业所得税均需视同销售处理，但是两者在处理时还是有一些差异。对此，房地产企业一定要

把握好以下两个关键点。

（1）两个税种视同销售的销售额可能不同。

就增值税而言，其视同销售的销售额，要严格按照《中华人民共和国增值税暂行条例实施细则》第十六条规定的顺序来确定，即视同销售货物行为而无销售额的，依次按纳税人最近时期同类货物的平均销售价格、其他纳税人最近时期同类货物的平均销售价格、组成计税价格的顺序确定。

就企业所得税而言，根据《国家税务总局关于企业所得税有关问题的公告》（国家税务总局公告 2016 年第 80 号）第二条规定，企业发生《国家税务总局关于企业处置资产所得税处理问题的通知》（国税函〔2008〕828 号）第二条规定情形的，除另有规定外，应按照被移送资产的公允价值确定销售收入。

（2）企业所得税处理时有扣除限额。

外购礼品赠送客户属于业务招待支出，而业务招待费的扣除限额是发生额的 60%，但最高不超过当年销售（营业）收入的 5‰。

因此，在计算业务招待费扣除限额时，既要算清楚礼品支出，也要算清楚当年的销售（营业）收入。

第三节　房地产企业纳税筹划思路

房地产企业具有投入金额大、经营周期长、开发成本高、回款慢等特点，加上近年来人口增速放慢、经济增速放缓等原因，房产销售面积一直呈负增长趋势，房地产企业处境比较艰难，所以，很多房地产企业尝试通过精细化管理的方式来控制各项成本费用支出，其中纳税筹划就是房地产企业强化内部管理、降低企业成本的一项非常重要的措施。

本节以税法、房地产企业的税收优惠政策为依据，结合我们多年的实操案例，提出房地产企业的纳税筹划思路，旨在帮助房地产企业合法合规地实施纳税筹划。

一、"土地使用权"再转让的土地增值税的筹划思路

【案例3-19】

A公司（非房地产企业）2018年5月，将一块取得时价格为1,800万元的土地使用权，协议作价2,500万元投资到B公司（非房地产企业），计划用于项目开发，但最终由于各种原因，项目未启动。A公司2019年3月又将该块土地协议作价3,000万元投资到房地产开发公司C，用于开发商住综合楼。那么该土地使用权在投资的过程中，是否需要缴纳土地增值税？

筹划思路：企业重组时以房地产作价入股。

法律/政策依据：

《财政部 国家税务总局关于全面推开营业税改征增值税试点的通知》（财税〔2016〕36号）中《营业税改征增值税试点实施办法》第十条规定，销售服务、无形资产或者不动产，是指有偿提供服务、有偿转让无形资产或者不动产；第十一条规定，有偿，是指取得货币、货物或者其他经济利益。

《财政部 税务总局关于继续实施企业改制重组有关土地增值税政策的通知》（财税〔2018〕57号）第四条规定，单位、个人在改制重组时以房地产作价入股进行投资，对其将房地产转移、变更到被投资的企业，暂不征土地增值税；第五条规定，上述改制重组有关土地增值税政策不适用于房地产转移任意一方为房地产开发企业的情形。

因此，改制重组时，以房地产作价入股进行投资、联营的，投资、联营的一方以土地（房地产）作价入股进行投资或作为联营条件，将房地产转让到所投资、联营的企业中时，暂免征收土地增值税。但对投资、联营企业将上述房地产再转让的，应征收土地增值税。

二、房产转让流程不同，税收缴纳差异大吗

【案例3-20】

张三与李四合资成立了A公司，张三和李四分别用现金2,000万元和房产出资，房产的评估价值为2,000万元，双方各占50%的股份。

那么A公司接受的房产投资是否要缴纳契税和土地增值税？

筹划思路：主体分立。

法律/政策依据：

《财政部　税务总局关于继续实施企业　事业单位改制重组有关契税政策的公告》（财政部、税务总局公告2023年第49号）规定，同一投资主体内部所属企业之间土地、房屋权属的划转，包括母公司与其全资子公司之间，同一公司所属全资子公司之间，同一自然人与其设立的个人独资企业、一人有限公司之间土地、房屋权属的划转，免征契税。

《财政部　税务总局关于继续实施企业改制重组有关土地增值税政策的公告》（财政部、税务总局公告2023年第51号）规定，单位、个人在改制重组时以房地产作价入股进行投资，对其将房地产转移、变更到被投资的企业，暂不征土地增值税。

【案例3-21】

A公司准备将自己名下的一处房产转让给B公司，但该房产年代较久远，房产原值比较低，那么如何筹划才能使税负最低呢？

筹划思路：

方案1：直接买卖，但会产生高昂的土地增值税。

土地增值税是一项非常重要的税费，其应用范围相当广泛，适用于很多不同的场景，企业转让房产就是其中一种。A、B公司转让房产的行为应当缴纳土地增值税，计算土地增值税税额，可按增值额乘适用的税率减去扣除项目金额乘速算扣除系数的简便方法计算，具体公式如下：

（1）增值额未超过扣除项目金额50%的，土地增值税税额=增值额×30%；

（2）增值额超过扣除项目金额50%，但未超过100%的，土地增值税税额=增值额×40%-扣除项目金额×5%；

（3）增值额超过扣除项目金额100%，未超过200%的，土地增值税税额=增值额×50%-扣除项目金额×15%；

（4）增值额超过扣除项目金额200%的，土地增值税税额=增值额×60%-扣除项目金额×35%；

公式中的5%、15%、35%为速算扣除系数。

由此可知，公司房产直接买卖，会产生高昂的土地增值税。

方案 2：以房产成立一家全资子公司，以无偿划转、分立、增资入股的方式将房产转给 100% 控股的子公司，不构成土地增值税征收的要件，所以不征收土地增值税。

三、自持物业对外出租的正确方式

【案例 3-22】

2021 年 2 月，A 公司将自持物业对外出租，该自持物业为临街门面，原值 150 万元（含土地），面积 200 平方米，年租金 20 万元，租期 5 年。由于租户需要对所租门面进行装修，所以协议约定，2021 年 2—3 月免交租金，从 2021 年 4 月开始正常交租。那么，A 公司对外出租房屋免租期间，各项税收如何缴纳呢？

筹划思路：用足各种优惠政策。

增值税相关优惠政策：

（1）自然人出租不动产一次性收取的多个月份的租金，适用的增值税减免政策。

《中华人民共和国增值税暂行条例实施细则》第九条所称的其他个人，采取一次性收取租金（包括预收款）形式出租不动产取得的租金收入，可在对应的租赁期内平均分摊，分摊后的月租金收入不超过小规模纳税人免税月销售额标准的，可享受小规模纳税人免税政策。

根据《国家税务总局关于增值税小规模纳税人减免增值税等政策有关征管事项的公告》（国家税务总局公告 2023 年第 1 号），小规模纳税人免税月销售额标准调整为 10 万元以后，其他个人采取一次性收取租金形式出租不动产取得的租金收入，同样可在对应的租赁期内平均分摊，分摊后的月租金未超过 10 万元的，可以享受免征增值税政策。

（2）租赁合同中约定免租期的，是否需要视同销售缴纳增值税的相关政策。

根据《国家税务总局关于土地价款扣除时间等增值税征管问题的公告》（国家税务总局公告 2016 年第 86 号）规定，纳税人出租不动产，租赁合同中约定免租期的，不属于《营业税改征增值税试点实施办法》第十四条规定的视同销售服务。

（3）小规模纳税人销售不动产取得的销售额增值税减免政策。

小规模纳税人中的单位和个体工商户销售不动产，涉及纳税人在不动产所在地预缴增值税的事项。适用政策与销售额、纳税人选择的纳税期限有关。应按其纳税期、《国家税务总局关于增值税小规模纳税人减免增值税等政策有关征管事项的公告》（国家税务总局公告2023年第1号）第九条以及其他现行政策规定确定是否预缴增值税。

小规模纳税人中其他个人偶然发生销售不动产的行为，根据《国家税务总局关于增值税小规模纳税人减免增值税等政策有关征管事项的公告》（国家税务总局公告2023年第1号），继续按照现行规定免征增值税。

四、降低住宅销售价格享受税收优惠

【案例3-23】

某房地产开发企业建造一批普通标准住宅，取得销售收入2,500万元，根据税法规定允许扣除的项目金额为2,070万元。该项目的增值额为2,500-2,070=430（万元），该项目增值额占扣除项目金额的比例为430÷2,070×100%=20.77%。根据表3-1可知，该企业应当按照30%的税率缴纳土地增值税，应纳土地增值税为430×30%=129（万元）。那么，该企业可以怎么做筹划呢？

筹划思路：

如果该企业能够将销售收入降低为2,480万元，则该项目的增值额为2,480-2,070=410（万元），该项目增值额占扣除项目金额的比例为410÷2,070×100%=19.81%。由于增值率没有超过20%可以免征土地增值税，所以该企业可以选择降低20万元的销售收入，这样就可以少缴土地增值税129万元，增加税前利润109万元。

法律/政策依据：

根据《中华人民共和国土地增值税暂行条例》第八条规定，有下列情形之一的，免征土地增值税：

（1）纳税人建造普通标准住宅出售，增值额未超过扣除项目金额20%的；

（2）因国家建设需要依法征收、收回的房地产。

表 3-1 土地增值税四级超率累进税率

级数	增值额与扣除项目金额的比率	税率（%）	速算扣除系数（%）
1	不超过 50% 的部分	30	0
2	超过 50%，未超过 100% 的部分	40	5
3	超过 100%，未超过 200% 的部分	50	15
4	超过 200% 的部分	60	35

【案例 3-24】

某公司建造一栋普通标准住宅，经核算，税法规定的扣除项目金额为 5,000 万元，公司原定不含增值税销售价格为 6,100 万元，请为该公司设计一个纳税筹划方案。

筹划思路：

如果将这栋普通标准住宅按 6,100 万元销售，增值额为 6,100−5,000 = 1,100（万元），增值率为 1,100÷5,000×100% = 22%，应纳土地增值税为 1,100×30% = 330（万元）。

如公司能将销售价格降低为 6,000 万元，此时增值额为 1,000 万元，增值率为 20%，可以免征土地增值税。

虽然公司销售收入减少了 100 万元，但这样做可以免缴 330 万元的土地增值税，实际为公司增加了 230 万元的利润。

五、增加扣除项目享受税收优惠

【案例 3-25】

某房地产公司开发一栋普通标准住宅，房屋售价为 1,000 万元（不含增值税），按照税法规定可扣除费用为 800 万元，增值额为 200 万元，增值率为 200÷800×100% = 25%，该房地产公司需要缴纳的土地增值税为 200×30% = 60（万元）。

筹划思路：

如果该房地产公司对这栋住宅进行简单装修，假设装修费用为 200 万元，那房屋售价就可以提高到 1,200 万元，按照税法规定可扣除项目成本就变成 1,000 万元，增值额还是 200 万元，但增值率只有 20% 了，这样企业就不需要缴纳土地增值税了，帮企业省了 60 万元。

【案例 3-26】

甲公司建造一栋普通标准住宅，经核算，税法规定的扣除项目金额为 5,000 万元，甲公司原定不含增值税的销售价格为 6,500 万元，请为甲公司设计一个税收筹划方案。

筹划思路：

如果将这栋普通标准住宅按 6,500 万元销售，那么增值额为 6,500-5,000=1,500（万元），增值率为 1,500÷5,000×100%=30%，应纳土地增值税为 1,500×30%=450（万元）。

如果按照 20% 增值率将销售价格降低为 6,000 万元，虽然免征了土地增值税，但仍得不偿失。

如果甲公司对住宅进行装修，将扣除项目金额提高至 7,500 万元，但增值额仍保持 1,500 万元，此时的增值率就变成了 1,500÷7,500×100%=20%，可以免征土地增值税。

六、分解房地产销售与装修

【案例 3-27】

某房地产公司出售一栋房屋，房屋不含增值税售价为 1,000 万元，该房屋进行了简单装修并安装了简单必备设施。根据税法的相关规定，该房地产开发业务允许扣除的费用为 400 万元，增值额为 600 万元。算一算该房地产公司应该缴纳的土地增值税，并思考该公司可以怎么做纳税筹划。

目前方案的土地增值率为 600÷400×100%=150%，应纳土地增值税为 600×50%-400×15%=240（万元）。

筹划思路： 将该房屋的出售分为房屋出售和房屋装修两个合同。

第一个合同为房屋出售合同，不包括装修费用，房屋不含增值税的出售价格为 700 万元，允许扣除的成本为 300 万元。第二个合同为房屋装修合同，装修费用不含增值税为 300 万元，允许扣除的成本为 100 万元。那么，土地增值率为 400÷300×100% = 133%，应纳土地增值税为 400×50%－300×15% = 155（万元），企业应纳土地增值税减少了 240－155 = 85（万元）。

七、代收费用处理过程中的纳税筹划

【案例 3-28】

某房地产开发企业开发一套房地产，取得土地使用权的费用为 300 万元，土地和房地产开发成本为 800 万元，允许扣除的房地产开发费用为 100 万元，转让房地产税费为 140 万元，房地产出售价格为 2,500 万元。该企业还需为当地县级人民政府代收各种费用 100 万元，那么企业是单独收取该项费用，还是并入房价收取呢？

筹划思路：

如果将这项费用单独收取：该企业可扣除费用为 300＋800＋100＋（300＋800）×20%＋140 = 1,560（万元），增值额为 2,500－1,560 = 940（万元），增值率为 940÷1,560×100% = 60.26%，应纳土地增值税为 940×40%－1,560×5% = 298（万元）。

如果并入房价收取：增值额不变，仍为 940 万元；增值率为 940÷1,660×100% = 56.63%；应纳土地增值税为 940×40%－1,660×5% = 293（万元）。

因此，建议企业将该笔费用并入房价收取。

八、利息核算的纳税筹划

【案例 3-29】

某房地产企业开发一处房产，为取得土地使用权支付了 1,000 万元，并在后续开发过程中投入了 1,200 万元用于土地开发和新建房及配套设施的建设。同时，企业在财务费用中承担了可按转让房地产项目计算分摊的利息支出，总额为 200 万元，该支出不超过商业银行同类同期贷款利率。那么在扣除费用时，企业要提供金融机构的证明吗？

筹划思路：

如果不提供金融机构证明，则该企业所能扣除费用的最高额为（1,000+1,200）×10%＝220（万元）。

如果提供金融机构证明，则该企业所能扣除费用的最高额为80+（1,000+1,200）×5%＝190（万元）。

因此，企业判断是否提供金融机构证明，关键在于所发生的能够扣除的利息支出占税法规定的开发成本的比例。如果超过5%，则提供证明比较有利；如果没有超过5%，则不提供证明比较有利。

九、利用企业改制重组的土地增值税优惠

【案例3-30】

A公司计划将一处不动产转让给B公司，由于该不动产增值较高，预计仅土地增值税一项税负就达3,000万元，请为A公司设计纳税筹划方案。

筹划思路：

A公司可以将不动产转让改为不动产投资，即将该处不动产出资至B公司，持有B公司一定份额的股权，这样就可以免纳土地增值税了。未来，A公司可以通过取得股息以及转让B公司股权等方式来获取该项投资的收益。从长期来看，与转让不动产的收益是相当的，但税负将大大降低。

十、土地增值税清算的纳税筹划

【案例3-31】

某房地产开发企业2018年1月取得房产销售许可证，并于2018年1月开始销售房产。2020年底已经销售了86%的房产，经过企业内部初步核算，该企业需缴纳土地增值税5,000万元。前期该企业已经预缴了土地增值税1,000万元，现在企业应当如何进行纳税筹划呢？

筹划思路：

在现有情况下，如果该企业进行土地增值税清算，则需要在2021年初补缴4,000万元的税款。但如果该企业控制一下房产销售的速度和规模，将销售比例控制在85%以内，剩余的房产留待以后销售或者用于出租，该企业

就可以避免在 2021 年初进行土地增值税的清算，可以将清算时间推迟到 2022 年初，这样就相当于该企业获得了 4,000 万元资金的一年期无息贷款。假设一年期资金成本为 6%，则该纳税筹划就可以为企业节约利息 4,000×6%＝240（万元）。

第四章

医美企业税务合规与纳税筹划

第一节　医美企业资金涉税合规

当前，医美行业的市场规模已经达到了千亿级别，但与此同时，医美行业也成为税务机关的重点监管领域，医美企业的税务合规迫在眉睫，而资金流的规范是税务合规的重要前提。

国家税务总局稽查局在2021年4月29日于国家税务总局官方网站发布《税务总局贯彻〈关于进一步深化税收征管改革的意见〉精神，要求：以税收风险为导向　精准实施税务监管》一文，要求各地税务部门以税收风险为导向，精准实施税务监管，将医疗美容行业纳入最新的税务稽查重点领域，重点打击虚开发票、隐瞒收入、虚列成本、利用"税收洼地"和关联交易进行恶意税收筹划，以及利用新型经营模式逃避税等涉税违法行为。

实际上，医美企业的涉税风险源头是资金。例如，无票采购迫使企业使用私人账户付款，渠道分账取票抵扣但分类、分户不清，聘请兼职医生但需通过个人账户发放工资等行为，都是资金涉税风险的体现。如果不在源头进行规范，那么企业将有可能在未来付出巨大的经济代价。

很多民营医美机构用财务外包的形式进行财税管理，导致业务和财务完全分离，老板和管理层的资金、财务和税务知识相对薄弱，因此无法进行财税合规管理，更谈不上财务优化。

有些医美机构会聘请公立医院退休的会计人员，但由于他们缺乏纳税实操经验，也容易给企业带来税务问题。

上述两类医美企业并非不想缴纳税款，而是风险意识不强，没有意识到税务合规的重要性。而有些机构则是为了获取更高的收益而故意偷逃税款，这种行为就是主观故意的不正当行为。

总的来说，无论出于何种原因，企业一旦被税务局发现并要求补缴税款、缴纳滞纳金甚至罚款，都会对企业的信誉和经营发展产生不良影响。2022年，许多医美机构被税务部门稽查，其中一些机构因隐匿服务收入、少申报营业收入等行为被认定为偷税。此外，与补缴的税款相比，滞纳金和罚款都会严重侵蚀企业的利润，甚至成为企业资金流的"杀手"。

因此，医美机构在关注医美项目布局的同时，还应建立相应的财税合规经营规则。

一、金融机构视角的资金管理环境

资金管理，不仅是企业、老板的事，还涉及金融机构和税务局。

我们先来了解银行的资金管理政策。

有些企业虽然资金流很充沛，但是资金管理较为混乱，导致银行发出资金预警，企业被要求提供资金来源证明，或者账户直接被冻结，影响企业的正常运营。

随着《互联网金融从业机构反洗钱和反恐怖融资管理办法（试行）》的推出，大金额、余额过高、流水过大等信息都会被查到，以下行为将被自动纳入银行的监管，甚至被预警。

1. 个人5万元以上现金存取业务

商业银行、农村合作银行、信用合作社、村镇银行等金融机构为自然人办理单笔5万元以上或者外币等值1万美元以上现金存取业务的，应当识别并核实客户身份，了解并登记资金的来源或者用途。

这个规定对于个人申报税收的影响就是个人在外面承接业务收到的大笔资金透明化了，如果个人不申报个人所得税，就很有可能被稽查。

2. 微信、支付宝收款码用于经营收款

目前，许多中小型商户，例如一些小商店、小餐馆等都是使用个人收款码收款，没有提交商户信息申请注册商家码，顾客也只需在柜台扫描二维码就能完成支付。这虽然方便了商家，但从资金账面流向来看，只能算作个人转账，而非营业收入，不利于国家监管交易信息，很容易出现资金风险隐患，如出现偷税漏税、诈骗洗钱、非法跑分、转移赌资等情况。

根据《中国人民银行关于加强支付受理终端及相关业务管理的通知》（银发〔2021〕259号）的要求，对于具有明显经营活动特征的个人，条码支付收款服务机构应当为其提供特约商户收款条码，并参照执行特约商户有关管理规定，不得通过个人收款条码为其提供经营活动相关收款服务。这项规定本来是

于 2022 年 3 月 1 日起施行的，但目前已经确定暂缓执行。

注意，暂缓执行，不是取消，而是指时机未成熟，但也可能是给用户一些时间去规范，我们更应抓住这个时间，防范于未然。

二、税务局视角的"非税"业务资金涉税

随着数字经济的蓬勃发展，交易呈现碎片化、高并发、分散化的特性，企业面临的合规风险加大，越来越多的非法交易洗钱、虚开发票、违规运营、利用他人涉税信息犯罪等隐蔽性问题浮出水面。

1. "银税互动"政策为税收管理打开资金流数据绿色通道

"银税互动"打通了银行和税务的数据共享通道，银行提供的相关数据信息，进一步加强了税务部门监管体系的建设。通过共享数据，税务部门可以随时监控企业的经营状况，及时控制异常风险。

2. 金税四期智慧管税的资金轨迹

金税三期是一个多部门联动、流程化、闭环式的征管大数据系统，应用的对象是涉税的纳税人。金税四期则是一套数据仓库提取，数据数字化利用和智能化改造，融通税收业务、政务、党务、事务全流程、全事项的一体化信息系统。对"非税"业务全面监控成为金税四期最重要的一部分内容。金税三期与金税四期的对比详见图 4-1。

回顾我国税收管理进化史，可以总结为以下两点。

（1）数字化驱动税收征管方式持续变革。

过去，税务人员挨家挨户上门"收税"；

现在，纳税人足不出户网上"报税"；

未来，在智慧税务引领下进一步实现自动"算税"，数字化驱动税收征管流程优化重塑。"计算机"替代手工操作流程，"互联网"改造传统业务流程，"云服务"打造智能征管流程。

（2）数字化驱动税收征管效能不断提升。

过去，"经验管税"时期；

现在，"以票管税"时期；

未来，"以数治税"时期。

税务合规与纳税筹划

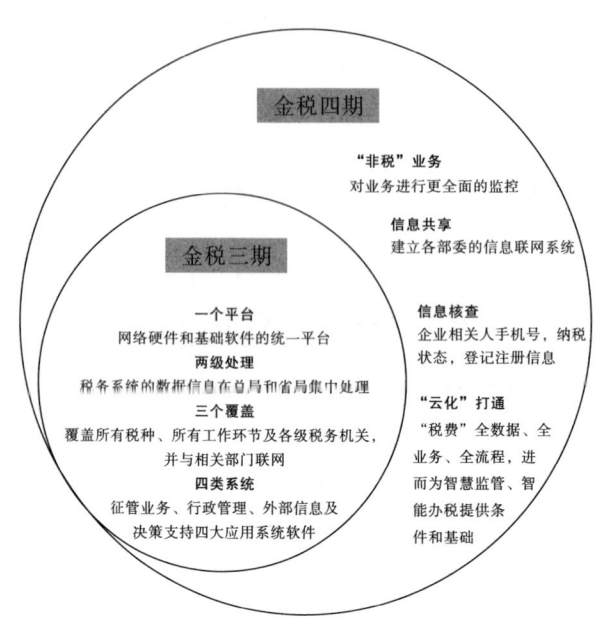

图 4-1 金税三期与金税四期的对比

[图中内容：

金税四期
"非税"业务
对业务进行更全面的监控
信息共享
建立各部委的信息联网系统
信息核查
企业相关人手机号，纳税状态，登记注册信息
"云化"打通
"税费"全数据、全业务、全流程，进而为智慧监管、智能办税提供条件和基础

金税三期
一个平台
网络硬件和基础软件的统一平台
两级处理
税务系统的数据信息在总局和省局集中处理
三个覆盖
覆盖所有税种、所有工作环节及各级税务机关，并与相关部门联网
四类系统
征管业务、行政管理、外部信息及决策支持四大应用系统软件]

三、企业视角的资金流涉税风险

除了银行的资金管理需要符合规定外，税务局也开始关注企业资金流的涉税问题。在这种情况下，企业必须重视内部资金管理，如果资金管理不科学，导致资金管理混乱，不仅会给企业带来经营性资金风险，还会引发涉税风险。因此，企业需要采取有效的措施，确保资金管理的合规性和科学性，降低企业涉税风险，保障企业可持续发展。

资金安全，税务才安全；税务安全，企业才安全；企业安全，老板才安全。

【案例 4-1】

2022 年 8 月的某一天，"杭州一医美公司偷逃税被罚 8,800 多万元"登上微博热搜榜。

税务局的处罚事由显示，2017 年 1 月至 2021 年 11 月，该公司分支机构某医疗美容诊所为客户提供医疗美容项目服务，利用个人银行账户收取服务款，并隐匿收入超 47.55 亿元，未将其计入财务账。

某医疗美容诊所逃税只是医美行业涉税违法违规现象的冰山一角。被誉为国内"医美三剑客"之一的爱美客，于2020年在深圳证券交易所创业板上市，其2021年营收相较之下也只有14.48亿元。而在此期间，千和医疗美容诊所仅通过账户中隐匿收入滋生的利息收入就约为2,879.68万元。

其实，一个企业收入超500万元，这个企业就不是小规模企业了，若不做资金管理，被税务局稽查，在没有进项发票的情形下，供应链企业的增值税率为13%，缴纳增值税65万元；而医美服务机构500万元的收入，在没有进项发票或税务局不允许抵扣的情形下，增值税也有30万元；如果企业既有销售也有服务，在未分账核算的情况下，税务局是从高征税的，即按13%的增值税率征税。也许这个数目很多企业还能承受，但如果企业收入到了2000万~5000万元，还不实行资金涉税管理，若被查，补缴的税款，加上滞纳金和罚款，也许企业就无法承受了。

医美企业的资金涉税风险超乎想象，资金涉税合规迫在眉睫。

四、资金涉税风险解决方案

（一）医美企业老板与资金涉税合规

1. 资金涉税的苦和痛

在为医美企业提供服务的过程中，我们发现许多医美企业的老板在处理资金涉税问题时，有一些难以言说的痛点。

（1）没有军师指导。一些医美企业的老板可能缺乏对纳税概念的认识，没有意识到资金可能引发的税务风险。他们可能因更加关注企业的发展而忽略了补充税务知识的重要性。我们在与一些医美企业老板交谈时，他们经常有这样的疑问，比如："我们这个行业不是免税的吗？我的财务人员没有告诉我需要缴税啊！"许多老板在对私人账户收款等方面的理解也存在误区，认为这样做没有问题。因此，不了解税法的老板往往容易做出错误的决策，在业务环节没有将税金纳入考虑范围，更不知道银税互联已经将所有"非税"业务纳入金税四期的大数据管控中，如果存在偷漏税行为就会被监控到。

（2）无奈之举。以私卡收款，隐瞒收入，不完全申报收入或不及时确认收入。供应商常常借口不含税，或者故意提高税点，加上业务主要依赖渠道人员介绍，导致扣除的费用占比很大，医美企业只好不列、少列收入，最终导致企业不缴或少缴税款，构成《中华人民共和国税收征收管理法》第六十三条规定的偷税违法行为。

（3）招人难，用人难。企业招不到专业的财务人员，有时候为了节省成本直接外包。老板不懂财务，对财务工作不理解。

（4）传统的前台收银，人力成本高，不便于后端财务管理。

（5）门店数量多，很难做到资金统一管理，常有账算不清、资金被挪用侵占的事件发生。

（6）供应链中部分或全部合作企业无法开具专票，导致税负成本难以承受。

（7）资金流无法做到"我的就是我的，别人的就是别人的"，导致不必要的处理成本和财务负担。

（8）产品众多，业务多样，渠道结构复杂，收款后的很多款项要返给别人。

（9）收款10万元，有7万元都要付给供应链及合作企业，要如何处理财务账，又要如何解释银行卡的流水？

（10）为了分别收取各笔款项，将一笔交易分拆到多台POS机刷信用卡，导致客户体验不佳，并带来了许多不必要的麻烦。

2. 医美老板管好资金涉税需做的6件事

（1）有资金管控策略。

（2）做好资金使用决策。

（3）用好财务人员。

（4）引进信息化资金管控系统。

（5）聘请军师提供风险分析与解答。

（6）管好收支两条线。

（二）财务人员在资金涉税合规的"作"与"为"

1. 对于资金涉税合规财务人员需做的5件事

财务人员一定要认识到资金涉税合规是资金流健康的起点，然后做好以下5件事：

（1）做资金预算计划，可以尝试用现金流快速预测法来辅助工作；

（2）关注公司运营资金短缺规律，用好信息化资金管控系统或资金报告体系表；

（3）建立收支制度，并严格执行；

（4）搭建资金相关预警指标体系，定期报告与分析；

（5）开展资金管理的审计核查。

2. 实务案例

【案例 4-2】

A 企业一直以来经营状况稳健，但由于业务部门与财务部门之间的沟通不畅，收支管理出现疏漏，公司账户经常入不敷出，陷入资金短缺的困境。有时，甚至连税款都无法支付，需要向税务局提交书面说明并申请缓交。为了维持相对较高的税负以避免税务预警，老板也只能强撑着。

A 企业在收入、支出和库存现金管理方面的资金涉税问题比较多，这些也是很多医美企业的共性问题，建议企业可以按照如下方法进行资金管理。

在收入方面，资金流除了要和合同、发票、物流运单匹配，还要重视不开票的收款机刷卡、微信、支付宝等网络支付，以及现金收入的确认，做好销售日报与收款日报账账相符、账实相符、账证相符的核对。这样既可以规范应收账款的管理，杜绝资金舞弊现象，还可以规避隐匿收入，从而避免引发偷漏税的风险。

在支出方面，不仅要有审批权限、审批标准、支付申请、支付审批、支付复核、办理支付的管理手段，还要抓好付款前后进项票据及时回流工作，避免无票支出造成利润虚高，多缴冤枉税，同时也要根据自己的资金存量做支出规划，避免发生资金短缺或者资金链断裂的风险。

规范库存现金的管理，最好有库存限额、使用范围，不允许坐支，每日清查和报告，一方面避免资金发生不合理损耗，另一方面预防资产负债表现金科目不合理引发税务预警。

另外，A 企业要重视收、支、库、存、查五项的控制流程，重点避免资金短缺、税负过高等问题。

虽然企业的现金流来源有股东投资、融资、预收账款等多种渠道，但销售回款应该成为企业获取现金收入最重要的渠道。

（三）公司视角的资金涉税合规举措

以下几项措施可帮助企业360度全方位了解并掌握企业内部财税动态，实现业务流程的动态控制，从而基本化解大部分的涉税风险。

1. 制定收支管理制度，规范收付款流程

（1）各项支出都有预算和定额控制执行。

（2）每笔收入、支出都要及时开票，做好进项、销项发票的合规管理，尤其是应当对大额历史发票进行核查。在上下游企业因为经营状态变化，如走逃失联、经营异常、吊销营业执照、涉嫌税务违法虚开发票等，开具的发票被认定为风险发票时，及时采取财务进项转出等措施避免企业涉税风险。

（3）尽可能使用转账结算，现金结算款项要及时送存银行。

（4）尽可能采用由部门集中收款的方式，能上系统一定要上系统集中管理。

（5）要按照国家规定的用途使用现金，尽可能使用转账支付。

（6）每笔支出都应有负责人审批、会计主管审核、会计人员复核。

（7）出纳人员每一笔款项都应以健全的会计凭证和完备的审批手续为依据。

（8）支出、收入的账目明晰，收支凭证尽可能做到三流（资金流、合同流、发票流）一致。

2. 业财融合，会计核算规范

健全业务流程所产生的凭证，并及时交给财务核算，然后定期检查是否有缺漏。

3. 定期做合规分析

定期开展内部税务风险合规分析，从发票、财务报表、申报表和税款缴纳记录等方面进行全面的税务合规分析。

4. 用公司账户发工资

全部员工签订劳动合同，"公户"发放工资，跟"私户"发工资说"不"，严格落实个人所得税代扣代缴工作。

5. 做好涉税证据链归集和管理

加强对货币资金、会计凭证的管理，依法建账，及时核对银行账目，认真履行定期对账、报税制度，建立定期检查的管理机制。

6. 定期检查，自动纠错

主动纠正逃税漏税行为，积极自查隐匿营业收入、个人所得收入等逃税行为，并及时向税务机关提交补税申请，积极配合调查、主动补缴税款和缴纳滞纳金，主动向税务机关报告其尚未掌握的涉税违法行为，以减轻违法行为的危害后果，从而争取到税务部门的从轻处罚。

建议企业按照表 4-1 对企业资金涉税事项进行自查。

表 4-1　资金涉税合规自查

序号	检查内容	情况是否存在
1	规模很小的企业，却有大额的流水	□是；□否
2	资金收付频率及金额与企业经营规模明显不符	□是；□否
3	资金收付流向与企业经营范围明显不符	□是；□否
4	企业日常收付与企业经营特点明显不符	□是；□否
5	周期性发生大量资金收付与企业性质、业务特点明显不符	□是；□否
6	相同收付款人之间短期内频繁发生资金收付	□是；□否
7	长期闲置的账户，原因不明地突然启用，且短期内出现大量资金收付	□是；□否
8	短期内资金分散转入、集中转出或集中转入、分散转出	□是；□否
9	短期内频繁收取与经营业务明显无关的个人汇款	□是；□否
10	存取现金的数额、频率及用途与其正常现金收付明显不符	□是；□否
11	个人银行结算账户短期内累计 100 万元以上现金收付	□是；□否
12	与贩毒、走私、恐怖活动高发地区的客户商业往来明显增多，短期内频繁发生资金支付	□是；□否
13	频繁开户、销户，且销户前发生大量资金收付	□是；□否
14	公私账户频繁交叉混转	□是；□否
15	频繁出现资金一转进就马上转出的情况	□是；□否

（四）用好军师，创造资金涉税服务价值

俗话说，术业有专攻。大部分企业老板更擅长业务或技术，对于财税知识的掌握可能有限，因此，企业老板需要有一位忠于自己的财务军师，特别是既懂财务，又懂税务和资金的人，无论是内部员工还是财务顾问均可。

财务亲信和军师是有区别的。亲信通常更加关注老板个人的需求和利益，而军师除了忠于老板之外，还需要具备丰富的知识和实战经验。军师能在老板迷惘或困惑时给予其建议和指导。内部培养的专职军师可以从和老板共事的契合度、忠诚度、价值观、专业度等维度去考量。这里所说的价值观，是指财务人员能为企业带来的价值，而专业度是指解决问题的能力，不仅是做账、报税、出表格、写报告。

尽管财务亲信的忠诚度都很高，但对于其专业能力，老板可能只能从其日常工作表现中观察到。即使财务人员给出了大量的工具、表格、制度和流程，但一两年后，财务状况可能仍然没有改善，资金流仍然不健康，老板想要的财务数据仍然无法及时获得或难以理解，税负率仍然不理想，等等。

有些老板也会高薪聘请财务专家做顾问，但如果专家只按照合同完成任务，给出大量的制度、流程、表格，指出问题而不提供解决方案，那么结果也会不尽如人意。

因此，为了确保资金安全和财税合规，老板必须学习如何评估和运用财务人员的能力。否则，对于如何充分了解军师的专业度，老板可能会感到束手无策。现实中有许多老板通过网上视频或短期课程学习资、财、税知识，但这些知识可能并不完全适用于他们的企业。毕竟，只有老板自己才最了解自己的企业。企业无论是在发展阶段还是在成熟阶段，都需要老板有清晰的认识和善于用人来确保资金安全和财税合规。

综上，建议企业老板可以从以下几点考量，选择自己的财务军师：
（1）懂资金收支管理，会做预算和资金使用测算；
（2）有财税价值观；
（3）有合规意识，有风险觉悟；
（4）会管理财务部，包括财务规范管理和财务团队管理；
（5）能够搭建符合企业经营状况的财务体系；

（6）了解适合企业的税收优惠政策，为企业合规节税；

（7）从全局的角度减轻企业税负、降低涉税风险；

（8）匹配公司财务资源，学会通过预算管理达成企业经营目标；

（9）完善财务支撑体系，创造财务利润；

（10）运用财务手段，助力企业稳步增长。

这里要特别提醒的是，人无完人，一个财务军师未必具备多种能力，老板的期望也不宜过高。如果他们能够解决一两个核心问题，或者有效执行公司的财务策略，就已经非常不错了。更理想的情况是，他们能够组建一个适合企业的资金、财务和税务团队，让每个成员各尽其力、各司其职，通力协作，在合规的基础上，为企业创造财务价值。

第二节　医美企业税务风险管控

一、医美企业涉税风险意识薄弱

公安部、商务部、市场监管总局、国家药监局等八部委联合下发《关于进一步加强医疗美容综合监管执法工作的通知》（国卫办监督发〔2020〕4号），提出重点整治和肃清医美行业不良经营行为和财税不合规乱象，医疗美容机构经常发生的私卡收费、两套账务、偷税漏税等税务违法行为正在受到更加严格的监管和处罚。

截至2022年末，杭州、无锡、武汉、东莞等多地税务机关相继对数家医美机构展开调查并开出高额罚单（表4-2），引发业界关注。

表4-2　2022年部分医美行业税务处罚案

处理时间	涉案企业	处罚部门	事件
2022年	武汉某洲某美整形美容医院有限公司	国家税务总局湖北省税务局	追缴税款1,701.89万元、处罚款850.95万元
2022年	杭州某名文化艺术策划有限公司	国家税务总局杭州市税务局	对少缴的企业所得税约1.47亿元处60%罚款，金额合计约8,820万元

续表

处理时间	涉案企业	处罚部门	事件
2022 年	厦门某明莫琳娜医疗美容门诊部有限公司	国家税务总局厦门市税务局	因应扣未扣个人所得税，被罚款 231 万元
2022 年	某和医疗美容诊所	国家税务总局杭州市税务局	被税务部门认定为偷税，追缴税款、缴纳滞纳金和罚款合计 8,827.27 万元
2022 年	东莞南城某美医疗美容门诊有限公司	国家税务总局东莞市税务局	逃避缴纳税款，处以少缴增值税、城市维护建设税和企业所得税税款 50%的罚款，金额合计 47.63 万元

下面来具体看看上述案件。

（1）武汉某洲某美整形美容医院有限公司在 2016 年 1 月 1 日至 2019 年 12 月 31 日期间采取偷税手段，不缴或者少缴应纳税款，依照《中华人民共和国税收征收管理法》等相关法律法规予以相应处罚。

（2）杭州某名文化艺术策划有限公司分支机构及其医疗美容诊所 2017 年 1 月至 2021 年 11 月为客户提供医疗美容项目服务，其利用个人银行账户收取服务款并隐匿收入的行为被定性为偷税而涉案被罚，税务部门依据相关法律法规予以处罚。

（3）厦门某明莫琳娜医疗美容门诊部有限公司因应扣未扣个人所得税，未履行代扣代缴个人所得税义务被罚。

（4）某和医疗美容诊所在为客户提供医疗美容项目服务时，利用个人银行账户收取服务款并隐匿收入，同时未对收入中的增值税应税项目和免税项目分别核算，被税务部门认定为偷税予以处罚。

（5）东莞南城某美医疗美容门诊有限公司未如实申报营业收入案，当事人利用法定代表人的私人账户收取营业收入，部分私账收入不登记入账，不进行纳税申报，导致少缴增值税和城市维护建设税等相关税费。该行为被税务机关认定为逃避缴纳税款而被罚。

可以预见，随着金税四期"以数治税"的持续推进，税务管控会越来越严格。未来，那些曾经在税务方面的行业乱象，将在金税四期管理系统的监管下无所遁形。对于医美行业而言，这意味着未来的每一年都是税务方面极具挑战性的一年。因此，医美企业必须提高对税务合规的重视程度，采取切实有效的措施来确保企业的税务合规。只有这样，才能避免税务处罚和其他不良后果，并确保企业健康、稳定和可持续发展。

二、医美企业常有的涉税风险行为

医美企业常有的涉税风险行为包括：

（1）私设小金库，隐匿收入；

（2）利用个人银行账户收取服务款并隐匿收入；

（3）未开具增值税发票，涉嫌侵害消费者权益和偷税；

（4）将非医疗、非免增值税项目列入医疗服务，享受免征增值税政策；

（5）不给客户开发票，包括不主动提供发票而以收据替代，高额加收税点导致客户不敢要发票，等等；

（6）虚开增值税发票；

（7）未取得合规增值税发票；

（8）虚增成本、违反规定列支成本，以及让他人为自己虚开发票；

（9）高额返佣，但因为没有进项发票，企业税负较高；

（10）公司间大量相互开发票，通过关联交易转移利润等方式不缴或少缴应纳税款；

（11）通过将一般应税项目销售额计入减免税项目销售额、将高税率项目销售额计入低税率项目销售额，或不满足减免税相关条件而进行虚假申报等方式，违规享受税收优惠，不缴或少缴应纳税款；

（12）外购礼品无偿赠送客户，不视同销售货物；

（13）以积分兑换医美服务或美容产品未确认收入；

（14）将应税收入放入免税收入中一起申报；

（15）通过私人账户如微信、支付宝、个人银行账户发放员工薪酬，掩盖开支；

（16）未代扣代缴"偶然所得"个人所得税；

（17）应扣未扣个人所得税，未代扣代缴"工资薪金"个人所得税；

（18）将垫付的应由劳务提供者个人承担的税费计入销售费用并进行税前扣除；

（19）支付给美容机构等渠道提供者的劳务报酬未全额代扣代缴个人所得税；

（20）隐匿收入少缴企业所得税；

（21）设备租赁合同和房屋租赁合同，未缴纳"财产租赁"印花税；

（22）设备采购合同未缴纳"购销合同"印花税；

（23）部分医美机构通过与第三方公司（常为个人独资企业）签订设计、咨询、企业形象策划等服务合同，虚列成本，以实现降低企业所得税税负目的；

（24）舍近求远大量购买更贵的物资；

（25）购销不匹配，如买进手机却销出玻尿酸；

（26）预收账款占主营业务收入的20%以上；

（27）会务费、咨询费、服务费、培训费等无证据链。

综上，法律严格规制医美机构的税务问题，但这些问题医美企业都不重视，导致纳税不规范现象特别突出。相关后果，轻则补缴税款、缴纳滞纳金，重则罚款甚至引发刑事后果，因此，医美企业的自救式财税规范是日常企业财税风险管理的重中之重。

三、医美企业涉税风险防控策略

（一）医美企业税务合规建议

中共中央办公厅、国务院办公厅印发《关于进一步深化税收征管改革的意见》，针对农副产品生产加工、废旧物资收购利用、大宗商品（如煤炭、钢材、电解铜、黄金）购销、营利性教育机构、医疗美容、直播平台、中介机构、高收入人群股权转让等行业和领域进行重点稽查。围绕货币资金、物资、人力资源三要素，实施营运力、申报征收、发票、财务、交易方、登记与备案、第三方（互联网）和经济税负"八大维度"重点管控。

在医美领域，将重点查处以下涉税违法行为：虚开发票、隐瞒收入、虚列成本，利用"税收洼地"和关联交易进行恶意税收筹划，以及利用新型经营模式逃避税。

医美企业涉税风险防控要从事前、事中、事后进行税务合规管理。

1. **事前税务合规管理**

(1) 定期开展内部税务风险合规分析,强化个人所得税代扣代缴工作,对可能存在涉税风险的员工及时提醒和督促自查自改。

(2) 企业应当主动对逃税避税行为进行纠错,对隐匿营业收入、个人所得收入的行为进行自查,并及时到税务部门提交补税申请。

(3) 面对可能存在的虚开虚收发票、未开发票隐匿收入等风险,拿到发票需要有验证发票的环节,必要时以书面形式约定"若提供不合格发票(含虚开发票),由发票提供者自行承担责任,若由此带来损失的,由其进行赔偿"等。

企业务必定期(如年终关账前)对历史发票中各类成本发票进行分析,避免不合理支出的发生,尤其是应当对大额历史发票进行巡查。同时,核查上下游企业有无经营状态变化,如果上下游企业出现走逃失联、经营异常、吊销营业执照、涉嫌税务违法虚开发票等,企业需及时采取财务进项转出措施,避免补缴税款和缴纳滞纳金。

(4) 渠道型医美机构,常常以私人账户收款的方式向介绍方支付无进项发票的高额返佣,引发偷逃税款的风险。合规的处理方式应为:若是个人渠道,须代扣代缴"劳务报酬所得"个人所得税;若是机构或者企业渠道,建议凭票返佣。这样做不仅解决了成本问题,而且规避了涉税风险。

(5) 对于经营所得,无论是以积分兑换医美服务还是美容产品,在税法规定下都需要确认收入。即使医疗机构没有实际获得现金收入,对于无偿提供服务或赠送产品的行为,仍然要按照视同销售的原则处理。

(6) 为了提高现金流并增加客户黏性,医美机构通常会给予办理单项医美服务次卡或年卡的消费者一定的价格折扣,以鼓励他们在门店进行储值。对于这些附带使用期限的储值卡,如果消费者未在规定期限内消费,部分医美机构在清零卡内余额时,并不会将该部分金额确认为收入。

在所得税纳税合规方面,医美机构在消费者储值后,应按照权责发生制原则操作。根据每次提供医美服务项目的收费标准,分期确认企业应纳税收入。对于超过期限未消费的部分,医美机构应在卡内余额清零时一次性确认营业外收入,计算并缴纳企业所得税。

在增值税纳税合规方面,对于已经开具增值税发票的项目,增值税应在开票时确认为收入。对于尚未开具增值税发票的项目，医美机构应在服务提供当天确认增值税收入。对于卡内超期未消费的部分，医美机构应在余额清零时一次性确认增值税收入，并按照储值卡对应项目适用的增值税税率计算税额。

（7）与第三方公司（常为个人独资企业）签订设计、咨询、企业形象策划等服务合同，要健全、保存真实、合理的涉税证据链，能自证清白，避免虚列成本的嫌疑。

（8）医美机构其他的涉税风险，应采取多种方法规范纳税行为。引入外部的专业服务，强化全周期税务管理，完善发票保管、凭证入账和纳税申报等流程管理，只有这样，企业才能在行政执法机关的严格监管下持续健康发展。

2. 事中税务合规管理

企业在被税务部门要求自查、责令整改、监督提醒时，应当格外慎重，因为可能面临全面检查的风险。应当做好全面专业应对，尤其是要重视收支管理、分类汇总整理，也可聘请专业服务团队，利用大数据合规财税软件进行系统梳理，及时发现潜在问题，做好风险评估与判断工作。

3. 事后税务合规管理

若被税务机关查实有少缴税行为，企业无法自证清白时，应主动补缴税款和缴纳滞纳金，这样可以减轻违法行为的危害后果，一是可能争取到税务部门的从轻处罚，二是避免演变为抗税罪遭到刑事处罚。

（二）医美企业涉税风险自查指引

（1）查账。核查会计分录的正确性和财务报表的各项财务指标分析的合理性，以此判断是否会引起税务预警或稽查，出现涉税风险往往与财务核算不规范有很大关系。

（2）查发票。税务局至今依然遵循查税必查票的原则，因此建议企业认真核查，包括查成本费用发票是否有真实业务，避免涉嫌虚开；查上下游是否有虚开发票的行为，避免关联性涉税风险。

（3）查个人所得税申报。医美企业的医生和业务员的收入都很高，存在用私人账户发放工资，或采取对公账户、私人账户拆分的形式发放工资、薪金、奖金、佣金等现象，隐藏了巨大的涉税风险。因此，建议企业在进行税务风险"体检"时，一是查工资、薪金所得，各类奖金等支出是否如实申报个人所得税；二是查劳务支出是否有代扣代缴个人所得税，并且检查对方是否开具了增值税发票。

（4）查分红、提成。核查是否有通过私人账户、第三方渠道或其他利益交换等形式支付明星医师的手术费以及高管的提成、分红等涉税风险行为。

（5）查支付给渠道方的推客佣金。核查个人渠道分账是否有代扣代缴个人所得税，是否获得增值税发票；公司渠道分账是否有开增值税发票等。

（6）查私卡收款。个人客户通常以现金、个人微信及支付宝转账的方式支付费用，且基本没有索取发票的需求和意识，医疗美容机构也往往通过开具收据来代替开具发票，因此，要将此类收入分为"已开票"和"未开票"两大类进行纳税申报，避免税务局查到隐匿收入的涉税风险。

（7）查积分兑换、赠品、已消费的充值卡，涉及医美服务或美容产品的是否已确认收入。

（8）查成本费用。医疗美容机构的主要成本是医护人员薪金、场地租金、广告宣传费、药品耗材、手术费、固定资产折旧等，但部分经营成本存在取不到发票干脆不入账，同时不申报收入，或者多列支出把利润"瘦身"，进而少缴所得税的行为，引发了税务风险。

（9）查免税项目。医美机构的部分项目是免税的，会计核算要将免税收入和征税收入进行区分，分别核算，并分开进行纳税申报，不得混淆，以免被税务局稽查。

（10）查进项税前扣除是否合规。税法对如下项目的税前扣除有特殊规定：

①职工福利费税前扣除不超过工资总额的14%。

②工会经费税前扣除不超过工资总额的2%。

③职工教育经费支出税前扣除不超过工资总额的8%。

④业务招待费按实际发生的60%但不得超过当年收入的5‰进行扣除。

⑤补充养老保险费、补充医疗税前扣除不得超过工资、薪金的5%。

⑥广告费和业务宣传费税前扣除，常规企业不超过销售收入的15%，化妆品制造和销售、医药制造和饮料制造（不含酒类）企业不超当年收入的30%，烟草企业广告费和业务宣传费不得扣除。

⑦手续费和佣金支出，保险企业按当年全部保费收入扣除退保费等后的余额的18%计算限额；房地产开发企业委托境外机构销售开发产品，限额标准为委托销售收入的10%；电信企业限额为当年收入总额的5%；其他企业，按与具有合法经营资格的中介服务机构或个人所签订的服务协议或合同确认的收入金额的5%计算限额。

⑧党组织工作经费支出不超过工资、薪金总额的1%。

⑨捐赠支出，不超年度利润的12%（超过的可在3年内分摊扣除）。

⑩利息费用，不超银行同类贷款利息的可据实扣除。

（11）查涉税证据链。检查过去3~5年的会计凭证税前扣除是否符合税法规定，相关四流凭证（资金流、发票流、合同流、货物流）是否真实、合理，分析、评估是否有涉税风险。

（12）关联资金核查。一方面检查实际控制人、管理层或者财税等相关人员的私人银行卡是否与公司账户（包括一般户和基本户）有经营性资金往来，这些往来是否有记账、核算。做税务风险自查时，可以对相关账户的银行流水、账册、纳税申报表进行账账核对、账证核对，避免错漏产生涉税风险。另一方面核查这些账户的收入是否都申报完税。由于金税四期的"非税"业务管控功能，关联账户的经营收入很容易被税务机器人识别、发现，可能被认定为偷逃税款而被追究责任。

（13）查进销存。通过核查进销存了解仓库管理的规范程度，分析是否存在隐瞒收入或者虚列成本的税务风险。

（14）查报表勾稽关系。核查报表各项指标的勾稽关系是否正常、合理，分析是否会引发税务预警。

（15）查社保风险。通过员工花名册、工资发放表核查社保不申报、少申报的涉税风险。

（16）收入监督审核。核查是否按税法规定税率核算收入；是否有不按国家规定管理收入，通过挪用、截留、转变资金性质、设账外账和"小金库"等方式隐瞒收入的行为。

（17）查财务规范。总账会计登录企业财务系统，结合会计凭证、银行流水等，基于账账相符、账实相符、账证相符等原则，全面了解企业的财务规范问题。

(18) 查税会差异。税会差异也是医美企业高风险地带，比如：

①本年度会计差错问题。可以按照正常的会计处理程序，采用冲销调账法、补充调整法、转账调整法等，正确进行会计调整。

②上年度会计差错问题。如果对上年度税收产生直接影响，在上年度决算编报前发现的，可直接调整上年度会计账目；在上年度决算编报后查出的，应通过"以前年度损益调整"账户进行调整。如果不影响上年度税收，但与本年度核算有关，则应按上年度账目的差错金额影响本年度财务结果的数额调整本年度的有关账目。

在税收法规和会计准则有诸多差异的情况下，一定要正确区分一般纳税调整与特别纳税调整，知道财务会计与税务会计的联系与区别。财务会计处理是以会计准则为依据，如果会计处理不符合会计准则的要求，应按财务会计准则进行会计调整，不一定涉及税务调整；如果会计处理不符合现行税收法规的要求，则需要税务会计进行税务调整。

上述只是企业常规涉税风险的自查方法，但因为每家企业不同，需要根据企业的具体情况来调整，可全面核查、"体检"，也可有针对性地核查，还可以通过访谈相关人员，了解企业的财税痛点后有目的地核查。

第三节 医美企业纳税筹划思路

国家税务总局对医美企业的涉税行为实行严格的监管，这也进一步提醒医美企业必须严格按照税收法规和会计准则进行财务管理和纳税申报，保证企业活动的合法性和规范性。

同时，国家也出台了一系列税收优惠政策，以支持和鼓励医美企业的发展。根据实际情况，医美企业可以根据适用的税收政策来进行纳税筹划，合理地利用各种税收减免、优惠政策，达到减轻负担、提高经营效益的目的。但需要强调的是，纳税筹划必须在合法和合规的前提下进行，不能违反税法规定，逃避纳税义务，否则将面临严重的法律后果。

因此，医美企业在进行财务管理和纳税申报时，应专业管理、规范操作，积极了解并享受适用的税收优惠政策，在财务和税务管理上相互协调，避免多缴冤枉税，使企业健康、稳定、可持续发展。同时也建议医美企业定期邀请税务专家或律师进行风险评估和税务诊断，确保企业的合规风险得到有效控制。

一、享受增值税免税政策的纳税筹划思路

（1）对医院（诊所、其他医疗机构）提供的美容性手术和其他美容服务，包括基础护理、保养护理、治疗护理等，其收入不免税。

（2）医疗服务，是指提供医学检查、诊断、治疗、康复、预防、保健、接生、计划生育、防疫等方面的服务，以及与这些服务有关的提供药品、医用材料器具、救护车、病房住宿和伙食的服务，其收入免缴增值税。

（3）医疗美容手术可以分为功能性和美容性两类，医疗机构（包括营利性和非营利性）开展的功能性美容手术，包括上睑下垂、眼睑外翻、疤痕挛缩、耳鼻缺损畸形、唇裂、面裂、面瘫、多指并指等手术，属于医疗劳务，其收入免缴增值税。

特别提醒：免缴增值税是有条件的。根据增值税相关规定，合规享受增值税免征政策的医疗服务收入需满足：

（1）医美机构需登记取得医疗机构执业许可证；

（2）医疗机构提供的医疗服务应属于《全国医疗服务价格项目规范》列出的服务；

（3）医美机构按照不高于地（市）级以上价格主管部门会同同级卫生主管部门及其他相关部门制定的医疗服务指导价格，包括政府指导价和按照规定由供需双方协商确定的价格，为医美消费者提供《全国医疗服务价格项目规范》所列的各项服务。

由于实操中缺乏明确的医疗服务指导价格，所以基于我们的行业观察，相较于定价问题，税务机关在判断医美机构取得收入是否可以享受增值税免税政策时，通常更关注其是否针对医疗服务收入及非医疗服务收入分别核算，就非医疗服务收入是否正确适用增值税税率进行核查，并计算缴纳增值税。

同时，还需要注意，对于免税收入对应的增值税进项税需做进项转出处理。对于无法准确划分不得抵扣的进项税额的，需以免税项目收入占全部销售收入的比重为系数，乘全部无法划分的进项税额计算进项转出金额。

二、成本费用的进项发票纳税筹划思路

许多企业存在因供应商缺少成本发票，利润虚高的问题。部分企业会通过买卖发票的方式解决，给企业带来极大的涉税风险。那么如何在业务真实发生的基础上，进行合法合规的纳税筹划呢？企业可以按照如下方式进行纳税筹划。

（1）有发票的供应商。如果该供应商为一般纳税人企业，开出的进项发票就可以直接抵扣，但若是小规模纳税人，则需要对方开具能够抵扣税款的进项发票，哪怕是1%，也可以抵扣相应的税款。

（2）无发票的供应商，可参考如下税务合规与纳税筹划思路。

①要求该供应商凭实际交易合同、个人身份证到税务机关代开发票，个人所得税可按照0.5%的税率缴纳，增值税免征。

②协助该供应商开设小规模公司，由小规模公司向资金结算公司开具3%（或1%）税率的增值税发票，再由资金结算公司向业务公司开具13%税率的进项发票。在集团类型的医美企业中，资金结算公司的存在十分普遍，它们不仅承担着集团内部各医美机构资金归集和划拨的重要职责，还能确保资金的安全性和高效流动。资金结算公司通过集中管理资金，可以降低资金成本，提高资金使用效率，为集团的整体运营提供有力支持。资金结算公司还扮演着风险防控的角色，通过对资金的实时监控和风险评估，及时发现并预防潜在的财务风险，保障集团的稳健运营。此外，资金结算公司还能为集团提供全面的金融服务，如融资、投资等，帮助集团拓展业务、实现战略目标。因此，无论是医美企业的老板，还是财税从业者，都要利用好资金结算公司税务合规与纳税筹划的作用。

三、主体公司与纳税地点结合的纳税筹划思路

主体公司把业务委托给销售公司销售，签订委托协议，向销售公司支付合理的销售费用，销售公司全额开票给主体公司。是服务性业务的，开具3%或6%税率的增值税发票；是商品销售的，开具3%或13%税率的增值税发票，要注意业务的真实性及合理性。

销售公司为确保合法合规，并且工资、薪金能全额抵扣，要么聘请超60

岁的人进行销售，要么聘请能上社保的人进行销售。销售公司也可以和代征公司、个体工商户或有限公司合作，获得全额增值税发票，合法完税。

四、企业所得税的税率、优惠政策和纳税筹划

1. 企业盈利情况下需要缴纳企业所得税

不考虑税收优惠政策的情况下，一般企业所得税税率为 25%。

2. 企业所得税相关的优惠政策和纳税筹划

（1）小型微利企业的优惠政策。

小型微利企业是指从事国家非限制和禁止行业，且同时符合以下三个条件的企业：

①年度应纳税所得额不超过 300 万元；

②从业人数不超过 300 人；

③资产总额不超过 5,000 万元；

根据相关规定，对小型微利企业年应纳税所得额超过 100 万元但不超过 300 万元的部分，减按 25% 计入应纳税所得额，按 20% 的税率缴纳企业所得税。

（2）国家高新技术企业的优惠政策。

《中华人民共和国企业所得税法》第二十八条第二款规定，国家需要重点扶持的高新技术企业，减按 15% 的税率征收企业所得税。

（3）可弥补亏损结转年限。

常规企业弥补亏损结转年限不得超过 5 年，高新技术企业、科技型中小企业弥补亏损结转年限不得超过 10 年。

如果企业这一年发生了亏损，国家也"体谅"企业经营不易，可以用以后的盈利弥补这一年的亏损，即发生亏损后可以向未来年度结转，用以后年度的收入弥补。企业在申报企业所得税弥补亏损时，按照企业所得税年度汇算清缴申报规则中的"先到期亏损先弥补、同时到期亏损先发生的先弥补"这一原则进行纳税处理。

（4）西部大开发优惠政策。

（5）税前扣除纳税筹划法。

例如开展科研项目、技术开发等，可以享受研发费用加计扣除等税务优惠政策。

（6）总分机构汇总纳税。

如设立分公司或子公司。

（7）内部结构优化筹划法。

例如，将医生聘为公司的技术顾问，使其通过分红方式获得报酬，就能够有效地降低公司的所得税税负。

五、医美企业的个人所得税处理

1. 合规操作

（1）属于个体工商户、个人独资企业、个人合伙企业性质的机构，应根据个人所得税税收政策有关"经营所得"的规定征收个人所得税。

（2）支付给个人的费用，医美机构作为扣缴义务人应按照"工资、薪金所得"或"劳务报酬所得"足额履行个人所得税代扣代缴义务。

（3）医美企业实务中下列所得，企业负有代扣代缴义务：

①员工取得的工资、薪金、奖金、福利费，按"综合所得"征收；

②渠道方从医美机构获得的返佣收入，按"劳务报酬所得"征收；

③股东股息、红利所得，按"股息、红利所得"征收；

④股东股权转让所得，按"财产转让所得"征收。

2. 纳税筹划思路

（1）合理使用灵活用工平台代发非雇员自然人的推广服务费。

自然人通过灵活用工平台，以众包方式为公司提供推广服务的，将推广服务费支付给灵活用工平台，并获取增值税专用发票，由灵活用工平台支付服务费给推广人员。操作注意点：①需优选各地的灵活用工平台，最好是成立时间较久、股东背景较强的平台。②确保资金安全。这个账户最好是公司也能管理，既可以保证将费用及时支付给了推广人员，也保障了资金的安全。

（2）利用捐赠进行税前扣除。

个人将其所得通过中国境内的社会团体、国家机关捐赠给教育和其他社会公益事业，以及遭受严重自然灾害的地区或贫困地区的，金额未超过应纳税所得额30%的部分可进行税前扣除。

（3）选择免征个人所得税的债券投资。

《中华人民共和国个人所得税法》第四条规定，国债和国家发行的金融债券利息免征个人所得税。

其中，国债利息是指个人持有我国财政部发行的债券而取得的利息所得，即国库券利息；国家发行的金融债券利息是指个人持有经国务院批准发行的金融债券而取得的利息所得。

（4）选择正确的保险项目享受税收优惠政策。

我国相关法律规定，居民在购买保险时可享受三大税收优惠政策：

① 个人按照国家或地方政府规定的比例提取并向指定的金融机构缴付的住房公积金、医疗保险金等，不计入个人当期的工资、薪金收入，免于缴纳个人所得税；

② 由于保险赔款是赔偿个人遭受意外不幸的损失，不属于个人收入，免缴个人所得税；

③ 按照国家或省级地方政府规定的比例缴付的住房公积金、医疗保险金、基本养老保险金和失业保险基金存入银行个人账户所取得的利息收入，免征个人所得税。

第五章

网络直播行业税务合规与纳税筹划

第一节　主播主要涉及税种及税务雷区

一、主播主要涉及的税种——个人所得税

主播的收入可以分为个人工资、薪金所得，个人经营所得和个人劳务报酬所得，下面来看一下主播收入主要涉及的税种——个人所得税的分类及适用税率。

1. 个人工资、薪金所得

个人工资、薪金所得属于个人综合所得，适用税率见表 5-1。

表 5-1　个人所得税税率（个人综合所得适用）

级数	全年应纳税所得额	税率（%）	速算扣除数
1	不超过 36,000 元	3	0
2	超过 36,000 元，未超过 144,000 元的部分	10	2,520
3	超过 144,000 元，未超过 300,000 元的部分	20	16,920
4	超过 300,000 元，未超过 420,000 元的部分	25	31,920
5	超过 420,000 元，未超过 660,000 元的部分	30	52,920
6	超过 660,000 元，未超过 960,000 元的部分	35	85,920
7	超过 960,000 元的	45	181,920

注：本表所称全年应纳税所得额是指依照《中华人民共和国个人所得税法》第六条规定，以每一纳税年度收入额减除费用六万元以及专项扣除、专项附加扣除和依法确定的其他扣除后的余额。

2. 个人经营所得

个人经营所得适用的个人所得税税率见表 5-2。

表 5-2 个人所得税税率（个人经营所得适用）

级数	全年应纳税所得额	税率（%）	速算扣除数
1	不超过 30,000 元	5	0
2	超过 30,000 元，未超过 90,000 元的部分	10	1,500
3	超过 90,000 元，未超过 300,000 元的部分	20	10,500
4	超过 300,000 元，未超过 500,000 元的部分	30	40,500
5	超过 500,000 元的部分	35	65,500

注：本表所称全年应纳税所得额是指依照《中华人民共和国个人所得税法》第六条规定，以每一纳税年度的收入总额减除成本、费用以及损失后的余额。

3. 个人劳务报酬所得

个人劳务报酬所得适用的个人所得税税率见表 5-3。

表 5-3 个人所得税税率（个人劳务报酬所得适用）

级数	全年应纳税所得额	税率（%）	速算扣除数
1	不超过 20,000 元	20	0
2	超过 20,000 元，未超过 50,000 元的部分	30	2,000
3	超过 50,000 元的部分	40	7,000

注：本表劳务费的计算原则之一是，每次劳务报酬收入不足 4,000 元的，扣除 800 元费用，再乘 20% 税率；每次劳务报酬收入超过 4,000 元的，扣除收入额的 20%，再乘 20% 税率；根据劳务费计算原则，劳务报酬所得可以扣除费用。

二、主播的税务雷区

主播收入主要来自带货、直播打赏、广告代言等，下面来看一下这些形式的收入都有哪些涉税雷区。

1. 劳务报酬所得与经营所得之间的处理雷区

劳务报酬所得与经营所得有时会混淆，但两者的税率存在显著差异，劳务报酬所得的税率为 20%～40%，而经营所得的税率为 5%～35%。此外，在某些地方税务局，经营所得仅允许部分所得按个人所得进行核定征收，如果直接按照10%核定缴纳，就不会与综合所得进行汇算清缴。因此，正确区分劳务报酬所得和经营所得，对于避免不必要的税务风险和实现税务优化具有重要的意义。

以年收入为100万元来算，全年不考虑其他所得，不合并综合所得计算。

若该收入为劳务报酬所得，则劳务报酬需要代扣代缴的个人所得税为100×（1-20%）×40%-0.7=31.3（万元）。

若将该收入计为经营所得，假设该个体工商户获得的核定征收率为10%，则应纳税所得额为100×10%=10（万元），根据表5-2查找对应税率为20%，速算扣除数为1.05万元，应纳个人所得税=（10×20%-1.05）×50%（减半）=0.475（万元）。

需要注意的是，个体工商户核定征收政策各个地区不一致，具体需参照当地税收政策，一般核定征收税率在5%～10%之间，需要当地税务局管理人员批准。

从劳务报酬所得变为经营所得，所需缴纳的所得税就相差了约30.83万元，如此大的差距让很多网红主播选择铤而走险，转换实际收入的性质。

主播取得的若是劳务报酬，按照现行法律规定，需要由支付的企业方履行代扣代缴义务；若是经营所得，则由其自行申报。

政策依据：《财政部 税务总局关于进一步支持小微企业和个体工商户发展有关税费政策的公告》（财政部 税务总局公告2023年第12号）规定，自2023年1月1日至2027年12月31日，对个体工商户年应纳税所得额不超过200万元的部分，减半征收个人所得税。个体工商户在享受现行其他个人所得税优惠政策的基础上，可叠加享受本条优惠政策。

2. 劳务报酬所得与工资、薪金所得之间的处理雷区

假定全年不考虑其他所得，不合并综合所得计算，由表5-1和表5-3可知，工资、薪金所得的税率为3%～45%，劳务报酬所得的税率为20%～40%。假设同样以年收入100万元来算，劳务报酬所得需缴纳的个人所得税为31.3万元，而工资、薪金按以下方式计算所得税：

免税额6万元（起征点0.5万元/月以下免税）；

年个人所得税专项扣除额合计为7.2万元，包括住房贷款利息1.2万元（1,000元/月）、子女养育2.4万元（2,000元/月，2023年1月开始执行的政策）、赡养老人3.6万元（3,000元/月，2023年1月开始执行的政策）；

五险一金每年为0.65万元（按最低543.20元/月计算）。

因此，该收入对应的个人所得税税率为35%，速算扣除数为85,920元。

个人免税额忽略不计，这100万元的工资、薪金需缴纳21.56万元。

和劳务报酬所得的31.3万元的个人所得税比较，两者相差了9.74万元。

虽然劳务报酬所得与工资、薪金所得所缴纳的所得税有一定的差距，但主播也不能硬把劳务报酬所得当作工资、薪金所得，因为这样做会带来极大的税务风险。

劳务报酬所得与工资、薪金所得的合规转换，以及相应的个人所得税处理可以参照如下四种方案进行。

一是独立主播，与平台或第三方公司是劳务关系，那么取得的就是劳务报酬，按照现行法律规定，税率为20%～40%之间，个人所得税由支付的企业方履行代扣代缴义务，同时，主播需要向支付方开具发票，以证明自己的收入和对方的支出，为支付方申报纳税提供有效的凭证，方便支付方后续进行抵扣，整体实现税务合规。

二是主播是企业的员工，应税所得就是工资、薪金所得，税率为3%～45%，个人所得税同样由支付的企业方履行代扣代缴义务，主播需和支付企业签订劳动合同，确认工资、薪金发放表，支付企业据此可以进行100%的税前扣除，而主播无须向支付方开具发票。

三是主播如果是以工作室（个体工商户/个人独资企业/合伙企业）的名义与平台合作的，应税所得就是个人经营所得，税率为5%～35%。基于现行政策，经营主体是增值税小规模纳税人的话，月收入在10万元以内免税，月收入超过10万元的需缴纳增值税。报税方式为自行申报，自行扣缴税款。此种方式须缴纳增值税和增值税附加税，无须缴纳企业所得税。

四是主播是公司的股东，又与公司签订了劳动合同。这种情形需要做两种处理，第一种：平时正常发工资、薪金，按个人综合所得（税率3%～45%）纳税，由公司代扣代缴；第二种：利润的分红所得，按20%税率缴纳股息分红税，由公司代扣代缴。

3. 工资、薪金所得与经营所得之间的处理雷区

假设按照100万元的收入来计算，工资、薪金所得仍然按前面的计算结果为 21.56 万元；经营所得缴纳的个人所得税为 0.475 万元，两者之间的差额就是 21.085 万元。

主播取得的若是工资、薪金所得，个人所得税需按照 3%～45% 的超额累进税率，按月预扣预缴，然后按年进行汇算清缴。取得的若是经营所得，则由个人按照 5%～35% 超额累进税率缴纳个人所得税。但如果是"税收洼地"里的企业，其经营所得所需缴纳的个人所得税税率最低仅 0.25%～1.82%。

由此可以清楚地看到，哪怕没有获得核定征收率的优惠、没有利用"税收洼地"，经营所得所需缴纳的个人所得税比工资、薪金所得所需缴纳的要少得多。因此，把实质的工资、薪金所得转换成经营所得的事件频频发生，引发了税务机关的高度关注。

其实，不是不可以把工资、薪金所得变为经营所得，只是不同工作模式的主播面临的税种是不一样的，下面来看一下主播都有哪几种工作模式。

（1）主播、达人自行成立工作室，直接在各个直播平台进行直播。

（2）主播、达人成立公司，与品牌方签订销售服务性合同，用公司的账号进行直播。

（3）主播个人通过与经纪公司签署合约进行直播。

（4）主播个人作为直播平台员工进行直播。

（5）主播个人直接与直播平台签署合约进行直播。

值得注意的是，上述（1）、（2）项务必在开展主播业务前，先注册公司或成立工作室，这才符合个人经营所得范畴。而后面三种无论是与经纪公司签，还是与直播平台签，合同类型都是劳动合同或者劳务合同，这样的话就需要按照工资、薪金所得预扣预缴主播个人所得税，或者由经纪公司以及直播平台按照劳务报酬所得代扣代缴主播个人所得税。按照这种方式缴纳个人所得税，对主播来说肯定是不划算的，所以很多主播会选择第一种工作模式。主播个人成立工作室，以工作室的名义签订合同接业务，业务款直接转给工作室（这里所指的工作室要有租金、水电费发生），然后主播以工作室名义给合作方开票，取得的收入就可以按照经营所得缴纳个人所得税。个人所得税在资质、手续健全的园区，还能享受核定征收的优惠。这种工作模式经营简单，税率也低。主要缴纳的税种为个人所得税、增值税、附加税，综合税率在 5% 以内。

当然,"暴雷"的主播除了把工资、薪金所得或者劳务报酬所得转换成经营所得外,还存在如下几类问题:

(1)隐匿收入,包括通过阴阳合同隐匿收入、不申报收入、不开具发票等;

(2)虚列成本,例如主播让个体工商户虚开直播费用发票,虚列工资、薪金等;

(3)滥用税收优惠,例如将公司设立在海南或者霍尔果斯,但没有实际经营活动。

主播应自觉遵守税法规定,诚信纳税,为行业的可持续发展做出贡献。

第二节 主播偷逃税的处罚及典型案例

一、偷逃税的处罚

1. 追缴税款和滞纳金

追缴其不缴或者少缴的税款,且须在规定期限内缴清;按日加收5‰税款滞纳金。

2. 罚款

处不缴或者少缴税款的50%以上5倍以下罚款。

3. 承担刑事责任

《中华人民共和国刑法》第二百零一条规定:纳税人采取欺骗、隐瞒手段进行虚假纳税申报或者不申报,逃避缴纳税款数额较大并且占应纳税额百分之十以上的,处三年以下有期徒刑或者拘役,并处罚金;数额巨大并且占应纳税额百分之三十以上的,处三年以上七年以下有期徒刑,并处罚金。

实务中,一般按如下执行:

(1)五年内,纳税人实施虚假纳税申报或不申报,逃避缴纳税款金额在5万元以上,且占应纳税额10%以上的行为,法律会给一个自我救济的机会,只要在规定时间内补缴税款和缴纳滞纳金，有行政罚款的接受行政处罚，可以免于刑事处罚。

（2）五年内，纳税人因为逃避缴纳税款被行政处罚过两次以上，再实施虚假纳税申报或不申报，逃避缴纳税款金额在 5 万元以上，且占应纳税额 10%以上的行为，构成逃税罪，面临刑事处罚。

（3）五年内，纳税人因逃避缴纳税款触犯过相关法律，再实施虚假纳税申报、不申报，逃避缴纳税款金额在 5 万元以上，且占应纳税额 10%以上的行为，构成逃税罪，面临刑事处罚。

根据 2022 年 4 月 6 日公布的《最高人民检察院 公安部关于公安机关管辖的刑事案件立案追诉标准的规定（二）》（公通字 2022〔12〕号文件印发）第五十三条规定，以暴力、威胁方法拒不缴纳税款，涉嫌下列情形之一的，应予立案追诉：

（1）造成税务工作人员轻微伤以上的；

（2）以给税务工作人员及其亲友的生命、健康、财产等造成损害为威胁，抗拒缴纳税款的；

（3）聚众抗拒缴纳税款的；

（4）以其他暴力、威胁方法拒不缴纳税款的。

二、主播税务处罚典型案例

1. 网络主播朱某某和林某某偷逃税被罚

2021 年 11 月，国家税务总局杭州市税务局官网显示，网络主播朱某某、林某某因偷逃税款，被依法追缴税款、加收滞纳金并处罚款，分别计 6,555.31 万元和 2,767.25 万元。

2. 某薇偷逃税被追缴税款、加收滞纳金并处罚款共计 13.41 亿元

2021 年 12 月，国家税务总局杭州市税务局公布某薇偷逃税案件，经查，某薇在 2019—2020 年期间，通过隐匿个人收入、虚构业务转换收入性质等方式偷逃税款 6.43 亿元，其他少缴税款 0.6 亿元，被追缴税款、加收滞纳金并处罚款共计 13.41 亿元。这是直播带货行业史上力度最大的税款追缴与处罚。

3. 网络主播平某因偷逃税被追缴税款、加收滞纳金并处罚款共计 6,200.3 万元

2022年2月,国家税务总局公布税务通报,国家税务总局广州市税务局稽查局依法对网络主播平某偷逃税案件进行处理。经查,该主播在2019—2020年期间隐匿直播带货收入偷逃个人所得税1,926.05万元,未依法申报其他生产经营收入少缴有关税款1,450.72万元,被追缴税款、加收滞纳金并处罚款共计6,200.3万元。

4. 主播徐某某偷逃税被追缴税款、加收滞纳金并处罚款共计1.08亿元

2022年6月,国家税务总局抚州市税务局依法对网络主播徐某某偷逃税案件进行处理。对徐某某追缴税款、加收滞纳金并罚款共计1.08亿元。徐某某共少缴个人所得税1,755.57万元,虚假申报偷逃个人所得税1,914.19万元,少缴其他税费218.96万元。对其少缴和偷逃部分,分别处以一倍和两倍罚款,罚款金额达5,583.95万元。

5. 直播带货主播范某某偷逃税被追缴税款、加收滞纳金并处罚款共计649.5万元

2022年7月,国家税务总局发文称,国家税务总局厦门市税务局稽查局通过税收大数据分析,发现网络主播范某某涉嫌偷逃税款。经查,范某某在2017年7月至2021年12月,以直播带货方式取得销售收入,未依法办理纳税申报,少缴个人所得税167.89万元,少缴其他税费100.56万元。国家税务总局厦门市税务局稽查局依据《中华人民共和国个人所得税法》《中华人民共和国税收征收管理法》《中华人民共和国行政处罚法》等相关法律法规规定,对范某某追缴税款、加收滞纳金并处罚款共计649.5万元。

主播税务处罚典型案例可见表5-4。

表5-4 主播税务处罚典型案例

时间	处罚部门	人物	事件
2021年11月	国家税务总局杭州市税务局	朱某某、林某某	偷逃税被罚,被追缴税款、加收滞纳金并处罚款分别计6,555.31万元和2,767.25万元

续表

时间	处罚部门	人物	事件
2021年12月	国家税务总局杭州市税务局	某薇	偷逃税被追缴税款、加收滞纳金并罚款共计13.41亿元
2022年2月	国家税务总局广州市税务局稽查局	平某	偷逃税被追缴税款、加收滞纳金并处罚款共计6,200.3万元
2022年6月	国家税务总局抚州市税务局	徐某某	偷逃税被追缴税款、加收滞纳金并处罚款共计1.08亿元
2022年7月	国家税务总局厦门市税务局稽查局	范某某	偷逃税被追缴税款、加收滞纳金并处罚款共计649.5万元

第三节　主播和MCN机构的涉税风险

一、不申报纳税或涉嫌偷税的风险

1. 不按时申报纳税被认定为偷税

主播不申报纳税是一种特别常见的现象。部分主播对纳税义务不重视，抱着税务局不找就不申报纳税的心态，然而这种心态是极其错误和危险的。

首先，不申报纳税是违法行为，一旦被税务部门发现，将会面临严厉的法律制裁，包括补缴税款、缴纳滞纳金和罚款的经济处罚，如果最终被认定为偷税，还会被公开惩戒。这不仅会给主播个人带来经济损失，更可能对其声誉和职业生涯产生严重影响。

其次，逃避纳税义务会对社会公平造成消极影响。税收是国家为了提供公共服务和开展基础设施建设而征收的，如果主播等高收入群体逃避纳税，将导致税收减少，进而影响公共服务的提供和社会福利的改善。

【案例5-1】

2023年2月14日，国家税务总局西安市税务局第三稽查局通过税收大数据分析，发现网络主播贾某某涉嫌偷逃税款，在相关税务机关配合下，依法对其开展了税务检查。

经查，贾某某2019年应申报综合所得262,805.14元，已申报261,557.14元，未申报1,248.00元；2020年应申报综合所得689,580.05元，已申报0元；2021年应申报综合所得586,951.12元，已申报530,855.77元，未申报56,095.35元，存在未按规定办理汇算清缴的问题。

根据《个人所得税专项附加扣除暂行办法》第十七条、《中华人民共和国个人所得税法实施条例》第十三条的规定，贾某某少缴个人所得税共计98,119.38元，其中2019年少缴个人所得税7,689.71元、2020年少缴个人所得税83,662.57元、2021年少缴个人所得税6,767.10元。

根据《中华人民共和国税收征收管理法》第六十三条第一款的规定，贾某某2019年、2020年少缴税款的行为属于偷税，应处少缴税款百分之五十至五倍的罚款。考虑到贾某某能够积极配合检查，并无阻挠检查的情形，决定对其在2019年汇算清缴期后补缴的税款处以百分之五十的罚款，计624.00元，对贾某某2019年、2020年少缴的税款处百分之六十的罚款，计54,811.36元，合计处以罚款55,435.36元。

如果说《国家税务总局关于运用大数据开展大企业税收服务与监管试点工作的通知》（税总函〔2015〕477号）这份税务通知透露的是税务部门之前查的主要是一些纳税大户，那么进入金税四期阶段后，从本案的涉税金额就可以看出，无论是纳税大户还是纳税小户，都是"数智"管税的稽查对象，建议主播不要抱有侥幸心理。

贾某某2019—2021年不仅有未申报的行为，还有少申报的行为，而这也被大数据管税系统区分出来了，从税务大数据的查税精准度之高可以看出，现代信息技术在税务管理中的应用已实现对纳税人涉税事项的全周期精准"画像"管理。

税务部门在加强信息化建设的同时，也在不断完善税收征管制度，提高了税收征管的效率和质量，也确保了税收征管的公正性、透明性和合法性。

因此，建议网络主播加强对相关税收政策和规定的认知，包括税率、税种、申报期限等。只有了解这些政策和规定，意识到按时申报纳税的重要性，才能避免因为不了解政策、漠视税务合规而产生违法行为。

2. 主播"技术性转换收入性质",虚假申报,构成偷税

随着越来越多主播被通报偷税,部分主播也意识到了纳税的重要性,但因为个人工资、薪金收入(税率3%~45%)、劳务收入(税率20%~40%)、服务收入(6%)之间的税率差别较大,部分主播罔顾事实,"技术性转换收入性质",选择低税率申报纳税,而这一行为只要被查到,就会被认定为偷税,除了面临补缴税款、缴纳滞纳金和罚款的经济处罚外,还将面临被封号、公开惩戒等行政处罚。

【案例5-2】

国家税务总局厦门市税务局稽查局通过精准分析,发现网络主播姚某某涉嫌偷逃税款,于是对其展开检查。

经查,姚某某2019—2021年期间从事直播取得的收入,通过虚假申报手段进行偷逃税,涉及偷逃个人所得税236.3万元,少缴其他税款1.18万元。2023年4月28日,国家税务总局厦门市税务局稽查局对姚某某追缴税款、加收滞纳金并处罚款共计545.8万元。

由"精准分析"可知,该案件是税务部门利用税收大数据及其他税收监管工具、技术、模型等筛查、分析出来的。

虚假纳税申报是指纳税人或扣缴义务人向税务机关报送虚假的纳税申报表、财务报表、代收代缴税款报告表或其他纳税申报资料,包括提供虚假申请和编造减税、免税、抵税、先征收后退还税款等虚假资料。这种行为不仅违反了税法规定,也损害了国家的税收利益和社会公平。

除此之外,将高税率收入转换成低税率收入,也是虚假纳税申报的行为之一,这种行为通常是通过虚构业务、转换收入性质等手段实现的,目的是减少应纳税额,从而逃避缴纳税款。这种故意规避税收、隐瞒真实情况或利用税收漏洞的行为都是不被允许的,也会被税务部门严格监管和打击。

3. MCN机构未履行代扣代缴的风险

MCN机构签约的网红或主播,需要按照税法规定缴纳个人所得税。MCN机构如果没有及时代扣代缴其旗下网红和主播的个人所得税,将会面临税务部门的稽查,这种风险可能导致MCN机构面临财务损失和声誉损害。

一些MCN机构为了降低自身的财务成本选择逃避代扣代缴的纳税责任,

比如与主播达成某种协议，让主播自行处理税务问题；也有一些MCN机构通过一些违规手段少扣缴个人所得税，例如虚构交易、隐瞒收入等。这些行为不仅会给MCN机构带来经济处罚的风险，还可能损害MCN机构的声誉和信誉。

【案例5-3】

国家税务总局杭州市税务局2022年5月26日披露，对杭州某文化传媒公司作出如下处罚：

1. 该单位于2019年1—10月期间支付主播劳务报酬共计721,477.00元，上述劳务报酬未按规定代扣代缴个人所得税。

2. 该单位在2020年2—3月期间，收到某音平台的主播转回给钟某堂的款项，扣除税点后，再转回给某音平台的主播，扣下的款项合计35,851.41元，未并入2020年度收入总额缴纳企业所得税。

3. 该单位自第三方取得温州某商贸有限公司开具的已被国家税务总局温州市税务局第一稽查局证实虚开的增值税普通发票一份，发票代码：033001800104，发票号码：31347598，开具日期：2018年9月27日，金额：22,330.09元，税额：669.91元，价税合计23,000.00元，该发票已计入2018年度的管理费用。该单位应代扣代缴个人所得税118,202.68元；应补缴企业所得税2,479.26元。

依据《中华人民共和国税收征收管理法》第六十三条第一款、第六十九条规定，国家税务总局杭州市税务局对该单位处以应代扣代缴的个人所得税税款50%的罚款计59,101.34元，对该单位处以应补缴的企业所得税税款50%的罚款计1,239.63元。

案例5-3既涉及个人劳务所得未履行代扣代缴义务，又涉及少缴企业所得税，还涉及虚开增值税普通发票，虽然涉税金额不大，但是涉税风险警示价值很高。

案例5-3展示了税务部门对于MCN机构未代扣代缴个人所得税行为的零容忍态度。税务部门对此行为进行处罚，旨在强调税收法规的严肃性和不可违反性，从而让更多的MCN机构依法履行代扣代缴义务，避免涉税风险。

因此，MCN机构一定要对旗下主播和内容提供商代扣代缴个人所得税问题提高警惕，不仅要制定明确的税务管理制度，包括代扣代缴个人所得税的具体操作流程、责任分工和监管机制，还要在与主播和内容提供商签订合同的同时，向其说明未代扣代缴个人所得税的后果，提高他们对税法的认知，增强合规意识，确保代扣代缴义务无障碍履行。除此之外，更要做好年度税务风险"体检"，发现问题及时整改，避免税务风险积累，引发税务局稽查。

二、虚开增值税发票的风险

主播和MCN机构虚开增值税发票的风险主要包括以下几个方面：

（1）税务风险。虚开发票是一种违法行为，一旦被税务机关查处，将会面临严重的税务处罚，包括追缴税款、加收滞纳金和罚款。同时，虚开发票还可能被认定为偷税、逃税等更严重的违法行为，后果严重。

（2）法律风险。虚开发票不仅违反了税法规定，也涉嫌欺诈、伪造公文等犯罪行为。一旦被发现，不仅要承担税务责任，还可能面临刑事责任的追究。

（3）声誉风险。虚开发票的行为一旦曝光，将对主播和MCN机构的声誉造成极大的损害，影响其形象和信誉，进而影响其商业合作和业务发展。

（4）合作风险。虚开发票可能导致主播和MCN机构与合作伙伴之间的关系破裂。如果合作伙伴发现虚开发票的行为，可能会选择终止合作，从而给主播和MCN机构带来经济损失。

（5）管理风险。虚开发票往往涉及内部管理的漏洞和不足。如果主播和MCN机构内部管理不规范，存在虚开发票的行为，那么也可能暴露出其他管理问题，如财务不透明、内部控制失灵等。

【案例5-4】

2023年7月5日，国家税务总局福州市税务局第一稽查局发文披露其辖区内一家咨询公司A公司，无生产经营地址，无房租、水电费、员工工资等经营支出，无社保申报记录，属于空壳公司。但A公司取得北京某公司开具的价税合计高达1,900万元的发票，且没有向北京某公司对公账户支付款项，显然异常。经向北京某公司主管税务机关发函，确认该公司主要开展直播业务，观众可以充值"抖币"进而购买平台的虚拟礼物，对相关直播内容进行打赏，观众的充值消费款项由该公司收取。涉案期间，A公司通过多个抖音账号充值了1,900万元"抖币"用于直播相关服务。

最终，国家税务总局福州市税务局根据《中华人民共和国发票管理办法》第二十二条第二款的规定，认定A公司在检查所属期间向下游9个企业开具的231份发票（不含作废票）为虚开发票，其中：增值税普通发票54份（金额共计5,146,285.89元，税额51,462.91元，价税合计5,197,748.80元），增值税专用发票177份（金额共计16,531,851.37元，税额868,148.63元，价税合计17,400,000.00元）。

近年来，税务实务中还存在一些MCN机构取得虚开增值税发票的违法行为。很多MCN机构为了孵化旗下网络主播，会大量注册个人账号，在直播平台充值购买虚拟道具打赏主播。主要通过虚开发票的方式套取资金转给工作人员，然后由工作人员进行打赏。

因企业账户提现需要合理名义，部分MCN机构选择让其他企业为自己虚开发票，例如咨询费发票，然后以员工报销的名义，将打赏资金套取出来，转到自己控制的账号。如此一来，MCN机构在未真实接受咨询服务等情况下，取得了进项发票，而这就是一种取得虚开增值税发票的行为，存在虚开增值税发票的风险。一旦被查处，无论开票方抑或MCN机构受票方，都将面临行政处罚甚至刑事制裁。

针对这些乱象，税务部门一直在加大监管和打击力度，通过完善稽查手段、加强与其他部门合作等方式来加强对网络主播和MCN机构的税收监管。在此，提醒广大主播和MCN机构要注意避免虚开增值税发票的风险，自觉遵守税收法规。

建议MCN机构一方面应制定明确的发票管理制度，规范发票的开具、传递、保存和销毁等流程。制度中应明确发票的种类、开具范围、开具要求等，确保发票的合法性和规范性。另一方面应树立合规意识，自觉遵守税收法规。在业务活动中，应确保发票的开具与真实业务活动相符，不得虚构业务、套取发票或购买假发票。同时，建立完善的内部控制体系，确保发票的真实性和准确性，包括定期对发票进行核查、对账，及时发现和纠正发票管理中的问题。

三、联合惩戒

一旦被认定偷逃税款，不仅是钱的问题，还会被相关单位实施以下联合惩戒：

（1）通过"信用中国"网站、国家企业信用信息公示系统和主要新闻网站向社会公示；

（2）将其纳税信用级别直接判为 D 级，外汇管理部门将当事企业列为货物贸易 B 类企业进行管理，行业协会商会按照行业标准、行规、行约对其实施惩戒；

（3）出入境管理机关可按有关通知阻止其出境；

（4）限制其担任企业董事、监事、高级管理人员，限制其参与有关公共资源交易活动；

（5）在一定期限内禁止其参加政府采购活动；

（6）对失信行为负有直接责任的注册执业人员等实施市场和行业禁入措施；

（7）对其从严融资授信，限制公司发债和政府性资金支持，限制商品进口关税配额；

（8）限制其购买不动产，乘坐飞机，乘坐列车软卧、G 字头动车组全部座位和其他动车组一等以上座位，旅游度假，入住星级以上宾馆及其他高消费行为；

（9）撤销当事企业及责任人员的荣誉称号，取消其参加评先评优资格等。

四、与主播相关的税收政策及规定

1. 直播行业税收征管政策

国家税务总局分别在 2010 年 5 月和 2011 年 4 月发布了《国家税务总局关于进一步加强高收入者个人所得税征收管理的通知》（国税发〔2010〕54 号）、《国家税务总局关于切实加强高收入者个人所得税征管的通知》（国税发〔2011〕50 号），有针对性地加强高收入者个人所得税征管，其中明确提到要完善生产经营所得征管以及完善数额较大的劳务报酬所得征管，具体内容如下：

（1）重点加强规模较大的个人独资、合伙企业和个体工商户的生产经营所得的查账征收管理；难以实行查账征收的，依法严格实行核定征收。

（2）将个人独资企业、合伙企业和个体工商户的资金用于投资者本人、家庭成员及其相关人员消费性支出和财产性支出的，严格按照相关规定计征个人所得税。

（3）加强对个人从事影视表演、广告拍摄及形象代言等获取所得的源泉控管，重点做好相关人员通过设立艺人工作室、劳务公司及其他形式的企业或组织取得演出收入的所得税征管工作。

2. 规范网红主播税收稽查政策

国家税务总局稽查局印发的《2017年税务稽查重点工作安排》（税总稽便函〔2017〕29号）明确要求对演艺明星开展个人所得税及相关联的企业所得税检查。

2021年9月，中央宣传部发布《关于开展文娱领域综合治理工作的通知》，随后国家税务总局办公厅发布通知，要求加强文娱领域从业人员税收管理，具体内容如下：

（1）进一步加强文娱领域从业人员日常税收管理，对明星艺人、网络主播成立的个人工作室和企业，要辅导其依法依规建账建制，并采用查账征收方式申报纳税。要定期开展税收风险分析，近期要结合2020年度个人所得税汇算清缴办理情况，对存在涉税风险的明星艺人、网络主播进行一对一风险提示和督促整改。

（2）要着力加强明星艺人、网络主播经纪公司和经纪人及相关制作方的税收管理，督促其依法履行个人所得税代扣代缴义务，提供相关信息并配合税务机关依法对明星艺人、网络主播实施税收管理工作。

（3）要切实规范文娱领域涉税优惠管理，对各类违规设置或者以变通方式实施的税收优惠，各级税务机关不得执行。

2021年4月29日，国家税务总局稽查局发布文章提出，要严查"利用'税收洼地'和关联交易恶意税收筹划以及利用新型经营模式逃避税等涉税违法行为"，而"直播平台"被列为监管关注的重点领域。可以预见，直播行业将成为各地税务部门重点关注的领域。

3. 规范网络直播营利行为新规

2022年3月，国家互联网信息办公室、国家税务总局、国家市场监督管理总局联合印发《关于进一步规范网络直播营利行为促进行业健康发展的意见》，要求：

网络直播平台、网络直播服务机构应当明确区分和界定网络直播发布者各类收入来源及性质，并依法履行个人所得税代扣代缴义务，不得通过成立网络直播发布者"公会"、借助第三方企业或者与网络直播发布者签订不履行个人所得税代扣代缴义务的免责协议等方式，转嫁或者逃避个人所得税代扣代缴义务；不得策划、帮助网络直播发布者实施逃避税。网络直播发布者开办的企业和个人工作室，应按照国家有关规定设置账簿，对其原则上采用查账征收方式计征所得税；切实规范网络直播平台和相关第三方企业委托代征、代开发票等税收管理。

以上，可以理解为直播野蛮生长的时代已经成为过去。

在新时代背景下，电商企业如何规范税务行为并远离税务风险呢？在接下来的内容中，将从多个方面探讨主播的税务合规，帮助电商企业更好地理解和遵守税法，规避税务风险。

第四节　主播税务合规策略

一、及时成立合法的纳税主体

国家互联网信息办公室、公安部、商务部、文化和旅游部、国家税务总局、国家市场监督管理总局、国家广播电视总局联合发布的《网络直播营销管理办法（试行）》规定，从事网络直播营销活动，属于《中华人民共和国电子商务法》规定的"电子商务平台经营者"或"平台内经营者"定义的市场主体，应当依法履行相应的责任和义务。《中华人民共和国电子商务法》第十条规定，电子商务经营者应当依法办理市场主体登记。但是，个人销售自产农副产品、家庭手工业产品，个人利用自己的技能从事依法无须取得许可的便民劳务活动和零星小额交易活动，以及依照法律、行政法规不需要进行登记的除外。

应当办理市场主体登记与税务登记的企业包括：依据《公司法》，注册成立的有限责任公司与股份有限公司；依据《中华人民共和国个人独资企业法》，注册成立的个人独资企业；依据《中华人民共和国合伙企业法》，注成立的合伙企业；依据《个体工商户条例》与《个体工商户登记管理办法》，注册登记的个体工商户；依据《中华人民共和国农民专业合作社法》，注册成立的农民专业合作社。

明星艺人、网络主播、农民、手工业者等其他个人依法不需要办理市场主体登记与税务登记。

二、合同关系核查

核查主播以哪种形式与直播平台、MCN 机构等签订合同；判断主播与签约公司是否构成劳动关系、劳务关系、合作关系，根据合同的关系类型审核收入是劳务报酬，还是经营所得，收入是否符合合同约定。这些决定了税种认定与所得税征收方式，也是确定会计制度、会计核算方法的前提条件。

三、依法设置账簿，规范会计核算

公司、个人独资企业、合伙企业，均应依法设置账簿，并遵从《企业会计准则》进行会计核算。

农民专业合作社，应当依法设置账簿，并遵从《农民专业合作社财务制度》进行会计核算，编制财务报告，以实际发生的经济业务为依据，如实反映财务状况和经营成果。

个体工商户，应当依据《个体工商户建账管理暂行办法》设置账簿。

符合下列情形之一的个体工商户，应当设置简易账，并积极创造条件设置复式账：

（1）注册资金在 10 万元以上 20 万元以下的。

（2）销售增值税应税劳务的纳税人或营业税纳税人月销售（营业）额在 15,000 元至 40,000 元；从事货物生产的增值税纳税人月销售额在 30,000 元至 60,000 元；从事货物批发或零售的增值税纳税人月销售额在 40,000 元至 80,000 元的。

（3）省税务机关确定应当设置简易账的其他情形。

符合下列情形之一的个体工商户，应当设置复式账：

（1）注册资金在 20 万元以上的。

（2）销售增值税应税劳务的纳税人或营业税纳税人月销售（营业）额在

40,000 元以上；从事货物生产的增值税纳税人月销售额在 60,000 元以上；从事货物批发或零售的增值税纳税人月销售额在 80,000 元以上的。

（3）省税务机关确定应设置复式账的其他情形。

四、健全涉税扣除证据链

1. 网店

网店销售收入包括线上销售收入与线下销售收入两部分，无论是否开具销售发票均应全部登记在账簿内，申报各项税费；不属于网店的收入不应确认为收入。

线上销售收入，根据每月各个网络平台未扣减平台服务费等费用前的销售收入汇总金额确认收入，会计处理需要以各个网络平台销售汇总表为原始凭证，并与从网络平台提现的银行进账单、网络平台扣除服务费等费用的凭证进行核对，确保数据的准确性和一致性。

线下销售收入，根据销售发票、收款收据等原始凭证进行会计处理。

2. 直播营销人员

直播营销人员通常会根据每月或每年各个平台、商家实际支付的金额进行收入确认。同时，需要注意的是，这些收入可能存在代扣个人所得税等税费的情况。因此，在确认收入时，需要将代扣的税费加回实际支付金额中，以此作为每月或每年的收入。

五、纳税申报前审慎性复核

1. 网店

网店需核查是否有线上或线下销售收入未全部入账，或将不属于网店的销售收入确认为收入的情形，具体包括：①将产品或服务的网上销售收入，扣减平台服务费和直播营销人员坑位费、佣金支出后确认收入；②将产品或服务的销售收入隐瞒不入账或少入账；③将不属于网店的产品或服务的销售收入确认为收入；④将不属于网店的收入作为会计差错事项进行调整处理。

2. 直播营销人员

直播营销人员需核查是否未将全年取得的直播带货坑位费、佣金等收入计入综合所得申报个人所得税；核查用户观看直播的打赏收入、因带货取得的分成收入、因签约经纪公司或直播平台而取得的"工资"收入、为商家宣传取得的代言收入等是否申报收入。

【案例5-5】

某网络直播企业2020年9月因为一张在"管理费用"科目列支职工福利费40,000元的凭证引发了税务稽查，经查证该费用实际为购买礼品卡并用于业务招待，应归集于"业务招待费"支出，因此少计"业务招待费"40,000元。2020年企业账面业务招待费发生额376,875.61元，所以业务招待费实际支出合计应为416,875.61元。2020年企业销售收入为86,761,775.26元，业务招待费最高扣除额为销售收入的5‰，即433,808.88元，因此可按实际发生额的60%进行税前列支，即250,125.37元，需调增应纳税所得额166,750.24元，企业所得税汇算清缴时已调增150,750.24元，本次检查应调增应纳税所得额16,000元。

《中华人民共和国企业所得税法实施条例》第四十三条规定，企业发生的与生产经营活动有关的业务招待费支出，按照发生额的60%扣除，但最高不得超过当年销售（营业）收入的5‰。因此企业可以扣除的业务招待费主要看业务招待费实际发生额的60%与企业当年营业收入的5‰孰低。

3. 税务部门重点关注的人员支出问题

税务部门重点关注的人员支出问题具体包括：①关于职工工资、奖金、五险一金和离退休人员的各类奖金、补贴；②关于保险费；③关于职工福利费；④关于职工教育经费；⑤关于工会经费；⑥关于个人因解除劳动合同取得的经济补偿；⑦关于残疾人员工资加计扣除；⑧关于工会经费、职工教育经费计税基础。

4. 合规提示

网络直播行业收支情况复杂，企业应当严格区分业务招待费、广告费和业务宣传费等有扣除限额标准的支出项，并按照实际情况列支，以免被税务稽查部门认定为违规。网络直播行业从业人员用工灵活，薪酬方面涉及的税务问题繁杂，常被税务局重点关注，建议企业做好以下事项的合规：

（1）分析记账凭证和原始凭证，结合相关企业的职工人数和薪酬标准做到薪酬支出合理。

（2）核对职工基本养老保险、基本医疗保险等基本社会保险缴存比例、标准、金额，排除扩大成本的问题。

（3）核查实际的在"应付职工薪酬"中列支的职工福利费、职工教育经费、工会经费的归集、列支范围、税前扣除数额是否符合规定，排除虚增人工成本的问题。

（4）结合企业生产经营实际情况，确保劳务公司开具的劳务发票与真实劳务派遣行为对应，排除虚开发票问题等。

（5）无论是按合同协议直接支付给劳务派遣公司，还是直接支付给员工个人，根据劳务合同条款及资金支付凭据等正确处理相关税务问题。

（6）归属于企业的收入与明星艺人、电商平台、网络主播等直播营销人员个人收入区分明晰。

（7）将全部收入确认申报个人所得税。

（8）个人所得税税前扣除项目合法、准确。

（9）符合应建账条件的须建账。

（10）"定期定额"征收方式下，连续三个月超过定额的须向主管税务机关报告，并提请重新核定定额。

六、成本费用真实性的核查

1. 是否存在没有真实货物或服务交易但取得了发票的虚开发票情形

如果没有真实货物或服务交易，无论"货物或服务、资金、发票"是否一致，均属于虚开发票，相应成本费用均不得进行所得税税前扣除。

【案例 5-6】

2020 年 10 月，某明星在某省会城市注册的个人独资企业 A 全年产品销售利润预估为 1,000 万元。该明星在同年 11 月让其拥有 100% 股权的某酒店开具住宿费增值税普通发票一张，金额为 500 万元，资金通过转账支付。酒店住宿登记查询，某明星及其 A 企业工作人员实际住宿时间乘房价计算的费用为 25 万元。A 企业取得没有真实服务交易的发票金额为 475 万元。

案例 5-6 所示虚开发票行为，是娱乐行业惯用的非法节税方法，很多明星通过虚开进项发票增加成本费用的方式实现少缴税的目的。成本和费用是税务稽查的重点,如果你像这样虚开发票,那么迟早会被智慧税务系统发现,这也是为什么 2023 年明星扎堆补税。这也提醒企业一定要做好账实差异分析表,尽量避免账实不一致。同时要注意,虚构成本与虚开发票,除了补缴税款和缴纳罚款外,企业相关当事人触及法律红线的还要承担刑事责任。

2. 是否存在有真实货物或服务交易但让他人虚开发票的情形

【案例 5-7】

网店 A 为增值税一般纳税人,2021 年 10 月从个体工商户 B 处以不含税价格(双方商议好价格后,再剔除按 13% 税率计算的增值税额)购进工艺品一批,价值 90 万元,价款通过个人银行卡支付。同月从 B 处购进发票一张:货物名称为工艺品,价格为 90 万元,增值税进项税额为 11.70 万元,价款通过银行对公账户支付,B 企业扣除 6% 的"管理费"后,将剩余款项通过个人银行卡退回给网店 A 的实际控制人。网店 A 有真实货物交易,但让他人为自己虚开了金额为 90 万元的增值税专用发票。

工艺品行业的虚开发票案件也很多,工艺品由于无规律性价,所以获得暴利的概率很高,也因为缺乏成本费用作为税前列支,所以很多商家绞尽脑汁想要少缴税。本案表面上有交易,但实际通过私人账户让资金回流,形成了让他人为自己虚开发票的违法行为,同样被认定为虚开,金额过大的,还可能触犯刑法。

高暴利行业的税务合规,可以通过提前规划成本费用实现,也可以通过合理的纳税地点来获取正确税收返还,在此提醒大家要守住法律底线,不要去触碰虚开发票的高压线。

七、自查大额发票,避免被税务预警

【案例 5-8】

2021 年,某明星在广州注册的个人独资企业 A,全年产品销售收入为 2 亿元,其在一个可享受所得税核定征收加税费返还优惠政策的"税收洼地"注册了从事企业管理咨询服务业务的个人独资企业 B,B 企业给 A 企业开具了"企业管理咨询服务"增值税专用发票一张,价款为 800 万元,增值税额为 48 万元。

经市场询价，同类咨询服务机构报价约为每年 20 万元，A 企业这张 800 万元的"企业管理咨询服务"增值税专用发票就很容易引发税务预警了。

八、会计科目的核查

会计科目核查项目具体包括：

（1）资本性与收益性支出。自查是否将应当记入"固定资产""无形资产""长期待摊费用"等资本化的资产，记入了"当期费用"。

（2）成本费用支出是否与取得收入相关。

（3）成本费用支出是否合理。

（4）成本费用是否与收入相匹配。

（5）成本费用票据是否合规。

九、直播营销人员涉税事项的核查

直播营销人员可按如下涉税事项逐一核查风险点：

（1）直播营销人员登录所在地省级税务机关网站—自然人税收管理系统，查询是否办理过注册登记，未办理的及时办理注册登记。

（2）直播营销人员审核直播带货取得的销售坑位费、佣金所缴纳的各项流转税是否取得了相关凭证。

（3）是否有隐瞒收入、少计收入，或者将不属于网店的产品或服务获得的销售收入确认为收入的情形。

（4）是否明晰区分了归属于企业的收入与明星艺人、网络主播等直播营销人员的个人收入。

（5）全部收入是否确认申报了个人所得税。

（6）个人所得税税前扣除项目是否合法、准确。

（7）是否已符合应建账条件但未建账。

（8）"定期定额"征收方式下，连续三个月超过定额是否向主管税务机关报告，并提请重新核定定额。

（9）是否有应缴的城市维护建设税、教育费附加、地方教育费附加、水利建设基金。

（10）是否有应缴的房产税。

（11）是否有应缴的城镇土地使用税。

（12）是否有应缴的印花税。

十、税收优惠政策适用性核查

主播和直播营销人员可按如下事项核查是否有对应的税收优惠政策，具体包括：

（1）小规模纳税人免税及相应税率优惠政策。

（2）农民专业合作社销售本社成员生产的农业产品，视同农业生产者销售自产农业产品，可免征增值税。

（3）成本费用扣除项目。

（4）地方园区的税收优惠政策。

（5）研发费用加计扣除政策。

（6）退、减、缓、降等系列优惠政策。

（7）无票零星支出政策。

（8）加计抵减政策。

十一、算对税，按时申报，及时足额缴纳税款

企业如要税务合规还需做到如下几点：

（1）及时、准确地申报税款，并在规定时间内提交纳税申报表和相关证明材料。

（2）及时、准确地缴纳应纳税款，并在规定的时间内完成缴款手续。

（3）按税法规定完成相关税务备案手续，如增值税发票使用、企业所得税申报等。

（4）及时完成相关税务报告，如年度企业所得税纳税申报表等。

（5）全面了解相关税收政策、规定和制度，避免因税务问题而受到处罚。

（6）建立完善的税务管理制度，规范企业的经营行为，及时发现和解决税务问题，降低税务风险。

第五节　主播纳税筹划思路

很多主播在直播业务开展前，先以个人名义成立了工作室或注册了公司，然后通过直播平台进行直播，既享受了更低税负率的税收优惠政策，又达到了合法节税的效果。

纳税筹划应该紧密结合经济业务的商业实质，其成功的首要标准应该是确保纳税人所缴税款符合相关税收法律法规的规定，遵循公平公正原则，提前规划纳税地点，开播前通过成立工作室，将主播个人所得转变为企业经营所得，这样既不影响发展，又能实现合法节税。

事中，定期做税务风险"体检"，年终关账前进行财务规范"体检"，次年汇缴期进行查漏补缺，既可以避免后续可能面临的补缴税款、缴纳滞纳金和罚款，甚至刑事责任，又可以安心地进行纳税筹划，避免错缴冤枉税。

下面通过几个实操案例，来看一下网络直播行业的企业和主播如何在合法合规的基础上进行纳税筹划。

（1）小规模电商，可以从经营主体的选择上进行税收筹划。如，小规模企业或个体工商户，年收入低于120万元的，国家免征增值税；年收入超120万元的小规模企业，可以享受3%的增值税税率（先行优惠政策下此增值税税率是1%）。所得税方面，可利用国家给予的100万元以内的利润部分减半征收个人所得税的优惠政策。

（2）个人独资企业或合伙企业在没有取得核定征收方式的情况下，其整体税负相对个体工商户较高，但比有限责任公司低。符合小型微利企业条件的有限责任公司在企业所得税方面税负在2.5%～4.17%，但有限责任公司股东获得的来自公司的分红仍然需要按20%的税率缴纳个人所得税。小规模电商企业在选择有限责任公司这个主体进行经营时，可能会面临较高的整体税负。

故企业可结合实际情况，同时考虑电商平台对相关经营主体组织形式的入驻要求，选择合适的经营主体。

（3）从商业模式上进行筹划。商业模式是指企业与供应商之间、企业与客户之间以及企业与渠道之间的合作关系和合作方式。

常规的商业模式是购进货物，加工，然后卖出。但很多上游厂商，它本身有税负要求；或者是小规模企业，不愿意开票或者只能开3个点的普通发票。这样的话，电商企业就无法拿到发票冲抵成本，或者拿不到专票抵扣进项。这个时候，电商企业就可以采用基于代收代付的采购中心第三方形式，企业仅需承担差额收入等方面的税负。企业还可采用加大研发力度、研发新产品的方式，享受研发费用加计扣除政策。

企业在其供应链、品牌、产品已稳定成熟的阶段，可采用特许经营模式，将物料供应、品牌授权许可等业务进行拆分，产生的收入按照13%、6%的税率分别纳税。

（4）在公司制企业下，可利用股东分红优惠政策实现税费优惠。一般来说，公司在分红时要按20%的税率代扣代缴个人所得税，但控股公司属于居民企业的，可享受居民企业之间的分红免税政策。因此，企业也可以考虑通过股权架构的设计来进行纳税筹划。

【案例5-9】

A是品牌方，B是直播公司，B有服装、化妆品等直播实务经验，双方合作多年。B已招聘多名主播直播卖货，因业务已上正轨，现处于蓬勃发展阶段，但企业之前存在许多税务不合规的行为，比如私人账户收款，主播没有签订合同等问题。为了公司能够长远、健康地发展，B希望规范自身各项财务行为，实现税务合规。

我们对B进行诊断后发现，B和A两者之间实际是服务关系，A委托B直播带货，双方签订了服务合同，合同约定B提供收款、开票等服务，即扣除佣金后把货款返还给A，向A开具服务发票。另外，B招募主播、承接业务，主播负责直播带货，享受业绩分成。

为实现财税规范，在政策允许下，根据企业真实业务链路重塑企业的各个业务主体，我们建议B按照图5-1所示重新梳理与品牌方、主播之间的业务关系。首先，品牌方委托直播公司销售，直播公司收取服务费，并向品牌方开具相应的发票，然后直播公司与8小时工作制的主播签订劳动合同，按个人综合所得代扣代缴主播的个人所得税，即按3%~45%的税率扣缴个人所得税，实现此类主播的合规完税；而另外不足 8 小时工作制的主播，就签订服务合同，直播公司凭发票支付劳务费，并代扣代缴个人所得税。

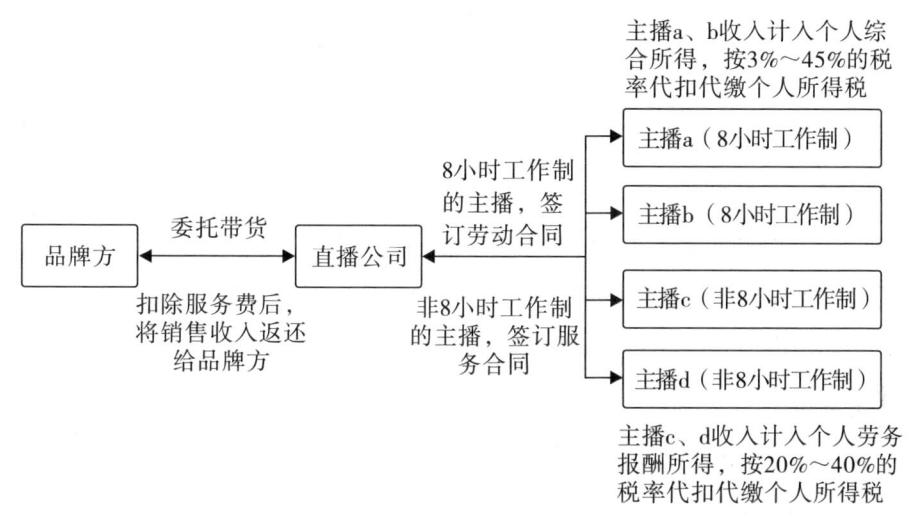

```
                                              主播a、b收入计入个人综
                                              合所得，按3%~45%的税
                                              率代扣代缴个人所得税
                                                  ┌──────────────────┐
                                                  │ 主播a（8小时工作制） │
                                                  ├──────────────────┤
                              8小时工作制          │ 主播b（8小时工作制） │
                              的主播，签            ├──────────────────┤
         委托带货              订劳动合同           │ 主播c（非8小时工作制）│
┌──────┐ ─────→ ┌──────┐ ─────→                  ├──────────────────┤
│ 品牌方│        │直播公司│                        │ 主播d（非8小时工作制）│
└──────┘ ←───── └──────┘ ─────→                  └──────────────────┘
         扣除服务费后，         非8小时工作制
         将销售收入返还         的主播，签订服
         给品牌方              务合同
                                              主播c、d收入计入个人劳务
                                              报酬所得，按20%~40%的
                                              税率代扣代缴个人所得税
```

图 5-1 按业务拆分纳税主体示意

主播与直播公司的合作关系不同，税务处理也会不同，具体见表 5-5。

表 5-5 主播与直播公司的合作关系及税务处理

主播与直播公司的关系	雇佣关系	服务关系
合同类型	劳动合同	服务合同
收入类型	工资、薪金所得	劳务报酬所得
主播社保	直播公司给主播交社保	直播公司无须给主播交社保
主播应纳税所得额计算	工资、薪金应纳税所得额=年收入-6万-个人社保-专项附加扣除	劳务报酬应纳税所得额=收入-费用扣除标准（每次收入不超过4,000元的，扣除费用800元；每次收入超过4,000元的，扣除费用为收入×20%）
直播公司代扣代缴主播个人所得税	应纳个人所得税=工资、薪金应纳税所得额×适用税率-速算扣除数	应纳个人所得税=劳务报酬应纳税所得额×适用税率-速算扣除数

续表

实施上述方案后，我们成功解决了 B 资金混乱问题，明确了资金的归属，避免了不必要的税务问题。品牌方通过规范成本费用，实现了财务规范，并梳理出合理的财务指标和税负率，有效避免了税务风险。此外，由于 B 拥有自主的 CRM 系统和供应链管理系统，我们还协助它申请了高新技术企业资格，从而获得了研发费用加计扣除以及企业所得税税率降为 15% 的税费优惠，实现了合法合理的节税。

此外，我们还规范了主播的工资、薪金和年终一次性奖励机制，实现了合法合理的纳税筹划。这使得品牌方和主播都明确了哪些钱是自己的，应该缴什么税，无须再担心因税务问题被罚款、公开惩戒等。

【案例 5-10】

A 是小家电品牌方，线下研发、生产、销售小家电产品多年，2020 年增加了线上电商直播部门，自主招聘主播带货，为防患于未然，A 希望规范此类业务的开展。

图 5-2 是 A（品牌方）与主播原有的合作方式，无论 A 与主播签订的是什么合同，全部都按工资、薪金申报，但这明显是错误的。正确方式应该是把劳务关系的员工从工资、薪金的综合申报中分离出来，签订服务合同，虽然也要为其代扣代缴个人所得税，但可以要求对方开票从而进行税前扣除。同时，个人劳务报酬的所得税税率也不一样，需要严格区分。

```
  品牌方  ←—— 签订劳务合同，支付佣金 ——→  主播
          品牌方将佣金计入个人综合所得，按
          个人综合所得适用税率（3%~45%）
          代扣代缴个人所得税
```

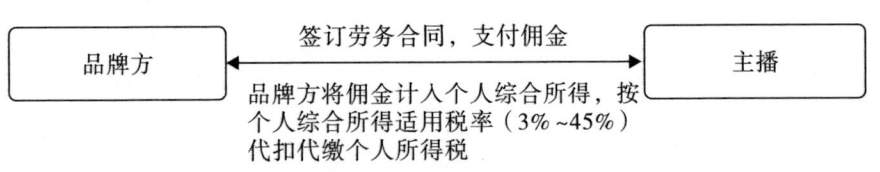

图 5-2　品牌方与主播以雇佣、劳务关系合作现状

经过调查和梳理企业实际情况可知，A 直接与主播合作，A 要直接向主播支付报酬。这时候有两种合作方式：一种是主播加入品牌方，成为其员工，签订劳动合同，品牌方给主播发工资和奖金，品牌方按个人综合所得适用税率为主播代扣代缴个人所得税；另一种是双方签服务合同，品牌方支付劳务费给主播，主播个人去税务局开发票，然后把发票给品牌方，也由品牌方按个人劳务

报酬所得为主播代扣代缴个人所得税。具体可见图5-3。

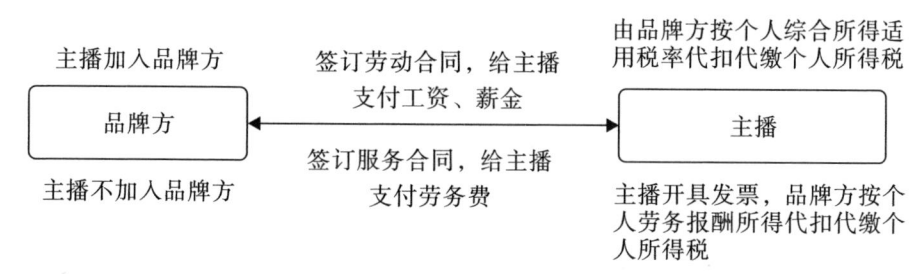

```
                                          由品牌方按个人综合所得适
                        签订劳动合同，给主播    用税率代扣代缴个人所得税
主播加入品牌方        支付工资、薪金
    ┌─────────┐  ←────────────────→  ┌─────┐
    │  品牌方  │                        │ 主播 │
    └─────────┘  ←────────────────→  └─────┘
                        签订服务合同，给主播
主播不加入品牌方       支付劳务费        主播开具发票，品牌方按个
                                        人劳务报酬所得代扣代缴个
                                        人所得税
```

图 5-3 品牌方与主播的个人所得税合规示意

经过这样的调整后，一方面，主播可以心无旁骛地发力销售；另一方面，企业也享受到了各项税收优惠政策，实现了节税。

【案例 5-11】

张总是一个日用百货品牌的负责人，自 2021 年以来，他聘请了三位主播开展线上电商带货业务，但业务一直不温不火，账上出现了微亏。现在，他希望为现有的主播队伍增加新成员，并探索新的合作模式。经过朋友介绍，有一位合适的主播愿意合作，但该主播有自己的公司，并希望以公司名义与张总合作。张总找到我们，希望我们协助他拟定合作协议，并提供财务规范服务。

考虑到这个新主播有自己的公司，品牌方可以与该主播的公司签订合作合同，并由品牌方进行收款和开票。品牌方与原有主播团队的劳动关系不变，原有主播团队仍然按照劳动合同领取工资和奖金，这样他们的工资、社保等各种费用依然可以作为公司费用记入公司账目。

第六章

企业集团税务合规与纳税筹划

第一节　企业集团基本税务合规要求

一、企业集团发票的涉税风险和合规建议

发票管理被视为企业集团税务合规最重要的一环,主要基于以下几个原因。

①合规性要求。税务"以票管税",只有发票是真实的、合规的,税务才允许费用在企业所得税税前扣除。因此,发票是企业进行会计核算和税务申报的重要依据。对于企业集团而言,由于涉及多个子公司和业务部门,发票的种类和数量庞大,若无法获得税前扣除,将直接影响增值税和企业所得税的税收负担,造成企业直接的经济损失,因此企业集团更需要加强发票管理,确保所有发票都符合税法规定。

②防止税务风险。如果发票管理不善,可能会出现虚假发票、重复报销、发票丢失等问题,这些问题都可能引发税务风险。例如,虚假发票可能导致公司被税务机关认定为偷税、逃税,进而面临被罚款、声誉受损等后果;重复报销则可能导致公司多缴税款,造成不必要的财务损失。因此,加强发票管理对于防范税务风险至关重要。

③提高税务效率。通过有效的发票管理,企业集团可以更加高效地处理税务事务。例如,通过电子化发票管理系统,可以实现发票的快速录入、查询和统计,提高税务申报的准确性和效率。此外,规范的发票管理还可以减少发票问题导致的税务纠纷和争议,降低公司的税务风险。

④维护公司声誉。企业集团通常具有较大的社会影响力和较高的公众关注度。如果发票管理不善导致税务问题被官网通告、媒体曝光,可能会对公司的声誉造成严重影响。因此,加强发票管理也是维护公司声誉和品牌形象的重要举措。

（一）失控发票的涉税风险和合规建议

【案例 6-1】

供应商失联引发补税

A 服装集团公司平时对发票有一定的自行管理能力，对采购业务要求三流（物流、发票流、资金流）合一、交易真实，附有购销合同、出库单、入库单、银行转账凭证为证。但是，2023 年 9 月，该公司收到当地税务局通知，因供应商甲公司走逃被认定为非正常户，目前已无法取得联系。经自查，原因是 A 服装集团公司于 2017 年 9 月至 2018 年 9 月期间向甲公司购买纺织品，成交金额 2,096,797.91 元，交易发票都已按期申报缴税（已抵扣）。

当地税务局按《国家税务总局关于走逃（失联）企业开具增值税专用发票认定处理有关问题的公告》（国家税务总局公告 2016 年第 76 号）规定，将上述发票认定为失控发票。认定 A 服装集团公司需补缴增值税 33 万元，缴纳滞纳金 12 万元，合计 45 万元。

（1）风险分析。

《国家税务总局关于加强增值税征收管理若干问题的通知》（国税发〔1995〕192 号）规定：纳税人购进货物或应税劳务，支付运输费用，所支付款项的单位，必须与开具抵扣凭证的销货单位、提供劳务的单位一致，才能够申报抵扣进项税额，否则不予抵扣。

很多企业甚至财务人员都会认为，物流、发票流、资金流一致，就会税务安全。本案例就是典型的物流、发票流、资金流一致仍被认定为善意虚开的案例。

从税务处罚决定可知，A 服装集团公司没有被罚款，税务局对此案的定性为善意虚开，最终作出涉案发票转出、补缴税款及缴纳滞纳金的处理。

为什么物流、发票流、资金流一致还是被认定为虚开呢？问题的关键在于是否有充足的证据证明其业务的真实性。

依照《国家税务总局关于异常增值税扣税凭证管理等有关事项的公告》（国家税务总局公告 2019 年第 38 号）规定，符合下列情形之一的增值税专用发票，列入异常凭证范围：

①纳税人丢失、被盗税控专用设备中未开具或已开具未上传的增值税专用发票。

②非正常户纳税人未向税务机关申报或未按规定缴纳税款的增值税专用发票。

③增值税发票管理系统稽核比对发现"比对不符""缺联""作废"的增值税专用发票。

④经国家税务总局、省税务局大数据分析发现，纳税人开具的增值税专用发票存在涉嫌虚开、未按规定缴纳消费税等情形的。

⑤走逃（失联）企业存续经营期间发生下列情形之一的，所对应属期开具的增值税专用发票列入异常增值税扣税凭证范围。

商贸企业购进、销售货物名称严重背离的；生产企业无实际生产加工能力且无委托加工，或生产能耗与销售情况严重不符，或购进货物并不能直接生产其销售的货物且无委托加工的。

直接走逃失踪不纳税申报，或虽然申报但通过填列增值税纳税申报表相关栏次，规避税务机关审核比对，进行虚假申报的。

⑥增值税一般纳税人申报抵扣异常凭证，同时符合下列情形的，其对应开具的增值税专用发票列入异常凭证范围。

异常凭证进项税额累计占同期全部增值税专用发票进项税额70%（含）以上的。

异常凭证进项税额累计超过5万元的。

只要符合上述条件之一，税务局就有权要求企业转出进项，补缴税款和缴纳滞纳金。

（2）合规建议。

若纳税人收到主管税务机关的发票异常告知，应及时与税务机关取得联系，了解清楚异常发票的情况，自查业务真实性，配合税务机关做好相关处理工作。

纳税人取得了异常凭证，根据不同情况，应采取不同的处理方式，具体可参考表6-1。

表 6-1　取得异常凭证的正确处理方式

判断标准	企业税务处理情况	正确处理方式
是否申报抵扣增值税进项税额	尚未申报抵扣	暂不允许抵扣
	已申报抵扣	除另有规定外，一律作进项税额转出处理
是否申报或办理出口退税	尚未申报出口退税/已申报但尚未办理出口退税	除另有规定外，暂不允许办理出口退税
	已办理出口退税	（1）应根据被列入异常凭证范围的增值税专用发票上注明的增值税额作进项税额转出处理；（2）税务机关应按照现行规定对被列入异常凭证范围的增值税专用发票对应的已退税款进行追回
是否申报扣除原料已纳消费税税款	尚未申报抵扣	暂不允许抵扣
	已申报抵扣	冲减当期允许抵扣的消费税税款，当期不足冲减的应当补缴税款

若是真实有效的正常交易，纳税人可以采取以下途径维护自身权利：

①纳税信用 A 级纳税人取得异常凭证且已经申报抵扣增值税、办理出口退税或抵扣消费税的，可以自接到税务机关通知之日起 10 个工作日内，向主管税务机关提出核实申请。经税务机关核实，符合现行增值税进项税额抵扣、出口退税或消费税抵扣相关规定的，可不作进项税额转出、追回已退税款、冲减当期允许抵扣的消费税税款等处理。

②纳税人对税务机关认定的异常凭证存有异议，可以向主管税务机关提出核实申请。经税务机关核实，符合现行增值税进项税额抵扣或出口退税相关规定的，纳税人可继续申报抵扣或者重新申报出口退税；符合消费税抵扣规定且已缴纳消费税税款的，纳税人可继续申报抵扣消费税税款。

（二）限期内补开、换开不合规发票的涉税风险和合规建议

【案例 6-2】

限期内无法补开、换开或无法提供支出真实性资料引发补税

国家税务总局广州市税务局第二稽查局 2023 年 7 月 5 日发布《税务处理决定书》，作出以下决定：

你单位已于 2016 年 8 月（税款所属期）申报抵扣进项税额 138,024.73 元，未做进项税额转出，未补缴增值税以及相关的城市维护建设税、教育费附加、地方教育附加。

上述发票金额 811,910.27 元已在 2016 年度企业所得税纳税申报中作税前扣除，未做纳税调整。我局对你单位发出《税务事项通知书》（穗税二稽税通〔2023〕77 号），你单位限期内无法补开、换开符合规定的发票或完整提供可以证实支出真实性的相关资料。

以上事实由以下证据证明：

（1）你单位注册经营地址的实地检查现场笔录；

（2）你单位的增值税纳税申报表、认证抵扣等资料和企业所得税申报表；

（3）你单位的银行账户资金查询资料；

（4）国家税务总局盐城市税务局第二稽查局出具的《已证实虚开通知单》及清单。

综上所述，你单位应补企业所得税及相关税费（不含滞纳金）375,027.99 元。

由上述决定书中"你单位限期内无法补开、换开符合规定的发票或完整提供可以证实支出真实性的相关资料"可见，税法规定，一旦因虚开被查，若业务真实，向主管税务机关提出核实申请是最好的救济手段，不仅可以避免补缴税款、缴纳滞纳金和罚款等造成的损失，而且可以保住纳税人的纳税征信。那么，企业若因虚开被查，具体应该怎么做呢？

要分两种情况讨论。如果业务不真实，纳税人取得的虚开发票无法换开、补开；如果业务真实，在税务机关规定的期限内，应尽快申请补开、换开符合规定的发票，并提供相关资料证明该支出是真实的。

（三）对《已证实虚开通知单》的认知误区和处理建议

很多企业一收到《已证实虚开通知单》就乱了阵脚，尽管业务真实，也给涉案事项判了"死刑"。那么企业为何一收到《已证实虚开通知单》就乱了阵脚呢？究其原因还是因为企业缺乏对《已证实虚开通知单》法律知识的认知，下面我们结合案例来看一下企业应该如何正确对待《已证实虚开通知单》。

【案例6-3】

《已证实虚开通知单》取得缓刑结果

2016年8—10月，A煤业有限公司（以下简称"A公司"）在采挖煤矿过程中，在无真实交易的情况下，经薛某某介绍，花费107万元分三次以支付好处费的方式，向B新能源有限公司（以下简称"B公司"）购买柴油进项增值税专用发票200份，后在税务机关认证抵扣179份增值税专用发票金额合计1,770万元，税额合计300万元，价税合计2,070万元。

A公司在2016年煤矿采挖过程中向C公司等其他单位实际购买的价值590万元的柴油，未在税务机关进行增值税进项抵扣。经会计鉴定，该部分实际购买的柴油如取得进项发票，应按86万元进行增值税进项抵扣。

公诉机关认为：A公司真实采购的柴油是从C公司采购的，与其从B公司取得发票无关，和B公司之间无真实购销业务，取得发票构成虚开，对该企业下发了《已证实虚开通知单》。

税务稽查局作如下认定：

（1）被告单位A公司为谋取非法利益，在无真实交易发生的情况下，向他人支付税点虚开进项增值税专用发票骗取国家税款，数额较大，其行为已构成虚开增值税专用发票罪。

（2）A公司在2016年煤矿采挖过程中，虚开增值税专用发票在税务机关抵扣进项增值税300万元，但其实际采购柴油的部分，依法享有增值税抵扣权益，应当允许其抵扣86万元，故A公司给国家造成的实际税款损失为214万元。

本案的犯罪数额经查实已减去真实交易应抵扣而未抵扣的86万元，但购买发票花费的 107 万元不属于真实交易，不应在犯罪数额中折抵。

经专业代理人对案情及税务争议焦点梳理，争取到如下案件判决：

（1）被告单位 A 公司犯虚开增值税专用发票罪，判处罚金 200,000 元。

（2）被告人汪某犯虚开增值税专用发票罪，判处有期徒刑三年，宣告缓刑五年，并处罚金 50,000 元。

（3）被告人李某犯虚开增值税专用发票罪，判处有期徒刑三年，宣告缓刑五年，并处罚金 50,000 元。

（4）被告人冯某犯虚开增值税专用发票罪，判处有期徒刑三年，宣告缓刑五年，并处罚金 50,000 元。

1. 风险分析

（1）认定真实采购享有抵扣权益，且采购金额为含税价。

法院不仅认为实际采购享有抵扣权益，而且认为在计算可抵扣税额时，也应该以实际采购金额作为含税价进行计算，即 590÷（1+17%）×17%＝86（万元）。

（2）有条件承认了据实代开。

根据最高人民法院研究室《关于如何认定以"挂靠"有关公司名义实施经营活动并让有关公司为自己虚开增值税专用发票行为的性质的复函》（法研〔2015〕58 号）规定，挂靠代开、以他人名义代开，符合规定的依法不定性为虚开。对于开票方和销售方之间既无挂靠关系，又无名义借用关系的据实代开，是否构成虚开则无直接结论。本案 A 公司供货商和开票方之间无任何关系，但法院仍然认可此部分发票不构成虚开。

（3）对量刑的关键意义。

如接受虚开税额认定为 300 万元，超过 250 万元，无减刑情节的只能是 10 年有期徒刑。但若扣减掉采购部分对应的进项税额，虚开税额就为 214 万元，刑事责任则可以是 3～10 年有期徒刑，并最终在律师的争取下取得了缓刑的结果。

2. 涉嫌虚开企业的处理流程

对涉嫌虚开的企业，税务局会依法走以下几个流程。

（1）确认是否为需要立案检查的案源。

依据《国家税务总局关于印发〈税务稽查案源管理办法（试行）〉的通知》（税总发〔2016〕71号）第二十三条，符合下列情形之一的，确认为需要立案检查的案源：

①督办、交办事项明确要求立案检查的案源；

②案源部门接收并确认的高风险纳税人风险信息案源，以及按照稽查任务和计划要求安排和自选的案源；

③举报受理部门受理的检举内容详细、线索清楚的案源；

④协查部门接收的协查案源信息涉及的纳税人状态正常，且存在下列情形之一的案源：委托方已开具《已证实虚开通知单》并提供相关证据的；委托方提供的证据资料能够证明协查对象存在税收违法嫌疑的；协查证实协查对象存在税收违法行为的；

⑤转办案源涉及的纳税人状态正常，且税收违法线索清晰的案源；

⑥经过调查核实（包括协查）发现纳税人存在税收违法行为的案源；

⑦其他经过识别判断后应当立案的案源；

⑧上级稽查局要求立案检查的案源。

从上述法律依据可以看出，开具《已证实虚开通知单》是税务稽查的一个法定程序，不是最终法律对事件的定性。

（2）按程序出具《已证实虚开通知单》及相关证据资料。

根据《税收违法案件发票协查管理办法（试行）》第九条，已确定虚开发票案件的协查，委托方应当按照受托方一户一函的形式出具《已证实虚开通知单》及相关证据资料，并在所附发票清单上逐页加盖公章，随同《税收违法案件协查函》寄送受托方。

（3）纳税人须自查、评估、判断四种后果之一，依法维护权益。

企业收到开票方主管税务机关发送的《已证实虚开通知单》，通常有四种不同的结果。

①企业（受票方）不作任何处理。

根据《税务稽查案件办理程序规定》第四十二条，受票方主管税务机关调查后，发现业务真实合规，发票依法取得，作出无税收违法行为的《税务稽查结论》的同时，向开票方主管税务机关发送协查《回复函》。

②受票方构成善意取得虚开增值税专用发票。

根据《国家税务总局关于纳税人善意取得虚开的增值税专用发票处理问题的通知》（国税发〔2000〕187号）、《国家税务总局关于纳税人善意取得虚开增值税专用发票已抵扣税款加收滞纳金问题的批复》（国税函〔2007〕1240号），受票方不以偷税或者骗取出口退税论处，不适用滞纳金和罚款的相关规定，但需要做进项转出。如能够重新从销售方取得合法、有效专用发票的，准予抵扣进项税款。

③受票方构成取得不合规发票。

根据《中华人民共和国增值税暂行条例》第九条、《企业所得税税前扣除凭证管理办法》第十二条、《中华人民共和国税收征收管理法》第三十二条，受票方需要做进项转出，企业所得税纳税调增，并加收滞纳金，但一般不会进行罚款。

④受票方构成接受虚开发票。

根据《国家税务总局关于纳税人取得虚开的增值税专用发票处理问题的通知》（国税发〔1997〕134号）、《最高人民检察院 公安部关于公安机关管辖的刑事案件立案追诉标准的规定（二）》（公通字〔2022〕12号），如未达到刑事追诉标准，则受票方构成利用他人虚开的专用发票，需要做进项转出，企业所得税纳税调增，加收滞纳金，并可处以罚款；如达到刑事追诉标准（虚开税额10万或造成税款损失5万），按照《刑法》规定处理。

（4）主张构成善意取得增值税专用发票的法律救济手段。

若业务是真实的，纳税人收到《已证实虚开通知单》，可以主张构成善意取得增值税专用发票作为最后的法律救济手段，但至少须满足以下一个条件：

①购货方与销售方存在真实的交易；

②销售方使用的是其所在省（自治区、直辖市和计划单列市）的专用发票；

③专用发票注明的销售方名称、印章、货物数量、金额及税额等全部内容与实际相符；

④没有证据表明购货方知道销售方提供的专用发票是以非法手段获得的。

（5）法律定性后的实务操作。

若被定性为取得不合规发票或者接受虚开发票，可采取的税务处理方式和法律救济手段如下。

①实体层面。

增值税：进项转出。

根据《中华人民共和国增值税暂行条例》第九条，纳税人购进货物、劳务、服务、无形资产、不动产，取得的增值税扣税凭证不符合法律、行政法规或者国务院税务主管部门有关规定的，其进项税额不得从销项税额中抵扣。

企业所得税：补开、换开发票；提供其他扣除凭证。

根据《企业所得税税前扣除凭证管理办法》（以下简称《办法》）第十二条，企业取得私自印制、伪造、变造、作废、开票方非法取得、虚开、填写不规范等不符合规定的发票，以及取得不符合国家法律、法规等相关规定的其他外部凭证，不得作为税前扣除凭证。

《办法》第十三条，企业应当取得而未取得发票、其他外部凭证或者取得不合规发票、不合规其他外部凭证的，若支出真实且已实际发生，应当在当年度汇算清缴期结束前，要求对方补开、换开发票、其他外部凭证。补开、换开后的发票、其他外部凭证符合规定的，可以作为税前扣除凭证。

《办法》第十四条，企业在补开、换开发票、其他外部凭证过程中，因对方注销、撤销、依法被吊销营业执照、被税务机关认定为非正常户等特殊原因无法补开、换开发票、其他外部凭证的，可凭以下资料证实支出真实性后，其支出允许税前扣除：

a. 无法补开、换开发票、其他外部凭证原因的证明资料（包括工商注销、机构撤销、列入非正常经营户、破产公告等证明资料）；

b. 相关业务活动的合同或者协议；

c. 采用非现金方式支付的付款凭证；

d. 货物运输的证明资料；

e. 货物入库、出库内部凭证；

f. 企业会计核算记录以及其他资料。

前款第一项至第三项为必备资料。

②程序层面。

目前主流观点认为《已证实虚开通知单》属于税务机关内部性文书，不直接影响纳税人权利义务，不具有可诉性，实践中尚无对《已证实虚开通知单》提起复议、行政诉讼被受理的案例，但《已证实虚开通知单》本身只能作为线索，最终属于前述四种情况的，不影响主管税务机关的检查、判断，如受票方主管税务机关仅根据《已证实虚开通知单》，直接对受票方构成接受虚开，作出税务处理、处罚决定的，属于认定事实不清、证据不足，可委托律师提出相关抗辩意见。

受票方也可作为利害关系人对开票方税务处理决定申请法律救济，但对自身证据是否充足，态度是否善意，需要持谨慎态度。

3. 处理建议

综上，《已证实虚开通知单》是税务机关在税收管理中，对于发现纳税人存在虚开增值税专用发票等违法行为时，向相关纳税人发出的一种通知单。如果纳税人收到《已证实虚开通知单》，建议按以下流程处理。

（1）认真阅读通知单内容。纳税人应认真阅读通知单上的内容，了解自己被指控的虚开行为的具体情况，包括涉及的发票号码、开票日期、开票金额等信息。

（2）核实虚开行为是否存在。纳税人在收到通知单后，应尽快核实自己是否存在虚开行为。如果确实存在虚开行为，纳税人应积极配合税务机关的调查，主动说明情况并承担相应的法律责任，争取善意虚开的法律救济。如果经过核实确认业务是真实的，可以采取以下方式处理：

①把能够证明业务真实性的文件和资料，如合同、发票、付款记录、交货单、运输单据等归集好，做一份证据附件，写一份书面情况说明书，尽快与发出通知单的税务机关取得联系，积极进行税企沟通。

②如果税务机关对企业给出的解释和证据仍有疑问，企业可以提交书面申辩材料。在申辩材料中详细阐述观点和理由，并附上所有相关证据。

③如果对税务机关的认定结果不满意，或者认为自己的权益受到侵犯，企业也可以考虑寻求专业法律支持。

（3）积极配合调查。在整个过程中，保持与税务机关的积极沟通，并配合其进行任何必要的调查。这将有助于加快问题的解决速度，并减少误会和纠纷。

（4）加强内部管理。企业应加强内部管理，确保所有业务活动都符合税收法规和相关法律规定。通过加强培训、完善制度和流程、建立风险预警机制等措施，提升企业的合规意识和风险管理水平，降低未来发生类似问题的风险。

（四）"非正常户"的涉税风险和合规建议

交易方（开具发票方）如果被认定为"非正常户"，接受发票方将苦不堪言。轻则被要求转出进项发票，重则被税务处罚，甚至涉嫌刑事责任，不少企业集团屡屡"躺枪"。因此，纳税人应加强对税务协查和"非正常户"的涉税风险管理，确保企业税务合规，降低税务风险。

【案例6-4】

上游供应商虚开发票引发异地协查引发补税

国家税务总局深圳市税务局第一稽查局于2023年10月13日发布的公告显示，安庆某木业公司2021年3月29日开具给某建设集团有限公司的7份增值税专用发票为虚开发票。

该起虚开发票涉及的申报抵扣增值税款76,406.64元，少申报缴纳增值税76,406.64元、城市维护建设税5,348.46元、教育费附加2,292.20元、地方教育附加1,528.13元，税务局将该公司上述行为定义为偷税行为，并处以少缴税款50%的罚款。

税务局送达的处罚文书披露，经虚开发票协查发现，该公司因为接受虚开发票被税务稽查后，未积极配合税务机关完成相关进项税额转出而被列为"非正常户"，并被实施全面税务稽查。最终核定该公司2021年度应纳税所得额为81,498,173.53元，应申报缴纳企业所得税20,374,543.38元，需要补缴19,009,312.66元，该行为也被定义为偷税，并处以少缴税款50%的罚款。该公司补缴税款和罚款共约2,850万元，且被列为"非正常户"及走逃失联企业，企业经营及法人的相关经营活动也受到一定的限制。

1. 风险分析

本案是一个由虚开发票牵出少缴企业所得税的典型案例。企业集团除了要警惕上下游环节可能引发的虚开发票风险外，还应充分认识到被认定为"非正常户"的潜在危害，并深刻理解税务协查的重要性。

2. 正确认识"非正常户"

《国家税务总局关于进一步完善税务登记管理有关问题的公告》（国家税

务总局公告 2011 年第 21 号）对"非正常户"给出定义：已办理税务登记的纳税人未按照规定的期限申报纳税，在税务机关责令其限期改正后，逾期不改正的，税务机关应当派员实地检查，查无下落并且无法强制其履行纳税义务的，由检查人员制作"非正常户"认定书，存入纳税人档案，税务机关暂停其税务登记证件、发票领购簿和发票的使用。

纳税人负有纳税申报义务，但连续三个月所有税种均未进行纳税申报的，税收征管系统自动将其认定为"非正常户"，并停止其发票领购簿和发票的使用。

综合上述对"非正常户"的定义，首先是纳税人未按期申报纳税，其次在税务机关责令整改后，逾期不改正的，经实地查验，查无下落且无法强制其履行纳税义务的，才会被认定为"非正常户"。

《国家税务总局关于税收征管若干事项的公告》（国家税务总局公告 2019 年第 48 号）进一步明确：自 2020 年 3 月 1 日起，连续三个月所有税种均未申报，税收征管系统自动认定其为"非正常户"。换言之，只要企业在连续三个月内纳税申报任意一税种，都不会被认定为"非正常户"。

(1) 被认定为"非正常户"的法律后果。

①对交易企业进行税务协查；

②暂停税务登记证件及发票的使用；

③税务登记证件失效；

④税务登记证件注销；

⑤对欠税及税收行政处罚继续承担补缴税款、缴纳滞纳金及相应罚款的责任；

⑥接受税务机关的追踪管理和异地管理；

⑦纳税信用评价及后续管理。

(2) 自己成为"非正常户"的救济措施。

已被认定为"非正常户"的纳税人，就其逾期未申报行为接受处罚、缴纳罚款，并补办纳税申报的，税收征管系统自动解除非正常状态，无须纳税人专门申请解除；同时，还可以获得纳税信用重新评价，只是不能被评为 A 级纳税人。

(3) 发现合作伙伴是"非正常户"的救济措施。

同合作企业发生了经营业务，后期知晓其是"非正常户"，无法正常取得发票，可凭借被列入"非正常户"的证明资料、合同或协议、非现金方式付款凭证、货物运输的证明资料，货物入库、出库内部凭证以及其他资料作为企业所得税税前扣除凭证。其中被列入"非正常户"的证明资料、合同或协议、非现金方式付款凭证是必备资料。

3. 正确认识税务协查

税务协查的主要目的是加强税务部门的合作，提高税务稽查的效率和准确性，打击跨地区的税收违法行为。通过税务协查，税务机关可以更好地掌握纳税人的经营情况和财务状况，及时发现和纠正税收违法行为，维护税收秩序和公平。

在税务协查过程中，税务机关会采取多种方式进行调查核实，如查阅账簿、凭证、合同等相关资料，询问纳税人或相关人员，实地勘查，等等。同时，税务机关也会注重保护纳税人的合法权益，确保调查过程合法、公正、透明。

需要注意的是，纳税人在接到税务协查通知时，应积极配合税务机关的工作，提供必要的资料和证据。同时，纳税人也有权了解自己的协查情况和结果，并可以对税务机关的调查工作提出异议或申诉。

4. 合规建议

发票无小事，合规是正道。只有发票合规，增值税才合规。企业集团对发票的风险管控可以从以下几方面入手。

（1）建立健全发票管理制度，包括发票的申领、使用、保管和销毁等环节。制度应明确责任人和操作流程，确保发票的真实性和合规性。

（2）建立健全内部控制体系，确保发票的开具与公司的实际经营业务相符。对于开具的发票，应定期进行内部审计和核查，确保没有虚开、错开等问题。

（3）加强对员工的税务培训和教育，增强员工的税务意识和合规意识。员工应明确知道虚开发票的危害和后果，自觉遵守公司的发票管理制度。

（4）对供应商进行严格的筛选和管理，确保供应商具有良好的信誉和合规经营。对于供应商提供的发票，应进行严格的审核和验证，确保其真实性和合规性。

（5）根据自身的业务特点和税务政策，合理规划税务结构，平时健全好涉税证据链，建立税务风险体检体系，及时发现问题，这样不仅能够在税务机关发现前补开合规发票，而且在面对税务机关质疑时，有足够的证据证明自身清白，最低限度地降低发票引发的增值税税务风险。

（6）加强与税务部门的沟通和联系，一方面及时了解税务政策和规定的变化，另一方面遇到事情后能够积极、主动地配合税务机关处理涉税风险点，不至于被税务机关实施全面稽查。

（7）利用法律救济手段维护自身合法权益，确保公司的稳健发展。

二、税务申报错误、税款计算错误的涉税风险与合规建议

【案例 6-5】

因申报错误、税款计算错误，公司注销后股东仍被追缴税款

国家税务总局青岛市税务局第三稽查局 2022 年 7 月 8 日送达的公告 2022 年 3123 号披露，涉案公司对取得的租赁费按照其他综合管理服务 3% 的税率申报增值税，适用税率错误。税务机关认为应当按照不动产租赁 5% 的税率申报增值税。

稽查后，发现涉案公司在 2018 年取得租赁费 1,797,100 元，在申报 2018 年四季度增值税时，少申报收入 173,814.15 元。并且，涉案公司在案发时已经是双注销企业（工商、税务均已注销），该公司少申报收入造成少缴税款的行为被认定为偷税，该稽查局决定向涉案公司的股东追缴相应的所欠税款。

1. 风险分析

所有企业注销工商登记时，全体股东须签署《全体投资人承诺书》，承诺"企业不存在未交清的应缴纳税款，清算工作已全面完结"。因此，企业并非一经注销，所有风险就烟消云散了。相反，对于股东而言依然有许多风险。在税收领域，基于税收债权理论，公司存续时税务机关可以主张公司人格否认，公司清算时也可以主张股东承担清算责任。

2. 合规建议

企业注销前可参考以下建议对企业相关涉税事项进行全面核查：

(1) 审查税务申报记录。仔细检查企业过去的税务申报记录，包括所得税、增值税、营业税等。确保所有申报都按时、准确完成，适用税率准确，并与相关财务报表和凭证相符。

(2) 核对税款缴纳情况。包括核查各个科目的期末数以确认企业是否按时缴纳所有应缴税款，如预缴税款、补缴税款等。同时，核查是否存在多缴或错缴税款的情况，以便及时与税务机关沟通调整。

(3) 核查发票和凭证。核查企业的发票和凭证是否齐全，是否合规地进行了税前扣除，确保所有抵扣发票没有被转出补税的风险，核对发票金额与财务报表是否一致。并且，要将已开具的发票及其他会计凭证、财务报表等财务资料妥善保管。

(4) 核实关联方交易和往来款项。核查企业与关联方的交易和往来款项是否合规、透明。确保与关联方的交易定价合理、符合市场规律；复核有无往来款项涉及视同增值税收入或利息收入要纳税的情形，依法完税。

(5) 核查税收优惠政策的使用情况。核查企业是否充分利用了各项税收优惠政策，确保企业享受到了应有的税收优惠，降低税负。

(6) 评估税务风险。基于企业的实际情况和税务政策变化，评估企业是否会因税收政策变化带来税务稽查风险等。针对评估结果，制定相应的应对措施。

(7) 编制税务清算报告。在完成全面核查并确认企业无遗留税务问题后，编制税务清算报告。该报告应详细列明企业的税务情况，以便税务机关审查，确保企业合法合规地结束运营。

第二节 企业集团资金往来交易的税务风险与合规

一、关联交易的涉税风险与合规建议

关联交易是指发生在具有权益关联性及相互影响力的企业关联方之间的交易，是企业集团各实体精细化分工后，提高整体运作效率、降低成本的必要安排。

随着企业集团的兴起和发展，国内关联企业间通过转让定价方式向低税负企业转移利润的现象日渐突出。关联方之间的交易容易出现定价不公允、不符合市场原则、转移利润、人为调节利润等问题，进而为企业带来涉税风险。

【案例6-6】
因关联交易价格明显低于市场平均价格，引发税务稽查

Y公司是中外合资经营企业，主要从事水泥、水泥制品生产销售，石灰石开采和销售等业务。Y公司是湖北Y公司、武汉Y公司、江西Y公司、南昌Y公司等公司的关联企业，这些企业属于境外Y投资公司控股的集团成员企业。当地石灰石市场销售的平均单价为45元/吨左右，但Y公司的石灰石销售数据却显示其向其关联企业所销售的价格均未超过31元/吨，价格明显低于市场平均价格。2023年，Y公司被税务稽查。

税务局核查后发现，Y公司是水泥生产型企业，在当地有石灰石等多座矿山，年可生产水泥等产品逾百万吨。Y公司曾数次从自然资源管理部门获得林地使用权，但缴纳的耕地占用税只有179万元，这与Y公司的规模和用地情况并不相符。

税务局核查人员经现场核查，寻找线索，核实疑点，并约谈询问了企业财务经理和业务经理，证实2018—2020年，湖北省市场上与Y公司相同品质的石灰石，其销售均价为39.3元/吨。但Y公司以不超过31元/吨的价格向关联企业销售产品，价格明显偏低。

税务局核查人员进一步完善证据链，核实业务真伪，携带税务协查文书，对湖北Y公司、X矿业公司进行了外调，查阅了企业购销合同、石灰石检测报告、发票开具情况等。证实相同品质的石灰石，Y公司售价却比其他企业每吨低了10多元，个别年度甚至每吨低了将近20元。最终确认，Y公司长期以低于市场平均价格的价格向关联企业销售产品，少申报缴纳增值税和资源税；同时，该公司占用林地但未及时足额缴纳耕地占用税。

最终该局依法对Y公司作出补缴增值税1,523万元、资源税1,024万元、耕地占用税1,386万元等税费共计4,120万元，加收滞纳金的处理决定。

1. 风险分析

检查人员发现该企业存在"关联企业、关联交易、重新核定交易价格"

可能，根据查前数据案头分析的工作要求，检查人员先后通过分析企业的《案源数据统计分析表》、《纳税情况分析表》、各年度纳税申报表等一系列资料，以及收入规模、主营业务成本结构比、主营业务利润率、各项费用的结构比，逐项查阅相关账簿、凭证等经营数据与资料，还进行了实地核查、相关涉税证据链归集、出具石灰检测报告等，确认该企业集团内的关联交易价格不公允，牵出企业经营规模和收入与应纳税额不相符，导致国家税收收入减少的事实。

经税法宣传和政策辅导，企业人员最终认可了检查人员指出的涉税问题，同意按照税务机关的最终处理意见补缴税款。

本案是一起较为典型的矿产企业通过"关联企业、关联交易、重新核定交易价格"少缴资源税等税款的涉税违法案件。涉案企业以明显低于市场同类产品售价的价格长期向关联方低价销售产品，少缴资源税、增值税；在获得林地使用权后，未依法及时足额缴纳耕地占用税。

正常的关联交易可以起到降低交易成本和风险、加强企业之间合作等作用，如果关联企业之间的交易价格明显低于市场价格或公允价值，税务机关可能会认为这是一种转让定价行为，旨在逃避纳税。这可能导致税务机关对企业的交易进行重新评估，并要求企业补缴税款、缴纳滞纳金和罚款。

2. **合规建议**

企业集团或关联企业应掌握行业平均利润率、产品平均售价、盈亏平均成本等指标。以此为基础，构建企业关联交易风险防范体系，制定明确的关联方交易定价政策，包括明确定价政策、加强内部审计和内部控制、合理披露交易信息、强化风险意识、寻求专业意见、建立合规文化以及定期评估和调整策略等。这些措施有助于降低关联交易风险，做到"真实业务、正常交易、价格公允"，确保企业的稳健发展。

二、集团内部公司之间资金拆借的涉税风险与合规建议

企业集团分为隐形企业集团和显名企业集团，无论是隐形企业集团还是显名企业集团，都面临着多种资金拆借引发的涉税风险。

（一）隐形企业集团资金拆借的涉税风险与合规建议

很多隐形企业集团，即由某一实际控制人控制的多个关联企业，因更加注重保密性，可能因为股权代持、结构隐蔽，不满足税法规定。由于经营发展所需，这种隐形企业集团存在通过关联企业拆借资金进行周转的情形，但因为无法获得显名企业集团内部资金涉税优惠，更容易出现税务合规问题。

1. 隐形企业集团资金拆借引发的增值税风险及税务合规

【案例6-7】

向关联企业无偿拆借资金，未确认利息收入被查

2020年税务机关通过分析往来账款，发现某单位存在向关联企业无偿拆借资金，未确认利息收入，未按规定申报缴纳增值税问题。

根据《财政部 国家税务总局关于全面推开营业税改征增值税试点的通知》（财税〔2016〕36号）附件1第十四条第一款，下列情形视同销售服务、无形资产或者不动产：

（一）单位或者个体工商户向其他单位或者个人无偿提供服务，但用于公益事业或者以社会公众为对象的除外。

（二）单位或者个人向其他单位或者个人无偿转让无形资产或者不动产，但用于公益事业或者以社会公众为对象的除外。

（三）财政部和国家税务总局规定的其他情形。

该单位向关联企业无偿拆借资金，应视同提供贷款服务，应确认利息收入并按规定申报缴纳增值税。经计算该单位2020年应确认利息收入296,206.51元（含税），应补缴增值税16,766.4元。

由此案例可知，实行营改增之后，除了单位和个体工商户向其他单位或个人无偿提供服务外，向关联企业无偿拆借资金也被纳入了增值税视同销售的范围。本案属于隐形企业集团关联企业间各种占用、拆借资金取得收入的情况，应视同提供贷款服务缴纳增值税。

2. 隐形企业集团资金拆借引发的企业所得税风险及税务合规

《中华人民共和国企业所得税法》第四十一条规定，企业与其关联方之间

的业务往来，不符合独立交易原则而减少企业或者其关联方应纳税收入或者所得额的，税务机关有权按照合理方法调整。

独立交易原则，指没有关联关系的交易各方，按照公平成交价格和营业常规进行业务往来所遵循的原则。但《特别纳税调查调整及相互协商程序管理办法》第三十八条规定，实际税负相同的境内关联方之间的交易，只要该交易没有直接或间接导致国家总体税收收入的减少，原则上不作特别纳税调整。这就意味着，如果关联双方企业所得税实际税负相同，则关联方之间的资金占用原则上不核定利息收入，另一方也不得税前扣除利息支出。

需要注意的是，尽管有这样的规定，但实务中各税务局的处理方式可能因地区、具体案情等因素而有所不同。因此，在涉及关联交易时，企业集团应仔细研究相关税法规定，与税务机关保持良好沟通，并确保其交易安排符合独立交易原则和相关税法要求。

（二）显名企业集团资金拆借的涉税风险与税务合规

显名企业集团是指那些在法律和商业登记中明确显示其集团结构和成员关系的公司。这些公司的股权结构、管理层关系、业务运营模式等信息都是公开、透明的，相对容易被外界了解。

根据相关规定，对企业集团内单位（含企业集团）之间的资金无偿借贷行为，免征增值税。

企业集团内单位包括母公司及其作为控股股东的公司，母公司、控股公司单独或者共同、直接或者间接持股20%以上的公司，或者直接持股不足20%但处于最大股东地位的公司，母公司、控股公司下属的事业单位法人或者社会团体法人。

企业集团内部单位之间资金的调拨、拆借在实务中非常普遍，一方面是为了节省融资成本，另一方面也是为了提高资金的使用效率。其中，大多数都是无偿借贷，也就是借出方不收取利息。一般来说，企业需满足一定条件才能被认定为企业集团，并享受相关税收优惠政策。

但并不是企业集团所有的无偿借贷资金的行为都符合增值税免税政策要求，企业集团内资金拆借引发的涉税风险与合规建议如下。

1. "资金池"无息拆借的涉税风险与合规建议

很多企业集团都有"资金池",随着金税四期启动,税务局加强了对"非税"业务的管控,越来越多的集团"资金池"涉税问题被牵出。下面我们通过一个具体案例来看一下往来款被视同借贷关系的涉税风险及合规建议。

【案例6-8】

"资金池"无息拆借不规范引发补税

税务机关发现A公司在2020—2022年连续3年均有大量资金流向其集团总公司,累计金额近3亿元。通过调取A公司银行流水信息得知,每当A公司的医美业务款账户资金余额达到万元时,这些资金均会在当日被自动转至其总公司账户。

A公司解释称其集团采用"资金池"管理制度,并提供了《集团资金管理制度之阶段业务操作规程》(简称《规程》)。该《规程》规定:"各成员单位转入集团总账户的资金,计入各成员单位在集团的内部账户。成员单位内部账户中余额不足时,只能通过集团资金中心以内部贷款方式进行借款。""各成员单位汇入资金按内部存款利率支付利息,利率按央行公布的存款基准利率确定,内部贷款利率按集团公告标准统一执行。"

其财务人员答复,企业闲置资金暂存于集团总公司账户的目的是集中管理,保证资金安全,因此不产生任何利息,目前集团内部企业之间也不存在资金借贷行为。

为核实"资金池"的实际使用情况,税务局检查人员通过外部渠道,了解了A公司上级集团公司2020—2022年度对外披露的有偿融资情况,发现集团公司有息负债金额巨大,据此认为A公司内部存在资金借贷行为。

最终,检查人员参照A公司提供的《规程》规定,以中国人民银行公布的当期存款基准利率为标准核定了企业内部存款利率,以集团公司对外公开财务报表中注明的贷款利率为标准核定了企业内部贷款利率,结合A公司转入集团公司账户资金总额2.87亿元,核定A公司应获得利息收入共计769万元,依法应补缴企业所得税近200万元。

(1)风险分析。

从税务局公开信息分析,该集团"资金池"管理制度主要涉及两种资金流动：第一种是各成员单位将闲散资金转入集团总账户，按《规程》规定收取存款利息；第二种是各成员单位从"资金池"贷出资金，内部贷款利率按集团公告标准统一执行。引起税务稽查的原因就是不使用"资金池"的资金，但同时又从外部筹措资金并支付大量利息的行为不符合企业经营常规。

（2）合规建议。

《中华人民共和国企业所得税法》第四十一条规定，企业与其关联方之间的业务往来，不符合独立交易原则而减少企业或者其关联方应纳税收入或者所得额的，税务机关有权按照合理方法调整。

《中华人民共和国税收征收管理法》第二十六条也规定，企业与其关联企业之间的业务往来，应当按照独立企业之间的业务往来收取或者支付价款、费用；不按照独立企业之间的业务往来收取或者支付价款、费用，而减少其应纳税的收入或者所得额的，税务机关有权进行合理调整。

在增值税的处理上，《财政部 国家税务总局关于全面推开营业税改征增值税试点的通知》（财税〔2016〕36号）第十四条规定，下列情形视同销售服务、无形资产或者不动产：

（一）单位或者个体工商户向其他单位或者个人无偿提供服务，但用于公益事业或者以社会公众为对象的除外。

（二）单位或者个人向其他单位或者个人无偿转让无形资产或者不动产，但用于公益事业或者以社会公众为对象的除外。

因此，企业集团内部有息拆借资金，应视同提供贷款，拆借资金所获利息需缴纳增值税。

综上，企业集团内各成员或子公司约定有息借贷，一般分如下三种情形进行涉税合规处理。

①集团各成员公司之间约定有息借贷行为。

在增值税方面，应视同"金融服务"，收息方需要计征增值税。

在企业所得税方面，收取利息收入的一方正常计算缴纳企业所得税，支付利息一方可以凭对方开具的增值税发票进行税前扣除。

因为不是与金融机构借款签订的合同，所以企业不需要缴纳印花税。

②集团内部采用结算中心管理的"资金池"管理模式。

在增值税方面，集团内部不同分公司之间或者企业集团不同子公司之间的资金调剂借贷，若不计算、收缴利息，适用免征增值税；若约定计算、收取利息，或者不能适用所涉及的增值税优惠政策的，有息资金上缴方和资金下拨方均须针对拨付资金利息计算缴纳增值税。

在所得税方面，超债资比的部分利息支出不允许税前扣除。企业内部融通资金利率应采用市场利率；对于层层上缴和层层下拨的资金，在进行账务处理时，中间环节公司对于资金的收付仅做往来款处理，仅在最末端使用资金的企业计息交税。

在内部结算中心模式下，企业无须缴纳印花税。

③集团内部采用"财务公司"管理模式。

企业集团的财务公司需要获得国家相关部门颁发的金融许可证，成为非银行金融机构，提供贷款服务、金融服务和金融商品转让等服务，涉及税收如下：需要按照规定计算缴纳增值税，并同时存在同业利息收入、央行利息收入和拆出资金利息收入等增值税免税项目。

2. 纳税义务发生时间的涉税风险与合规建议

根据《财政部　税务总局关于延续实施医疗服务免征增值税等政策的公告》（财政部　税务总局公告2023年第68号）第二条规定，对企业集团内单位（含企业集团）之间的资金无偿借贷行为，免征增值税。政策执行至2027年12月31日。

企业集团内单位（含企业集团）之间的资金无偿借贷行为享受增值税免税政策，需要双方之间签订的合同、银行流水等构建完整的涉税证据链。

【案例6-9】

忽略纳税义务发生时间，错过免税政策后需全额缴纳增值税

A集团2024年1月1日借款给集团内子公司5,000万元，合同约定借款期限5年，利率为0，2028年12月31日到期后偿还本金。那么，就目前的免税政策，A集团能享受增值税免税政策吗？

（1）风险分析。

可以看到，本案例合同约定是2028年12月31日到期后偿还本金，即纳税义务发生时间为2028年12月31日，就目前的免税政策来看，这笔集团内企业的无偿借贷属于免征增值税期间外，如果到时没有新的政策延续或相关规定中没有剔除视同销售服务的情形，则不能免征增值税，该笔借贷应全额视同销售缴纳增值税。

(2) 合规建议。

A 集团在与集团内子公司签订合同时，没有意识到纳税义务发生时间会对其税务产生影响，导致其需全额缴纳增值税。合法递延纳税的筹划方案有很多，比如，向关联企业无偿拆借资金时，可以通过合同约定来合理安排资金拆借的时间和金额，达到递延纳税的效果。例如：企业可以在资金拆借合同中约定分期还款，从而将纳税义务分散到多个年度，减轻一次性纳税的压力；企业也可以密切关注税收优惠政策，在税法规定的范围内，根据企业资金情况合理利用这些税收优惠政策去安排纳税时间，并将其落实在合同约定里，这样企业既可以全额享受增值税优惠政策，又实现了递延纳税；企业还可以通过合理安排组织形式、调整业务模式、优化交易结构等方式，合法实现递延纳税。

金税四期上线后，许多企业原本在纳税义务发生时间上符合税收优惠政策的要求，但却因疏忽或不了解新系统操作而未及时申报。这种情况被税务局频频查出，结果轻则被要求补缴税款、缴纳滞纳金，重则被认定为偷税行为，面临罚款，甚至需承担刑事责任。

因此，企业需要高度重视税收申报的及时性和准确性，确保税务合规。

【案例 6-10】

纳税义务已发生，未缴纳增值税

《中国税务报》披露，国家税务总局常州市武进区税务局对 L 公司开展风险应对时，对其不收利息又未合规纳税的相关行为进行了纳税调整。L 公司是当地的一家工业企业，多年经营状况良好，有大量闲置资金，因此存在大额资金拆借情况。该税务局在对 L 公司 2016—2018 年度税收情况开展风险应对时，发现该公司对外借款存在风险疑点。

核查后证实 L 公司实际已发生借款行为，且合同约定了借款利息的金额和收取时间，已达到了收入确认条件。尽管实际尚未收到款项，但纳税义务事实已经发生，即满足纳税申报缴纳条件。

最终，按照合同约定，L 公司确认应收利息收入 360 万元，在应收利息的当月，确认增值税应税收入 360÷（1+6%）= 339.62（万元），同时调增应纳税所得额 339.62 万元。

本案例中，L 公司将资金免息借给关联方和非关联方共计四家公司使用，不符合利息收入免征增值税的情形，需视同销售确认增值税应税收入。因此，L 公司应按同期银行贷款基准利率确定利息收入，补缴增值税，同时调增应纳税所得额。

我国现行对于利息收入免税的优惠政策，仅限于集团企业统借统还业务和企业集团内单位资金无偿借贷。对非集团企业来说，应收利息而不收取，挂着往来款，或直接约定免息，是税务不合规的表现，不及时纳税申报会引发税务风险。

L 公司就是这种情况，虽未实际收到利息，但根据《销售服务、无形资产、不动产注释》（财税〔2016〕36 号印发）的规定，各种占用、拆借资金应视同有偿收入，按照合理金额获得贷款利息缴纳增值税。

那么，何时缴税呢？

纳税义务发生的时间一直是税务机关重点关注的风险点，主要有以下几个原因。

首先，纳税义务发生的时间直接影响税款缴纳的及时性和准确性。一旦纳税义务发生时间确定，纳税申报时间和缴纳税款的时间也会相应确定。如果纳税人在法定期限内不纳税申报或拒不申报、虚假申报，就可能构成偷税，需要承担补缴税款、缴纳滞纳金和罚款等法律责任。

其次，纳税义务发生的时间也是企业进行纳税筹划和税务合规管理的重要依据。企业需要根据纳税义务发生的时间来合理规划税务事项，确保符合税法规定，避免产生不必要的税务风险。

最后，税务机关也需要通过关注纳税义务发生的时间来加强对企业的税务监管和风险控制。通过对纳税义务发生时间的核查和比对，税务机关可以及时发现和处理企业可能存在的偷税、漏税等违法行为，维护税收秩序和公平竞争的市场环境。

因此，纳税义务发生时间一直是税务机关重点关注的风险点，也是企业进行税务合规管理和风险控制的关键内容。

《营业税改征增值税试点实施办法》第四十五条第一项规定，增值税纳税义务发生时间，为纳税人发生应税行为并收讫销售款项，或取得索取销售款项凭据的当天；先开具发票的，为开具发票的当天。取得索取销售款项凭据的当天，是指书面合同确定的付款日期。据此，在合同约定的还款日，不管当天有没有收到还款本金，L公司已经有利息收入的增值税纳税义务，应按规定计算缴纳增值税。

此外，《中华人民共和国企业所得税法实施条例》第十八条规定，利息收入按照合同约定的债务人应付利息的日期确认收入的实现。因此，L公司应根据合同约定的日期、数额及时确认和申报收入。

3. 借贷手续不规范，不符合独立交易原则的涉税风险与合规建议

【案例6-11】

集团内部免息贷款无票税前扣除补税

某上市公司2022年4月发布公告称，其全资子公司为满足资金周转及日常经营需要，发生多项集团内部资金贷款业务，该公司及其关联方累计拆借资金本息合计约12亿元，占全部关联交易总额的90%以上。其中部分贷款资金未收取利息，未确认收入。

税务机关在检查原始凭证和相关信息时，发现该公司的几项资金贷款业务既没有贷款合同，也没有取得合法有效的增值税发票，但对相应的利息支出进行了企业所得税税前扣除。

该公司财务人员解释说，根据集团内部章程，该集团为集团内资金周转困难的企业提供委托贷款，按规定利率收取利息，按税法规定计算利息收入，全额纳税。对于个别资金需求迫切、签订委托贷款合同的企业，该集团可根据实际情况提供短期桥梁资金，解决紧急情况，不收取利息收入。

税务机关最终对其进行纳税调整，要求补缴增值税400多万元，补缴企业所得税4,800多万元。

该案例中这家上市公司有两个不合规之处：一是设立委托贷款"资金池"，为各子公司提供内部贷款，部分收取的利息没有取得合法有效的增值税发票。二是公司内部的无息贷款不符合独立交易原则，既没有签订委托贷款合同，交易的合法原始凭证以及相关资料不健全，也没有制作支付利息的原始凭证、记账凭证等扣除凭证。虽然这两项行为涉及金额差值较大，但都反映出该集团内资金拆借的乱象，从决策层、管理层至财务部，都没有意识到税务不合

规的风险。

由此案例可以看出，一些企业集团规模庞大，闲置自有资金充裕，但内部涉税管理却非常混乱。一方面，没有制定严格的财务核算制度，对税收政策了解不够，符合免征增值税政策要求的项目没有开具免税发票，导致企业补缴增值税，多缴冤枉税；另一方面，没有做到充分的涉税风险管理，集团内部没有按提议、审批、决策、执行的流程进行资金拆借，为企业带来税务风险，甚至很多企业集团默许私设小金库的行为。

很多人认为，集团内企业最终受同一母公司控制，集团内企业的资金拆借本质上是"左兜换右兜"，没有收取利息的必要，也不需要确认收入。这种理解符合理性经济人的商业思维，也不违背民商法规定，但从税法角度来看，存在规避纳税义务的可能。

《中华人民共和国税收征收管理法》第六十三条规定，纳税人伪造、变造、隐匿、擅自销毁账簿、记账凭证，或者在账簿上多列支出或者不列、少列收入，或者经税务机关通知申报而拒不申报或者进行虚假的纳税申报，不缴或者少缴应纳税款的，是偷税。对纳税人偷税的，由税务机关追缴其不缴或者少缴的税款、滞纳金，并处不缴或者少缴的税款百分之五十以上五倍以下的罚款；构成犯罪的，依法追究刑事责任。

因此，对于无偿拆借，税务机关有权按照"独立交易原则"调整企业收入和应纳税所得额。

根据《国家税务总局关于发布〈特别纳税调查调整及相互协商程序管理办法〉的公告》（国家税务总局公告2017年第6号），调整的方法包括可比非受控价格法、再销售价格法、成本加成法、交易净利润法、利润分割法及其他符合独立交易原则的方法。转让定价调整后，企业需要就调增的应纳税所得额确认补缴企业所得税，就调减的金额补充申报税前扣除，此外税务机关可能对企业加收特别纳税调整利息。

三、企业集团统借统还的涉税风险与合规建议

统借统还是关联企业资金拆借的重要方法之一。简单来说，就是由集团母公司或其他子公司向社会金融机构进行统一借款后，拆借给集团内部其他子公司使用。

例如：某企业集团下设多家项目子公司，一些子公司自身不具备融资能力，于是由集团中有融资能力的实体企业向金融机构贷款，并从金融机构取得相应的借款统一调度证明文件，在借入和转借过程中保持利率上的一致性，然后在各借入企业之间建立明细台账对利息进行合理分摊。

在开展统借统还业务时，企业集团可能会进行纳税筹划以降低税务成本。但是，如果企业集团向下属单位收取的利息利率过高，可能被视为具有从事贷款业务的性质，需要缴纳营业税；如果利率过低，则可能导致税务机关质疑资金借贷真实性。

根据《财政部 国家税务总局关于全面推开营业税改征增值税试点的通知》（财税〔2016〕36号）附件3《营业税改征增值税试点过渡政策的规定》第一条第（十九）项第7点的规定，统借统还业务中，企业集团或企业集团中的核心企业以及集团所属财务公司按不高于支付给金融机构的借款利率水平，向企业集团或者集团内下属单位收取的利息，属于免税利息收入。但统借方向资金使用单位收取的利息，高于支付给金融机构借款利率水平或者支付的债券票面利率水平的，应全额缴纳增值税。

因此，企业集团需加强税务管理，合理确定利率水平，提高信息披露透明度，合法合规地进行纳税筹划，降低涉税风险。

【案例6-12】

统借统还资金拆借混乱补税

某税务机关通过大数据平台在日常巡检中，发现辖区内某企业集团与子企业之间资金拆借频繁，且存在部分疑点，其中"金融服务"或"资金占用费"免税发票金额高达5,000万元，可能存在资金借贷业务少缴增值税风险。于是税务工作人员前往该企业集团核查。

该企业集团财务公司负责人解释："我们和子公司之间确实存在长期资金拆借，但属于增值税免税的统借统还，根据《财政部 国家税务总局关于全面推开营业税改征增值税试点的通知》（财税〔2016〕36号），我们是符合规定的。"

经税务工作人员耐心普法，并进行税务合规辅导，该企业集团自查出以下问题：

（1）向金融机构贷款和发行债券融资的资金，比免税发票的资金（金额）要少，有可能存在将自身（经营）收入转化为统借统还项目开免税发票。

（2）没有资金上划下拨的台账（统借统还资金账目台账）。

（3）大量内部贷款逾期还款不满足统还条件。

最后，该企业集团的财务公司因不符合免税规定，被税务机关要求补缴了将近 300 万元的统借统还税款和滞纳金。

统借统还，顾名思义就是向特定的主体统一借、统筹用、统一还。《财政部 国家税务总局关于全面推开开营业税改征增值税试点的通知》（财税〔2016〕36 号）附件 3《营业税改征增值税试点过渡政策的规定》第一条第（十九）项第 7 点对统借统还有具体的规定，统借统还业务是指：

（1）企业集团或者企业集团中的核心企业向金融机构借款或对外发行债券取得资金后，将所借资金分拨给下属单位（包括独立核算单位和非独立核算单位，下同），并向下属单位收取用于归还金融机构或债券购买方本息的业务。

（2）企业集团向金融机构借款或对外发行债券取得资金后，由集团所属财务公司与企业集团或者集团内下属单位签订统借统还贷款合同并分拨资金，并向企业集团或者集团内下属单位收取本息，再转付企业集团，由企业集团统一归还金融机构或债券购买方的业务。

需要特别提醒的是，企业集团内部各子公司成员分别贷款，然后统一集中给集团使用，各成员企业向集团收取的利息高于支付给银行的借款利率，这种情形属于提供贷款服务，应按贷款服务如实开具发票，不属于统借统还，不能享受统借统还业务利息免征增值税优惠。

第三节　承债式转股转让的税务风险与合规

承债式股权转让是一种在股权交易中常见的策略，以受让方承担或清偿目标公司的债务作为股权转让的交易条件。这种策略的主要目的是确保受让方能够规避目标公司存在的潜在债务风险，使目标公司在完成转让后能够摆脱债务负担,实现轻装上阵。

然而,承债式股权转让也具有两面性。一方面,它为新股东提供了更好的保障,因为在接手公司时,潜在的债务风险已被清除。因此,这种策略正受到越来越多投资方的青睐和采纳。另一方面,承债式股权转让由于涉及股权转让和债权债务等多重法律关系,税务处理上存在一定的复杂性,可能使目标公司及受让双方都面临税务风险。

因此,在本节中,我们将重点关注企业集团在进行承债式股权转让时可能会遇到的税务风险,并给出相应的合规建议。这样可以帮助企业更好地理解和应对在股权转让过程中可能涉及的税务挑战。

一、承债式股权转让是否需要缴纳增值税

承债式股权转让是否需要缴纳增值税取决于具体情况。

根据《国家税务总局关于纳税人资产重组有关增值税问题的公告》(国家税务总局公告2011年第13号)的规定,纳税人在资产重组过程中,通过合并、分立、出售、置换等方式,将全部或者部分实物资产及与其相关联的债权、负债和劳动力一并转让给其他单位和个人的,不属于增值税的征税范围,其中涉及的货物转让也不征收增值税。

根据《财政部 国家税务总局关于全面推开营业税改征增值税试点的通知》(财税〔2016〕36号)规定,企业转让限售股,需要按照"金融商品转让"缴纳增值税,以卖出价扣除买入价后的余额为销售额计算缴纳增值税。

在承债式股权转让中,如果债权人通过协议成为股东,并因此获得"固定利润或保底利润"或者本金不受损失,这种收益可能构成上述通知附件1《销售服务、无形资产、不动产注释》中的"金融服务"。即使这种收益被称为"股息",如果实质上属于利息,债权人仍需就投资收益缴纳增值税。

关于适用的税率和计税方式,一般情况下按照一般计税方法计算增值税,适用6%的税率;但如果满足资管产品管理人运营资管产品的有关规定,可以适用3%的征收率,按照简易计税办法计算增值税。如果不构成金融服务,取得的收益确实是股息,则无须缴纳增值税。值得注意的是,债权转股权之前的利息收入,如果已经产生增值税纳税义务,应计算缴纳增值税。是否产生纳税义务,不考虑发票的话,关键看借款合同约定的收取利息的时间,如果按照合

同，在债权转股权之前，债权人可以收取利息，则不管利息是否实际收取，均已产生纳税义务，需缴纳增值税。

二、承债式股权转让是否需要缴纳个人所得税

在承债式股权转让中，集团公司或子公司主体中，原股东作为自然人取得股权转让所得的，应按"财产转让所得"缴纳个人所得税。

应纳税所得额的计算方式有两种，具体如下：

（1）如果原股东在取得转让收入后，先根据持股比例清收债权、归还债务，再确认所得，那么应纳税所得额的计算公式为：应纳税所得额=（原股东股权转让总收入-原股东承担的债务总额+原股东所收回的债权总额-注册资本额-股权转让过程中的有关税费）×原股东持股比例（以下简称"公式一"）。

（2）如果原股东在取得转让收入后，直接根据持股比例对股权转让收入、债权债务进行分配，那么应纳税所得额的计算公式为：应纳税所得额=原股东分配取得股权转让收入+原股东清收公司债权收入-原股东承担公司债务支出-原股东向公司投资的成本（以下简称"公式二"）。

在适用上述计算方式时需注意：

（1）公式中的债权、债务都应当按照公允价值（而不是账面价值）计量。在实务中，主管税务机关应当审核转让方是否存在承担虚拟债务（实际不存在的债务或者实际需承担的债务金额小于账面金额），或者取得隐含债权（取得账面未反映的债权或者取得债权的公允价值大于账面金额）来逃避缴纳个人所得税的情形。

（2）公式一的表述不够严谨，应改为"个人所得税应纳税所得额=（原股东股权转让总收入-原股东承担的债务总额+原股东所收回的债权总额-股权转让过程中的有关税费）×该股东持股比例-该股东投资的计税成本"。股东投资的计税成本等于初始投资和追加投资时，用于投资的资产的公允价值之和（股东投资的计税成本不一定等于记入"注册资本"的金额）。公式二中"原股东向公司投资的成本"同样应改为"原股东向公司投资的计税成本"。

【案例6-13】

因承债式股权转让中个人所得税处理错误引发税务稽查

国家税务总局惠州市税务局稽查局于2023年6月2日发布的行政处罚决

-219-

定文书披露，惠州某置业公司（A公司）与原自然人股东刘某辉、惠州某投资公司（B公司）存在关于惠州某实业公司（以下简称"目标公司"）的股权转让行为。A公司所递交的债权债务处置确认书、目标公司会计凭证显示，股权转让款与实际股权转让对价款总额存在差异，因此被税务稽查。

上述三方于2018年6月28日签订《项目股权转让合同》，股权转让对价款总额4,800.00万元，约定将目标公司的60%股权转让给B公司、目标公司的40%股权转让给A公司，并于2018年7月9日办理工商信息变更。A公司提供的资产评估报告书显示，目标公司在评估基准日2018年6月30日的股东全部权益价值为9,616,030.25元。A公司提供的债权债务处置确认书、目标公司会计凭证显示，上述股权转让款为4,800.00万元，包括原自然人股东刘某辉转让在目标公司取得惠州市大亚湾西区的5000.00平方米商业用地过程中，向目标公司投入资金或代目标公司支付款项所持有的债权共计10,601,000.00元。

A公司提供的银行回单显示，其于2018年7月3日通过公司账户向刘某辉私人账户支付400,000.00元，附言：股权转让款。根据A公司提供的情况说明，其收购目标公司40%股权所需支付的资金由B公司代为支付，合作项目全权由B公司经营管理。

A公司提供的原自然人股东刘某辉的验资报告显示，刘某辉2009年成立目标公司，认缴注册资本100.00万元，占注册资本的100%，已于2009年2月24日分两笔实缴转入目标公司对公账户。

纳税申报情况经查询系统2018年度申报明细查询、入库明细显示，B公司于2018年7月19日代扣代缴上述股权转让业务所涉及个人所得税1,723,206.05元，计税依据：8,616,030.25元，代刘某辉申报缴纳印花税500.00元；A公司申报缴纳关于上述股权转让印花税200.00元，计税依据400,000.00元。由于B公司在处理代扣代缴业务时，负责人员并非财税领域的专业人员，因此在对税收政策的理解上存在偏差。这种误解导致B公司错误地以目标公司在评估基准日（即2018年6月30日）的股东全部权益价值9,616,030.25元作为股权转让收入，进而计算了应代扣代缴原自然人股东刘某辉的个人所得税。由于这种计算方法，实际计算出的税额与真实的股权转让对价款总额之间存在差异。同时A公司按照原自然人股东刘某辉实际出资

1,000,000.00 元为基础，以股权受让比例 40% 申报缴纳印花税，即 A 公司按照 400,000.00 元（计算：1,000,000.00×40%）为计税依据申报缴纳印花税；但应当以股权转让合同约定股权转让对价款总额 4,800.00 万元为基础，印花税计税依据应为 19,200,000.00 元（计算：48,000,000.00×40%），两者存在差额 18,800,000.00 元（计算：19,200,000.00-400,000.00）。

该案件最终定性为偷税，对惠州市某置业公司应扣未扣税款除要求补缴外，还处以 50% 的罚款，罚没金额为 1,110,358.79 万元。

在承债式股权转让中，原股东可能以承担目标公司债务作为股权转让的条件。因此，处理此类交易时，首先需确认股权转让收入，这包括现金、实物、有价证券及其他形式的涉税收入。随后，确定债务承担金额，若股权转让协议中有明确约定，原股东需承担目标公司的部分或全部债务，该金额应从股权转让收入中扣除，以确保准确计算股权转让所得。

股权交易价格应确保公平、合理。无正当理由的低价转让可能会被税务机关调整，并按照净资产或类比法核定交易价格，进而计征个人所得税。在计算和缴纳个人所得税时，应严格遵守相关税务规定和法律法规，确保正确计税并及时申报纳税。

此外，纳税义务发生时间也是税务局关注的重点。根据《股权转让所得个人所得税管理办法（试行）》第二十条规定，以下情况将触发纳税义务：

（1）受让方已支付或部分支付股权转让价款。

（2）股权转让协议已签订并生效。

（3）受让方已实际履行股东职责或享受股东权益。

（4）国家有关部门判决、登记或公告生效的股权转让。

（5）股权被司法或行政机关强制过户、以股权对外投资或进行其他非货币性交易、以股权抵偿债务等情况。

（6）税务机关认定的其他股权转移情形。

在这些情况下，扣缴义务人、纳税人应在次月 15 日内向主管税务机关申报纳税。

三、承债式股权转让是否需要缴纳企业所得税

在承债式股权转让中，若转让方是企业，并且该转让行为涉及企业的股权

变动和收益，企业需要就这部分收益缴纳企业所得税。

> **【案例 6-14】**
> ### 债权转股权会计处理不当引发补税争议

某集团公司 2015 年投资成立 A 公司，实缴注册资本 1,000 万元，并于当年借款 1,500 万元给 A 公司。为降低 A 公司资产负债率，2017 年 10 月 15 日，该集团公司发文将 1,500 万元借款转为对 A 公司的投资，但债转股当年双方均未进行账务处理，亦未进行工商变更登记。

该集团公司 2018 年将 A 公司股权划转到该集团公司的全资子公司 B 公司，划转基准日为 2018 年 12 月 28 日。划转时，该集团公司进行了工商变更登记，但未进行账务处理和纳税申报。B 公司收到股权后，以基准日 A 公司的账面净资产 100 万元入账，摘要为对 A 公司的投资，具体账务处理如下：

借：长期股权投资—投资成本 100 万元

　　贷：资本公积—其他资本公积 100 万元

该集团公司 2018 年 12 月完成了借款转增资本（债转股）和股权划转的账务处理，A 公司股权事项的会计账册登记如下：

借：长期股权投资—投资成本 1,500 万元

　　贷：其他应收款 1,500 万元

借：资本公积—其他资本公积 2,500 万元

　　贷：长期股权投资—投资成本 2,500 万元

B 公司于 2019 年 1 月 10 日将 A 公司股权按评估价 1,200 万元转让给集团外第三方 C 公司。评估报告的评估基准日是 2017 年 10 月 15 日，此时，A 公司的未分配利润为 -500 万元，净资产评估价为 1,200 万元。B 公司未进行财务处理及纳税申报。

2019 年 6 月，税务机关通过工商信息比对，发现 B 公司转让 A 公司股权未申报纳税，要求 B 公司补缴企业所得税（1,000 - 100）× 25% = 225（万元）。

那么，B 公司需要补缴企业所得税吗？

1. 案件分析

判断一个交易是否需要缴纳企业所得税，有两个关键点：一是取得多少收

入，二是付出多少成本。B公司取得的收入在本案例中可以直观看到是1,200万元，关键问题是，B公司取得A公司股权的成本是100万元、1,500万元，还是2,500万元？我们按以下三个方面进行梳理。

（1）该集团公司取得A公司股权时所发生的成本。

通过梳理资料可以看到，该集团公司对A公司的实缴资本为1,000万元，其他应收款转资本公积为1,500万元，合计该集团公司取得A公司股权所发生的成本为2,500万元。上述事实企业也提供了会议纪要、银行转账凭证、批准文件等证据予以证明。

（2）该集团公司股权划转是否满足特殊性税务处理条件。

《财政部 国家税务总局关于促进企业重组有关企业所得税处理问题的通知》（财税〔2014〕109号）、《国家税务总局关于资产（股权）划转企业所得税征管问题的公告》（国家税务总局公告2015年第40号）规定，在符合特殊性税务处理条件的企业重组中，划出方（即资产的转让方）和划入方（即资产的受让方）在税务处理上都不需要确认所得或损失。对于划入方来说，它取得被划转股权的计税基础不是按照交易价格来确定，而是按照被划转股权的原账面净值（即原计税基础）来确定。

集团内股权划转交易如按特殊性税务进行处理须满足以下几个条件：

①划出方与划入方必须是存在100%直接控制关系的居民企业，或是受同一或相同多家居民企业100%直接控制的居民企业；

②划转应当按账面净值进行；

③划转须具有合理的商业目的，且不以减少、免除或者推迟缴纳税款为主要目的；

④划转后连续12个月内划入方不得改变被划转股权原来的实质性经营活动；

⑤划出方和划入方均未在会计上确认损益。

该集团公司将持有的A公司股权划转给B公司，是为了提高集团管理效率和资产使用效率，具有合理商业目的；双方是按账面净值划转股权的，且均未确认损益，满足上述①②③⑤这四个条件。但B公司2018年12月28日受让A公司股权，2019年1月又将股权转让给了C公司，显然不满足条件④。因此，该集团公司将A公司股权划转给B公司不满足特殊性税务处理条件，B

公司不能按原账面净值确认成本。

（3）B公司取得A公司股权的成本如何确认。

《国家税务总局关于资产（股权）划转企业所得税征管问题的公告》（国家税务总局公告2015年第40号）规定，当母公司向子公司无偿划转股权，且该行为不符合特殊性税务处理条件时，母公司需将原划转完成时的股权的公允价值视为销售收入进行处理；同时，子公司需要按照该公允价值来确认其划入股权的计税基础。那么，划转时A公司股权的公允价值是多少呢？

由于是集团内部交易，划转时该集团公司并未对A公司的股权价值进行评估。因此，划转时A公司股权的公允价值并不明确。但是，B公司将A公司股权转让给C公司时，聘请评估公司对A公司股东权益进行了评估。该评估基准日为2017年10月15日，净资产评估价为1,200万元。评估基准日A公司的未分配利润为-500万元，较股权划转基准日（2018年12月28日）A公司报表上的未分配利润为-350万元，比评估基准日的未分配利润减少了150万元。也就说，A公司在2017年10月15日至2018年12月28日期间，未发生重大资产变动，由于A公司在股权划转基准日因未分配利润负数减少150万元，所以可以合理推定A公司此时的净资产评估价为1,200+150=1,350（万元）。

由此可见，A公司的公允价值可以合理地推定为1,350万元，即B公司取得A公司股权的成本为1,350万元，低于B公司所取得的收入。因此，B公司无须缴纳企业所得税。

2. 合规建议

（1）会计做账须严格遵循及时性、真实性、完整性原则。

该集团公司于2017年10月15日将1,500万元借款转为资本公积，而在2018年12月，又将A公司的股权划转给了B公司。然而，这两项交易的会计处理直到2019年1月才得以完成，这种做法不仅违背了会计准则的及时性要求，同时也给A公司在准确确认股权投资成本上带来了困扰。

按照会计准则和《民法典》的相关规定，对于股权等资产的转移，应以工商登记完成为标准。当集团公司决定进行借款转资本公积和股权划转时，应当及时进行相应的会计处理，并确保在工商登记完成后对相关的股权和资本公积进行准确的确认和计量。

虽然会计和税法各自遵循不同的规则，但两者并非完全独立。在税法没有明确规定的情况下，税务处理可以参照会计准则。例如，根据《财政部 国家税务总局关于促进企业重组有关企业所得税处理问题的通知》（财税〔2014〕109号）的规定，对于适用特殊性税务处理的资产划转，划转双方均不能确认损益，且划入方应以被划转股权或资产的原账面净值作为计税基础。这意味着，在资产划转过程中，划入方确认的划入资产账面价值应与划出方划出之前的账面价值保持一致。

因此，该集团公司在处理其"长期股权投资——投资成本"科目时，其金额应为2,500万元。相应地，B公司在接收A公司股权后，其"长期股权投资-投资成本"科目的金额也应是2,500万元。然而，由于该集团公司会计处理的延迟，导致1,500万元的借款转资本公积的款项未能及时计入。尽管如此，即使不考虑这1,500万元的款项，B公司基于A公司股权划转的"长期股权投资——投资成本"科目金额也应至少为1,500万元。

但遗憾的是，B公司仅按照A公司股权划转时净资产的账面价值100万元进行了确认，这一做法严重违反了《财政部 国家税务总局关于促进企业重组有关企业所得税处理问题的通知》（财税〔2014〕109号）中的规定。这一错误处理不仅导致了会计信息的不准确，还误导了税务机关，使其误认为B公司取得A公司股权的成本仅为100万元，进而要求B公司补缴相应的企业所得税。

（2）税务处理以及纳税申报要及时。

在该集团公司将股权划转给B公司，以及B公司后续将股权转让给C公司的过程中，集团公司和B公司均未在股权转让的年度内完成相应的纳税申报，从而埋下了潜在的税务风险隐患。

（3）工商变更登记要及时。

根据《中华人民共和国市场主体登记管理条例》的规定，市场主体在发生变更决议、决定或法定变更事项后，应当在自这些变更发生之日起的30日内，向登记机关申请进行变更登记。这不仅是工商行政管理机关的要求，同时也对涉税事项具有实质性的影响。只有完成工商变更登记，股权等资产的所有权转移才在法律上得以正式确认，税务机关才会认可资产已经属于划入方。这样，当这些资产再次转让时，所产生的收益才不会对原本的划出方产生税收影响。

(4) 在面对税务争议时，企业应保持积极主动的应对态度。

当企业收到补税通知或与税务机关产生涉税争议时，不必过度紧张，因为这些问题可能是由于企业自身账务处理的不准确、不及时，或是税务机关信息掌握不全面等原因造成的。企业应首先明确争议的焦点，并收集相关证据。在此过程中，企业可以寻求专业的税务顾问或律师的协助，他们凭借丰富的经验和专业知识，能够为企业提供有针对性的建议和指导，帮助企业从实质上判断是否需要补税，从而积极应对税务争议，保护企业的合法权益。

四、承债式股权转让是否需要缴纳印花税

印花税通常仅针对列举的凭证征收，而承债式股权转让的合同或协议并不在列举的征税范围内。因此，无论承债式股权转让业务是否签订正式的合同或协议，承债式股权转让双方均无需缴纳印花税。

然而，对于因承债式股权转让而增加的被投资企业的实收资本和资本公积合计部分，被投资企业确实需要缴纳印花税。按照税法规定，这部分税款通常按照股权转让价款金额的万分之五进行双边征收。不过，根据《财政部 税务总局关于对营业账簿减免印花税的通知》（财税〔2018〕50号），自2018年5月1日起，这一税项已经减半征收。

综上所述，承债式股权转让在税务处理上存在一定的特殊性。因此，在进行承债式股权转让交易时，应详细了解并遵循相关税法规定，明确涉及税种，并谨慎处理税务问题，以确保操作的合法性和合规性，从而避免潜在的涉税风险。

第四节　企业集团跨国经营的税务风险与合规

有些"走出去"企业在项目投标前期，或是由于调研期间经费不足，或是出于节省费用的考虑，往往以免费获得的财税资讯为参考，并没有深入了解东道国（地区，即项目所在地）的税法规定；或是在当地做了一些调研，但未能及时了解东道国（地区）的税法修订和改变。特别是很多东道国的税收

法规与实务存在很大的差异，使得企业不仅享受不到税收优惠，还惹上税务官司，吃尽苦头。

也有很多"走进来"的境外企业集团在我国开设子公司，存在政策理解较为片面、"想当然"进行跨境业务涉税处理的情况，从而引发税务风险。

本节从"走出去"和"走进来"两个维度分析高频涉税风险问题，旨在帮助企业集团税务合规，行稳致远。

一、"走出去"的企业集团涉税风险与税务合规

根据商务部商务数据中心最新数据，截至2023年10月，我国6,584家企业在全球154个国家（地区）进行了非金融类对外直接投资，累计投资金额达到1,047.4亿美元，同比增长11%。这些投资进入了全球各个行业，也反映了中国企业在全球化进程中的积极参与和贡献。

企业集团跨国经营具有经营业务广泛、经营模式多样等特点，涉及的税收政策和税务处理往往比较复杂。企业集团跨国经营需充分了解东道国（地区）的税法规定，避免双重征税或高额征税，取得境外所得未及时回国申报等问题，合理划分境内外成本费用，建立跨境税收风险内控机制。同时，企业集团还需考虑境外税收成本，充分运用税收协定优惠降低税负，按规定履行境外投资信息报告义务。只有这样，企业集团才能规避涉税风险，保障税务合规，实现行稳致远。

1. 充分了解东道国（地区）的税法规定

不同国家和地区的税法规定存在很大差异。企业在境外经营时，必须遵守当地的税法规定，确保自身的经营活动合法合规。否则，可能会面临税务违规的风险，包括罚款、税务纠纷甚至法律诉讼等。

【案例6-15】

跨国公司因东道国（地区）税法规定官司缠身

W公司是我国某集团下属H股上市子公司，2023年W公司董事会发表声明称，其在秘鲁的子公司因秘鲁税务部门对2017年度W公司秘鲁子公司的税务审计结果，被秘鲁税务局要求补缴税款和缴纳滞纳金共计9.6亿美元。

W公司不同意秘鲁税务局就秘鲁所得税法所作的有关诠释及应用，并已

提出上诉，且在上诉得出决议之前不会向秘鲁税务局支付所评税金额。

W 公司认为秘鲁税务局无视此前提交的证据和独立意见，可能就 2017 年所得税评税向秘鲁税务局提出上诉，如失败则向秘鲁税务法院提起上诉。根据秘鲁法律，在税务法院的诉讼程序尚未完结前并不需要缴纳税款。

该争议涉及预扣税和所得税法使用的诠释及会计处理方式，以及未能为 W 公司附属公司在秘鲁的投资提供有效的保障。

W 公司强调除非协商处理，否则 W 公司附属公司将就秘鲁多项违反条约及未能在秘鲁提供公平、公正及安全的投资环境向秘鲁政府索偿。

W 公司公布其在秘鲁的子公司与秘鲁税务局分歧的材料，其子公司被要求补税的主要原因，是秘鲁税务局将为其提供贷款的中资银行，认定为其关联方，出现税企双方对关联方认定及关联方贷款利息税前扣除等政策理解的差异，而秘鲁税务局认定的理由则是中资银行与某矿资源的上级公司都是中国政府拥有的企业。

根据秘鲁所得税法的规定，向国外非居民企业支付的利息一般为 4.9%，但如果是向有关联的金融机构支付则上升为 30%。秘鲁税务局认定关联的逻辑清晰，一是 W 公司秘鲁子公司到 W 资源再到 W 公司总部，都是由中国政府控制股权或管理的，二是贷款方中国银行主要是国家级的中国国有银行，中国国有银行同样由中国政府控制股权和管理，所以借贷方 W 公司与贷款方处于中国政府共同控制之下，故形成关联关系。这一逻辑看似形式上符合经济合作与发展组织（Organization for Economic Co-operation and Development，简称"OECD"）转让定价指引对关联关系的控股关系和实质管理的规定，但它违背了国际税收规则中最根本的一条，即非营利的中央和地方政府行为在跨境交易中都是免税的，不光在双边税收协定中天然享受税收优惠，就是国际数字税与全球最低税都将其排除在外。在双边税收协定中，缔约双方都会列出有政府背景的银行名称并给予利息优惠甚至免税。经济合作与发展组织和联合国税收协定范本中都载有利益限制原则（LOB），不论是股息利息还是特许费，中央和地方政府都被列为首位合格的人，自动享有税收协定优惠。如果认可秘鲁税务局的这种意见，那么以后境外中资企业的关联交易风险将陡然增加。按照中国的税法，不能因为都是国有企业，就认定为关联方，W 公司可以类比一下智利、墨西哥、巴西等南美洲国家对关联方的认定，以此来应对秘鲁税务局的意见。

本案也提醒"走出去"的企业，在境外开展经营时，应充分了解所在国（地区）的税制、税法和政策，确保自己的经营活动符合当地法律、法规的要求。若自身合法权益被侵犯，应迅速响应，采取有效措施保护自身权益，亦可寻求专业的税务咨询和法律服务支持。

2. 充分运用税收协定优惠降低税负

为了使企业免于东道国（地区）与居住国（中国）的双重征税，同时也是遵从国际惯例，我国已与世界多国及地区签订双边税收协定，其中有103个税收协定（安排）已生效，形成了较为完备的税收协定网络，支持中国企业"走出去"，并切实减轻"走出去"企业的税收负担。

有些"走出去"的企业，重视税务成本，密切关注当地税收优惠政策，能够充分享受税收优惠；有些企业因为种种原因，未能享受税收协定待遇，缴了冤枉税，增加了企业的税收负担。下面这两个对比鲜明的案例就是这两种情况。

【案例6-16】

在马来西亚设立的全资子公司充分享受税收协定优惠

A玻璃集团公司的总部在福建，于2014年10月在马来西亚设立了一家全资子公司。

2015年11月，该公司从中国国家开发银行获得8亿元贷款，用于投资马来西亚工厂的生产线。

根据中国与马来西亚于1985年签订的税收协定，中国国家开发银行并不在免税待遇的列举名单中。因此，马来西亚的税务局对中国国家开发银行的利息所得按照10%的税率征收预提税。

之后，中国国家税务总局与马来西亚国家税务局启动了相互协商程序，并于2016年11月通过换函形式对双方享受利息免税待遇的金融机构进行了补充列举，将中国国家开发银行列入可以在马来西亚享受利息免税待遇的中方受益人范围内。最终，A玻璃集团公司支付给中国国家开发银行的贷款利息在马来西亚免于征税，充分享受了税收协定优惠。

【案例6-17】

因不了解税收协定规定造成企业被双重征税

境内 Y 集团公司派遣技术人员赴东南亚某国承接一项设备安装和调试工程，工期仅需 1 个月。我国与该国的税收协定规定：承包工程仅在持续时间超过 6 个月时才需要在该国缴税。但 Y 集团公司由于不了解税收协定规定，工程结束后在当地申报缴纳了 10 万元所得税，未能享受税收协定优惠，而且在回国申报时也无法抵免，造成企业被双重征税。

3. 合理划分成本费用的税务合规与纳税筹划

【案例6-18】

集团公司为境外子公司贷款，被认定为非自身经营用途而被追征税款

境内 A 公司是某医药集团公司，在境外投资成立了子公司专门从事技术研发。由于境外研发中心运营需要大额资金，境内 A 公司向国内银行申请出具担保函，并由该银行的境外分行为境外研发中心提供贷款。该项贷款发生的所有费用由境内 A 公司承担并在税前列支。税务机关调查认为，贷款主体并非境内 A 公司，贷款也并非用于境内 A 公司自身经营，境内 A 公司不应承担相关费用，因此调整了境内 A 公司的成本，并追征了税款。

（1）合规建议。

很多企业集团都发生过上述为境外子公司贷款，最终被要求转出相关费用、补缴税款的情况。在此提醒同类企业应合理划分境内外成本费用，如果全部是境外公司发生的支出应计入境外公司成本，如果是境内外公司发生的共同支出，应按合理比例据实分摊。费用划分不准确，将影响东道国（地区）和居住国（中国）的税基，引发税务机关关注和调查。

（2）纳税筹划思路。

企业只有清楚了解相关税收政策，提前合理规划成本费用，才能保证自身充分享受税收优惠，降低涉税风险。另外，企业也可以通过合法的纳税筹划减轻税负。

比如：中国很多国有商业银行都在境外设有分行，而很多中资企业在这些中国国有商业银行的东道国（地区）分行都有开户和进行日常结算业务。因

此，这些中资企业可以考虑与中国国有商业银行在中国的总行沟通合作，进行合理的贷款合同利息和附加费用的分拆，即与中国国有商业银行总行签订贷款协议，约定相关的利息费用，以此可以享受双边税收协定下东道国（地区）或本国对利息的免税优惠待遇，而对于附加费用，可以与中国国有商业银行的东道国（地区）分行签署协议来约定。由于借款方［中国在东道国（地区）的项目公司或联营体中方］与中国国有商业银行的东道国（地区）分行同是东道国（地区）的正常纳税人（有增值税纳税号），因此，中国国有商业银行东道国（地区）分行向借款方收取的附加费用，可以在借款方进行增值税进项税额抵扣，也可以在借款方的企业所得税税前列支。

也就是说中资企业需要求助中国国有商业银行总行，让总行与其在东道国（地区）的分行协商和沟通，进行贷款合同利息与附加费用的分拆，将附加费用在东道国（地区）分行收取，体现为该分行的中间服务收入，进而避免该"中间费用"不能享受免税待遇而被课税。

4. 取得境外所得未及时回国申报的涉税风险及合规建议

【案例6-19】

未按规定及时向主管税务机关报送境外投资报表而被督促整改

国家税务总局江苏省税务局披露，境内C公司在境外设立了全资子公司作为投资平台，财务人员对我国境外投资信息报告制度不了解，误以为只有取得境外所得时才需要向税务机关申报纳税，因此未按规定及时向主管税务机关报送境外投资相关信息。主管税务机关发现后，督促企业补报了相关报表，依据首违不罚的规定免除了对企业的处罚。

很多"走出去"企业在境外投资创办的企业，其财务人员对境外投资信息申报政策不熟悉，都会犯案例6-19中C公司财务人员所犯的错误，轻则被督促整改补申报，重则被罚款。依据《国家税务总局关于居民企业报告境外投资和所得信息有关问题的公告》（国家税务总局公告2014年第38号）的规定，"走出去"企业在境外投资创办的企业应按公告要求向主管税务机关填报《居民企业参股外国企业信息报告表》和《受控外国企业信息报告表》，主要内容包括集团所有成员实体的全球所得、税收和业务活动的国别分布情况，并附报其他相关资料。此外，"走出去"企业需特别注意，关联交易总额超过10

亿元的应准备同期资料主体文档报送,而集团收入合计超过55亿元的,最终控股企业须填报属期上一会计年度的合并收入,当企业在接受主管税务机关特别纳税调查时,还应报送国别报告。

5. 企业注册在境外仍构成我国居民企业

【案例 6-20】

境外空壳公司构成我国居民企业被要求补税

2023年,境内B公司在境外设立全资子公司C公司,主要从事贸易及投资控股业务。经了解,C公司在境外没有营业场所,没有雇佣人员,仅有2名董事且均由境内B公司高管兼任,长期在境内履职,日常投资分析均由境内B公司开展,董事会在境内召开,人事任免、投资等决议在境内做出,财务核算由境内B公司统一处理。经税务机关调查,C公司实际管理机构在中国境内,是我国居民企业,应向我国履行居民纳税义务。最终该空壳公司向我国税务机关补缴了应纳税款。

"走出去"企业在境外注册成立的企业,如果其实际管理机构在中国境内,仍将被视为中国居民企业,并就其全球所得负有纳税义务。"走出去"企业境外注册公司,应根据实质重于形式的原则,准确判断实际管理机构及居民身份所在地,合规纳税。

6. 按规定管理外派人员申报缴纳个人所得税事项

【案例 6-21】

未按规定管理外派人员个人所得税被要求补税

某集团公司在全球有20家工厂,S公司是其中一家。属地税务局对全市境外人员的个人所得税数据展开排查分析,发现S公司每月申报境外人员20人左右,职级均为中层,平均月工资1万多元,明显偏低。同时,这些人员的境外收入为零,不合常规。税务局为此展开核查,通过税收征管信息系统掌握S公司的税务登记、经营状况等基础数据后,专案组向该公司发出了询问通知书。围绕有关国际税收概念、我国个人所得税法律和法规规定等内容,专案组对S公司财务负责人和其集团财务总监等人展开了3轮约谈,企业最后承认存在虚假申报的情况,对已有申报记录的55名境外员工补缴个人所得税470多万元。

结案前，专案组发现S公司补申报的人均工资水平仍然偏低，于是向市出入境部门发出协查函，了解该公司境外人员的出入境情况。同时，专案组通过查询企业网站信息得知，S公司是其境外集团的3个管理机构之一，肩负行政、生产和人事管理重任，而从其申报的人员构成及人数来看，应该不足以承担如此重担。

专案组重新约谈S公司财务负责人和其集团财务总监，告知税务局已经掌握企业境外人员的境外收入情况，劝说其企业集团正在筹备融资上市，如果发现企业人员没有足额申报个人所得税，除了补税和罚款外还会对企业集团上市产生障碍。

于是S公司承认隐瞒了公司境外人员的收入，少缴个人所得税及部分境外雇员未申报个人所得税的事实。最终，该公司申报的境外人员平均年薪从10多万元升至40多万元，之前没有申报个人所得税的，其中1人的年薪为1,000多万元，年纳税额300多万元。该公司共计补扣缴境外人员5个年度个人所得税3,608万元。

随着全球贸易不断发展，资金、人员等生产要素跨境流动日益频繁，国际避税行为也日渐突出。税务局通过以数治税、非税管控、多部门信息共享等手段，收集到企业的经营信息，并通过CRS与境外税务机关开展情报交换，掌握各行业分国籍的工资制度和薪酬标准，充分利用税收协定和税收安排中有关情报交换的条款，解决征纳双方涉税信息不对称的问题。

本案表明在大数据管理思维下，即使像境外人员个人所得这种征税难点，税务机关依然能够精准地甄别出高风险地带，从而高效开展后续稽查。企业应按规定管理外派人员的个人所得税事宜。外派人员在境外取得的工资、薪金或劳务报酬，由境内派出单位支付或负担的，境内单位应履行扣缴义务；由境外中方机构支付或负担的，可由境外中方机构预扣并委托境内派遣单位申报缴纳；境外中方机构未预扣或境外单位不是中方机构的，派出单位应按规定向主管税务机关报送外派人员的基本信息、外派情况、境内外收入状况及缴税情况等。企业财务人员水平欠缺的情况下，可以引入专业税务服务机构定期开展自查，识别涉税风险，让企业税务合规。

7. 跨境电商申报缴纳欧盟 VAT 的税务合规

VAT（Value Added Tax），是欧盟各国及英国联邦税务局规定的"销售增值税"。海外商家和个人纳税者在欧盟各国和英国的经营和服务活动，都需要注册 VAT 税号并履行税务申报义务。然而，一些跨境电商公司存在侥幸心理，连续多年未缴纳税款，但最终被税务部门查处，不得不补缴税款、缴纳滞纳金和罚款。

【案例 6-22】

未申报缴纳欧盟 VAT，被要求补税近 5,000 万元

某企业集团 2024 年 1 月 31 日发公告披露，其在意大利的子公司近期收到意大利税务部门就 2017—2021 年期间涉税事宜所出具的税款缴款通知书，该公司存在未足额缴纳 VAT 税款，被要求补缴税款、缴纳滞纳金和罚款合计 642.45 万欧元，折合人民币约 4,956.48 万元，占公司 2022 年 12 月 31 日经审计净资产的 32.28%。

(1) 风险分析。

本案是一个非常有代表性的案例，许多在全球范围内运营的公司，都可能存在忽略 VAT 这个从注册到纳税申报的跨境税务问题。在欧盟境内进行跨境交易的企业，需遵守多个国家的 VAT 法规，要定期向税务部门申报其 VAT，并缴纳相应的税款。

(2) 合规建议。

虽然现在大部分中国企业都还是通过使用货代的 VAT 税号双清包税来开展欧盟区内和英国的经营活动，但是这种方式是不合规的，可能会被扣留货款。比如说，卖家将欧盟国家或英国作为货物仓储地，合规的做法是直接委托欧洲当地的第三方税务代理机构来办理注册 VAT 税号，也可以通过国内税务师事务所与当地涉税服务机构对接，按时申报和缴纳相应仓储所在国的 VAT。

根据欧盟各国和英国的税法规定，企业在哪个国家设立货仓，通常需要在该国注册相应的 VAT 税号。这意味着，如果一家中国公司在德国注册了 VAT 税号，那么它应该主要使用德国的海外仓进行仓储和销售活动。如果一家中国公司希望将货物从德国转移到法国进行仓储和销售，那它还需要在法国注册 VAT 税号，并按照法国的税法规定进行申报和缴税。在其他欧盟国家或英国

入关时缴纳的增值税不能作为德国公司增值税的进项，因为每个国家的增值税系统是独立的。

值得注意的是，若卖家开通亚马逊泛欧计划，对应仓库的税号都要补齐，即需要在英国、法国、德国、意大利、西班牙、波兰和捷克这七个国家注册 VAT 税号、申报纳税。可以理解为，德国的 VAT 税号可以用于在其他欧盟国家和英国进行清关，但这并不意味着它可以替代在其他国家注册 VAT 税号。若公司希望在其他欧盟国家和英国进行仓储和销售活动，它需要在这些国家分别注册相应的 VAT 税号，并遵守该国当地的税收法规。

关于申报纳税，方式有两种：

一是零申报。在一个申报期间内，卖家在需要申报的国家没有进行商品销售，则可以选择零申报。

二是正常申报。在一个申报期间内，卖家在需要申报的国家发生销售业务，则选择正常申报。

有一个细节要特别注意，代扣代缴后不可以直接选择零申报，卖家依然需要下载后台数据给到税务师，税务师会计算出需要缴纳的税金，如果企业已经全部缴纳，税务师会识别并通知卖家缴纳金额为 0 元。

如果未能按时申报和缴纳在欧洲相关国家应付的税款，欧洲相关国家的税务局将会采取一系列惩罚措施，包括补缴税款、缴纳滞纳金和罚款等。欧洲相关国家的税务局可依法要求跨境电商平台配合提供卖家及其账号的相关数据展开调查，若确认违法，卖家会被下架货物，限制商品发布，禁止销售等。

欧洲烦琐且复杂的税务问题，要求广大卖家莫抱着侥幸心理，别低报、漏报、谎报。企业经营期间可找专业人士做好税务合规，这样才能行稳致远。

8. 按规定履行境外投资信息报告义务

【案例 6-23】

未履行境外投资信息报告义务，被要求补缴税款

境内 F 公司在欧洲、东南亚、美洲多地设立子公司和分支机构，取得收入后在当地正常申报纳税。境内 F 公司误以为在境外已经履行了相关纳税义务，无须再在境内申报纳税，因此多年来从未申报境外所得，也未抵免境外税收。

经税务机关提醒，境内 F 公司在抵免境外税收后补缴了企业所得税 320 万元及缴纳滞纳金 117 万元。

我国居民企业负有全球纳税义务，应当就其来源于中国境内、境外的全部所得缴纳企业所得税。境外分支机构的营业利润计入境内企业的当年所得，境外子公司的分红在做出分配决定的当年计入境内企业所得。同时，在境外已缴纳或负担的企业所得税可以在计算境内应纳税额时抵免。

国家税务总局于 2023 年 9 月发布的《国家税务总局关于优化纳税服务简并居民企业报告境外投资和所得信息有关报表的公告》（国家税务总局公告 2023 年第 17 号）规定，居民企业或其通过境内合伙企业，在一个纳税年度中的任何一天，直接或间接持有外国企业股份或有表决权股份达到 10%（含）以上的，应当在办理该年度企业所得税年度申报时向主管税务机关报送简并后的《信息报告表》。若非居民企业在境内设立机构、场所取得发生在境外，但与其所设机构、场所有实际联系的所得，也应参考该公告进行信息报送。

二、"走进来"的企业集团涉税风险与税务合规

境外集团在我国设立子公司，可能存在免税优惠错误享受、税收协定待遇错误享受、税前扣除不合规、未及时代扣代缴个人所得税等行为，当然也存在关联借贷资本弱化和转让定价等方面的税收合规性风险。同时，子公司向境外集团支付股息或红利时，也需要确保遵守相关税法规定，以避免双重征税和税务违规风险。

【案例 6-24】

一企六项税务违法并被要求补税

境外跨国公司 K 集团是行业领先的高端轴承制造企业，母公司仅承担总部管理职责，通过在全球设立的 9 家全职能子公司，实现产品的本地化研发与供应。M 公司是 K 集团在中国设立的唯一一家生产研发基地，同时承担为集团内其他子公司产品开拓中国市场的职能。

税务机关对 M 公司 2017—2019 年的纳税申报情况开展风险应对时发现，M 公司的税务风险主要集中在跨境业务上，具体包括不符合条件的跨境服务享受了免税优惠、不合规的跨境关联劳务费用作了税前扣除处理、未按时就跨境

特许权使用费履行代扣代缴义务，并且存在管理指令代替交易合同、利用税负差转移利润、借款利息支出超出标准等问题。在税务人员的辅导下，M公司纠正了错误，并补缴了相应的税款。

一些企业集团在开展境内关联交易过程中，税务处理不合规，引发一系列税务风险。下面我们对本案的涉税风险进行逐一分析。

(1) 错误享受免税优惠。

本案中，税务机关对M公司2017—2019年增值税申报情况比对分析后，发现企业每年均申报1,000万元以上的免税服务收入。作为一家年销售2亿元左右的制造型企业，长期存在大额免税服务收入，与正常的商业逻辑不符。经M公司自查，集团内其他子公司向中国市场销售产品和采购原材料时，M公司提供客户开发、合同谈签和资料翻译等服务，并按照签约合同金额的5%收取服务费。企业财务人员认为，该业务是向境外关联公司提供的服务，可以适用跨境服务增值税免税政策，并已于2016年10月向税务机关进行免税备案。

根据《财政部 国家税务总局关于全面推开营业税改征增值税试点的通知》(财税〔2016〕36号)附件1《营业税改征增值税试点实施办法》，部分符合条件的跨境应税行为可以适用增值税零税率或免税政策。此类跨境应税行为，应符合"完全在境外消费"的条件，服务的实际接受方在境外，且与境内的货物和不动产无关。M公司提供的服务属于商务辅助服务范畴，服务对象是境外企业，从形式上看满足适用免税政策的条件。

但进一步分析发现，此项服务的标的物包括境外企业出口到我国的货物，以及境内企业用于出口的国内货物，不符合"完全在境外消费"的前置条件，不能适用增值税免税政策。因此，免税备案不等于免税审批，备案环节是企业告知税务机关发生了此类业务，税务机关有权开展事后核查管理，并对实际情况不符合免税条件的业务进行纳税调整。

(2) 税前扣除不合规。

税务机关分析M公司《关联业务往来报告表》发现，企业每年向母公司K集团支付大额关联劳务费用，M公司将这些费用在企业所得税税前全额扣除。

企业财务人员解释，母公司作为总部管理机构，提供财务审计、人力资源管理、法律咨询和技术支持等服务，并按照相同的分配规则向全体子公司收取费用。M公司与母公司相关合同的计费条款显示：各类关联劳务交易的计费基础，是总部对应职能部门的年度支出总额，按照服务的不同类别，分别以各子公司的销售金额、员工人数或支持时长等权重进行分配。

根据《国家税务总局关于发布〈特别纳税调查调整及相互协商程序管理办法〉的公告》（国家税务总局公告2017年第6号），企业与其关联方发生劳务交易支付，需符合独立交易原则要求，且应为受益性劳务交易。其中，受益性劳务是指能够为劳务接受方带来直接或者间接经济利益，且非关联方在相同或者类似情形下，愿意购买或者愿意自行实施的劳务活动。对于未同时满足这两个条件的关联劳务交易，税务机关有权做出纳税调整处理。

从合同的具体内容来看，M公司与母公司的关联劳务交易，主要是为保障母公司的投资利益而实施的控制、管理和监督活动，M公司是否从中获得实质性的收益，有必要对相关交易进一步分析识别。经对相关业务资料的认真审核，税企双方确认，按照工作时长收取的技术支持费用符合受益性劳务要求，可以在税前扣除；其他费用均属于非受益性关联劳务支出，已税前扣除的部分需要进行纳税调整。

（3）未及时代扣代缴。

税务机关在检查中发现，2019年M公司的成本中列支了一笔商标费，但是没有代扣代缴申报记录。企业财务人员表示，M公司当年新增一条生产线，投入较大，导致经营资金较为紧张。与母公司协商后获准延期支付2019—2022年的特许权使用费，财务处理仍按照权责发生制计入当期成本。

《国家税务总局关于非居民企业所得税管理若干问题的公告》（国家税务总局公告2011年第24号）第一条规定，中国境内企业和非居民企业签订与利息、租金、特许权使用费等所得有关的合同或协议，如果未按照合同或协议约定的日期支付上述所得款项，但已计入企业当期成本、费用，并在企业所得税年度纳税申报中作税前扣除的，应在企业所得税年度纳税申报时按照企业所得税法有关规定代扣代缴企业所得税。

也就是说，M公司如果将2019年延期支付的特许权使用费列为当年的成本项目并在企业所得税税前扣除，就需要按规定在2019年对这笔费用履行代扣代缴义务。根据政策要求，M公司有两个调整方案：一是对2019年的企业所得税进行更正申报，不扣除当年度应付未付的特许权使用费；二是补充扣缴

2019年特许权使用费的增值税和预提所得税，无须调整当年企业所得税纳税申报表。

最终，M公司选择对2019年特许权使用费先行扣缴申报，待资金充足后再向母公司实际支付，2020年和2021年未支付的特许权使用费也按此原则处理。

（4）管理指令代替交易合同。

税务人员分析M公司开票信息后发现，每年12月M公司会集中开具一批零部件销售发票，其他月份则未发现零部件销售发票，增值税纳税申报中也没体现未开票收入。与M公司财务人员沟通后，税务人员了解到，这些零部件主要用于整机的售后维修。K集团会根据库存结余情况，动态向M公司发送订货通知。M公司发出零部件后，先记入"发出商品"科目，待年末母公司发出结算指令后，统一向其开具发票。

企业集团各成员间的关联交易，一般由集团管理层统一调配，可能出现以管理指令代替交易合同的情况。与跨境关联交易不同，境内关联交易不需要进出口票据和报关单等外部监管单据。因此，企业在后续的涉税处理中，一旦出现交易和申报时点不一致，又缺乏合同佐证的情况，很有可能需要对未及时确认和申报的收入进行调整。

本案中，M公司未签订零部件销售合同，根据规定，发出零部件的当天，即为增值税和企业所得税的纳税义务发生时间。M公司存在未按规定时间申报增值税和企业所得税的风险，应对发出零部件的收入进行确认，并办理相应的更正申报。

实务中，企业集团在开展境内关联交易时，应注重对合同等要件的管理。企业财务人员也要做好关联交易的跟踪管理，准确把握增值税和企业所得税的纳税义务发生时间，避免出现合同缺失导致纳税义务发生时间与交易时间的错位。

（5）利用税负差转移利润。

税务人员在检查中发现，M公司仅有K集团一家客户，多年来毛利率维持在5%~6%，导致企业整体税负较低。对此，集团财务总监解释称，M公司作为生产基地向母公司供货，不需要承担研发失败和市场波动等外部风险，作为单一职能生产商，获得6%左右的利润是合理的。该财务总监同时表示税务机关不应对境内关联交易开展检查和调整。

《特别纳税调查调整及相互协商程序管理办法》（以下简称《管理办法》）第三十八条规定，实际税负相同的境内关联方之间的交易，只要该交易没有直接或者间接导致国家总体税收收入的减少，原则上不作特别纳税调整。这导致部分企业财务人员产生了"境内关联交易不存在税务风险"的错误认知，却忽略了"实际税负相同"这一关键前提条件。

通过异地情报查询，税务人员获取了 K 集团的相关财务信息和申报数据。资料显示，K 集团为高新技术企业，享受 15% 的企业所得税税率优惠，且整机再销售业务的毛利率为 70% 以上。而 M 公司不享受任何企业所得税优惠，适用 25% 税率。因此，K 集团与 M 公司存在企业所得税税负差，不满足《管理办法》第三十八条的要求。税务机关进一步调查后，确认 M 公司向 K 集团销售整机定价偏低，应按照独立交易原则，对 M 公司的收入进行调整。

实务中，企业集团在国内设立子公司时，主要考虑供应链、消费偏好、人力资源成本等市场因素，容易忽视对集团内部关联交易的定价考量。一旦关联交易双方存在适用税率不同或者一方亏损、一方盈利等情况，而关联交易的定价又不公允，税务机关将有权按照《中华人民共和国企业所得税法》第四十一条的相关规定，对企业收入进行纳税调整。

（6）借款利息支出超出标准。

税务人员发现，2018—2019 年，K 集团向 M 公司提供借款资金超过 2,000 万元，已超出关联企业债资比的限制。虽然借款利率是按照中国人民银行公布的同期基准利率执行，但 M 公司仍需要进一步证明超限制比例利息支出的合理性。

M 公司自查后表示，由于向 K 集团销售整机的回款账期为 12 个月，为维持采购和生产业务正常运行，遂向母公司"资金池"申请贷款支持。税务人员指出，该企业集团关联销售业务的资金回笼时间由集团管理层自主决定，且长达 12 个月的付款时间已显著超出非关联企业间的经营常规；同时，关联借款的资金量基本与关联销售的应收账款金额一致。据此可以判定超限制比例的关联借款利息支出不具有合理性，M 公司需要对两个年度的利息支出进行纳税调整。

资金管理是企业集团管理子公司的重要一环。随着国内企业集团的成长，统一"资金池"运作，成为众多企业集团的共同选择。在此背景下，如果对资金借贷的税收政策把握不准确，与之对应的资金运作也可能出现税务风险。

对于跨国企业集团在华子公司来说，M公司是非常具有代表性的税务不合规公司，此类公司在日常税务风险管控过程中，一方面，对于有偿资金借贷业务，贷入方要重点关注是否存在支付利率过高和超限制比例列支利息的问题，借出方要重点关注是否存在利率过低的情况，避免有偿融资业务未遵循独立交易原则而发生税务风险；另一方面，选择享受企业集团统借统还免征增值税优惠和企业集团内资金无偿借贷业务免征增值税优惠的企业，要严格按照规定，规范税务处理。建议相关企业的财务人员，加深对税收政策的学习理解，全面吃透政策内涵，同时日常工作中注重搜集保管跨境关联交易的资料，充分证明相关业务的合理性和合法性。在发生一些重大业务时，可加强与主管税务机关的沟通、联系，通过申请前置税务辅导或谈签预约定价安排等，明确可能承担的纳税义务，避免产生税务风险。

为了降低这些涉税风险，境外集团及其在我国设立的子公司可以采取以下措施：

①深入了解并遵守我国的税收法规和政策。

②建立完善的税务管理体系和内部控制机制。

③合理利用税收协定、税收优惠政策，确保合规享受政策优惠。

④加强与当地税务机关的沟通和协商，及时解决税务争议。

⑤寻求专业的税务咨询和法律服务支持，提高税务合规性和风险管理能力。

⑥对子公司员工进行税务合规培训，增强员工的税务意识和能力。

三、企业集团的纳税筹划

集团控股公司是集团进行股权参与和控制而形成的一种组织结构。由于集团内部各个企业之间税收课征的范围和税种存有差异，税率高低不一，还可能存在享受减免税优惠的企业等。因此，企业集团的纳税筹划需要做战略性的考量。

首先，要建立在合规的基础上。然后，从企业集团发展全局考虑。最后，用合法手段缩小税基，减少应纳税额。最终实现减轻企业集团总体税收负担，增加企业集团的税后利润。

企业集团的纳税筹划方案比单一企业的更复杂、更敏感。一方面要充分了解国家税收政策及地方性政策,完全合法有效地用足政策,并且充分了解政策规定的处罚条例和执行力度情况,从而规避税务风险。另一方面经营活动开始前需要进行详细测算,从而将税负控制在合理的范围内。另外,要牢记,一旦触碰税法高压线,企业集团就会付出巨大的代价。

因此,对于企业集团的纳税筹划,建议可按照下列思路展开。

(一)实施多元化战略,合理进行成本、费用扣除和摊销

【案例6-25】

先科集团有两家子公司,即先盈公司与科递公司,先盈公司拟将一闲置生产线转让给科递公司,现有两种方案可供其选择:

一是以售价为500万元出售,该生产线的年经营利润为100万元(扣除折旧);

二是以年租金50万元的租赁形式出租,两家子公司的所得税税率均为25%。

采用出售方式,当年先科集团整体应纳所得税198万元;采取出租方式,当年先科集团整体应纳所得税49.5万元。

仅从目前情况来看,第二种方式比第一种划算。具体而言,科递公司通过支付租金获得资产使用权,这笔费用会以租赁费用的形式反映在该企业每期的损益表中,从而可能通过费用分摊等方式减少应税收入,进而达到减轻税负的目的。此外,由于经营租赁通常不会在科递公司的资产负债表上形成长期负债,这使得科递公司能够筹集到一种形式上不被计入负债的资金,即所谓的"表外资金"。这种资金筹集方式可以满足承租方进行投资或扩大生产能力的资金需求,同时保持其资产负债表的相对清洁。对于融资租赁,由于其会计处理要求确认租赁资产和租赁负债,它是一种表内筹资方式,会给承租人带来不利的影响。比如,由于企业债务金额上升,净利润率、资产收益率、股本收益率等指标就会下降,资产负债率就会上升。因此,承租人一般不愿意让租赁合同被认定为融资租赁。

怎样才能合法合规地让融资租赁合同被视为经营租赁进行会计处理呢？

我国《企业会计准则第 21 号——租赁》规定，企业在对租赁进行分类时，应当全面考虑租赁期届满时租赁资产所有权是否转移给承租人、承租人是否有购买租赁资产的选择权、租赁期占租赁资产尚可使用年限的比例等因素。同时依据实质重于形式原则，考察与租赁资产所有权有关的风险和报酬是否转移，来具体区分融资租赁与经营租赁。一般在租赁合同中不要涉及资产所有权的转移和廉价购买权问题，或将租赁期设定为比租赁资产有效经济年限的 75% 稍短一些即可，这样可以避免被认定为融资租赁。

（二）利用税负转嫁方式降低集团税负水平

税负转嫁主要通过经济交易中的价格变动来实现，集团内部企业投资关系复杂，交易往来频繁，这也为将税负转嫁到集团之外创造了条件。

【案例 6-26】

A 集团总部适用的所得税税率为 25%，其一子公司 B 公司，因雇用残疾人数量达到政策规定，可被认定为福利企业，暂免征收企业所得税。A 集团总部有一批成本 8 万元的货物，原本拟定按 12 万元的价格销售，后按 10 万元的价格销售给了集团下属 B 公司，B 公司最后以 14 万元的价格出售给集团以外的其他公司。

A 集团总部直接将这批货物卖给集团以外的公司，和通过 B 公司卖给集团以外的公司，这两种交易方式对集团总体税负水平有何影响？

按 12 万元作价，A 集团的税负为（12-8）×25%＝1（万元）。

进行转移定价后，A 集团实际的税负为（10-8）×25%＝0.5（万元）。

综上，互惠定价法作为集团内部企业之间一种颇为有效的纳税筹划方法，一般有以下两种筹划定式：

第一种，集团内部各纳税企业税率存在差异的，比如有 A、B 两企业，A 企业适用的税率高，B 企业适用的税率低或处在免税期，当 A 企业销售产品给 B 企业时，应低价销售；相反，当 B 企业销售产品给 A 企业时，应提高价格销售。

第二种，集团内部各纳税企业盈亏存在差异，比如有 C、D 两企业，C 企业处在高利润期，D 企业处在亏损期，通过互惠定价可以转移利润，原理同上。

在此需要注意的是，虽然从法律角度分析，企业之间的转移定价行为并不违法，因为任何一个商品生产者或经营者有权根据自身的需要确定所生产和经营商品的价格标准，只要买卖双方是自愿的，别人就无权干涉。但从税法的角度来看，对于关联企业之间的交易价格却是有严格限制的，税法规定关联企业之间的业务往来，必须按照独立交易原则进行，否则税务机关有权按照合理方法进行调整，《中华人民共和国企业所得税法实施条例》对调整的方法进行了详细规定。因此，在利用互惠定价法进行纳税筹划的过程中，必须注意"度"的把握，需要在合理的商品价格波动范围内进行，并且要有充足的理由，交易涉税证据链需真实、合法和完整。

（三）利用亏损结转政策进行纳税筹划

《中华人民共和国企业所得税法》第十八条规定，企业纳税年度发生的亏损，准予向以后年度结转，用以后年度的所得弥补，但结转年限最长不得超过五年。弥补亏损期限是指纳税人某一纳税年度发生亏损，准予用以后年度的应纳税所得弥补。一年弥补不足的，可以逐年连续弥补，弥补期最长不得超过五年。五年内不论是盈利还是亏损，都作为实际弥补年限计算。

这一规定，为纳税人进行纳税筹划提供了空间。纳税人可以通过对本企业投资和收益的控制来充分利用亏损结转的规定将能够弥补的亏损尽量弥补。

利用亏损结转政策进行纳税筹划有两种方法，具体为：

一是尽量使用邻近的纳税年度弥补亏损，尽早让企业享受整个优惠政策。

二是如果企业已经没有需要弥补的亏损，或者企业刚刚组建，而亏损在最近几年又是不可避免的，那么应该尽量先安排企业亏损，再安排企业盈利。

【案例 6-27】

某企业 2015 年度发生年度亏损 100 万元。假设该企业 2016—2021 年各纳税年度应纳税所得额如下：

2016 年为 10 万元，2017 年为 10 万元，2018 年为 20 万元，2019 年为 30 万元，2020 年为 10 万元，2021 年为 600 万元。根据税法关于亏损结转的规定，该企业 2015 年 100 万元的亏损可以用 2016—2020 年的所得来弥补。

由于 2016—2020 年的总计应纳税所得额为 80 万元，低于 2015 年年度的亏损。因此，2015—2020 年该企业都不需要缴纳企业所得税。

现实中的企业集团往往有多项业务，那么企业集团又该如何利用企业弥补亏损的政策呢？

这就要看企业集团是如何申报所得税的了。如果企业集团采取的是汇总申报，那么集团内的盈利公司和亏损公司就可以不受行业限制互相抵免。

但并不是所有集团下的公司都愿意做汇总申报，有些公司可能希望分开申报，那么这种亏损抵免被限制的情况又要如何化解呢？

其中一个方式就是，让盈利公司把自己的盈利资产转让给亏损公司。这里买卖的不是股权，而是资产，交易完成后买卖双方原有的存续关系不变。

而且，自 2018 年 1 月起，当年具备高新技术企业或者科技型中小企业资格的企业，其具备资格年度之前 5 个年度发生的尚未弥补完的亏损，准予结转至以后年度弥补，最长结转年限由 5 年延长至 10 年。所以，如果上述公司是高新技术企业，还可以享受更多的税收补损政策。

（四）集团各成员公司摊销法

例如，对于企业集团所得归属的处理，可以通过收入、成本、损失、费用等项目的增减或分摊来实现，但需要正确预测销售的形成、各项费用的支付，了解集团下各公司获利的趋势，提前做出合理安排，事后才能享受最大利益。

（五）集团设立在经济特区或高新技术开发区

将核心控股公司设立在经济特区或高新技术开发区，可以有较大的空间进行纳税筹划，因为经济特区和高新技术开发区相对其他地区有更多的税收优惠政策。

（六）分立或组建新企业

集团在分立或组建新企业时，对其组织形式的选择拥有决策权，为了降低分立或组建公司的涉税风险，对设立分公司还是子公司应进行税负测算。

（七）集团整体对外筹资

利用集团的资源和信誉优势，整体对外筹资，然后层层分贷，解决集团内部部分企业筹资难的问题，调节集团资金结构和债务比例。

（八）集团整体延缓纳税期限

资金具有时间价值，在合规的基础上，延缓纳税期限相当于获取了一笔无息贷款。一般而言，应纳税款延期越长，所获得的收益越大。当经济处于通货膨胀期时，延缓纳税的理财效益就更为明显了。

（九）优化组织结构，平衡集团各纳税企业之间的税负

（1）充分利用不同行业的优惠政策，比如高新技术企业适用所得税率为15%、小型微利企业适用所得税率为2.5%、企业研发费用加计扣除等。

（2）通过转让定价和税率差，合理分摊成本、费用和利润。

（3）通过集团的整体调控、战略发展和投资延伸，主营业务的分割和转移，实现税负在集团内部各纳税企业之间的平衡和协调，进而降低集团整体税负。

（十）加强对资本交易模式的研究

以资产划转为例，资产划转实质为投资，可达到将资产过户到可控制的交易主体的目的，为后期交易结构的搭建奠定基础。

（十一）合理利用股权架构设计

直接持股、间接持股或有限合伙持股，通过不同股权架构设计实现股东利益最大化。

第七章

金税四期管控下的
税务稽查

第一节　企业为什么害怕税务稽查

面对税务稽查很多企业都害怕，那为什么怕呢？主要有以下三种原因。

第一种是企业老板知道自己的企业存在税务不合规问题，而且也知道这种不合规可能带来的后果，所以怕。

有的企业存在大量用私人账户收款的行为，为了让自己的行为看上去合法合规，就会做两套账，但这两套账根本经不起查，经年累月下来私人账户收款的数额越来越大，企业根本无力承担补缴税款、缴纳每天万分之五滞纳金和罚款的后果。这些企业也知道，偷税数额巨大且构成偷税罪的，除了面临行政处罚，还有可能面临刑事处罚。

第二种是企业老板并不知道自己的企业有没有问题，但因为没有专业的财税人员，所以害怕企业在实际经营过程中存在财务不规范、税务不合规的行为。

这种类型的企业特别多。比如，在2016年5月营改增之前，一家汽车销售服务4S店的财务人员就说过，这家店是修理汽车的，缴的肯定是营业税。但实际上按税法规定，4S店应该缴纳的是增值税。

也有些企业非法进行合同拆分，过度进行纳税筹划。比如一家卖设备的企业，除了销售设备，同时也给买方提供设备安装服务，卖方直接让买方签订了两个合同，其中安装服务费的合同金额比销售设备合同的金额高很多，毕竟销售设备的收入需要按13%的税率缴纳增值税，而安装服务仅需按6%的税率缴纳增值税。又如，一般纳税人企业把自用之外的厂房出租，年租金150万元，然后它把这个厂房出租的合同拆分成了两个，一个是年租金收入90万元，一个是年物业管理费收入60万元。因为根据相关政策，2016年4月30日后取得的不动产若出租，增值税适用税率为9%，而物业管理服务费的增值税适用税率为6%。因为没有专业的财税人员，这两家企业并没有意识到该行为不符合税法规定，自顾自地就把一个合同拆分成两个，也没有考虑合同的真实性、合理性。

很多企业都是一边心里没底地做着不合规的纳税筹划，一边又害怕被税务局查到，被处罚。

第三种是"无知者全畏"。

我曾经遇到过一个案例，税务局对一家企业进行例行税务稽查，但不巧的是刚好该企业的新老会计处在离职交接期，老会计没有和老板交代清楚企业的税务风险，新会计对企业情况又不了解，再加上企业老板原本对财税问题就不重视，从来没想过自己企业会被税务稽查，所以听到企业被税务稽查了，这个老板就特别心慌。然后就找我咨询说，他一边担心是不是老会计向税务局举报了，一边担心自己企业是不是真有不合规的涉税问题被税务局查到了，自己吃不好、睡不安，非常焦虑。后来，我就把这个企业老板和企业之前的老会计拉到一块谈，并对该企业的纳税申报表、财务报表、会计凭证等资料做了合规性体检，还做了内部审计，发现企业没有什么大问题。但这个老板依然内心焦虑，直到几个月后稽查结束，企业主动补缴了少量税金后才安心。

还有一个案例，某企业的会计找我咨询，说这家企业采购端的大部分供应商都习惯了价格不含税，如果要开发票就得在原来价格基础上多给10%，而销售端因产品没有什么突出的竞争力，销售价格也不能提高，老板为了省钱就迟迟没跟供应商要发票，总是暂估虚高，几个年度的汇缴期都没有发票，会计只能采取滚动式冲票，实在不够时，老板才咬牙买几张发票。直到其中某一供应商被立案关联，税务局对这家企业下达了稽查通知，老板才意识到之前的行为可能面临刑事处罚，于是老板整天都处于焦虑状态，提心吊胆。

以上就是大多数企业在面对稽查时的心态，也是很多企业害怕税务稽查的原因。

第二节 税务稽查的原因、类型和程序

税务稽查的目的是打击偷逃税违法犯罪行为，对涉嫌违法的纳税人进行全面、彻底的检查，以震慑犯罪，维护税收秩序。本节主要介绍企业被税务稽查的原因，税务稽查的类型以及税务稽查的程序。

一、企业被税务稽查的原因

企业被税务稽查通常有如下几种原因:
(1) 税务局对辖区企业进行例行税务稽查;
(2) 税务机关接到举报;
(3) 与企业关联的合作方出现问题,企业被要求协查;
(4) 专项稽查,这类通常是针对一个行业或群体的,比如企业所得税稽查、发票稽查、房地产行业的专项稽查等;
(5) 企业纳税评估异常。

下面重点来看一下哪些情况会被税务局认为该企业存在纳税异常。

①企业的收入、成本与支出不匹配。比如:公司没有车,却存在大量的加油费;成本结构不真实、不完整;费用占比不合理;差旅费、会议费、咨询费等异常;与实际无关的经营支出票据进行了税前扣除;等等。

②部分行业不开票收入占收入总额的比重过低。如企业通过个人的银行账户、微信、支付宝等收取货款,以此隐藏部分收入,导致不开票收入占收入总额的比重过低,与行业同类型企业存在较大差异。

③税负明显低于同行业水平。

④兼营销售行为处理不当,如税率不同就低开票、人为压低高税率收入等。

⑤企业对折扣或促销产品产生的收入确认不合理,导致企业少缴纳增值税。

⑥纳税义务发生和确认时间不恰当。

⑦股权转让、清算、撤资行为的税务处理不合规。

⑧工资、薪金未按规定申报纳税,如:工资、薪金向经营所得的技术性转化,年终奖收入任性合并或拆分后进行扣缴申报,劳务报酬未按规定扣缴个人所得税,等等。

⑨股息、红利未履行代扣代缴义务;企业有利润,但常年不分红,把自然人股东从企业获得的分红变化成借款;企业长期亏损,却屹立不倒;等等。

⑩取得的抵债房产、土地等未申报缴纳相应税费,免租期不申报缴纳房产税,土地使用税征免税范围界定不清,等等。

二、税务稽查类型

省级以上稽查部门侧重管理，兼具检查；地（市）级及以下稽查部门侧重检查，兼具管理。管理职能是前提，检查职能是根本。

税务检查主要包括以下四种。

1. 日常检查

日常检查是指由税务机关清理漏管户、核查发票、催报催缴、评估问询，了解纳税人生产经营和财务状况等不涉及立案与系统审计的日常管理行为，是征管部门的基本工作职能和管理手段之一。这类稽查具有以下几个特点：

（1）稽查对象是通过计算机或人工筛选出来的，不是由举报、转办或案中案带出来的。

（2）稽查的内容和范围是全面的，既有广度，又有深度。因此，这类稽查又常被称为审计式稽查。

（3）稽查的目的是全面了解和掌握纳税人、扣缴义务人履行纳税义务、代扣代缴或代收代缴义务，以及遵守税收征收管理制度的情况。

（4）稽查时一般要事先通知纳税人及其他相关的被查对象。

日常检查主要由基层税务征收管理机构负责。

2. 专项检查

专项检查是指税务机关根据特定目的，在一定时期内对相关行业或领域的纳税人、扣缴义务人履行纳税义务、扣缴义务和税法遵从情况所进行的检查。专项检查部署主要由稽查局负责牵头及组织。

3. 税务预警引发的稽查

案头分析是税务根据预警指标实施稽查前的一个重要工作环节，要求检查人员通过税务机关信息平台、上市公司公告、房产及国土资源管理部门等各种途径广泛搜集与被查单位有关的涉税信息，如各种税的申报缴纳信息、财产信息、经营信息、股东信息等，在掌握大量数据信息的基础上，通过财务指标间的逻辑关系，发现涉税疑点，求证涉税疑点。案头分析具有小数据牵出大问题的特征。

预警信息引起的稽查又叫信息资源整合技术稽查，是指利用数据库技术、数据仓库技术、社会网络技术、GIS（地理信息系统）技术等稽查手段进行税务稽查。

比如，通过信息资源整合技术进行纳税申报表间的核对，核对税税差异、隐藏在报表"其他"中的"扣除"异常、营业总收入变动率与营业总成本变动率配比分析异常、报表勾稽关系异常、会计数据异常等。或者将来自税务机关、政府审计机关、执法机关等行政部门的数据资源集成为一个多维度的数据库，通过这个数据库进行税务风险分析、税收信息核查等税务稽查工作。

4. 立案检查

立案检查有两种类型。

第一种是稽查局的立案检查。稽查局对违法事项进行检查，这个时候只是怀疑企业有违法行为，不一定有犯罪行为，需要专业部门和人员进行检查以确定其违法事实，最终可能是补税、缴滞纳金、罚款的行政处罚，若此阶段发现该企业有犯罪嫌疑，稽查局就会把案件移送至公安机关，或者移送至"警税合成作战中心"进行联合侦察。

第二种是公安机关的立案检查。税警联合或由公安部门对稽查局移送的案件进行立案，这种情况通常是将案件定性为有违法犯罪嫌疑。

三、税务稽查的程序

为了贯彻落实中共中央办公厅、国务院办公厅印发的《关于进一步深化税收征管改革的意见》，保障税收法律、行政法规的贯彻实施，规范税务稽查案件办理程序，强化监督制约机制，保护纳税人、扣缴义务人和其他涉税当事人合法权益，国家税务总局将原《税务稽查工作规程》进行修订并更名为《税务稽查案件办理程序规定》，该规定全文共六章六十一条，有总则章、选案章、检查章、审理章、执行章、附则章。规定了税务稽查的程序，也规范了税务稽查的执法行为。该规定已于国家税务总局2021年度第2次局务会议中审议通过，自2021年8月11日起施行。

税务稽查分为稽查选案、检查实施、稽查审理和稽查执行四个环节，每个阶段的启动都是以企业收到的税务文书为标志。税务局稽查的程序及涉及的文书可见图7-1。

对于稽查局来说，不同阶段的工作侧重点会有所不同，下面来具体看一下

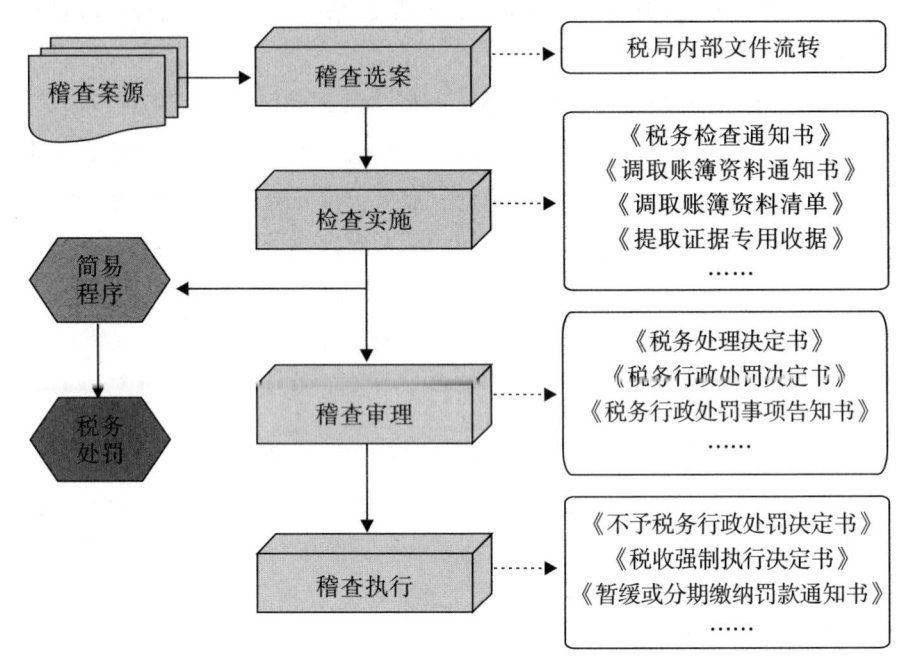

图 7-1 税务局稽查的程序及涉及的文书

每个阶段的工作内容。

1. **稽查选案**

通过对《税务稽查案源管理办法（试行）》的分析可知，稽查局的案源有9种类型，包括督办案源、交办案源、安排案源、检举案源、转办案源、协查案源、推送案源、自选案源和其他案源。目前最主要的案源是督办案源、交办案源、安排案源和检举案源。

选案阶段的主要工作是稽查局根据案源信息类型、线索清晰程度，以及待查对象的收入、税负等多种指标分析，确定税收风险等级等考量因素，来决定是否立案检查。最后，经稽查局局长批准实施立案检查，必要时可以在立案前进行检查。

2. **检查实施**

有了稽查案源后，稽查局就会选择合适的检查人员实施案件检查，真正与纳税人打交道的也以检查人员为主。检查人员会按照流程下发各种文书，比如：《税务检查通知书》《调取账簿资料通知书》《调取账簿资料清单》《提取证据专用收据》《询问笔录通知书》《税收强制措施决定书》《解除税收强制措施决定书》等。然后，检查人员会从被查企业搜集和复印各种财务、业务资料，用以查证被查企业是否存在涉税问题。

检查人员在检查实施阶段，通常会有如下反馈流程。

（1）向企业下发《税务检查通知书》并取回送达回证。

在接到稽查案源后，检查人员就会制作《税务检查通知书》（一式两份）及《税务检查通知书送达回证》。检查通知书分两类：一类是《税务检查通知书（一）》，这种是税务机关立案开展检查的案件；另一类是《税务检查通知书（二）》，这种是其他税务机关转交信息需要协查的案件。

检查人员会与被查企业税务登记信息中的财务负责人取得联系，与其约定去企业送达检查通知书的时间，检查通知书中会明确检查人员某某将于某日对某企业某时间段的纳税情况进行检查。在约定时间，两名以上的检查人员会将检查通知书的其中一份送达企业法人或者企业的财务负责人，并在送达同时向受送达人出示各自的中华人民共和国税务检查证，证实自己税务工作人员的身份。企业在收到检查通知书时需要在《税务检查通知书送达回证》填写相关的企业信息，签署受送达情况，并在受送达人一栏的签名位置加盖企业公章，以证明企业已收到税务检查通知书，检查人员会将另一份检查通知书及经企业签署的送达回证带回，作为检查案卷的一部分。

（2）向企业下发《调取账簿资料通知书》并取回送达回证。

"以数治税"时代，税务检查人员会调取电子底账库系统的数据，了解企业的票据资料，并比对、分析企业平时的纳税申报表，以判断是否存在异常情况。如果存在特殊情况，检查人员可能会要求企业提供账簿、凭证等资料。在调取之前，检查人员会向被查企业送达《调取账簿资料通知书》，调取的账簿资料明细会详细填写在《调取账簿资料清单》中。若调取的是以前年度的纸质账簿资料，按规定会在三个月内归还；若调取的是当年的纸质账簿资料，按规定会在 30 日内归还。

（3）向企业下发《责令限期提供资料通知书》并取回送达回证。

在税务检查过程中，如遇被查企业不积极配合检查，拖延甚至拒绝提供财务及业务资料，检查人员会给被查企业下达《责令限期提供资料通知书》，该通知书会明确列出需要提供的资料明细以及最晚的提供时间。如被查企业在规定时间内仍不提供相关资料,那么根据征管法条规定,税务机关有权对其进行罚款处理。

(4) 向企业下发《询问笔录通知书》并取回送达回证。

检查中若某些涉税问题需对业务经手人进行询问,检查人员会向被询问人下达《询问笔录通知书》,通知被询问人接受询问的时间。

需要说明的是,如果询问发生在被查企业以外的地方,比如税务机关,稽查局则需要向企业下发《询问笔录通知书》,如果在被查企业办公地点进行则无须下达通知书,检查人员可以直接对相关人员进行询问。但无论哪种形式,检查人员都会对询问过程进行书面或音视频记录,并跟被询问人核实有无记录错误,如果被询问人确定书面笔录内容是其真实的意思表达,被询问人就要在笔录的最后一行签署"以上笔录已看过,与我所述一致"的字样,然后签名并写上日期,同时在每一页询问笔录下方被询问人一栏签名,在所有签名处需以右手食指蘸取红色印泥按指印确认,形成稽查工作底稿及签证。

(5) 制作稽查工作底稿及签证。

检查人员会在涉税问题明确后,按照涉税税种分别制作稽查工作底稿及签证(即《税务稽查工作底稿(二)》)。底稿会反映每个涉税问题的涉税科目、涉税调整额、调整后补税金额等,签证中会反映涉税问题的具体事实及涉税金额。检查人员会将底稿及签证交至被查企业法人或者企业的财务负责人确认,确认无误后,会要求被查企业法人或者企业的财务负责人在意见栏内签署意见,并加盖公章,然后检查人员会将底稿及签证带回入卷。

(6) 证据资料确认。

在税务检查过程中,检查人员可能会要求被查企业提供财务账簿资料复印件或业务相关资料复印件。被查企业需要在提供给税务机关的全部复印件上逐页签署"此复印件核对无误,原件存于我处"字样,并签署财务人员姓名及日期。

最后,检查人员就检查事实编写稽查报告,将各类文书、报告及各种证据按照规定顺序组装成卷宗,经各级领导审批后报送审理部门进行审理。

3. **稽查审理**

案件检查结束后,检查人员会在稽查报告中描述涉税问题的事实,列明相应的法律依据,并给出处理处罚建议,然后将文书、报告及证据等纸质资料组装成卷宗,提交给审理部门进行审理。

(1) 审理范围。

审理人员会针对稽查报告中描述的涉税问题是否清晰，卷宗中的证据是否充分，是否能证明涉税问题的存在，稽查报告中的法律依据引用是否适当，检查人员的处理处罚建议是否适当等内容做出判定。

在对卷宗进行审理的过程中，可能会出现证据提供不充分的情况，审理人员会将纸质卷宗发还给检查人员，由检查人员对证据进行进一步的补充，补充完整后再次提交审理部门。

如果出现计算错误、法律依据引用错误或者处理处罚定性错误，审理人员将直接调整，不用返给检查人员处理。

(2) 审理流程。

一般案件由审理人员审定后直接出具《税务处理决定书》和《税务行政处罚决定书》（简称"两书"）。审理部门形成两书后，会联系被查企业约定时间给其送达告知书，告知税务机关对案件的处理处罚决定，并明确告知被查企业其拥有陈述及申辩权利。

两书会明确被查企业存在的涉税问题、各税种的补税金额、加收滞纳金事项、处罚结论及补缴税款的期限。

税务机关一般会设立重大税收违法案件审理委员会（简称"大审委"），通常由法规部门、所得税政策部门、流转税政策部门、稽查部门等多部门的领导及业务人员组成，主要处理涉税金额较大的案件（比如补税超过3,000万元），以及涉税问题定性存在争议的情况。审理部门会在初步审理后，整理出初审资料报送大审委，大审委会召开重大税收违法案件审理会（简称"大审会"）进行审理。

大审会上，稽查部门的审理人员会讲述案件具体情况，然后由参会人员集体针对案件涉税问题的法律依据、补税计算方法以及定性问题进行讨论，形成初步意见，会后法规部门会将初步意见整理成文字材料，流转各参会部门签署意见，各部门均同意的情况下，最终形成大审决议。审理人员根据大审决议重新编制两书。

(3) 被查企业陈述及申辩权。

被查企业收到告知书后，可以提出口头陈述、申辩意见，审理人员制作《陈述申辩笔录》，如实记录，由陈述人、申辩人签章。

税务机关对公民作出 2,000 元以上（含本数）罚款，或者对法人或者其他组织作出 1 万元以上（含本数）罚款的行政处罚之前，应当向当事人送达《税务行政处罚事项告知书》，告知当事人已经查明的违法事实、证据、行政处罚的法律依据和拟将给予的行政处罚，并告知其有要求举行听证的权利。

要求听证的当事人，应当在《税务行政处罚事项告知书》送达后三日内向税务机关领取《听证申请书》并提出书面申请，逾期不提出听证申请的，视为放弃听证权利。

税务机关需在收到听证申请十五日内作出裁决。不符合法律法规规定的，不予受理。不属于本税务机关管辖的，移送所属管辖机关处理。上述这两种情况税务机关会填制《限期补正通知书》《转交听证通知书》或《不予受理听证通知书》，书面通知申请人，并说明不予受理缘由。符合法律法规规定的，予以受理，并书面通知申请人，在举行听证的 7 日前将《税务行政处罚听证通知书》送达当事人。在听证前，税务机关发现自己拟作的行政处罚决定对事实认定有错误或者偏差，应当予以改变，并及时向当事人说明。

听证会由税务机关负责人指定的非本案调查机构的人员主持，当事人、本案调查人员及其他有关人员参加。当事人可以亲自参加听证，也可以委托一至二人代理。当事人委托代理人参加的，应当向其代理人出具代理委托书。当事人认为听证主持人与本案有直接利害关系的，有权申请回避。回避申请，应当在举行听证的三日前向税务机关提出，并说明理由。对驳回回避申请的决定，当事人可以申请复核一次。

税收违法行为涉嫌犯罪的，审理人员会填制《涉嫌犯罪案件移送书》，经税务局局长批准后，依法移送公安机关。税收违法行为轻微，依法可以不予税务行政处罚的，审理人员会制作《不予税务行政处罚决定书》；没有税收违法行为的，审理人员会制作《税务稽查结论》。

4. 稽查执行

（1）执行流程。

执行部门接到《税务处理决定书》《税务行政处罚决定书》《不予税务行政处罚决定书》《税务稽查结论》等税务文书后，将税务文书送达被执行人。执行过程中发现被执行人涉嫌犯罪的，执行部门应当及时将执行情况通知审理部门，并提出向公安机关移送的建议。被执行人未按照《税务处理决定书》

确定的期限缴纳或者解缴税款的，稽查局经所属税务局局长批准，可以依法采取强制执行措施，或者依法申请人民法院强制执行。被执行人对《税务行政处罚决定书》确定的行政处罚事项，逾期不申请行政复议，也不向人民法院起诉又不履行的，稽查局经所属税务局局长批准，可以依法采取强制执行措施，或者依法申请人民法院强制执行。稽查局对被执行人采取强制执行措施时，应当向被执行人送达《税收强制执行决定书》，告知其采取强制执行措施的内容、理由及依据，并告知其拥有依法申请行政复议或者提出行政诉讼的权利。

（2）税收保全。

在检查环节或者审理环节出现以下情况，税务机关可以采取税收保全：

一是税务机关有根据认为从事生产、经营的纳税人有逃避纳税义务的，可在规定的纳税期之前，责令限期缴纳应纳税款；二是税务机关在限期内发现纳税人有明显的转移、隐匿其应纳税的商品、货物以及其他财物或应纳税收入的迹象的，可以责成纳税人提供纳税担保；三是纳税人不能提供担保，经县以上税务局（分局）局长批准后，可采取税收保全措施。主要有两种措施：一种是书面通知纳税人开户银行或其他金融机构暂停支付纳税人相当于应纳税款的存款；还有一种是扣押、查封纳税人相当于应纳税款的财产。

（3）税收强制。

从事生产、经营的纳税人未按照规定的期限缴纳或者解缴税款，纳税担保人未按照规定的期限缴纳所担保的税款，由税务机关责令限期缴纳，逾期仍未缴纳的，经县以上税务局（分局）局长批准，可采取税收强制执行措施。主要有两种措施：一是书面通知开户银行或其他金融机构从其存款中扣缴税款、滞纳金或者罚款；二是扣押、查封、依法拍卖或者变卖其价值相当于应纳税款、滞纳金或者罚款的商品、货物或其他财产，以拍卖或变卖所得抵缴税款、滞纳金或者罚款。

（4）行政复议。

申请人可以在知道税务机关作出具体行政行为之日起六十日内提出行政复议申请。行政复议机关受理申请人对税务机关具体行政行为不服提出的行政复议申请，这里的具体行政行为包括但不限于以下几个方面：

一是征税行为，包括确认纳税主体、征税对象、征税范围、减税、免税、退税、抵扣税款、适用税率、计税依据、纳税环节、纳税期限、纳税地点和税款征收方式等具体行政行为，征收税款、加收滞纳金，扣缴义务人、受税务机关委托的单位和个人作出的代扣代缴、代收代缴、代征行为等。

二是行政许可、行政审批行为。

三是发票管理行为，包括发售、收缴、代开发票等。

四是税收保全措施、强制执行措施。

五是行政处罚行为，包括罚款、没收财物和违法所得、停止出口退税权。

六是不依法履行如颁发税务登记、开具、出具完税凭证、外出经营活动税收管理证明等职责的行为。

其他如资格认定行为、不依法确认纳税担保行为、政府信息公开工作中的具体行政行为、纳税信用等级评定行为、通知出入境管理机关阻止出境行为等。

申请人对上诉所列征税行为不服的，应当先向行政复议机关申请行政复议，对行政复议决定不服的，可以向人民法院提起行政诉讼。

申请人按照前款规定申请行政复议的，必须依照税务机关根据法律法规确定的税额、期限，先行缴纳或者解缴税款和滞纳金，或者提供相应的担保，才可以在缴清税款和滞纳金以后或者所提供的担保得到作出具体行政行为的税务机关确认之日起六十日内提出行政复议申请。

申请人提供担保的方式包括保证、抵押和质押。作出具体行政行为的税务机关应当对保证人的资格、资信进行审查，对不具备法律规定资格或者没有能力保证的，有权拒绝。作出具体行政行为的税务机关应当对抵押人、出质人提供的抵押担保、质押担保进行审查，对不符合法律规定的抵押担保、质押担保，不予确认。

申请人对上述所列征税行为以外的其他行政行为不服，可以申请行政复议，也可以直接向人民法院提起行政诉讼。

申请人对税务机关作出逾期不缴纳罚款加处罚款的决定不服的，应当先缴纳罚款和加处罚款，再申请行政复议。

对重大、复杂的案件，申请人提出要求或者行政复议机构认为必要时，可以采取听证方式审理。

对下列行政复议事项，按照自愿、合法的原则，申请人和被申请人在行政复议机关作出行政复议决定以前可以达成和解，行政复议机关也可以调解：

一是行使自由裁量权作出的具体行政行为，如行政处罚、核定税额、确定应税所得率等。

二是行政赔偿。

三是行政奖励。

四是存在其他合理性问题的具体行政行为。

(5) 税务行政诉讼。

提起税务行政诉讼必须符合法定的期限和必经的程序。根据《中华人民共和国税收征收管理法》第八十八条及其他相关规定，对税务机关的征税行为提起诉讼，必须先经过复议；对复议决定不服的，可以在接到复议决定书之日起 15 日内向人民法院起诉。对其他具体行政行为不服的，当事人可以在接到通知或者知道之日起 15 日内直接向人民法院起诉。

行政诉讼特殊举证责任：需要注意的是，在行政诉讼的举证责任中，与民事诉讼"谁主张谁举证"的原则不同，行政诉讼中举证责任主要由被告（即行政机关）来承担。被告对作出的行政处罚等行为负有举证责任，如若不提供或者无正当理由逾期提供证据，视为没有相应证据。并且在诉讼过程中，被告不得自行再次收集证据。此种举证责任的分配规定主要是为了促使税务机关在作出行政行为时合规合法、程序正当，以保障企业的合法权益。

第三节　税务稽查的基本方法、手段及案例分析

税务稽查的主要内容包括对企业财务、会计、税务等方面的检查和监督，以发现和纠正企业存在的违法违规行为，确保企业遵守税法规定，按时缴纳税款。本节主要讲的是税务稽查的基本方法，并通过案例展示税务稽查都有哪些手段。

一、税务稽查基本方法

税务稽查基本方法是指稽查人员实施税务检查时，为发现税收违法问题，

通常采取的手段和措施的总称。

目前，税务稽查基本方法主要包括查账法、分析法和调查法。

1. 查账法

查账法按照审查方法分为审阅法和核对法，按照审查的详细程度分为详查法和抽查法，按照查账顺序分为顺查法和逆查法。

（1）审阅法。审阅法是指对稽查对象有关书面资料的内容进行详细审查、研究的一种方法，目的是发现疑点线索，取得税务稽查的证据。

（2）核对法。核对法是指将书面资料的相关记录之间，或是将书面资料的记录和实物进行相互核对，以验证其是否相符的一种方法。比如：会计资料之间的相互核对，会计资料与其他资料之间的核对，证证核对、账证核对、账账核对、账表核对、账实核对等。

（3）详查法。详查法是指对稽查对象在检查期内的所有经济活动、涉及经济业务和财务管理的部门及其经济信息资料，采取严密的审查程序，进行详细的审核检查的一种方法。如：管理混乱、业务复杂的企业，或者税务稽查的重点项目、事项，一般采用详查法。

（4）抽查法。抽查法是指从稽查对象总体中抽取部分资料或存货进行审查，再依据抽查结果进行推断的一种方法，一般分为重点抽查法和随机抽查法两种。

（5）顺查法。顺查法是指按照会计业务处理程序，依次进行检查的一种方法。适用于业务规模不大或业务量较少的稽查对象。

（6）逆查法。逆查法是指按照会计处理程序的相反方向，由报表、账簿到凭证依次审查的一种方法，又称倒查法。一般会用到审阅和分析的技术方法，根据重点和疑点，逐个进行追踪检查。

2. 分析法

分析法是指运用不同的分析技术，对与企业会计资料有内在联系的财务管理信息，以及税款缴纳情况进行系统和重点的审核分析，以确定涉税疑点和线索，从而进行追踪检查的一种方法。包括控制计算法、比较分析法、推理分析法、技术分析法、因素分析法和趋势分析法等。

（1）控制计算法。以产控耗、以耗控产、以产控销和以支控销等。

(2) 比较分析法。比较分析法是指将企业会计资料中的有关项目、数据，在相关的时期之间、指标之间、企业之间及地区、行业之间，进行静态或动态的对比分析，从中发现问题，获取检查线索的一种方法。如绝对数比较分析法、同行业同类型企业比较分析法、相关比率比较分析法、构成比率比较分析法等。

①绝对数比较分析法。比如在税务稽查过程中，绝对数比较分析法适用于对本企业的资产负债表、损益表等会计报表中相关数据真实性的核查，以及成本计算表（单）、纳税申报表、有关账户余额和有关明细账户特定项目的检查。

②同行业同类型企业比较分析法。比如通过将纳税人的业务数据与同行业、同市场的相关企业进行比对，分析纳税人的运营情况是否与行业水平相符合。再如：特殊行业现金收入总体占比、销售成本占比、毛利率等比对，从而判断是否存在虚构和隐匿收入的可能。

③相关比率比较分析法。比如在税务稽查中，采用应收账款周转率、存货结构、税收负担率、存货（运输）费用比率等指标的计算与比对，就属于运用相关比率比较分析法比较，容易发现问题。

④构成比率比较分析法。比如在税务稽查中，通过对企业外购货物构成比率是否与销售货物和期末存货的构成比率具有同一性的计算分析，可以发现企业是否存在虚假进货或隐瞒销售收入的情况。

(3) 推理分析法。推理分析法是指运用逻辑推理，根据事物的内在联系和相互依存关系，将会计资料提供的数据，结合财务活动规律，综合对照进行推理判断的一种方法。

(4) 技术分析法。技术分析法是目前提升税务稽查效率和准确性的重要手段，包括大数据技术分析法、人工智能技术分析法和区块链技术分析法等。

(5) 因素分析法。因素分析法是从影响指标变动的各个因素中，采用一定方法来分别确定各个因素变动对指标的影响程度的一种审查方法，主要包括连环替代法和差额计算法。

连环替代法主要用于研究多个因素对某一指标的影响。基本思想是从影响指标变动的因素中，依次替换各个因素，每次替换后计算出结果，替换的顺序必须是在第一个因素变化后不再变化的基础上替换第二个因素，每次都只替换一个因素，同时保持其他因素不变。

差额计算法是一种直接根据各个因素之间的差异来计算对指标影响程度的方法。它适用于指标与因素之间存在乘积依存关系的场合。通过计算各个因素之间的差异，可以确定这些因素对指标产生的影响是增加还是减少、是超支还是节约等。

（6）趋势分析法。趋势分析法是一种通过对有关指标的各期对基期的变化趋势分析，以发现其中的规律和异常变化，为追索和检查账目提供线索的分析方法。

3. 调查法

调查法是指在税务稽查过程中，采用观察法、查询法、外调法和盘存法等方法，对稽查对象与税收有关的经营情况、营销策略、财务管理、库存等进行检查、核实的方法的总称。

（1）观察法。观察法是指稽查人员通过深入检查现场，如车间、仓库（包括外部仓库）、营业场所以及基建工地等，对被查事项或需要核实的事项进行实地视察和了解，考察企业产、供、销、运各环节的内部管理状况，控制程序和各方面的实际情况，从中发现薄弱环节和存在的问题，获取相关证据的一种方法。

（2）查询法。查询法是指对审查过程中发现的疑点和问题，通过调查、询问的方式，查实某些问题，取得必要的资料，以帮助进一步检查的一种调查方法。根据查询方式的不同，查询法可以分为面询法、函询法。

（3）外调法。外调法是指对有疑点的凭证、账项记录或者其他经济业务，通过派出稽查人员到稽查对象以外、与该项业务相联系的单位（或个人）进行实地调查，或者委托对方税务机关协查，以查实问题的一种检查方法。外调法主要用于外部证据的核实、取证。外调包括函调和派人外调。

（4）盘存法。盘存法是指通过对货币资产、实物资产进行盘点和清查，判断其形态、数量、价值、权属等内容与账簿记录是否相符的一种检查方法。

二、税务稽查手段

税务稽查常用的手段包括账务核对、现场检查、资金流检查、突击调账、数据比对、税务约谈、自查申报、外调协查（图7-2）。

在开始税务稽查前，检查人员会先进行案头分析。检查人员会通过税务机关信息平台、上市公司公告、房产及国土资源管理部门等各种途径，广泛搜集与被查单位有关的涉税信息，如税收申报缴纳信息、财产信息、经营信息、股东信息等，然后通过纳税申报表间的税税比对分析、隐藏在"其他"中的"扣除"项目分析、增值税税负分析、收入费用指标配比分析等，发现涉税疑点，求证涉税疑点，然后实施税务稽查。

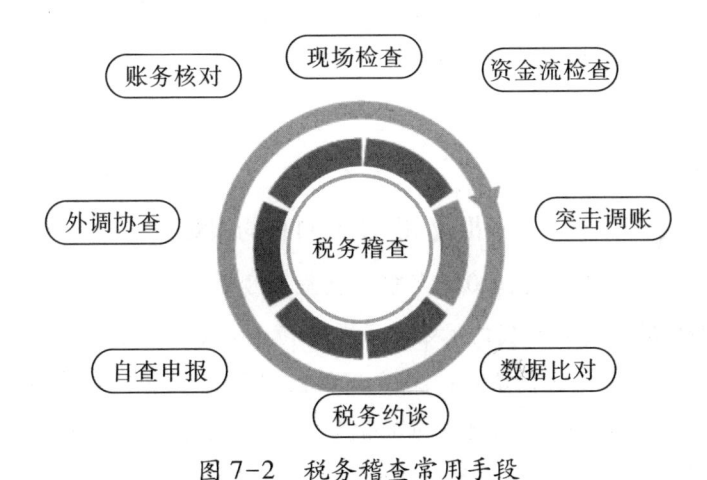

图 7-2　税务稽查常用手段

下面将结合实际案例来具体看一下税务稽查常用的几种手段。

1. 账务核对

稽查人员会核对纳税人的账簿、凭证和银行对账单等资料，了解纳税申报是否真实、准确；还会核对纳税人的销售收入、进货成本、费用支出等，通过账账核对、账证核对、账表核对、账实核对等方式，了解账务的真实性、完整性。

【案例 7-1】

"预收账款"会计科目的核对

某机械设备厂，系增值税一般纳税人，主要生产各种类型的自动化生产设备。2022 年 10 月 26 日，企业采取预收货款的方式，向某公司销售配电柜 6 台，每台售价 5,000 元，已预收 35,100 元的货款，11 月 10 日货物全部发出。税务稽查人员在日常稽查中，发现其 2023 年 8 月尚未确认收入，按有关规定，应补增值税 35,100÷（1+13%）×13%＝4,038.05（元），并予以处罚。

【案例 7-2】

"其他应付款"会计科目的核对

某有色金属材料公司，系增值税一般纳税人，主要经营电解铜。"其他应付款"会计科目 1 月至 7 月底贷方累计发生额为 994,500 元。

税务稽查人员在增值税日常稽查中，经审核记账凭证、原始凭证，查明是购货方支付的手续费，属于价外费用，按有关规定应要求该公司补缴增值税，并予以处罚。

【案例 7-3】

"预提费用"会计科目的核对

江苏某喷涂有限公司，2017 年在"预提费用"会计科目（贷方）中列支餐费 30,200.00 元，但相应的记账凭证中未有合法发票单据，并记入"管理费用"会计科目，未作纳税调增；2018 年，在"预提费用"会计科目（贷方）中列支餐费 30,909.09 元，但相应的记账凭证中未有合法发票单据，并记入"管理费用"会计科目，未作纳税调增。

2023 年 6 月 14 日，税务局根据《中华人民共和国税收征收管理法》第三十五条第一款第（四）项及《中华人民共和国税收征收管理法实施细则》第四十七条第一款第（一）项的规定，要求该企业对"预提费用"应补缴企业所得税。2017 年应补缴税款为 30,200×25%＝7,550（元）；2018 年应补缴税款为 30,909.09×25%＝7,727.27（元）。该企业"预提费用"科目 2017—2018 年度应补缴企业所得税合计 15,277.27 元。

2. 现场检查

尽管"以数治税"的金税四期时代，很多账务核对手段通过电子底账库账务系统和"非税"业务管控等手段辅助完成，比如通过纳税人及关联方的个人银行账户流水、平时报送至税务局的财务报表、上下游关联票据等数据、信息比对分析，大大降低了现场检查的必要性，但税务局在必要时也会行使现场检查这种稽查手段。

稽查人员会到纳税人的经营场所或者生产现场进行实地检查，比如查看纳税人的生产设备、原材料、库存、产成品、销售记录,以及与经营活动相关的各类合同、票据等,验证纳税人的实际生产经营情况。

【案例 7-4】

某啤酒公司隐匿收入偷税

2005 年 6 月 10 日,国家税务总局某省税务局稽查局(以下简称"稽查局")接到国家税务总局稽查局转来的举报信息,反映 P 市某啤酒公司 2001—2004 年共购进麦芽 2.6 万吨,按常规每吨麦芽可生产 8 吨啤酒计算的话,该啤酒公司申报的纳税收入与实际经营情况极不相符,存在虚假做账、隐瞒销售收入的重大偷税嫌疑。

稽查人员对啤酒公司仓储部、销售部进行了突击实地核查,查获了"送酒单""赠酒单"两种原始单证,二者成为突破案件的重要证据。最终查明,2001 年 1 月至 2002 年 6 月间,啤酒公司销售啤酒 19,558 吨,通过账外经营、资金体外循环的方式,在账簿上少列收入 3,316 万元,少缴增值税 564 万元、消费税 431 万元。

【案例 7-5】

某服饰公司隐匿收入偷税

2005 年 6 月,某市税务局稽查局接群众来信,举报某服饰公司涉嫌利用个人银行账户大量收取货款,隐匿收入,偷逃税款。

稽查人员在现场核查中,从该公司出纳人员吴某的办公电脑中成功查获了 15 个银行卡号和 130 多家加盟商的资料。最终,税警联手查明该公司在 2003 年至 2005 年 5 月期间隐瞒应税销售收入 1.7 亿元,并提供了账外账存放地及仓库地址。

3. 资金流检查

在税务稽查中,税务局通常会对企业的资金流动情况进行检查,以核实企业是否存在偷逃税或其他违规行为。在资金流检查中,税务局通常会比对"物流""票流""资金流""合同流"是否一致。

【案例 7-6】

转账回流牵出虚开发票

浙江某科技有限公司，为取得增值税专用发票抵扣、入账，2018年11月以支付手续费的方式从一陌生人那里（姓名不详，购票过程中都是通过电话沟通）取得海南某拓建材有限公司（以下简称"海南某拓"）开具的11份增值税专用发票，金额合计1,005,889.10元，税额合计160,942.27元，价税合计1,166,831.37元。资金轨迹如下：浙江某科技有限公司以10万元以下不等额资金循环转账给海南某拓，共计1,166,732.37元（账载与发票价税合计数差99元，冲财务费用），海南某拓收款后，分多次转账回流至浙江某科技有限公司员工马某某个人账户，共计1,075,961.00元；然后，资金再从马某某个人账户转账回流至浙江某科技有限公司法定代表人朱某某个人账户，共计1,075,951.00元（少转10元）；最后，由朱某某个人账户转账回流至浙江某科技有限公司的企业账户，少回流的90,771.37元为开票费。

取得发票后，该公司于2018年11月入账并抵扣增值税160,942.27元，于2018年、2019年分别结转成本862,738.29元、306,265.81元。

该公司让他人为自己开具与实际经营业务不相符的增值税专用发票，需补缴进项转出时未足额申报的城市维护建设税、教育费附加、地方教育附加，以及缴纳滞纳金共计7,081.46元，还需补缴相应年度的企业所得税。

【案例7-7】

流水账单牵出虚开发票

盐城某纺织有限公司，2020—2022年向诸暨市某针织有限公司开具增值税专用发票5份，金额为492,371.68元，税额64,008.32元，价税合计金额为556,380.00元，税务检查人员经审批后凭《检查存款账户许可证明》向相关银行查询了该纺织有限公司银行账户的银行流水账单，核对资金流，检查组对该单位银行账户以及相关人员信用卡进行了检查。证明资金明显回流，到账后基本上都汇到了该公司的法定代表人陈某某的个人卡上，该公司的法定代表人陈某某采取非常规手法进行大额提现，银行工作人员反映提取的大额现金流向无法查实。

根据《国家税务总局关于走逃（失联）企业涉嫌虚开增值税专用发票检查问题的通知》（税总发〔2016〕172号）的相关规定，定性为虚开发票，虚开增值税专用发票 229 份，金额 22,579,668.89 元，税额 2,935,357.11 元，价税合计 25,515,026.00 元。

【案例 7-8】

追溯借记卡牵出隐瞒销售收入偷税

稽查人员在广泛搜集下游用户信息后，终于在某电子商务公司对外发放的宣传资料中，发现了重要线索。该公司的宣传资料称，凡有意购买产品者，均可将货款汇入巫某的两个银行账户。后经调查发现，巫某是该公司财务人员。然后稽查人员发现这两个银行账户将一笔资金转入了另一个银行账户，再追溯检查发现该银行账户累计流入资金 2.06 亿元。

4. 突击调账

突击调账是目前处理恶意偷税最主要的稽查方式，但突击检查也有法定执行程序。在突击检查中，稽查人员会向被查对象出具《调取账簿资料通知书》，并填写《调取账簿资料清单》。需要提取证据材料原件的，须向被查对象出具《提取证据专用收据》；需要将已开具的发票调出查验的，须向被查对象开具《发票换票证》；需要将空白发票调出查验的，须向被查对象开具《调验空白发票收据》。

【案例 7-9】

设置账外账逃避缴纳税款

检查人员在没有通知被检查对象的情况下，对苏州某健康管理公司进行了突击实地检查，但该单位可以签收相应法定文书的法定代表人、财务负责人和办税人员均不在单位经营场所现场办公，之后检查人员通知该单位财务负责人到税务局签收了《税务检查通知书》。随后，税务局信息中心工作人员到该单位现场调取了销售系统数据，但该系统数据仅包含 2017 年 10 月以后的信息。根据销售系统数据，该单位存在预付卡销售的收款方式，主要以银行卡 POS 机刷卡收入为主，同时也有少量的现金收入。服务的计费方式分为单次直接收款计费和预付卡预存优惠计费方式。

经税务检查，并经该单位财务人员对预付卡收入、银行存款和发票的核对，该单位提交情况说明承认，该单位在 2016 年 1 月至 2017 年 12 月期间：

(1) 增值税方面：通过账簿上不计、少计隐匿销售收入，价税合计金额 463,465.36 元，依据《中华人民共和国增值税暂行条例》第一条、第四条、第五条之规定，应追缴增值税 13,498.99 元（463,465.36 ÷ 1.03 × 3% = 13,498.99）。

(2) 城市维护建设税方面：依据《中华人民共和国城市维护建设税暂行条例》第二条、第三条、第四条、第五条之规定，按规定征收该单位相应城市维护建设税 944.92 元。

(3) 教育费附加方面：依据《省政府办公厅关于转发省财政厅等部门江苏省教育费附加地方教育附加和地方教育基金征收使用管理办法的通知》（苏政办发〔2003〕130 号）第四条，《江苏省政府关于调整地方教育附加等政府性基金有关政策的通知》（苏政发〔2011〕3 号）第三条之规定，征收该单位教育费附加 404.97 元。

(4) 地方教育附加方面：依据《江苏省政府关于调整地方教育附加等政府性基金有关政策的通知》（苏政发〔2011〕3 号）第一条之规定，征收该单位地方教育附加 269.99 元。

处罚依据《中华人民共和国税收征收管理法》第六十三条之规定，该单位以上行为属于偷税，应追缴增值税 13,498.99 元，追缴城市维护建设税 944.92 元，合计追缴所偷税款 14,443.91 元。

【案件 7-10】

隐匿收入偷逃税

2023 年 3 月，按照成品油行业专项整治工作要求，国家税务总局某市税务局第二稽查局迅速抽调稽查骨干组建工作专班，对某加油站开展检查工作。

通过市场监管局查询，某加油站属于普通合伙企业，共有 A、B、C、D 4 个合伙人，投资比例各占 25%，其中 A 是执行事务合伙人。

通过金税三期系统等内部系统调取数据，梳理该加油站 2020—2022 年的购销发票信息和税款申报金额，3 年内票载购油金额合计 561 万元，售油开票收入 671 万元，申报未开票销售收入 33 万元，收入合计 704 万元，日均销售额约 6,400 元，毛利率在 20% 左右。

同时，调取分析该加油站在税务系统登记的中国建设银行（以下简称

"建行")对公账户数据，收入 700 万元，与申报数 704 万元基本相符；支出 698 万元，其中向中国石油化工集团有限公司等 3 家公司共支付 561 万元，与票载购油金额 561 万元一致。

单从金额数据分析判断，该加油站购销金额、银行流水金额和申报收入都能高度匹配，似乎不存在税收违法问题。但在对该加油站建行对公账户检查时，检查人员注意到，3 年内执行事务合伙人 A 的 3 个建行个人账户向加油站建行对公账户共转入 554 万元，并从加油站建行对公账户向 A 的 3 个建行个人账户转出 131 万元，存在大额的不明转账记录；并且该加油站建行对公账户 3 年直接收货款仅有 135 万元，其中 87 万元由"待清算商户款项"转入，但企业申报收入价税合计为 704 万元，有 569 万元收入不是通过对公账户转入，存在其他资金流转渠道。

蹊跷的转账记录、不明的收入来源、异常的购销数量引起了检查人员的警惕。为了查清案件真相，检查人员决定投石问路，先入户检查了解基本情况。

2023 年 4 月 4 日上午，检查人员在未通知纳税人的情况下，对该加油站开展突击检查，但加油站似乎早有防备：办公电脑已格式化、油库液位仪数据已删除、税控加油系统和加油机控制系统未安装、财务人员拒不见面、财务资料无法提供。前台桌面上仅有一个收款码，收款商户确为该加油站。

初次入户无功而返，检查人员暗中决定，下午来个回马枪，于是故意对该加油站工作人员说："检查没发现问题，但按规定还是要查看账务资料，我们先回去，等财务人员回来了联系我们。"让该加油站工作人员放松警惕。在对方的注视下，检查人员佯装撤离，驱车驶入通往县城的高速公路。

当天下午 2 点，检查人员再次突击检查该加油站，在对方猝不及防的情况下，检查组终于有了新发现。在前台，检查人员发现了贴有二维码的"滴滴加油"和"团油"打票机，扫描二维码后，直接进入了加油支付界面。

2023 年 4 月 4 日 14：30—16：30，检查组对该加油站的实际加油数据进行调查统计，其间发现共加油 16 次，销售金额为 3,000 元左右，其中只有 1 名摩托车司机通过现金支付了 20 元油款，其余消费者或通过手机 App，或通过扫描二维码支付油款，现金支付仅占 0.67%。此外，通过询问其中 10 个使用手机 App 支付的司机，证实了该加油站有使用"滴滴加油"和"团油"平台收款的事实，执行事务合伙人 A 撒了谎。

几经周折，案件真相水落石出，该加油站通过购油不索票、销售收入"不进对公账户、不入账、不申报"的手段隐匿收入、偷逃税款。根据已确认的证据，该加油站2020—2022年实际含税收入共计1,724万元，已经申报纳税含税收入704万元，隐瞒收入1,020万元，应补缴增值税117万元、城市维护建设税5.9万元、教育费附加3.5万元、地方教育费附加2.3万元。

5. 数据比对

通过比对纳税人的相关数据，查找纳税人是否存在虚假申报等违规行为。在税务稽查过程中，税务机关可以通过与银行、海关等部门的数据比对，发现纳税人可能存在的异常情况。

【案例 7-11】

某生猪养殖公司"两税"工资薪金差异1,800多万元被查

某生猪养殖公司享受免征增值税和企业所得税政策，税务人员通过比对该公司"两税"工资薪金申报数据，发现其2021年企业所得税税前扣除工资薪金金额为2,330.61万元，但2021年扣缴申报的个人收入仅为476.37万元。查看"其他应收款"科目，发现企业股东都从企业借用了大量资金，但长期未归还。

最终，该公司依法按"利息、股息、红利所得"项目补扣个人所得税77.75万元。

【案例 7-12】

申报收入与取得的网店收入有差异被查

嘉兴某电子公司在2012—2019年期间，以公司的名义在淘宝平台注册网店并销售音箱及配件等，取得的销售收入通过单位支付宝账户收取。经税务稽查人员对其已申报收入和取得的网店收入进行比对，同时通过询问该公司法定代表人丁某，确认该公司在淘宝平台的网店取得的销售收入未按规定申报纳税，具体见表7-1。

表7-1　嘉兴某电子公司网店2012—2019年未申报收入情况

年度	未申报含税收入（元）	税额（元）	不含税收入（元）

年度	未申报含税收入（元）	税额（元）	不含税收入（元）
2012	259,207.34	37,662.60	221,544.74
2013	735,918.6	106,928.35	628,990.25
2014	1,113,192.4	161,745.92	951,446.48
2015	1,082,437.69	157,277.28	925,160.41
2016	858,973.2	124,808.07	734,165.13
2017	1,014,672.91	147,431.11	867,241.80
2018	639,713.08	89,721.26	549,991.82
2019	780,112.07	91,360.68	688,751.39
合计	64,842,27.29	916,935.27	5,567,292.02

根据《中华人民共和国增值税暂行条例》第一条、第二条、第四条、第五条、第六条，《中华人民共和国增值税暂行条例实施细则》第十四条，《财政部 税务总局关于调整增值税税率的通知》（财税〔2018〕32号）第一条、第六条，《财政部 税务总局 海关总署关于深化增值税改革有关政策的公告》（财政部 税务总局 海关总署公告2019年第39号）第一条、第九条的规定，该公司未按规定申报增值税销项税额合计916,935.27元。

根据《中华人民共和国城市维护建设税法》第一条、第二条、第四条、第五条、第七条的规定，该公司应补缴城市维护建设税64,185.51元。

最终，税务局把上述未按规定申报销售收入导致少缴增值税、城市维护建设税的行为，定性为偷税。

6. 税务约谈

税务约谈是税务机关对所辖纳税人或扣缴义务人，在日常检查、所得税汇算、纳税评估、税源监控、接受举报、协查、检查等过程中发现一般涉税违章违法行为或疑点后，由于证据不足，主动向纳税人提出疑问或约请纳税人到税务机关进行解释，并给予政策性宣传和辅导，责成纳税人自查自纠、依法缴纳税款的一种稽查手段。

【案例7-13】

某演员因整改不彻底被税务约谈

重庆市税务部门通过分析发现演员 A 存在涉税风险，经提示提醒、督促整改、约谈警示后，演员 A 仍整改不彻底，加之其关联企业存在偷逃税嫌疑，依法对其开展了税务检查。

经查，演员 A 取得部分劳务报酬未依法办理纳税申报少缴个人所得税；并将部分用于个人的消费性支出在其控股关联企业违规列支，少缴个人所得税；其关联企业存在将用于个人的消费性支出在企业违规列支，少缴增值税、企业所得税，且未代扣代缴个人所得税等涉税问题。

在税务检查过程中，演员 A 积极配合税务机关，如实提供资料，并主动报告税务机关尚未掌握的涉税违法行为。综合考虑上述情况，国家税务总局重庆市税务局第七稽查局依据相关法律法规规定，对演员 A 追缴税款、加收滞纳金并处罚款，共计 297.38 万元；对其关联企业追缴税款、加收滞纳金并处罚款，共计 132.98 万元。

7. 自查申报

自查申报是指纳税人通过自行检查和核对，主动向税务机关申报其存在的税收问题和违规行为。企业主动采取措施进行纠正和整改，如主动补缴税款，除了能够降低税款滞纳金的加收金额之外，还会显著影响税务部门最终的处罚幅度。

【案例 7-14】

涉税自查获免罚

A 公司于 2023 年 8 月 7 日收到所属辖区税务局的《税收自查通知》，依照通知要求，A 公司对 2021 年 1 月 1 日至 2022 年 12 月 31 日期间涉税业务进行自查，A 公司 2021—2022 年应补缴印花税 3,411,763.60 元；补缴产品出口退税附加费-地方教育附加费 153,433.07 元；补缴企业所得税 301,672.35 元及缴纳滞纳金 50,470.07 元。上述税款及滞纳金合计 3,917,339.09 元，A 公司自查并补缴，避免了税务处罚。

8. 外调协查

外调协查是目前税务稽查最重要的手段之一，外部证据一般优于内部证据，外调协查得来的证据更为可靠。大型税务稽查案件，一般都是通过外调协查的方式来固定证据的。

【案例7-15】

对某超市上游发协查函牵出虚开发票案

石家庄某超市，全年500万进项，竟然有490万的发票有问题，一发协查函，全部真相大白，均为虚开发票。多方调查取证，成功破获了一起涉案金额为4,000余万元的特大虚开发票案，抓获犯罪嫌疑人1名，有力打击了涉税类犯罪活动。

【案例7-16】

一份协查函引出虚开发票案

国家税务总局吕梁市税务局稽查局在收到一份税收违法案件协查函后，迅速成立检查团队并对涉案企业开展分析研判。

检查人员通过金税三期税收管理系统、发票电子底账系统、税务总局云平台对涉案企业基本信息、申报纳税及发票流转情况进行梳理比对，发现该公司从注册以来一直为零申报状态，只有前一年突然发生大量业务但增值税税负率却较低，仅为2.13%。另外，检查人员发现涉案企业共取得四个省（市）的增值税专用发票567份，发票品名为"精煤""电煤"。然而，山西吕梁就是煤炭主要产区，该企业"舍近求远"，从外省非煤产区购入煤炭，明显不符合经营常规。

随即公安机关对违法嫌疑人张某杰、张某全等人实施控制。虽然这些人反侦查能力很强，在被控制前，将手机砸碎，将手机存储卡冲入马桶，试图销毁关键证据。但是，警方通过技侦手段对手机存储部件进行了数据恢复。在业务员张某全的微信聊天记录中，发现了大量联系虚开发票业务的文字及图片资料，以及通过中间人支付8～9个点的开票手续费的记录。面对翔实的数据，他们对购买增值税专用发票接受虚开的违法事实供认不讳。

最终查实涉案企业虚开增值税专用发票607份，涉案金额7,027.29万元，打掉了一个跨四省（市）虚开发票犯罪团伙，主犯张某杰被判处有期徒刑18年。

三、"以数治税"在税收征管中的具体应用和案例分析

数据来源是"以数治税"的基础。数据来源主要分为外部数据来源和内部数据来源。

1. 外部数据来源

税务稽查的外部数据来源主要是第三方涉税信息共享系统。在实践中,税务机关可以通过与相关部门如公安部门、市场监督管理局、建管部门等进行数据交换,获取第三方涉税信息。

常见的第三方涉税信息应用指标包括但不限于以下几个方面:

(1) 股权变更登记信息预警(市场监督管理局);

(2) 房地产业增值税预警(行政审批局);

(3) 建筑行业报验户增值税预警(建管部门);

(4) 机动车驾驶员培训行业培训费收取标准预警(公安部门);

(5) 住宿业日均入住费用标准预警(公安部门);

(6) 医保卡刷卡销售额占应税销售额过高预警(医保部门)。

2. 内部数据来源

除了引入第三方信息,税务机关还会抓取企业内部的数据信息,识别和判断企业的涉税风险,比如,通过税表比对、税税比对、表表比对等方式找出税务异常。

(1) 税表比对(财务报表与各税种入库表)。

【案例 7-17】

不动产在建工程不按规定结转少缴房产税

纳税人连续 12 个月在建工程增加超过 1,000 万元,期末余额大于 5,000 万元,且期内的前 6 个月内有水泥、混凝土、钢结构发票购入,但房产税申报金额不变,该企业可能存在不动产在建工程不按规定结转,固定资产少缴房产税问题。

数据来源:企业的资产负债表,《房产税纳税申报表》,电子底账系统取

得的发票信息。

异常数据指标：期末在建工程余额-期初在建工程余额大于1,000万元；期末在建工程余额大于5,000万元；所属期当年10—12月房产税申报税额-所属期上一年10—12月房产税申报税额小于或等于0；水泥、混凝土、钢结构发票金额大于10万元（水泥、混凝土、钢结构发票金额取自1—6月电子底账系统取得的发票信息）。

（2）税税比对（各税种申报与入库情况）。

①增值税金额与各项附加税费比对是否一致。

②教育附加费与水利建设基金是否做到了匹配相符。

③纳税系统申报的销售额与防伪税控中的开票销售额以及财务报表中的销售额是否比对异常。

④个人所得税工资薪金所得与企业所得税工资薪金支出、社会保险费缴费基数、年金缴费基数、住房公积金缴费基数是否匹配。

⑤企业当年的所得税贡献率是否大大低于本行业当年所得税贡献率。

⑥企业的应纳税额情况是否与营业收入同比例变动一致。

⑦企业的税负变动是否与上期存在变动异常。

⑧企业的期末存货与增值税留抵税额是否做到匹配。

⑨商贸企业一定时期内进项销项税率是否异常。

⑩企业的进项税额变动率是否大大高于销项税额变动率。

⑪企业的运费抵扣与经营收入是否比对异常。

⑫个人股东发生股权转让行为，企业是否按照《国家税务总局关于发布〈股权转让所得个人所得税管理办法（试行）〉的公告》（国家税务总局公告2014年第67号）的规定履行相关报告义务，股权受让方是否按规定履行股权转让所得代扣代缴20%的个人所得税的义务，等等。

⑬财务报表上的利润总额与企业所得税申报表的利润总额是否比对一致。

⑭同行业公司耗用的电费与销售收入是否比对异常。

⑮企业实现的增值税与企业的毛利是否比对相符。

⑯增值税与所得税税负率比对是否符合指标。

⑰企业所得税12项费用扣除比例是否符合税法规定的扣除比例。

（3）**表表比对**（财务报表与税务申报表）。

"表表比对"是指税务部门将纳税人的财务报表与税务申报表进行比对，以核实其申报的真实性和准确性。这种比对可以帮助税务部门及时发现纳税人偷逃税款等行为，并采取相应的措施予以纠正。

【案例7-18】

C市某企业2019年现金流量表中经营活动产生的现金流入金额为38,641万元，其中销售商品、提供劳务收到的现金为5,994万元，收到的其他与经营活动有关的现金为32,647万元。企业全年申报增值税计税依据为5,994万元，现金流入与实际申报的增值税收入两者相差32,647万元。一般情况下，经营活动产生的现金流入金额与当期纳税申报的计税金额应大致相等。

经税务机关核实，该公司2019年收取售房款10,323万元，其中现款6,824万元，银行按揭款3,499万元（挂往来账户，列入"其他应付款—代收税费—其他"科目），未申报缴纳增值税和土地增值税，最终应补缴增值税516万元，应补缴土地增值税（预征）103万元，共计应补缴税款619万元。

(4) 票表比对。

"票表比对"是指税务部门将纳税人的增值税申报表及其附列资料、增值税发票信息、进项抵扣凭证信息、税款入库存信息、增值税优惠信息及其他财务报表进行比对，及时发现和预警潜在的涉税风险和违规行为。其中，动产租赁费申报异常风险预警模型是一种常见的预警模型。

建筑企业将自有建筑工程机械有偿出租给挂靠、承包单位或其他建筑企业的现象非常普遍，营改增后动产租赁应按13%纳税，但部分建筑企业将其混为建筑工程按9%纳税，甚至不纳税。动产租赁费申报异常风险预警模型通过纳税人自有建筑工程机械固定资产金额，与开具的"3040502经营租赁"发票进行分析，筛选自有建筑工程机械进项发票金额较大或者在财务报表固定资产栏数额较大，无动产租赁发票的企业，列为收取设备租赁费未申报或选择低税率（9%）申报增值税，未缴或少缴增值税的风险企业。

综上，金税四期"以数治税"借助强大的数字平台，运用大数据、云计算、区块链、数字货币、人工智能等技术，在税收征管过程中进行深度的数据挖掘及有效使用。核心是"数据"，关键是"管理"。目的是实现纳税人多维度、全周期纳税遵从精准"画像"，实时展现税源管理现状，形成税源管理指标和模型,提高税收征管的效率和质量。

第四节　企业全生命周期的涉税风险管理

金税工程是国家税收管理信息系统工程的总称。

建设上,金税工程第一个阶段——金税一期工程始自1994年,金税工程第四个阶段——金税四期工程于2021年正式启动。

应用上,从最早的手工录入增值税额,到现在依托计算机网络实现智能征管、行政管理、外部信息和决策支持。金税四期不仅可以监控税务业务,更能全面监控企业的日常经营,进一步管控纳税人的"非税"业务,还可以通过大数据系统实现与各部委、银行等机构的信息共享,实现大数据一网通查,继而通过多维度的税收征管模式达到"以数治税"智慧税务的目标。

金税四期主体功能有"数电发票""视频指挥台""重大事项""重要日程"四大项,同时保留接口提供功能扩展能力。形成了征管方式从"收税"到"报税"再到"算税",征管流程从"上机"到"上网"再到"上云",征管效能从"经验管税"到"以票管税"再到"以数治税"的智慧税务蓝图。税务机关通过大数据+云计算实现税费全数据、全业务、全模式下的智慧化发展,实现智慧办税、云端办税,减少企业办税业务的成本消耗,提高税务服务的个性化、效率化水平。

在金税四期的时代背景下,纳税义务人更要努力做到税务合规。一方面,纳税义务人的信息会完全暴露在税务机关的数据系统中,这会让经营管理中出现的不规范甚至违法行为无处遁形。另一方面,国家给了纳税义务人财务规范和税务合规的窗口期,在此期间,纳税义务人如何提高税务管理水平,防范税务风险,更好地享受数字办税带来的便捷和高效是企业高质量发展的关键。

一、金税四期的税务稽查重点

随着金税四期工程的推进,我国进入精准实施税收征管新阶段。2021年3月,中共中央办公厅、国务院办公厅印发《关于进一步深化税收征管改革的意见》（简称《意见》）。为贯彻落实《意见》精神，国家税务总局稽查局发布"以税收风险为导向、精准实施税务检查"的工作要求，公布重点税务检查的行业和涉税违法行为。其中，五大涉税违法行为包括虚开（及接受虚开）发票、隐瞒收入、虚列成本、利用"税收洼地"和关联交易恶意税收筹划、利用新型经营模式逃避税。

还有，明确了八大重点关注的行业和领域，包括医疗美容、中介机构、直播平台、营利性教育机构、废旧物资收购利用、高收入人群股权转让、大宗商品（如煤炭、钢材、电解铜、黄金）购销、农副产品生产加工。

与此同时，电子税务稽查也全面铺开。税务机关将电子税务稽查与历史信息筛查相结合，将税务稽查重点放在：查影视明星、带货主播，使税务稽查能够产生公众效应；查核定征收，包括个人独资企业以及合伙企业，建立低税负率预警机制；查IPO翻红筹（从境内架构外翻到境外红筹架构）历史作价；等等。

内容上，将重点放在大型企业集团的年度检查，以及影视明星、带货主播等公众人物的抽查上。方式上，将自查和检查结合，在采集数据之后集中分析、定点突破。手段上，运用信息化手段并结合常规检查方法，采集、处理、分析企业涉税风险点。

二、企业涉税风险较高的10个方向

金税四期实现了互联网智能办税和"以数治税"，对企业在经营过程中的监管也更加全面。下面来看一下企业涉税风险相对较高的10个方向。

1. 收入

前几年，某微商用私人账户、微信、支付宝等进行收款引发税务问题的事件，在社会上引起轩然大波，也让很多人心存疑虑，以后还能用微信、支付宝收款吗？

对于个人来说，肯定是可以的。但是对于企业来说，就说不定了，因为很有可能涉嫌隐匿收入，或者存在大额收款却没有开票等情况。

但是企业在做好管理的情况下，可以利用这些平台来收款。

因此，金税四期会通过企业申报的数字、微信、支付宝账户，以及企业账户、相关人员个人账户等来进行稽查比对，核查收入是否有异常。

2. 成本费用

有些企业为了少缴税，虚报差旅费、会议费、咨询费，虚列人员工资，或企业无车但有加油费、停车费、维修费报销等。这些成本费用问题，都是金税四期监测的重点。

3. 利润

企业报送的财务报表中，利润总额不一致；或者相对于同行，利润明显偏低等，这些也是金税四期重点监测的内容。

4. 库存

企业的库存在金税四期面前就是透明的，进多少货、出多少货，一目了然。因此，企业一定要重视起来，尽量做到库存账实一致。

5. 应纳税税额

比如：如果企业存在大部分员工长期处于个人所得税起征点之下，那就会被怀疑是不是存在分两次发工资的情况；如果企业平均税负率上下浮动超过20%，也会被税务机关重点关注。

6. 银行账户

现在银税互联了，信息已经实现了互通和共享，所以各个机关单位可以通过系统来检查纳税人的银行账户信息。

金税四期不仅会通过企业申报的数据来看企业税务是否异常，还会通过企业的银行账户、上下游企业相关账本数据、同行业收入，以及企业经营者的个人银行账户来看企业税务是否异常。一些小企业由于税务管理制度不健全，往往存在为了避税而故意使用现金或个人卡发放员工工资的情况，还有一些企业使用小额但频繁转账或"分批转入，集中转出""集中转入，分批转出"的方式进行私人账户交易，以达到偷税漏税甚至挪用公款的目的，这都会给企业带来极大的税务风险。因此，企业一定要规范银行账户的资金流水。

7. 社会保险

金税四期下，税务机关与人力资源和社会保障厅等部门实现了企业社会保险（简称"社保"）的数据共享，这使得以往通过报销或现金方式给付员工报酬，减少合同员工数以少缴纳社保、少纳税的行为更易被发现。切记，不可通过改变发薪方式、减少社保缴纳额进行避税、逃税。

8. 发票

金税四期对企业发票的监管提高到"数字化治理"的新高度，系统会通过对比企业内外部财务数据，分析所开具发票的数据的合理性。企业开具与经营项目不匹配的发票或者频繁大量作废发票等非正常税务行为都会引起税务机关的重视，给企业带来税务风险。

风险点主要在虚开发票、企业间对开发票和环开发票等方面。

税务局在稽查过程中，会重视发票的"四查"问题，资金流、发票流、合同流、物流，这四个要素需要相互一致，以防止出现虚开等行为。

9. 税负率

每个行业的增值税、所得税的税负水平以及变化在税务系统中都有记录。一个企业的税负率既要反映企业真实经营情况，又要符合行业特点，因为智慧税务会进行横向及纵向对比，明确企业税负率相比此前若干年份以及同行业、同类型企业的波动，当企业税负率波动过大时，税务机关就会对其纳税情况进行重点调查与管理，在此过程中，企业此前忽视的小税种不规范行为会成为企业的税务风险点。因此，无论企业的税负率过高还是过低，抑或漏报小税种，都可能引起税务机关的关注。

10. 企业资质

金税四期下，将"非税"业务数据引入税务部门极大地方便了税务部门构建起每个企业从注册登记到注销的整个生命周期的"画像"，实现企业全生命周期的经营数据体系集成。

比如，税务机关会使用更加智能的网络工具从多个层面关注企业经营资质、核查企业的真实性、了解企业真实的经营情况，继而识别企业是否具有开户资格，以此完成对虚立账户企业的严厉打击。同时，企业未经审批擅自经营、未按时披露财报、存在注册地造假或年报信息列示不实等问题也会被税务机关的信息数据库捕获，被税务机关列入经营异常名单。

并且，以往资质不足但通过注册空壳公司来实现违规避税甚至逃税、漏税的企业面临新的纳税筹划风险，一方面增加了纳税筹划失败导致被税务局要求补缴税款、缴纳滞纳金的风险；另一方面增加了被认定为税收违法行为，导致被处罚金的风险，甚至有可能因构成偷税而面临刑事处罚。

三、企业 15 个财务风险控制点

（1）不能抵扣进项税，需要将进项税转出的项目包括用于非增值税应税项目、免征增值税项目、集体福利和个人消费、非正常损失的货物（劳务）、非正常损失的在产品和产成品所耗用的购进货物（劳务）。

（2）业务返利不得挂账，需将相应的进项税额转出，并禁止将其挂在"其他应付款""其他应收款"等科目。

（3）向购货方收取的各种价外费用需按规定纳税，如手续费、补贴、集资费、返还利润、奖励费、违约金、运输装卸费等。

（4）不得超标准、超范围为职工支付社会保险费和住房公积金。

（5）核查是否存在使用不符合税法规定的发票及其他凭证列支成本费用。

（6）对于资本性支出一次性计入成本费用的情况，在成本费用中一次性列支达到固定资产标准的物品要做纳税调整，达到无形资产标准的管理系统软件，在营业费用中一次性列支的，也要进行纳税调整。

（7）企业发生的工资、薪金支出要符合税法规定的工资薪金范围，要符合合理性原则，并在申报扣除年度实际发放。

（8）增加实收资本和资本公积后要补缴印花税。

（9）如果有存在与房屋不可分割的附属设施要计入房产原值缴纳房产税，土地价值要计入房产价值缴纳房产税，以及无租房使用房产要按规定缴纳房产税。

（10）对于超税法规定扣除标准列支业务招待费、广告费和业务宣传费等现象，企业需进行纳税调整，以规避补缴税款、缴纳滞纳金和罚款的风险。

（11）固定资产要按税法规定年限计提折旧，不得随意变更固定资产净残值和折旧年限。

（12）不得擅自改变成本计价方法，调节利润。

（13）严查利用虚开发票或虚列人工费等方式虚增成本的行为。

（14）不得对视同销售行为不作纳税调整。

（15）不得利用往来账户、中间科目如"预提费用"等延迟实现应税收入或调整。

四、企业所得税汇缴前不可忽略的 50 个风险点及合规建议

汇缴前自查是一种前瞻性的税务管理方式，它可以帮助纳税人及时发现和纠正未及时申报和纳税的情况，避免引发税务稽查和处罚。以下为往年汇缴高发风险点及合规建议，企业可加以参考进行汇缴前自查。

1. **风险点**：企业未按规定确认销售商品收入实现时间

企业未按规定确认销售商品收入实现时间会导致当期少缴纳税款，是税务稽查的重点。

合规建议：企业在确认销售收入时应重点核实其实际采取的销售方式和收入确认的时点。根据税法规定，针对不同的销售方式确认其销售收入实现的时间。若存在延迟确认的情况，企业应及时进行调整与纠正。

2. **风险点**：特许权使用费收入未按合同约定的特许权使用人应付特许权使用费的日期及时入账

对于特许权使用费收入，有些企业会存在不按合同约定的特许权使用人应付特许权使用费的日期确认收入的情况，从而导致企业少计收入，少缴税款，引发相应的税务风险。

合规建议：企业应依据《中华人民共和国企业所得税法实施条例》第二十条的规定，自行判断是否存在对外经营取得特许权使用费收入，若存在上述情形，企业自查取得的收入是否已在税法规定期间及时确认，若未确认，及时进行调整与纠正。

3. **风险点**：应收账款未及时计入收入

应收账款未及时计入收入会导致企业少计收入、少缴税款，是税务稽查重点关注的风险点。

合规建议：企业应根据《中华人民共和国企业所得税法实施条例》第九条的规定进行自查，确保严格按照权责发生制对当期收入进行及时、完整的入账。若自查发现存在上述问题，应及时进行调整与纠正。

4. **风险点**：确实无法偿付的应付款项未确认收入

确实无法偿付的应付款项未确认收入会对企业所得税的应纳税额产生影

响，存在虚列成本的风险。

合规建议：企业应认真核查"应付账款""其他应付款"明细科目中长期未核销余额有无超账期应付款项，重点关注账龄三年以上的应付款，如果确认无法支付，应及时进行债务重组或采取债权债务抵销的方法进行冲销处理，或直接转入营业外收入，计入应纳税所得额，缴纳企业所得税。企业还需注意，应付利息、应付股利的对方如果是自然人，需代扣代缴个人所得税。

5. **风险点：企业未正确核算来源于中国境内的全部所得**

比如，尽管动产的使用者在境外，但如果转让动产的企业或机构、场所所在地为中国境内，那么这笔财产转让所得应视为中国境内的所得，企业必须正确核算并据此在国内纳税。

合规建议：企业应依据《中华人民共和国企业所得税法实施条例》第七条的规定自查。对于来源于中国境内外的收入，企业应严格据实记账，并正确预提所得税，切勿抱有少记漏报不会有问题的侥幸心理。

6. **风险点：收回已税前扣除的坏账损失未确认收入**

很多企业通过"其他应付款""其他应收款"等往来科目进行核算，未按税法规定在收回时确认当期收入，少缴所得税，给企业带来被税务机关追缴税款、滞纳金和罚款的风险。

合规建议：企业应依据《财政部 国家税务总局关于企业资产损失税前扣除政策的通知》（财税〔2009〕57号）第四条的规定自查。若企业已经作为损失处理的资产，在以后纳税年度又全部收回或者部分收回时，应当计入当期收入，增加应纳税所得额。

7. **风险点：非货币性收入未计入应纳税所得额**

此种情形会减少企业的应纳税所得额，如若被税务局发现，则会面临补缴税款、缴纳滞纳金和罚款的风险。

合规建议：企业核查取得的财产（包括各类资产、股权、债权等）转让收入，不论是以货币形式，还是以非货币形式体现，除另有规定外，均应一次性计入确认收入的年度，计算缴纳企业所得税。

8. **风险点：取得产品分成收入未按企业分得产品的日期及时入账**

此种情形会影响企业的应纳税所得额，进而影响应纳税额，有被税务机关加征罚款、缴纳滞纳金和罚款的税务风险。

合规建议：企业应检查自身"主营业务收入""其他业务收入"等科目的情况，判断销售产品取得的收入是否已经及时确认，若否，须及时进行纳税调整。

9. 风险点：跨年度租金收入未按收入与费用配比原则确认收入

例如，厂房、机器设备、土地使用权等取得的跨年度租金收入，相关折旧和摊销已经计入成本费用，但租金收益没有确认收入，影响企业当期的应纳税所得额，少缴税款，给企业带来被税务机关追缴税款、缴纳滞纳金和罚款的风险。

合规建议：企业应核查"其他业务收入"等科目，审核租赁合同，如果存在出租资产取得的跨年度租金收入未按收入与费用配比原则确认收入的情况，请及时确认收入，并调整应纳税所得额。

10. 风险点：股权转让所得的非货币形式的收入未入账

此种情形会导致少计收入，从而影响企业的应纳税所得额，少缴税款，给企业带来被税务机关追缴税款、缴纳滞纳金和罚款的风险。

合规建议：企业应认真核查股权转让收入是否全部入账，是否存在非货币性收入没有入账的情况，是否扣除被投资企业未分配利润等股东留存收益中按该项股权可能分配的金额，如果有上述不合规的情况，及时纠正。

11. 风险点：股权转让所得的计算和时点的确认不符合规定

此种情形是减少应纳税款的行为，会导致企业面临补缴税款、缴纳滞纳金和罚款的风险。

合规建议：企业应根据《国家税务总局关于贯彻落实企业所得税法若干税收问题的通知》（国税函〔2010〕79号）的规定，核查存在的股权买卖（包括转让股票或股份），及时确认收入，并进行纳税申报。

12. 风险点：企业接受捐赠收入未按实际收到捐赠资产的日期及时入账

企业收到捐赠资产的日期就是确认接受捐赠收入的日期，若不及时确认这笔收入，可能导致企业存在少计收入、少缴税款的风险。

合规建议：《中华人民共和国企业所得税法实施条例》第二十一条规定，接受捐赠收入，按照实际收到捐赠资产的日期确认收入的实现。

13. **风险点：不征税收入形成的资产，其折旧在税前重复扣除**

企业将不征税收入确认后，支出所形成的资产仍然计提折旧，在税前重复扣除，这种行为可能导致企业应纳税所得额减少，面临被税务机关责令调整、追缴税款、缴纳滞纳金和罚款的风险。

合规建议：企业应自查取得的来源于政府及其他有关部门的财政补助、补贴、贷款贴息和港建费分成收入等不征税财政专项资金，其支出所形成的费用或其资产所形成的折旧、摊销是否在计算应纳税所得额时扣除。

14. **风险点：视同销售未及时确认收入**

将自产产品用于投资，或者发生非货币性资产交换，又或者将货物、财产、劳务用于捐赠、偿债、赞助、集资、广告、样品、职工福利或者利润分配，这些行为都将视同销售，若不及时确认收入，则会导致企业少缴税款。

合规建议：企业应核查销售产品取得的所得是否已确认收入，如未确认，企业应及时调整，在分得产品的日期及时确认产品分成收入。

15. **风险点：售后回购方式未按售价确认收入**

企业采用售后回购方式销售商品时，未按售价确认收入，未将回购商品作为购进商品处理，造成收入额偏低，导致企业少缴企业所得税。

合规建议：企业应自行检查、判断是否存在通过售后回购方式销售商品但是未及时、正确确认收入的情形，若存在，企业应及时调整与纠正，将销售的商品按售价确认收入，并将回购商品作为购进商品处理。

16. **风险点：企业接受符合条件的股东投资未计入应税收入**

企业接受股东投资不满足"合同、协议约定作为资本金（包括资本公积）且在会计上已做实际处理的"，未计入应税收入，未缴纳企业所得税，导致企业存在被税务机关追缴税款、缴纳滞纳金和罚款的风险。

合规建议：企业应根据《国家税务总局关于企业所得税应纳税所得额若干问题的公告》（国家税务总局公告 2014 年第 29 号）的规定进行自查。对于股东划入的资产，首先要确定是否需要计入收入，再确定是否作为计税基础缴纳企业所得税。

17. **风险点：少记提供劳务或服务收入**

如聘请专家讲课的劳务收入或者运输代理服务收入，这些收入因为不是来自企业日常经营活动，所以很多企业经常会少计收入，导致企业存在被税务机关追缴税款、缴纳滞纳金和罚款的风险。

合规建议：年终关账前，企业需自行检查是否存在提供劳务或者服务取得的收入未入账，若存在，企业应及时进行调整与纠正。

18. 风险点：无形资产摊销年限不符合税法规定

无形资产的摊销年限低于税法规定的最低摊销年限，将导致税前扣除的无形资产摊销额增加，进而减少企业的应纳税所得额。这种做法可能使企业面临被税务机关责令整改、追缴税款、缴纳滞纳金和罚款的风险。

合规建议：根据《中华人民共和国企业所得税法实施条例》第六十七条的规定，无形资产按照直线法计算的摊销费用，准予扣除。无形资产的摊销年限不得低于10年。企业应核查"累计摊销"科目中发生摊销时间是否低于税法规定的最低摊销年限，如果有摊销年限过低的，需及时作出调整。

19. 风险点：逾期未退包装物押金未按税法规定确认收入

逾期未退包装物押金未按税法规定确认收入，导致企业少计收入，少缴税款，为企业带来补缴税款、缴纳滞纳金和罚款的风险。

合规建议：企业应自行判断是否存在逾期未退包装物押金未按税法规定确认收入，若存在，企业应及时进行调整与纠正，避免产生补缴税款、缴纳滞纳金和罚款的风险。

20. 风险点：处置低值易耗品的收入未及时入账

如果企业未及时将处置低值易耗品的收入入账，可能会被税务机关认为存在逃税、偷税等行为，从而面临缴纳滞纳金和罚款等经济处罚。

合规建议：企业需检查是否有销售低值易耗品，并且取得的收入是否已及时入账报税。

21. 风险点：将应税收入申报为免税收入核算

应税收入是指企业应当按照税法规定申报纳税的收入，而免税收入是指按照税法规定可以免予缴纳税款的收入。如果企业将应税收入申报为免税收入核算，少缴税款，就会给自身带来被税务机关追缴税款、缴纳滞纳金和罚款的风险。

合规建议：企业应自查"主营业务收入""其他业务收入"账户的明细金

额，准确归类取得的收入类别，判断是否存在将不符合税收优惠的收入划为减免税类别的情况，若存在，应及时调整以规避风险。

22. **风险点**：企业虚增销售综合利用资源产品取得的收入

企业真实存在的综合利用资源产品取得的收入，按照税法可予以减计，但很多企业通过虚增销售收入的方式来减少应纳税所得额，少缴税款，给自身带来被税务机关追缴税款、缴纳滞纳金和罚款的风险。

合规建议：企业检查"主营业务收入""主营业务成本"科目的明细金额与总账金额，根据权责发生制原则，判断相关收入的确认是否符合税法的规定，有错及时调整与纠正。

23. **风险点**：企业承包经营、承包建设和内部自建自用基础设施项目错误享受三免三减半税收优惠

企业承包经营、承包建设和内部自建自用的铁路、公路、通勤班车等基础设施项目，未被列入《公共基础设施项目企业所得税优惠目录》，不得享受三免三减半的税收优惠政策。错误享受该优惠政策，会导致企业当期应纳税所得额减少，出现少缴企业所得税的情况，给企业带来被税务机关追缴税款、缴纳滞纳金和罚款的风险。

合规建议：企业应自查是否存在承包经营、承包建设和内部自建自用的铁路、公路、通勤班车等基础设施项目错误享受三免三减半的税收优惠政策，若存在，及时做纳税调整。

24. **风险点**：将购买的达到固定资产认定标准的设备直接计入当期生产成本在税前一次性扣除

企业将购买的达到固定资产认定标准的生产设备，如巷道车、破碎器械、筛选设备等的购置费用作为生产成本在税前一次性列支扣除，未做分期折旧处理，就可能导致少计提折旧，从而少缴企业所得税。

企业未正确处理生产经营过程中购买设备支出的成本费用，对其应当予以资本化的部分列入费用化部分在税前扣除，影响应纳税所得额，进而影响应纳税额，企业就可能面临补缴税款、缴纳滞纳金和罚款的风险。

合规建议：根据现行固定资产税前扣除政策，企业发生购进固定资产业务所产生的费用应当区分资本化支出和费用化支出两类。如果企业将资本化支出一次性计入费用化支出在税前扣除，就可能导致企业应纳税所得额减少，从而

少缴企业所得税。因此，企业应当按照固定资产的折旧方法，正确计提折旧，并在税前按月或按季进行扣除。

25. **风险点：免税的国债利息收入未准确划分**

税法规定，企业在国债到期前转让国债，仅持有期间国债利息收入免税。转让国债金额减去本金超持有期间利息的部分，无法享受免税。若企业就国债转让利息全额免税，企业就会少缴企业所得税，存在被税务机关追缴税款、滞纳金和罚款的风险。

合规建议：企业应核查已免征企业所得税的国债利息收入，是否符合税法规定的免税收入条件，是否准确计算免税利息收入，有无将非免税债券利息收入混入。

26. **风险点：企业存货计价方法前后不一致**

企业经常会出现不同时期使用不同的存货计价方法，或者在同一年度内变更存货计价方法的情况，使得财务报表和利润表不一致，影响税务处理，并给企业带来潜在的审计风险。

合规建议：企业应自查是否存在随意更改存货计价方法的情况，若存在，要及时调整存货计价方法，保持前后一致，并做相应纳税调整。

27. **风险点：建造、购置固定资产发生的应予以资本化的利息支出，错误地作为财务费用进行税前列支**

企业在建设、生产经营的过程中，与固定资产有关的更新改造等后续支出，符合固定资产确认条件的，应当计入固定资产成本，同时将被替换部分的账面价值扣除，如果企业将应予以资本化的利息支出作为财务费用税前扣除，就属于虚增费用。

合规建议：企业应根据《中华人民共和国企业所得税法实施条例》的规定自查，核查"财务费用""在建工程""固定资产"等科目，审核相关借款合同，用途支出，将应资本化的利息进行纳税调整。

28. **风险点：已预提汇缴年度工资、薪金未实际支付，但在汇缴年度扣除**

企业在纳税筹划时可能会虚增实际支出的工资、薪金来增加企业所得税税前扣除，也有可能无法在汇算清缴结束前实际支付已预提汇缴的年度工资、薪金，在税务局稽查时，企业很可能被认定为逃避缴纳税款。

合规建议：企业应准确计算工资、薪金支出，对于实际支付的已预提汇缴年度工资、薪金，在汇缴年度按规定扣除。自查是否有不符合规定的工资、薪金税前扣除的情况，有则及时改正，切勿以身试法。

29. **风险点：私车公用账面无车辆租赁费**

公司名下没有汽车，员工个人汽车用于公司公务后，公司采取实报实销的方式，承担车辆的相关费用，但账面无车辆租赁费发生额。若企业未与个人签订租车协议，个人也未向企业提供代开的租赁发票，则不允许税前扣除与车辆相关的费用，否则会被税务机关要求费用转出，面临补缴税款、缴纳滞纳金和罚款的风险。

合规建议：企业员工将私人车辆提供给企业使用的，应与企业按照独立交易原则签订租赁协议并提供租赁费发票，企业凭租赁费发票进行税前扣除。租赁合同约定的在租赁期间发生的，由企业负担且与企业使用车辆有关的、合理的费用，包括油费、修理费、过路费、停车费等，凭合法有效凭据进行税前扣除。与车辆所有权有关的固定费用包括车船税、年检费、保险费等，不论是否由企业负担均不予税前扣除。

30. **风险点：离退休等三类人员费用在所得税税前直接扣除**

企业支付的离退休职工统筹外退休津贴、统筹外费用，不属于与取得收入直接相关的支出，不能在企业所得税税前直接扣除。企业如果全额在税前扣除，则少缴了所得税，存在被税务机关追缴税款、缴纳滞纳金和罚款的风险。

合规建议：若不符合《国家税务总局关于企业工资薪金及职工福利费扣除问题的通知》（国税函〔2009〕3号）第三条规定，不在列举范围的不能作为福利费处理；若不符合《中华人民共和国企业所得税法实施条例》第二十七条规定，企业支付的离退休职工统筹外退休津贴、统筹外费用，不属于与取得收入直接相关的支出，不能在企业所得税税前直接扣除。

31. **风险点：专项资金改变用途后继续进行税前扣除**

据税法相关规定，企业提取的用于环境保护、生态恢复等方面的专项资金提取后改变用途的，不得扣除。继续扣除会导致企业多计支出、少缴税款，存在被税务机关追缴税款、缴纳滞纳金和罚款的风险。

合规建议：企业可自查是否存在上述情况，若存在，及时进行纳税调整。

32. 风险点：不符合规定的劳动保护支出未做纳税调整

企业以劳动保护为名，向职工发放的现金、人人有份的生活用品和非防护装备等福利，以及不合理的劳动报酬支出，不能在税前扣除。

合规建议：根据《用人单位劳动防护用品管理规范》的规定，劳动保护用品是指劳动者在劳动过程中为免遭或减轻事故伤害或职业危害所配备的防护装备。企业不得以劳动保护为名向职工发放现金、人人有份的生活用品、非防护装备等福利和劳动报酬支出。若出现此情况，企业应做纳税调整。

33. 风险点：计提的未实际行权的股权激励费用未做纳税调整

税务局在稽查股权激励支出时，会核查股权激励方案和股权激励实际费用列支情况。企业如果没有对员工未实际行权的股权激励费用做纳税调整，就会导致企业少缴所得税，面临补缴税款、缴纳滞纳金和罚款的风险。

合规建议：上市公司实行股权激励计划，实质上是通过减少企业的资本公积，换取公司激励对象的服务，会计准则将上市公司实行股权激励计划换取激励对象的服务的支出，认定为企业的营业成本，其属于企业职工工资薪金范畴。会计准则规定，上市公司股权激励计划一旦开始实施，其估计的金额将计入成本费用。

根据《国家税务总局关于我国居民企业实行股权激励计划有关企业所得税处理问题的公告》（国家税务总局公告2012年第18号）的规定，上述费用应在激励对象行权时给予扣除，计提的未实际行权的股权激励费用不得提前扣除，否则应做纳税调整。

34. 风险点：利息扣除不符合规定

企业取得的利息支出税前扣除凭证不符合税法规定或未取得税前扣除凭证，发生的借款利息支出不得税前扣除。因此，如果企业的利息扣除不符合规定，可能会面临补缴税款、缴纳滞纳金和罚款的风险。

合规建议：企业应审查税前扣除的利息支出，一是超过金融企业同期同类贷款利率的和不符合规定的利息支出；二是企业与个人之间不符合真实、合法、有效签订借款合同的借款利息支出。如果有这两种情况，应及时进行纳税调整。

35. **风险点：向非金融机构借款产生的利息支出扣除不合规**

企业在日常经营中有时需要通过对外借款以购买设备或者扩大再生产，向非金融机构借款，并将其超过银行同期贷款利率的利息支出部分予以税前扣除的，违反了《中华人民共和国企业所得税法》第四十六条规定，会产生补缴税款、缴纳滞纳金和罚款的风险。

合规建议：企业可自查是否存在向非金融机构借款的业务，若存在，就要看其贷款总数是否满足债资比例的要求，其贷款利率是否超过银行同期贷款利率，若存在上述情形，企业应及时进行纳税调整。

36. **风险点：虚增残疾人员工资**

某些企业以安置残疾人员就业为由，将普通员工工资混入残疾人员工资支出中，以此虚增残疾人员工资支出总额，从而减少企业应纳税所得额，降低企业应缴纳的企业所得税，使企业面临被税务机关追缴税款、缴纳滞纳金和罚款的风险。

合规建议：企业应自查是否存在将普通员工工资混在残疾人员工资支出中，虚增残疾人员工资支出总额的情况，若存在，应及时调整残疾人员工资支出，补缴企业所得税。

如个人购买的生活用品、礼品、金银首饰以及其他个人家庭消费发票，已出售给职工个人的住房的维修费，职工参加社会上学历教育以及个人为取得学位而参加在职教育所需费用等应由个人负担的费用，企业不得作为企业发生费用在税前列支。

合规建议：企业应核查是否有在"管理费用""销售费用""财务费用""生产成本""制造费用"等成本费用科目中列支应由职工个人负担的个人所得税、私人生活用品、家庭支出等费用的情况，如有，应及时进行纳税调整。

38. **风险点：不合规定的商业保险费误在税前扣除**

税法规定，企业为职工缴纳的商业保险费（特殊工种职工除外），如非因公出差的意外保险、非补充医疗保险等，不得在税前扣除，否则会导致企业少缴税款，存在被税务机关追缴税款、缴纳滞纳金和罚款的风险。

合规建议：企业应自行检查是否存在为员工缴纳商业保险费的情况，若存在，应核查有无将商业保险费在税前予以扣除，若直接扣除则企业应对计税基础进行纳税调整，将"五险一金"与商业保险费合理区分，分开记账。

39. 风险点：税款滞纳金和罚款支出在税前扣除

企业如果在税前扣除了税款滞纳金和罚款支出，会使应纳税所得额低于实际值，导致少缴纳企业所得税，存在被税务机关追缴税款、缴纳滞纳金和罚款的风险。

合规建议：企业应自查在"管理费用""营业外支出"等科目里支付的税款滞纳金和各种行政罚款，是否在企业所得税申报时做了纳税调整。如果存在税前扣除税款滞纳金和罚款支出的，应及时进行纳税调整。

40. 风险点：企业虚增工资、薪金总额作为限额扣除的基数

企业为了避免利润过高，或者因为成本费用无票进来造成利润虚高，铤而走险地在税前扣除的工资薪金中虚假提高基本工资、奖金、津贴、补贴、年终加薪。职工福利费超过税法规定的扣除标准会影响企业应纳税所得额，导致企业少缴税款。因此，职工福利费扣除额是否超过标准也是税务稽查的重点内容。

合规建议：企业应该按照税法规定准确计算工资、薪金支出，对于不符合工资、薪金要求的福利性补贴，应作为《国家税务总局关于企业工资薪金及职工福利费扣除问题的通知》（国税函〔2009〕3号）第三条规定的职工福利费，按规定计算限额税前扣除。建议企业自查职工福利费发生额，职工福利费税前扣除是否对超过工资、薪金总额14%的部分进行了税前列支，切记按照税法规定的比例范围做税前扣除。

41. 风险点：劳务派遣人员工资计入工资、薪金加大"三费"扣除基数

企业将劳务费支出计入工资、薪金，导致工资、薪金范围不符合税前扣除标准，继而加大了"三费"扣除限额，减少了企业应纳税所得额，少缴了所得税，给企业带来税务稽查风险。

合规建议：工资、薪金的支付应以工资表按实列支，并按规定代扣代缴工资、薪金类个人所得税；对支付劳务报酬的企业可到劳务地主管国税机关申请代开劳务服务发票，并扣缴相应的个人所得税等税费，据以入账，企业取得了代开发票的，可在企业所得税税前扣除。劳务款和工资、薪金这两种支出的计税方式完全不同，核算科目也不同，工资、薪金的支付一般通过"应付职工

薪酬"科目核算，劳务报酬则通过"主营业务成本—人工费或劳务费"科目核算。企业应将劳务费支出从工资、薪金中调出，调增应纳税所得额，补缴所得税。

42. **风险点：职工福利费税前扣除超过税法规定的扣除标准**

企业对实际发生的职工福利费，超过工资、薪金总额14%的部分进行税前列支，影响了企业的应纳税所得额，导致企业存在补缴企业所得税、缴纳滞纳金和罚款的风险。

合规建议：企业发生的职工福利费支出，不超过工资、薪金总额14%的部分，准予扣除。企业应自行检查实际的职工福利费发生额是否合规，职工福利费税前扣除比例是否在税法规定的比例范围内，若企业存在上述问题，应及时进行调整与纠正。

43. **风险点：已计提但未实际支出的职工教育经费在税前进行列支**

有些企业对职工教育经费税前扣除的计算操作有误，将已计提但未实际支出的职工教育经费在税前进行列支，少缴企业所得税，导致企业存在补缴所得税、缴纳滞纳金和罚款的风险。

合规建议：自2018年1月1日起，企业发生的职工教育经费支出，不超过工资、薪金总额8%的部分，准予在计算企业所得税应纳税所得额前扣除；超过部分，准予在以后纳税年度结转扣除。企业应当按照相关规定，正确核算职工教育经费的支出和结余情况，确保财务信息的真实性和准确性。

44. **风险点：企业随意扩大适用加计扣除的适用范围**

企业在适用加计扣除政策时，将不符合税法规定的各项费用也并入可加计扣除的范围，在税前进行扣除，如常规性升级的费用、房屋折旧等，影响了当期的应纳税所得额，产生补缴税款、缴纳滞纳金和罚款的风险。

合规建议：企业应当自行检查成本费用类账户的总账金额与明细金额是否符合《中华人民共和国企业所得税法》第三十条规定，并根据配比原则判断是否存在多计费用扣除或对不合规的费用加计扣除的情形，若存在，须及时调整和纠正。

45. **风险点：研发费用和生产经营费用未分别核算，导致无法进行所得税税前加计扣除**

企业在进行会计核算的时候，研发费用和生产经营费用没有分别核算，导致不能实行加计扣除，从而导致企业多缴纳企业所得税，给企业带来不必要的经济负担。

合规建议：企业应按照国家财务会计制度要求，对研发支出进行会计处理；同时，对享受加计扣除的研发费用按研发项目设置辅助账，准确归集核算当年可加计扣除的各项研发费用实际发生额，分别核算生产经营费用和研发费用，按照规定加计扣除。

46. 风险点：工会经费实际拨缴数小于计提数未做纳税调整

企业在生产经营过程中对发生的工会经费随意扩大其扣除金额，影响应纳税所得额，进而影响应纳税额，产生补缴税款、缴纳滞纳金和罚款的风险。

合规建议：工会经费的税前扣除应满足三个条件：第一，必须是实际缴纳数；第二，税前扣除额不能超过税法规定的2%的限额，超限额部分不能向以后年度结转扣除；第三，必须有符合规定的税前扣除凭据。

47. 风险点：广告费和业务宣传费支出超过税法扣除标准

企业将广告费和业务宣传费超过当年销售（营业）收入15%的部分进行税前列支，会造成多计支出，导致企业少缴税款。税务机关一旦查获，会要求补缴税款、缴纳滞纳金和罚款。

合规建议：根据相关规定，对于一般企业，发生的广告费和业务宣传费支出，企业可能将超过当年销售（营业）收入15%的部分进行税前列支，从而少缴税款。需要注意的是，化妆品制造或销售、医药制造和饮料制造（不含酒类制造）企业扣除限额是收入的30%，而烟草企业的烟草广告费和业务宣传费支出不得税前扣除。建议企业自查发生的广告费和业务宣传费，广告费和业务宣传费税前扣除额须在税法规定的比例范围内。

48. 风险点：企业捐赠不符合公益性捐赠扣除条件

为了鼓励企业参与社会公益事业，政府会提供一些税收减免或抵免政策。然而，这些政策对捐赠对象、方式和用途有明确的规定。如果企业的捐赠行为不符合这些规定，那么其捐赠支出可能无法获得相应的税收减免或抵免，从而增加企业的涉税风险。

合规建议：企业应根据相关规定自查是否存在公益性捐赠行为，若存在，务必严格遵守相关程序和法规，确保捐赠款项流向国家有关部门指定的公益性组织，并及时取得有效的捐赠证明文件，以备税务机关审查。此外，企业还需注意，在享受公益性捐赠的税前扣除政策时，其扣除金额不得超过年度利润总额的12%。

49. 风险点：业务招待费支出超过税法扣除标准

企业将业务招待费支出超过税法扣除标准的部分进行税前列支，就会导致企业少缴税款，引发补缴税款、缴纳滞纳金和罚款的风险。

合规建议：企业发生的业务招待费支出，在计算应纳税所得额时准予扣除的比例为60%，但最高不得超过当年销售（营业）收入的5‰。建议企业自查职工业务招待费发生额，业务招待费税前扣除比例应在税法规定的比例范围内。

50. 风险点：关联企业之间借款未按独立交易原则确认利息收入

关联企业之间的借款协议没有明确规定利率、借款期限等关键条款，或者没有签订正式的借款合同，没有按照独立交易原则收取利息，导致国家少收增值税、所得税等税款，给企业带来补缴税款、缴纳滞纳金和罚款的风险。建议企业按照如下方式进行税务合规处理。

（1）建立明确的借款协议。

关联企业之间应签订详细的借款协议，明确借款金额、利率、借款期限、还款方式等关键条款。借款协议应基于市场条件和独立交易原则制定，确保利率的合理性和公正性。

（2）借款利率需参考市场利率。

在确定借款利率时，应参考同行业或类似交易的市场利率水平。如果关联企业之间的借款利率与市场利率存在显著差异，应提供充分的理由和证据支持。

（3）关注和遵守税法规定，及时调整。

关联企业应确保借款交易符合税法规定，规避税务风险。在进行税务申报时，应如实申报借款利息收入，确保税务报表的准确性和完整性。

企业应关注税法及相关规定的更新变化，及时调整借款交易的合规策略。在发现不合规情况时，应及时采取措施进行整改，避免税务风险扩大。

除此之外，企业也可以寻求财务、税务和法律等专业机构的支持，确保借款交易的合规性和合法性。专业机构可以帮助企业评估税务风险、提供合规建议，并协助企业进行税务申报和审计。

五、企业注销后的涉税稽查风险

很多老板认为，企业注销了就不用负法律责任了，但很显然这种认知是错误的。下面来看几个案例。

【案例 7-19】

已注销的合伙企业被查被罚

2021 年 12 月 28 日至 2022 年 8 月 12 日，9 名合伙人从已注销的安阳市某企业管理咨询合伙企业（有限合伙）取得的收入未足额申报缴纳个人所得税。同年 12 月，国家税务总局安阳市税务局第一稽查局发布《税务处理决定书》送达公告，对 9 名合伙人进行了税务检查，追缴少缴个人所得税（共计 438 万元）并加收滞纳金。

根据《中华人民共和国合伙企业法》第三十九条、第九十一条的规定，合伙企业不能清偿到期债务的，合伙人承担无限连带责任。合伙企业注销后，原普通合伙人对合伙企业存续期间的债务应承担无限连带责任。本案注销前有未申报缴纳的税款，注销后税务机关有权依法追缴。

【案例 7-20】

有限公司注销后被追缴税款、滞纳金和罚款

贺某某系辽宁某拍卖有限公司（双注销企业）实际经营人，2016 年 5 月拍卖期间，隐瞒拍卖所得两笔佣金收入共计 28,191,500 元。2021 年 11 月，国家税务总局沈阳市税务局第二稽查局对贺某某涉税情况进行了检查，追缴其少缴的增值税、城市维护建设税、企业所得税，应补税款合计 7,740,742.12 元；按日加收滞纳税款万分之五的滞纳金；对少缴的增值税、企业所得税等拟处 3 倍罚款，金额合计 23,099,059.62 元。

从案例 7-20 可以看出，税务局是从对贺某某涉税情况的检查，顺藤摸瓜查到其已注销的有限公司"生前"有偷漏税行为的，最后向其追缴税款、滞

纳金，并处以罚款。

【案例 7-21】

已注销个人独资企业被稽查

据国家税务总局淮安市税务局第一稽查局披露，其检查人员 2022 年 1 月发现已注销的涟水县某医药咨询服务部（个人独资企业）在 2018—2019 年间的个人所得税申报异常，要求该单位原负责人提供账簿及涉税成本资料作说明。该企业作出说明：当时被告知是核定征收，所以没有建账。最后，税务机关向该企业追缴税款，并依法加收滞纳金共计 242,620.9 元。

很多个人独资企业存在一个误区，以为获得核定征收就不用建账，这是错误的。根据《中华人民共和国税收征收管理法》的规定，个人独资企业注销后的账务账册应该至少保存十五年。该企业没有建账，无法提供账册自证清白，最后被追缴税款并加收了滞纳金。

【案例 7-22】

注销后被追究虚开发票罪的刑事责任

曹某某是吉林长春双阳区某人造板厂的实际负责人，已注销的吉林长春双阳区某人造板厂本与长春某汽车零部件有限公司订立了货物买卖合同，让某木业有限公司代开了 37 张增值税专用发票。

查验该企业的银行流水后，税务机关发现该笔货款是以现金的形式结清的，该单位取得上述收入未进行纳税申报，属于偷税行为。而其中代开 37 张增值税专用发票属于虚开发票行为。税务机关决定对该个体工商户追缴应补增值税 98,183.73 元、城市维护建设税 6,872.86 元、个人所得税 68,701.73 元，并按日加收万分之五的滞纳金。因曹某某存在虚开增值税专用发票的行为，税务机关将该案移送公安机关，依法追究其刑事责任。

案例 7-22 是一个典型的行政处罚结合刑事处罚的案件。曹某某是吉林长春双阳区某人造板厂（个体工商户）的实际负责人，不仅是直接被追缴税款、加收滞纳金的对象，更是虚开发票的直接责任人。尽管该个体工商户已注销，仍然不影响税务机关和司法机关对曹某某进行追责。

综上可见，企业注销涉税风险点，主要表现在企业注销前负债（包括税务债款）未清偿、偷漏税、虚开发票和滥用税收优惠政策这四大违规行为。并且，不管是合伙企业，还是有限公司，抑或是个人独资企业，只要有偷逃税款行为，都会被依法追究责任。

企业在办理税务登记注销时，要注意履行相关责任，遵守相关规定，确保没有税收违法行为。金税四期时代，一个涉税点处理不当，就足以将企业注销前的偷逃税行为揪出来，即使企业已注销也逃不过国家税务监管的法网。

第八章

税务稽查风险及应对策略

第一节 税收违法犯罪行为的法律责任

税收违法犯罪行为的法律责任分为行政法律责任和刑事法律责任两种。

一、纳税人或扣缴义务人的税收行政法律责任

税收行政法律责任是指税收法律关系主体违反税法规范，尚不构成犯罪的，由税务机关或其提请的有关部门依照行政程序所给予的税收行政制裁。

纳税人或扣缴义务人，包括企业、事业单位、个体工商户、个人及其他从事生产经营的主体等。若违反税收相关的法律、法规、政策，后果主要是行政处罚，包括责令改正，追缴税款、缴纳滞纳金和罚款，没收违法所得，取消出口退税资格，等等。违法项目及其对应的税收行政法律责任可见表8-1。

表8-1 违法项目及其对应的税收行政法律责任

违法项目	纳税人或扣缴义务人的税收行政法律责任
违反税务登记管理制度	责令限期改正，罚款
违反账簿管理制度	责令限期改正，罚款
违反纳税申报制度	限期申报，依法追缴税款、滞纳金，处50%～5倍罚款
违反税务检查	责令限期改正，依法追缴税款、滞纳金，处50%～5倍罚款
违反税款征收制度	依法追缴税款、滞纳金，处50%～5倍罚款，取消出口退税资格，构成犯罪的依法追究刑事责任
违反发票管理制度	责令限期改正，吊销执照，罚款，没收违法所得，构成犯罪的依法追究刑事责任

【案例8-1】

违反税务登记管理制度最终不予处罚

A商贸公司在县城新设一个营业部，于2020年4月1日在该县工商行政

管理局办理了登记手续,并领取了营业执照,但一直没有办理税务登记。某县税务局在 8 月 6 日的税务检查中发现这一情况后,要求其缴纳税款,同时要求其在指定期限内办理税务登记。

A 商贸公司认为县税务局计算的税款过高,超出应纳税额的 20%。于是向该县人民法院提起行政诉讼,要求法院调整应纳税额。人民法院经过审查,作出不予受理的决定。

有些纳税人,尤其是个体工商户,办理了营业执照,但没有要办理税务登记的意识,或者故意不办理税务登记以达到不缴税的目的,本案就是这样的一个案例。A 商贸公司确实违反了税务登记管理制度规定,所以其提出的行政诉讼未被法院受理。此类案件中,若税务机关执法程序没有错,事实认定清晰,处罚程度在法律范围内,那么纳税人很难胜诉。因此建议纳税人遵守法律法规,按时办理税务登记,以免出现难以承受的行政后果。

【案例 8-2】

账外单据引发的查封、扣押、处罚稽查

2008 年 8 月 28 日,某区国税局中心税务所对所属某商场 2007 年度的纳税情况进行检查。稽查人员到该商场财务部门向有关人员出示税务检查证后,开始对该商场的纳税情况进行检查。稽查人员从该商场的一个沙发后发现一本销售单据,经清点核对,属于账外单据,未记入销售收入账簿,共应补缴增值税 3 万元,应征滞纳金 2 万元。

该商场法人刘某发现后,指使有关人员将账外单据夺回,将稽查人员推出门外,还给有关人员打电话,调集车辆准备将现存商品货物转移运走。

当日下午,稽查人员迅速返回中心税务所,报经所长批准后,开具《查封(扣押)证》,会同公安人员一同返回该商场。当即查封了该商场价值 8 万余元的商品货物,并向该商场开付查封清单。

8 月 29 日,稽查人员在履行了有关法定手续后,向该商场下达了《税务处理决定书》,认定该商场偷税 3 万元,限期缴纳,同时还送达了《税务行政处罚告知书》,告知该商场,对其偷税行为将按照所偷税款给予 1 倍罚款,对其拒绝检查行为罚款 2,000 元。

该商场法人刘某觉得理亏,怕事情闹大,放弃听证权利。8 月 30 日,稽

查人员在履行了有关法定手续后,向该商场下达了《税务行政处罚决定书》。

8月31日,刘某主动将5万元现金送交中心税务所缴税。9月1日,刘某又将3.2万元现金送交中心税务所缴纳罚款。稽查人员当即履行有关法定手续,解除对该商场商品货物的查封。

在案例8-2中,虽然稽查人员在执法过程中存在部分不规范行为,但对该商场的税务处罚并未违反法律规定,不影响纳税人承担补缴税款,缴纳滞纳金以及因其拒绝检查而被处以的2,000元罚款的法律责任。因此,财务规范、税务合规,才是企业规避税务风险的最好选择。

二、纳税人或扣缴义务人的税收刑事法律责任

税收刑事法律责任是针对违反税法行为情节严重,已构成犯罪的当事人或者直接责任人所给予的刑事制裁。税收刑事法律责任包括管制、拘役、有期徒刑等,违法项目及其对应的税收刑事法律责任可见表8-2。

表8-2 违法项目及其对应的税收刑事法律责任

违法项目	纳税人或扣缴义务人的税收刑事法律责任
逃避追缴欠税罪	管制、拘役、有期徒刑、无期徒刑;附加刑包括处罚款、剥夺政治权利、没收财产等
抗税罪	
虚开增值税专用发票罪	
伪造或出售伪造的增值税专用发票罪	
骗取出口退税罪	

对于企业严重的税收违法行为,涉及犯罪的,税务部门会将案件移交司法部门,由公安部门侦办,进入司法程序。下面来具体看一看几种涉及犯罪的税收违法行为及其量刑标准。

1. 逃避追缴欠税罪

逃避追缴欠税罪,是指纳税人故意违反税收法规,欠缴应纳税款,并采取转移或隐匿财产的手段,致使税务机关无法追缴欠缴税款数额较大的行为。

【案例 8-3】
企业负责人逃避追缴欠税被判刑

东莞某五金公司,在东莞市经营,向某是公司的法定代表人兼实际经营者,负责公司日常事务及财务事项的管理。2015 年 4 月及 2016 年 4 月,税务机关经审查,发现该公司已用于抵扣税款的增值税专用发票存在问题,便先后于 2015 年 4 月 20 日、2016 年 4 月 26 日出具《税务处理决定书》2 份,向该公司追缴已抵扣税款共计 456,693.62 元,并将上述文书送达该公司。向某收到《税务处理决定书》后,并未向税务部门补缴相应税款,并多次将公司对公账户收取的资金转移到其个人账户内,逃避税务机关的追缴。

2021 年 5 月 7 日零时许,民警经侦查抓获向某。截至案发之日,该公司欠缴税款 456,693.62 元、滞纳金 10,000 元。案发后,向某的家属已代该公司补缴税款 456,693.62 元及滞纳金 10,000 元。

法院判决:

(1)被告东莞某五金公司,犯逃避追缴欠税罪,判处罚金 46 万元(罚金在判决生效后 10 日内一次性向本院缴纳,上缴国库)。

(2)被告人向某犯逃避追缴欠税罪,判处其有期徒刑 3 年,缓刑 3 年,并处罚金 46 万元(已缴纳罚金 4 万元,剩余罚金在判决生效后 10 日内一次性向本院缴纳,上缴国库)。

逃避追缴欠税罪,是税收征管刑事案件占比极高的一项犯罪行为。

于企业而言,逃避缴纳税款被查处是企业经营中必须时刻注意的事情。逃避缴纳税款不仅会给企业造成经济损失,还会影响企业声誉和信誉,严重者还可能被纳入黑名单,限制企业的发展。因此,企业首先要保证账务清晰、记录准确,防范虚开、重复开票等行为;其次,建立健全内部控制制度,加强内部风险评估,尽量在预计的应纳税额内申报和缴纳税款,避免出现漏报、少报、虚报和偷逃税行为;再次,根据自身实际情况和税收政策规定,采取合理的纳税筹划,加强内部管理,规范经营行为,尽力做到税务合规;最后,企业应积极配合税务机关的检查和调查,遵守税收政策和法律法规。如果企业发现确实存在逃税行为,应该及时主动纠正,积极配合税务机关的调查和处理工作,主动与税务审计人员互动,及时补充申报和补缴税款。

于企业负责人而言,"逃避缴纳税款不予追究刑事责任"需同时满足三个条件:

(1) 税务机关依法下达追缴通知后,纳税人主动补缴了税款、缴纳了滞纳金和罚款;

(2) 纳税人5年内未因逃避缴纳税款受过刑事处罚;

(3) 纳税人5年内未被税务机关给予2次以上行政处罚。

2. 抗税罪

抗税罪是指纳税人、扣缴义务人故意违反税收法律,以暴力、威胁方法拒不缴纳应缴税款的行为。对情节轻的,处3年以下有期徒刑或拘役,并处拒缴税款1倍以上5倍以下的罚金。

若存在以下情形,处3年以上7年以下有期徒刑,并处拒缴税款1倍以上5倍以下罚金:

(1) 聚众抗税的首要分子;

(2) 抗税数额在10万元以上;

(3) 多次抗税;

(4) 故意伤害致人轻伤。

【案例8-4】

"只是说话难听"构成的抗税罪

2010年4月,被告人王某以其姐夫的名义开办某县HZ驾驶员培训学校(以下简称"HZ驾校")。

2010年7—9月,某县税务局多次给HZ驾校下发催缴税款通知等相关文书。

2010年9月16日,某县税务局向HZ驾校送达了《催缴税款通知书》,核定2010年4—8月的税款为5,000元,限2010年9月18日前缴纳。

2010年10月,某县地税局工作人员杜某某、饶某某带着行政处罚告知书来到HZ驾校找王某,但王某拒绝在告知书上签字,并威胁说:"你们回去告诉郭某某,等回头我安排手下几个小弟到学校帮他接小孩。"

2010年11月,王某交给饶某某1,300元,称是HZ驾校一年的税款。

至案发,HZ驾校没有再缴过税。后某市人民检察院以抗税罪提起公诉。

被告人王某辩解自己是按照税务部门要求缴税，只是说话难听，并不构成抗税罪。

法院判决：王某的辩解理由与查明的事实不符，不能成立，以抗税罪判处其有期徒刑6个月，并处罚金1万元。

在案例8-4中，法院认定王某构成抗税罪主要是因为其行为已符合两个法定条件：一是"你们回去告诉郭某某，等回头我安排手下几个小弟到学校帮他接小孩"这句话针对的对象是税务人员，构成了威胁方法；二是既不签收通知，又不按时缴纳税款，构成了拒不缴纳税款的行为。因此，本案被告人王某称"自己是按照税务部门要求缴税，只是说话难听"的辩解并没有获得法院的采信。在此提醒企业，抗税罪是行为犯，其成立与否，与抗拒缴纳税款数额的大小无关，只要实施了以暴力、威胁方法拒不缴纳税款的行为，不论税款多少，均可能引发抗税罪的刑事风险。

特别要注意的是，威胁方法既包括当面直接言语威胁，也包括采取其他间接的方法威胁，如打恐吓电话、寄恐吓信件等。只要行为人实施了以暴力、威胁方法抗拒纳税的行为，就构成犯罪。当企业确实欠税，在面对税务执法人员前来催缴或者送达税务通知书时，一定要注意言行举止，避免触犯法律，招来牢狱之灾。

3. 虚开增值税专用发票罪

虚开增值税专用发票罪是指为了牟取非法经济利益，故意违反国家发票管理规定，虚开增值税专用发票，给国家造成损失的行为。这种行为不仅触犯了法律，而且会对社会造成严重危害。

虚开的税款数额在5万元以上的，以虚开增值税专用发票罪处以3年以下有期徒刑或者拘役，并处2万元以上20万元以下的罚金。

虚开的税款数额在50万元以上的，认定为《刑法》第二百零五条规定的"数额较大"，处3年以上10年以下有期徒刑，并处5万元以上50万元以下罚金。

虚开的税款数额在250万元以上的，认定为《刑法》第二百零五条规定的"数额巨大"，处10年以上有期徒刑或者无期徒刑，并处5万元以上50万元以下罚金或者没收财产。虚开税款数额每增加1万元，刑期增加1个月。

当虚开发票有下列情形之一的,不适用缓刑:

(1) 虚开增值税专用发票税款数额在 30 万元以上或使国家税款被骗取 25 万元以上;

(2) 曾因虚开增值税专用发票被行政处罚或判刑;

(3) 虚开增值税专用发票累计 5 次以上;

(4) 未按规定缴纳 60%以上罚金。

特别提醒:单位犯罪的,会对单位判处罚金,并对对其直接负责的主管人员和其他直接责任人员判刑。

【案例 8-5】

两名 90 后会计在特大虚开发票案中被判刑罚

付某成立的厦门××工贸有限公司,聘请 2 名 90 后会计黄某和陈某做财务,在 2013 年 11 月至 2016 年 7 月间,两名会计在明知厦门××工贸有限公司等 23 家公司没有实际货物交易的情况下,协助主犯付某记录内账、虚构合同、资金走账、开具增值税专用发票等,税额合计 2.57 亿元。

尽管两名会计系从犯,但鉴于其犯罪事实及后果,两人最终被法院判决犯虚开增值税专用发票罪,被分别判处有期徒刑 7 年,并处罚金 15 万元。

案例 8-5 中有两个关键词,一是"会计",二是"内账"。

先说第一个关键词,"会计"。实务中,票贩子、企业负责人涉案虚开增值税专用发票屡见不鲜,但会计涉案被判刑的相对较少,因为作为会计,需要考取证书,有相关法律风险意识,也有职业道德的约束,一般不敢铤而走险地参与虚开发票,而本案是一个非常典型的会计参与犯罪的案例。

再说第二个关键词,"内账"。很多企业都会做两套账,外账又称税务账,内账又称经营账,因为要实现少缴税的目的,所以企业的外账一般会比内账"瘦"。很多企业设置两套账的原因包括三个方面:第一,少缴税;第二,基于管理需要,内部管理者比税务人员更需要全面、细致的财务数据;第三,很多公司普遍存在材料费用取不到发票,或者不按时取得增值税发票抵扣的情况,无力承担 13%的增值税和 25%的所得税,不得不采用两套账模式。

很多老板尽管知道做两套账会有风险,但还是心存侥幸。"以数治税"时代,"非税"业务已经被纳入税务监管,建议企业按税法规定只做一套账,真实反映企业经营业务,否则,企业涉税风险是非常高的。如果企业确实希望降低税负,可以组织财务、业务及管理人员加强财税知识学习,合法合规地进行纳税筹划,优化税务管理,降低税务风险,这才是企业长久安全的经营之道。

4. 伪造或出售伪造的增值税专用发票罪

伪造或出售伪造的增值税专用发票罪是指非法印制、复制或者使用其他方法伪造增值税专用发票,或者非法销售、倒卖伪造的增值税发票的犯罪行为。

【案例 8-6】

苗某、冯某介绍购买伪造增值税专用发票

2017 年 6 月,邯郸市某贸易有限公司业务员李某通过被告人苗某、被告人冯某介绍从王某波(另案处理)处花费 661,666 元购买了 71 张增值税专用发票,价税合计 8,030,170.69 元,累计票面额 701,000 元。开票方为山西太原某煤业有限公司,其中受票方邯郸市某贸易有限公司有发票 44 张,价税合计 5,090,100 元,受票方漯河市某贸易有限公司有发票 27 张,价税合计 2,940,070.69 元。购票款经冯某等人层层扣除利润后转给王某波 442,100 元,冯某获利 36,200 元,已全部退赃。经查,71 张增值税专用发票系伪造。

判决结果:

1. 被告人苗某犯非法出售伪造增值税专用发票罪,判处其有期徒刑 2 年 6 个月,并处罚金 5 万元。

2. 被告人冯某犯非法出售伪造增值税专用发票罪,判处其有期徒刑 2 年,并处罚金 5 万元,退缴违法所得 36,200 元,依法予以没收,上缴国库。

案例 8-6 所示是一个介绍购买伪造增值税专用发票案,无论是出售方王某波(判决时在逃),还是介绍人苗某、冯某,都对国家税收征管造成了危害,其中苗某、冯某分别被法院判处有期徒刑、处罚金、退缴违法所得等刑罚。而出于善意购得伪造发票的邯郸市某贸易有限公司,也受到了行政处罚,转出涉案的 71 张抵扣进项发票,补缴了税款,缴纳了滞纳金,最后也成为本案的输家。因此,建议企业在取得增值税专用发票前一定要以真实业务的发生为前提,事中要有严格查验核实发票的环节,事后定期做发票体检,避免善意取得也要缴纳滞纳金的损失。

5. 骗取出口退税罪

根据行为人骗取出口退税的模式将骗取出口退税罪的行为分为两类处罚方式：其一，对于直接通过假报出口的方式或者其他欺骗手段骗取国家出口退税款的，或在缴纳税款后骗取所缴纳税款的，对于骗取税款超过所缴纳税款的部分，按照骗取出口退税罪定罪处罚；其二，对于在缴纳税款后通过前述方式将所缴纳税款骗回的，按照逃税罪定罪处罚，且适用逃税罪的处罚阻却事由。

骗取国家出口退税款 5 万元以上的为"数额较大"，骗取国家出口退税款 50 万元以上的为"数额巨大"，骗取国家出口退税款 250 万元以上的为"数额特别巨大"。

很多案件中，骗取出口退税的实施人，同时会虚开增值税专用发票，实施人同时触犯了骗取出口退税罪和虚开增值税专用发票罪，面临择一重罪处罚，甚至数罪并罚的后果。

【案例 8-7】

一条线索引出发票案中案

据《青海法治报》报道，2020 年 5 月，某生物技术公司的几张发票引起国家税务总局青海省税务局稽查局的注意。这几张发票指向 2015 年以来，该公司让他人虚开购买设备类增值税普通发票用于抵扣税款。国家税务总局青海省税务局稽查局立即将此线索移送至省公安厅。2020 年 7 月，省公安厅与省税务局、西宁海关通力协作成立联合专案组侦办此案。

这起出口退税案，仅调查取证就历时 8 个多月，民警奔赴全国 10 个省份 20 余个市（州），走访调查了 200 余家公司，证实从 2013 年起，该公司迪某、王某一、张某一、王某二等人便以公司名义虚开抵扣税款发票，虚构 30 余名客户收购沙棘类农副产品和支付收购货款的事实，虚开可用于抵扣税款的农副产品收购发票 1,278 张，金额约 1.24 亿元，抵扣进项税款约 1,597 万元，价税合计约 1.4 亿元。

在 2017—2020 年期间，他们利用该公司及海东某生物科技公司从外省购买普通淀粉冒充该公司生产的专利产品出口，骗取国家出口退税约 930 万元。

迪某、王某一、张某一等人并不满足于此，又以公司名义虚构购买机械设备事实，让外省 8 家公司向该公司虚开增值税普通发票 118 张，价税合计约

1,170万元，又以该公司的名义向银行提供虚假的审计报告、财务资料、贷款用途、购销合同等材料，骗取银行贷款2,400万元……

青海省西宁市中级人民法院2023年7月3日依法判决：

某生物技术公司因虚开抵扣税款发票、骗取出口退税，被判处罚金1,030万元；海东某生物科技公司因骗取出口退税，被判处罚金15万元。被告人迪某犯虚开抵扣税款发票罪、虚开发票罪、骗取出口退税罪、诈骗罪，数罪并罚，被判处有期徒刑25年，并处罚金1,030万元；被告人王某一犯虚开抵扣税款发票罪、骗取出口退税罪、诈骗罪，数罪并罚，被判处有期徒刑8年，并处罚金250万元；被告人张某一犯虚开抵扣税款发票罪、骗取出口退税罪、诈骗罪，数罪并罚，被判处有期徒刑8年，并处罚金250万元；被告人王某二犯虚开发票罪，被判处有期徒刑1年，缓刑2年；被告人张某二犯骗取出口退税罪，被判处有期徒刑3年，缓刑4年，并处罚金20万元。

案例8-7所示是一个典型数罪并罚的案件，涉案人员作案时间长，涉及罪名多，并且累计涉案金额大。涉案人员一开始应该是抱着以身试法的心态试试水，随后发现屡屡得手后"没事"，胆子就越来越大，同类案件犯罪分子大都有相似的心理，最终走上了犯罪的不归路。

企业若要规避此类风险，有如下建议。

首先，不要有骗取出口退税的念头和行为，要积极学习最新出口退税政策，坚持诚信纳税，如实申报。

其次，要知道哪些"雷区"是绝对不能碰的，比如：

（1）"买单配票"。"买单配票"是指退税人向第三方购买那些无法申请退税或者不需要退税的出口货物信息，获取虚假报关单，制作虚假购销合同、虚开发票以及虚假收汇等，以此向税务机关申请退税。

（2）借助虚假的道具货物或空集装箱进行循环进出口，从而骗取出口退税款。

（3）通过伪造虚假买卖合同或虚假签订买卖合同等手段，虚假提高出口货物的出口价格，甚至高于正常价格或实际价格数倍，以骗取出口退税。

（4）伪装自营，利用企业的出口退税资格帮助他人实施骗税。

（5）谎报商品类目，借助退税率的高低差骗取出口退税。

再次，企业可建立出口退税专项合规防范风险体系，对出口全流程如合作伙伴审核、出口管理、发票管理和外汇管理进行监控，及时发现潜在风险，切实做到合规合法经营。

最后，企业若自查出自己确实有此类行为，应当主动及时补缴税款、缴纳滞纳金和罚款，积极接受税务机关的行政处罚，避免被追究刑事责任。若无辜涉案，应积极与税务机关沟通，及时提交自身不构成骗税的相关说明和证据材料，避免被移送刑事侦查。

第二节　企业应如何应对税务稽查

税务稽查实际上是在调查事实的基础上对事实作出的税务定性，涉及事实到定性的转化。在此过程中，时常还需搞清楚事实所对应的法律关系，若法律关系认定错误很可能导致税务定性错误。

一个税务稽查案件要得出税务结论，通常会经历几个环节，包括案头分析、调查实施、法律定性和税务定性。企业遇到税务稽查时，建议可以按照如下几点积极应对。

一、积极配合税务稽查的执行部门

负责税务稽查的执行部门，除税务局外，还包括海关、财政部驻各省（市）的财政监察专员办事处和审计署驻各省（市）的特派员办事处，它们都有监督检查税务局是否依法征税的权力。这些部门在检查税务局时，往往会进一步延伸到对纳税人的检查。无论上述哪个执法部门开展稽查，企业都应积极配合其工作。企业可从稽查地点选择、稽查后勤保障、稽查争议处理等方面提供必要的协助。

二、争取选择现场稽查

稽查地点既可以是企业现场，也可以是执法机关内部。企业应尽量争取执法人员同意到企业现场稽查，既便于执法人员工作，又便于纳税人与执法人员及时、有效地沟通，避免误判给企业造成损失。

三、做好税务稽查的前期准备

绝大部分税务稽查都会预先告知纳税人检查时间、需要准备的资料。企业接到通知后，应分析税务稽查的意图，了解本次税务稽查属于日常稽查、专项稽查和专案稽查中的哪一种。

若是日常稽查，一般税务局没有明确的、实质性的目的，纳税人按照《中华人民共和国税收征收管理法》的要求认真配合税务稽查工作就可以了，一般不会带来较大的税务风险。

若是专项稽查，有可能是企业涉及"国家税务总局选择带有普遍性的问题，在全国范围内开展专项税务稽查"的特定行业、特定纳税人或特定税务事宜的专项案件，纳税人只要满足专项稽查的条件，就会受到稽查，专项稽查一般也不会带来较大的税务风险。

若是专案稽查，则属于涉及较为严重的税收违法行为了，此时税务局通常不会预先告知，主要采用突击检查的方法。无论是举报、上级交办，还是其他部门移交、转办或其他，纳税人都有较大的涉税风险。

无论属于哪一种，企业都要及时做好会计凭证、会计账簿、会计报表和纳税申报资料的整理、装订、标识等准备工作，积极应对。

四、掌握税务稽查过程中的沟通技巧

不得不提的是，对于税务稽查人员来说，税务稽查案件的处理都有时间限制。2021年8月11日起施行的《税务稽查案件办理程序规定》第四十七条明确了稽查时限："稽查局应当自立案之日起90日内作出行政处理、处罚决定或者无税收违法行为结论。案情复杂需要延期的，经税务局局长批准，可以延长不超过90日；特殊情况或者发生不可抗力需要继续延期的，应当经上一级税务局分管副局长批准，并确定合理的延长期限。"

因此，时限规定致使税务稽查人员有着极大的时间压力，在此种情况下，税务稽查人员很可能将此压力转嫁到被稽查对象身上。被稽查对象除了全面了解自身状况并准备充分的资料外，也要保持警惕，理性分析稽查人员给出的建议，并根据自己的实际情况和法律法规作出决定，避免因为轻率行动而给自己带来不必要的麻烦。下面我们来看一下如何选择企业沟通人，以及税务稽查过程中的沟通技巧。

1. 选择企业沟通人

很多企业碰到税务稽查，会选择企业自己的财税人员去进行沟通，若是日常稽查，一般有经验的财务人员也能应对。

若是专项稽查，则需要有一定的财税基础和稽查经验的人员参与，如果不想让事情扩大或者走偏，就需要有一定的税法知识储备和处理经验的人员参与，才能解决法律定性问题。

若是专案稽查，建议企业最好选择专业的财务人员、税务师、会计师、律师，或者离退休的专业法制审核税务干部来完成与税务相关部门的沟通。因为这些人长期接触和处理税务稽查案件，对事实的定性有分析和判断能力，也善于处理文字材料，懂得沟通技巧。

2. 沟通技巧

与税务局、稽查人员的沟通方式主要有书面沟通、电话沟通、邮件沟通和面对面沟通。下面重点学习一下书面沟通的技巧与面对面沟通的技巧和原则。

（1）书面沟通技巧。

书面沟通，是一种对纳税人最有利的方式。因为书面沟通能够将沟通内容固定，双方没有曲解对方意思的空间，把书面材料交由稽查人员层层上传，也能避免口头沟通的随意性，减少信息差。同时，在稽查时限内，每个案件一般都需要稽查对象书面递交相应材料，因此，书面沟通也会让税务稽查更加高效。

在回复税务稽查通知书时，回复函需包含以下几项内容。

标题：在信的顶部，写上"关于税务稽查的回复"。

接收人：在信的开头，明确写明你正在回复的对象，例如"尊敬的税务稽查局"。

事实概述：清晰地概述企业被稽查的具体情况，包括日期、地点、涉及的税种等。

问题分析：对稽查局提出的问题或疑虑进行详细分析，并给出你的解释。如果有相关文件或记录作为证据，可以在此部分提供。

解决方案：如果你认为企业没有违反任何税收法规，可以在此部分进行说明。如果你同意稽查局的建议或决定，也可以说明你将如何解决这些问题。

结尾：在信的结尾，表示你对稽查局的尊重和合作态度，并感谢他们的工作。

签名和日期：在文书的末尾，写上企业名称和日期，以示正式和权威性。

下面有两个示例。【示例1】适用于回复日常稽查，【示例2】适用于回复专项稽查或专案稽查。

【示例1】

关于税务合规性检查的×××通知书回复函

尊敬的税务稽查局：

我公司非常重视贵局于××××年××月××日对我公司进行的税务稽查，特此书面回复。

贵局对我公司××××年至××××年的纳税情况进行检查，主要涉及所得税、增值税以及附加税。在此过程中，贵局提出了一些问题，包括我公司某些交易的税务处理问题以及一些凭证的完整性问题。

对于贵局提出的问题，我公司作出以下几点说明：

在我公司××××年至××××年的某些交易中，我们按照相关税务法规进行了处理。我们保存了所有相关文件和记录，以备日后审计和检查。

对于凭证的完整性，我公司一直严格遵守相关法规。我们在收到贵局的通知后，已经对所有相关的凭证进行了审查，并进行了必要的补充和完善。

我公司尊重并理解贵局的职责，我们愿意接受并遵守所有的税务法规。对于此次检查中发现的问题，我们已经采取了相应的措施进行改正。

我公司感谢贵局的检查工作，这有助于我们更好地遵守税务法规，提高公司的合规性。我们愿意与贵局保持密切的合作，以确保我们的业务活动完全符合法律法规。

再次感谢您的理解和支持。如果有任何问题或需要进一步的信息，请随时与我联系。

此致

敬礼！

×××公司　日期：××××年××月××日

【示例2】

税务稽查书面回复函

尊敬的×××税务局：

我公司收到贵局发出的税务稽查通知后，高度重视，立即组织公司财务部门和法务部门对相关涉税事项进行了认真核查。现就稽查发现的问题及整改情况，向贵局作出书面回复：

一、稽查中发现的问题

经过贵局稽查人员的核查，我公司存在以下问题：

1. 漏缴税款：我公司在××××年至××××年期间，由于财务核算不规范，导致部分销售收入未及时入账，漏缴增值税×××万元。

2. 违规抵扣：我公司在××××年至××××年期间，由于供应商开具的发票不规范，导致部分进项税额存在违规抵扣的情况，少缴增值税×××万元。

3. 违法用地：我公司未经批准擅自占用土地×××平方米用于建设仓库，违反了土地管理相关法律法规，需补缴土地使用税×××元。

二、整改情况及措施

针对以上问题，我公司采取以下措施进行整改：

1. 补缴税款：我公司已对漏缴的增值税进行补缴，共计×××万元。同时，将对财务核算进行规范化管理，确保销售收入及时入账。

2. 调整账务：我公司已对违规抵扣的进项税额进行调整，共计×××万元。同时，将对供应商开具的发票进行严格审核，确保合规抵扣。

3. 补缴土地使用税：我公司已对违法占用的土地补缴土地使用税×××元。同时，将对土地管理相关法律法规加强学习，杜绝类似问题再次发生。

三、承诺和措施

我公司郑重承诺，将严格遵守国家税收法律法规和相关规定，加强内部管理，确保财务核算规范、合法纳税。同时，我公司将加强与贵局的沟通与合作，积极配合贵局开展各项税务工作。

此致

敬礼！

×××公司　日期：××××年××月××日

(2) 面对面沟通技巧和原则。

不同类型稽查人员需要不同的沟通技巧。

第一种，精通业务型。这类稽查人员对业务非常精通，企业员工在与其沟通的过程中，要着重介绍公司和团队的背景，展现出企业的专业能力和在执行税法中的规范性。另外，还要介绍在税务风险控制方面的流程和努力，使稽查人员相信无论是从能力上还是从意愿上，员工都希望提升企业的税务合规性。以此取得稽查人员的信任，便于后续的沟通。

第二种，认真刻板型。这类稽查人员一般变通较少，不灵活。对待这种类型的稽查人员，企业员工在很多问题上要站在稽查人员的角度去考虑，不要急于阐明自己的观点。如果遇到和稽查人员暂时不能达成一致意见的问题，不要马上进行激烈的争执，可以给出书面说明或解释，留给稽查人员一定的思考时间，让其进一步地理解和分析，才有可能更好地解决问题和分歧。

税务局一般尚未真正掌握证据之前，都是先约谈企业，从企业的解释中查找线索。

在与税务稽查人员进行面对面沟通时，要保持如下原则：

诚恳、积极、及时应对；

尊重自己，尊重他人；

礼貌待人，热情待客；

不问不答，有问必答；

耐心沟通，不急不躁；

引导表述，简明扼要；

不卑不亢，沉着应对；

做好解释，据理力争。

如果能征得执法人员同意现场检查，在后勤保障方面，要体现对稽查人员应有的尊重和诚意。

准确把握政策。税务稽查处理的过程中适用什么样的政策，进行什么样的处理，不仅税务稽查人员要作出结论，企业员工内心也要作出结论，看自己所得出的结论和稽查人员给出的结论是否一致。如果不一致，要通过沟通的方式说服稽查人员。一定要能够和稽查人员保持良好的沟通，以确保将自己的意见、建议顺利地表达和传递出去。

还要熟悉法律救济手段，虽然平时很少使用，但一定要熟悉。

在面对稽查争议时，要委婉地表达异议。到了税务稽查环节，不要态度强硬或恶劣。在稽查过程中，如果出现争议问题，企业要委婉地表达不同意见，切忌导致对立，甚至将业务问题变成面子问题，使简单的问题复杂化。如果确实违法违规了，就要诚恳地说明客观原因，争取获得执法人员的理解。

第三节　税务稽查结论分析

税务稽查结论决定了税务机关对企业的法律定性和税务事项的定性，仍然是需要企业重视的环节。比如：认定事实适用法律条文是否准确？支持税务处理结论的证据是否充足？补缴税金的计算是否准确？处罚的自由裁量是否公正？等等。因为税法给了纳税人陈述申辩权利，是当事人在行政处罚程序中最重要的一项权利。所以，企业拿到税务决定书时需要对每项条款认真分析，确认事实，权衡利弊。如果及时运用好陈述申辩权，也能为稽查应对争取有利的条件。

【案例8-8】

深圳市×××科技有限公司向其子公司转移利润偷税

架构情况：霍尔果斯×××公司是深圳市×××科技有限公司的子公司，深圳市×××科技有限公司是香港某集团的子公司。

政策情况：霍尔果斯是"税收洼地"，有优惠政策，这是关键点，同一个利润，在霍尔果斯比在深圳少缴许多所得税。

业务情况：深圳市×××科技有限公司与霍尔果斯×××公司从事相同的广告业务，且均由香港某集团相关部门运营。

纳税情况：深圳市×××科技有限公司被查期收入近0.4亿元，纳税5万元；霍尔果斯×××公司收入8亿元，纳税0元。

其他事实：

1. 深圳市×××科技有限公司与霍尔果斯×××公司均账务混乱；

2. 霍尔果斯×××公司只是空壳，没有业务人员；

3. 有某客户证明，深圳市×××科技有限公司将利润转移到霍尔果斯×××公司。

税务稽查的官方结论：

我局于某年某月某日对你公司检查，你公司2015年……存在违法事实及处理决定如下：

一、违法事实

（一）……对两家公司共同客户深圳市×××科技有限公司的协查证实，你司将收入以及利润转移至霍尔果斯×××公司，实现享受税收优惠的目的。

综上，你公司利用霍尔果斯×××公司转移收入及利润，少计企业所得税。根据《中华人民共和国税收征收管理法》第三十五条第一款第（六）项规定，核定你公司应纳税额，将霍尔果斯×××公司2015—2017年收入合计661,540,755.15元调整至你公司，调整后你公司2015—2017年收入合计700,251,641.44元。

（二）你公司以及霍尔果斯×××公司账目混乱，难以查账。根据《中华人民共和国税收征收管理法》第三十五条第一款第（四）项，对你公司按照30%的应税所得率核定企业所得税。

二、处理决定

根据《中华人民共和国税收征收管理法》三十五条第一款第（四）项、第（六）项，《国家税务总局关于印发〈企业所得税核定征收办法（试行）〉的通知》（国税发〔2008〕30号）第四条、第八条，追缴你公司2015—2017年企业所得税合计52,470,177.34元，其中2015年22,943,316.11元，2016年21,120,600.36元，2017年8,406,260.87元，并依法加收滞纳金。

下面来具体看一下税务处理决定中的有关违法事实的描述。

"你公司利用霍尔果斯×××公司转移收入及利润，少计企业所得税"，这一结论属于税务定性，这个税务处理是以"账务混乱"为理由，依《中华人民共和国税收征收管理法》相关条款，核定应纳税额。

该税务稽查处理决定直接引用了《中华人民共和国税收征收管理法》第三十五条第一款第（六）项，但该条款并不是一个规定义务的条款，而是一个授权条款：纳税人申报的计税依据明显偏低，又无正当理由的，税务机关有权核定其应纳税额，与违法无关。

这种情况，如果公司进行行政复议或诉讼的话，会面临另一个问题，那就是，处理决定虽然对"违法事实"认定错误，但处理结果并不是基于对违法事实的处理，而是直接行使了核定权。因为税务机关本身就具有强大的核定能力，《中华人民共和国税收征收管理法实施细则》第四十七条明确规定，税务机关可以按照其他合理方法核定。所以，攻防战的重点内容就是核定征收。

企业被核定征收和企业被认定有违法行为，对于企业来说是有天壤之别的。具体为：

（1）核定征收不影响税务信用，而企业有违法行为就会影响税务信用。

（2）核定征收，税务机关不能对企业进行行政罚款；若是违法行为，税务机关可以作出行政处罚。

（3）核定征收，税务机关不能加收滞纳金；若是违法行为，偷漏税就要追究补税的追溯时间。

关于追征期，前面也讲过，因纳税人、扣缴义务人计算错误等失误未缴或者少缴税款的，税务机关在三年内可以追征税款、滞纳金；有特殊情况的，追征期可以延长到五年。

所以，本案若以纳税人计算错误（账务混乱）来核定，并不是偷税，则最多追溯五年。例如，本案处理决定为2023年10月10日作出的，但所得税所属期是2017年的，也就是该企业应于2018年汇缴期调整缴纳的，到了2023年，税务机关依法就不可追溯了。

这家公司如果要申请行政复议的话，可集中力量争取：

（1）取消违法的认定（不能有罚款，实际上也没罚）；

（2）要求得到合理的税负核定；

（3）取消滞纳金；

（4）消除后续对企业税务信用的影响。

第四节 税务危机的处理方法

金税四期,税务大数据信息系统的应用进入了智能化时代,可以根据特定经济政策、行业管理的需要及智能模块集成的要求,全时制、智能化和动态性地对全国、区域、行业和企业申报的税务数据与其他信息进行交叉比对和稽核,可通过"关联关系发现""幕后关系发现""税源发现"等功能实现线索发现,及时传递信息,预防偷税漏税。对于纳税人而言,处于智慧税务精准监管、自动算税时代,面对税务危机,应当如何以正确的方法应对和处理呢?下面就来看一下税务危机的处理方法。

一、规范企业税务行为

税务风险潜藏于企业开展经营的过程中,为了有效防控企业税务风险,企业首先要做的就是规范自身的税务行为。企业必须建立一个完善的税务合规管理体系,健全各项税务管理制度、业务标准和业务规范。

1. **建立严格的发票管理制度**

确保申领、开具、保管和报销等环节规范有序。使用金税四期的数电发票管理功能,实时监控和核对发票信息,减少错误和遗漏,对虚开发票坚决说"不"。

2. **正确理解和使用税收政策**

为了有效化解税务危机,企业一定要深入了解税收政策,灵活运用多种策略,以有效降低可能产生的损失。比如:

(1) 如果稽查结果的适用政策运用错误,可以对政策本身进行抗辩;

(2) 如果政策模糊,可以对政策进行解释,或者寻找其他被从轻处罚的企业的案例;

(3) 如果政策本身清楚无误,可以尝试看看这个政策是否与"上位法"冲突。

只有充分了解并正确利用适用于企业的税收优惠政策，才能降低企业税负，提高企业的经济效益。但要注意遵守政策规定，规避过度筹划或政策使用不当导致的税务风险。

3. 做好财务团队的建设

以财务规范、税务合规为目的，提升现有财务团队人员的素质，做好梯队建设，降低企业的试错成本，把遗留问题的风险降到最低。

4. 定期进行税务风险检测

比如，每年汇算清缴前彻底排查公司是否存在税务问题，包括但不限于两套账、收入隐瞒、虚开发票、成本虚提等。如果存在，及时拿出可行的解决方案，不要拖延。

二、正确对待税务检查

1. 积极配合税务检查

首先，企业应当及时提供材料、积极配合询问，主动了解检查程序，以最大限度保障自身利益。不要妄图隐匿、毁损账簿资料、业务材料等涉税材料，更不可拒绝检查人员对涉税材料的调查取证。

其次，企业应当加强与税务检查部门的沟通，有的放矢地做好准备和配合工作，在仍有协商机会时，避免税务局作出不利结论。

最后，在税务检查中，税务机关可能会根据具体情况采取不同的执法方式，有时会注重实质性证据，有时会注重形式性证据。企业应该了解税务机关的执法理念，从自身利益出发进行合理的抗辩，保护自己的合法权益。

2. 把握好危机公关的时机

进行危机公关前，要进行可行性评估，如果是板上钉钉的事情，就不要浪费精力。但有一个基本理念是，即使只有一丝可能性，也要尽量争取，不要轻言放弃。

危机公关的时机宜早不宜迟。

不要把危机公关责任全部给到企业的财务总监，最好是找专业人士一起出谋划策。

危机公关方法要从柔和到激进，能交涉就不要听证，能听证就不复议、不诉讼。慎用复议、诉讼这类强硬手段。

3. 正确、有效地行使救济权利

救济权利是法律赋予公民在权利受到侵害时请求救济和获得救济的权利，可以在税务执法存在一定问题时，最大限度保障企业的合法权益。企业需正确、有效地行使救济权利，具体建议包括：

（1）了解相关法律法规。企业应当熟悉税务相关法律法规，了解自己的合法权益和救济途径。如果企业对相关法律法规有疑问，可以咨询专业的税务顾问或律师。

（2）及时沟通。在遇到税务问题时，企业应当及时与税务机关沟通，说明自己的情况，并积极配合税务机关的调查和询问。企业可以提供相关证据和材料，以争取自己的合法权益。

（3）申请行政复议或行政诉讼。如果企业对税务机关的决策有异议，可以申请行政复议或行政诉讼。在申请行政复议或行政诉讼前，企业应当仔细阅读相关法律法规，了解申请条件和程序。企业应当在规定的时间内提交申请，并按照要求缴纳相关费用。

（4）寻求专业帮助。如果企业不熟悉行政复议或行政诉讼的申请程序和要求，可以寻求专业人士帮助。企业可以咨询专业的税务顾问或律师，了解自己的权利和救济途径。

（5）保持冷静和理性。在处理税务问题时，企业应当保持冷静和理性，不要采取过激的行为或言辞。企业应当积极配合税务机关的调查和询问，提供真实、准确的资料和证据。

三、避免被定性为偷税

企业少缴税款，只要主观上存在故意，都会被认定为偷税。偷税和非偷税所面临的法律后果差别还是很大的。

如果被定性为偷税，企业就会面临补缴税款、缴纳滞纳金和罚款的风险，还会影响企业的税务信用，甚至可能被移送公安部门。

如果没有被定性为偷税，法律后果通常是补缴税款和缴纳滞纳金，没有税务罚款，也没有刑事后果。

因此，企业应采取积极措施，避免税务问题被定性为偷税，具体可参考以下策略应对：

（1）构成偷税需要同时具备以下四个要件：一是纳税人实施了伪造、变造、隐匿、擅自销毁账簿和记账凭证的行为；二是纳税人未在规定期限内缴纳税款；三是纳税人少缴税款数额占应纳税额的10%以上且数额较大；四是纳税人实施该违法行为与少缴税款之间存在因果关系。只要不符合其中一个要件，就不能构成偷税，企业可以核查是否有不符合其中某一项内容的地方。

（2）在账簿上发生多列支出、不列收入或者少列收入，也不能被认定存在"经税务机关通知申报而拒不申报或者进行虚假纳税申报，不缴或者少缴应纳税款"。

（3）充分利用《国家税务总局关于进一步做好税收违法案件查处有关工作的通知》（税总发〔2017〕30号）中"只是因理解税收政策不准确、计算错误等失误导致未缴、少缴税款的，依法追缴税款、滞纳金，不定性为偷税"的规定，争取不被定性为偷税。纳税人要尽量收集不存在故意的证据，从稽查局证据的充分性上，争取不具备偷税的主观故意。

如果不能改变偷税定性，企业就要考虑如何减轻偷税的行政责任，也就是减少补缴税款、缴纳滞纳金和罚款。具体的建议为：

（1）减少增值税额度。

可以抽丝剥茧地从销售额中剔除不属于销售货物或服务的金额；也可以确认不征或减免征收增值税的税收优惠政策，比如医美免征增值税的项目范围、销售特定农产品免征增值税的范围等；还可以分析是否符合《财政部　税务总局关于明确增值税小规模纳税人减免增值税等政策的公告》（财政部　税务总局公告2023年第1号）第二条规定"自2023年1月1日至2023年12月31日，增值税小规模纳税人适用3%征收率的应税销售收入，减按1%征收率征收增值税；适用3%预征率的预缴增值税项目，减按1%预征率预缴增值税"。

（2）减少企业所得税额度。

从销售收入中剔除不属于企业销售货物或服务的收入，例如代收款、个人收支等。

确认是否有部分收入属于企业所得税中不征税收入、免税收入，例如行政事业性收费、政府性基金等。

认真核对成本费用，若不能获取充分的成本费用发票，就争取其他凭证来证明支出的真实性，实在不行就要争取核定征收。

确认是否有适用关于企业所得税免征、减征或应纳税所得额或税率降低的税收优惠政策，如从事农、林、牧、渔业项目的所得等。

（3）减少偷税金额及相应的滞纳金。

（4）减少罚款（税款的50%～5倍）。

实务中，争取最低标准罚款主要取决于：第一，企业前期态度是否良好，是否积极配合了稽查局的工作，比如积极递交会计资料等书面材料、主动沟通交流等；第二，企业是否在关键时间点缴纳了税款，比如在稽查局作出税务事项通知书之后、作出税务行政处罚事项告知书之前，通过充分沟通确定并及时缴纳了税款和滞纳金。

第九章
澳大利亚税务合规与跨境纳税筹划

第九章 澳大利亚税务合规与跨境纳税筹划

第一节 澳大利亚的税务体系

澳大利亚是实行分税制的国家，其税收收入分为联邦税收收入和州政府税收收入。其中联邦税收的税种包括个人所得税、企业所得税、商品及服务税、关税、消费税、附加福利税及其他联邦税，而州政府税收的税种则包括工资税、印花税、土地税等。

一、联邦税收收入和州政府税收收入的主要税种及占比

据官方统计，澳大利亚联邦税收收入中，个人所得税占比近50%，企业所得税占22%，商品及服务税占15%。而州政府税收收入中，工资税占13%，印花税占11%，土地税占4%。

二、中国与澳大利亚的主体税种不同

虽然澳大利亚和中国一样都是分税制国家，但两国的主体税种却不同，澳大利亚的主体税种是直接税，而中国的主体税种是间接税。

直接税，是指纳税义务人同时是税收的实际负担人，纳税人不能或不便于把税收负担转嫁给别人的税种，纳税人和负税人一致。比如个人所得税，谁取得收入谁负纳税义务，谁实际支付。这就是纳税义务人与负税人一致。

间接税，是指纳税义务人不是税收的实际负担人，能够用提高价格或者提高收费标准等方法，把税收负担转嫁给别人的税种。

三、澳大利亚财政年度

澳大利亚财政年为7月1日至次年6月30日，而报税时间是每年7月1日至10月31日。

澳大利亚税务居民必须在10月31日前向澳大利亚税务局（ATO）申报过去一个财政年度的收入，完成个人独立纳税申报。若委托会计师进行纳税申

报,截止申报日期可以延长到次年3月31日。

四、澳大利亚特有的税务代理制度

因为澳大利亚税法相对较为复杂,专业性比较强,这也让当地的税务代理行业非常活跃。目前,约有75%的个人、95%的法人委托税务代理机构帮助申报纳税。

税务代理机构成为该国纳税人和税务机关建立联系的一个重要纽带,比如税务代理机构会帮纳税人代办纳税申报和退税、代理申请注册和受理年度检查,进行纳税筹划,代理记账和核算以及接受企业管理层的有关咨询等。税务代理机构接受全国税务从业人员委员会的行业指导和管理。

第二节 澳大利亚个人所得税

个人所得税是澳大利亚的主体税种,在财政收入中占比最大,对经济有很大的影响。

个人所得税的纳税人包括两种:一是居民纳税人,二是非居民纳税人。

一、澳大利亚居民纳税人的个人所得税

澳大利亚的居民纳税人须就其全球范围内的应税收入(包括净资本利得)缴纳个人所得税。应税收入主要包括一般收入(如来源于经营活动、工资、利息或特许权使用费等的收入)和法定收入(如净资本利得等)。收入在取得的时候应被计入该纳税年度的应税收入,大部分纳税人按收付实现制的原则来计算应税收入。

因此,澳大利亚居民纳税人的判断是非常关键的一步,因为它直接影响纳税人的收入范围和税率,以及是否可以享受一些税收优惠政策。

1. 居民纳税人的判定

居民纳税人的判定需要考虑多个因素,澳大利亚税务局制定了一系列的测试来判断一个人是居民纳税人还是非居民纳税人。

最基础的一项测试叫作居住测试。如果纳税人长期居住在澳大利亚，那就可以认定他就是澳大利亚的居民纳税人。如果纳税人并不常居住在澳大利亚，但是他的永久居住地是澳大利亚，那他也是澳大利亚的居民纳税人。或者这个人在一个财政年度中，无论是连续还是间断，有超过 183 天的时间居住在澳大利亚，那他也属于澳大利亚的居民纳税人，除非他能证明他没有在澳大利亚居住的意愿，并且在海外有永久居所。

比如：留学生在澳大利亚留学期间一般会被认定为居民纳税人，因为留学生一般会在一个财政年度中上完两个学期的课，在澳大利亚居住时间超过了 183 天；而其他国家和地区来澳大利亚旅游的背包客即使一年在澳大利亚居住超过 183 天，也会被认定为非居民纳税人，因为他们没有在澳大利亚长住的意愿，且在海外有永久居所；同理，短期到澳大利亚探亲的父母一般也属于非居民纳税人，因为他们没有在澳大利亚常住的意愿，并且在海外有永久居所。

值得注意的是：纳税人居民身份的判定是以年度为基础来进行的，从理论上来讲，一个纳税人在这一年可能是居民纳税人，在下一年则有可能被认定为非居民纳税人。但从实际操作角度来看，税务局一般会通过一段时间（两到三年）来判定这个纳税人是居民纳税人还是非居民纳税人，因为税务局想确定纳税人是否已经完全不具备所有可能认定他为澳大利亚居民纳税人的条件。所以一个人即使已经离开了澳大利亚，也有可能被认定为澳大利亚的居民纳税人。

【案例 9-1】

A 先生没有在澳大利亚居住满 183 天，却被澳大利亚税务局追讨税款。当地税务局考虑了两个其他因素：

一是 A 先生的生活联结和资产联结。他在澳大利亚有固定住处，而且还有三处投资房产，每个月都会有收益。

二是认定 A 先生有居住联系。虽然他本人未在澳大利亚住满 183 天，但他的女儿还在澳大利亚上学。其间，A 先生经常用他在当地开设的银行账户给女儿汇学费和生活费。

2. 征税范围

居民纳税人应纳税所得额主要包含两个部分：一是普通收入，包括工作、提供劳务、经营生意、财产租赁、孳息等收入；二是利得收入，包括房地产利得、股票利得以及非现金收入等。老年福利、教育奖学金，以及军队的相关补贴，这些是免税的。

3. 个人所得税收入分类

根据澳大利亚税务局的说明，居民纳税人个人所得税收入分为以下几种类型：

（1）工资薪金。与工作紧密相关的津贴、个人劳务的小费也算这一类。

（2）政府补贴。比如新移民补贴、青年补贴、疾病补贴、专项补贴等。

（3）澳大利亚政府支付的年金或者养老金收入。如果是60岁以上的个人取得的澳大利亚政府支付的退休金，属于不征税收入；如果是60岁以下的个人取得的澳大利亚政府支付的退休金，就属于征税收入。

（4）个人提供劳务的收入。主要是指合作做生意取得的一些劳务收入，或者以独立承包人身份签约提供的劳务所得。

（5）银行利息收入。

（6）股息收入。

（7）生意的净收入或者损失。这类不单单指经营收入，还有生意的净利润。比如：在网上卖货获得的收入也放在这一类里进行申报。而相应的费用是可以抵扣的，如采购成本、上网费、文具费、电脑折旧费、仓储费等。若是独设的工作间，其相关的租金、家具成本等也可以抵扣。

（8）资本的收入，指资产的净收入或者净损失。比如卖房子赚了10万澳元，而卖股票亏了2万澳元，资本利得实际为8万澳元，假设上期有未抵扣的损失3万澳元，本期应纳税资本利得实际就是5万澳元，但要注意的是这类损失不能抵扣普通的工资及其他收入。

（9）租赁收入，是指出租自有财产所获得的租金。与租金直接相关的费用是可以抵扣的，例如为出租支付广告费、银行费用、借款费用、保险费用等。

澳大利亚政府支付的生活保障金、员工福利、奖学金、人身伤亡赔偿金、退休金等，都属于免税收入，这些免税收入相关的费用是不允许税前抵扣的。

4. 2022—2023年澳大利亚居民纳税人的所得税税率

居民纳税人的个人收入在18,200澳元以下，不需要缴税；居民纳税人的个人收入在 18,201~45,000 澳元的部分，税率为 19%；居民纳税人的个人收入在 45,001~120,000 澳元的部分，税率为 32.5%；居民纳税人的个人收入在 120,001~180,000 澳元的部分，税率为 37%；居民纳税人的个人收入在 180,001 澳元及以上的部分，税率为 45%。注意以上税率不包括 2% 的医疗保险税。

5. 税前扣除

在澳大利亚，居民纳税人的个人收入也可以做税前扣除，但扣除范围有具体规定：

（1）与工作相关的用车及旅途费用，可以抵扣。

（2）与工作相关的知识费或者体检费允许抵扣。

（3）与受雇或者取得服务收入直接相关的教育费用可以抵扣，包括学费、课本资料费、文具费、电脑折旧费等，但前提条件是只有超过 150 澳元的才可以抵扣。

（4）低值资产类的折旧或者减值。此项是指小于 1,200 澳元的资产，税法规定这种低值资产的折旧或者减值，允许在当年按照价值一次性扣除。

（5）与利息、股息收入相关的支出，如账户管理费、用于投资股票的借款利息支出等。

（6）馈赠或者捐赠，如慈善捐赠，但需要有凭证。

（7）与税务咨询、管理相关的费用。如税务代理支出，一些个人或企业会聘请税务代理进行税务申报，这种支出可以抵扣。

（8）房产的贷款利息。

（9）家庭办公直接相关的支出等允许在税前抵扣，但如果你的雇主全额报销了这些费用，就不能再抵扣了。

（10）个人养老金支出。若是在雇主缴纳的养老金之外，自己愿意多缴纳一部分养老金，则不可以抵扣。

由此可知，与直接收入相关的很多费用都可以抵扣，但有一定的要求，且很多都需要提供书面证明资料，具体问题要具体分析。

6. 居民纳税人的个人亏损

居民纳税人的个人亏损分为一般亏损和资本亏损。

一般亏损是指在某一纳税年度内，纳税人允许税前扣除的费用总额超出其应税或免税收入的部分。个人的一般亏损享有无限期结转的权益，但需注意，个人的一般亏损具有严格的个人属性，不能随意转嫁给他人。此外，如果个人从事的是非商业经营活动，并且在此过程中发生了一般亏损，那么这部分亏损通常只能用于抵扣与该活动直接相关的低级简单生产活动的收入，而不能抵减其他类型的收入。

个人发生的资本亏损只可用于抵减资本利得，不能通过利息结转的方式抵减，也不能转嫁给其他人或抵减其他类型的收入。

7. 居民纳税人的应纳税所得额与应纳税额

居民纳税人个人取得的应税收入总额，减去允许税前扣除的费用支出，就是个人的应纳税所得额。而应纳税所得额参照税率表适用的税率计算出来的数额，就是应纳税额。

8. 居民纳税人的免税收入

在澳大利亚，以下个人收入可以免税：

（1）特殊场合的奖励或礼物，如现金生日礼物和亲戚赠送的礼物；

（2）普通彩票中赢得的奖品，如乐透抽奖；

（3）在游戏节目中赢得的奖品、非定期收到的出场费或游戏节目奖金；

（4）子女抚养费和配偶抚养费；

（5）某些澳大利亚政府的未达到领取养老金的年龄而领取的残疾养老金；

（6）某些澳大利亚政府津贴和付款，如照顾者津贴、育儿补贴等；

（7）澳大利亚国防军和联邦警察的某些海外工资和津贴；

（8）澳大利亚政府教育补助金，如16岁以下学生津贴、联邦中等教育援助等；

（9）一些奖学金、助学金和奖励；

（10）保险理赔时收到的一次性付款；

（11）雇佣终止付款的免税部分；

（12）真正的裁员付款和提前退休计划付款在损益表上显示为"一次性付款"的金额；

（13）政府贡献养老金；

（14）州或领地的某些津贴；
（15）退税。

二、澳大利亚非居民纳税人的个人所得税

澳大利亚非居民纳税人是指一个财政年度内在澳大利亚居住时间不满183天的个人，或者在澳大利亚有收入来源但不符合居民纳税人标准的个人。这些人在澳大利亚取得的收入可能需要缴纳个人所得税，但他们的税率和税务规定通常与澳大利亚的居民纳税人不同。

非居民纳税人只需就其在澳大利亚境内取得的收入缴税，而不必像居民纳税人那样就其全球收入缴税，但非居民纳税人也无法享受居民纳税人可以获得的某些税收优惠和减免。

1. 非居民纳税人的应纳税收入范围

非居民纳税人应纳税收入范围包括：

（1）受雇收入；
（2）经营活动和专业劳务所得；
（3）未缴付税款的分红；
（4）版权收入，知识产权出售、转让收入；
（5）银行理财、存款利息；
（6）资本利得，非居民个人仅就其在澳大利亚应税财产获取的资本利得缴税。

需要特别提醒的是：如果未缴付税款的分红已经包含了已缴税额，这部分收入将不再被纳入预扣税的范畴。如果投资人需要在其所属的国家报税，可以通过银行或者其他金融机构向澳大利亚税务局索要已缴税的付款凭证来进行税收抵扣。

针对银行理财、存款利息的收入，澳大利亚的金融机构会在银行理财、存款等投资收入支付给海外投资者之前，直接预扣税款。如果这些是这个人的唯一收入来源，那他就不需要每年向税务局申报。

非居民纳税人的利息收入通常适用于10%的预提税税率，但可能因适用的两国之间签订的双边税收协定不同而有所不同，比如澳大利亚与美国、英国等国家的税收协定中规定，所有与协定国相关的境外金融机构的贷款利息，豁免

澳大利亚预提税。

对于未缴付税款的分红中不免税的股息和版权收入，需缴纳 30% 的预提税，除非该非居民纳税人所在的国家与澳大利亚签订了其他协定。

2. 非居民纳税人的个人所得税税率

澳大利亚 2023—2024 财政年度非居民纳税人的个人所得税税率见表 9-1。

表 9-1　2023—2024 年澳大利亚非居民纳税人的个人所得税税率

全年应税收入（澳元）	税率（%）
不超过 87,000（含）的部分	32.5
87,001～180,000（含）的部分	37
超过 180,001（含）的部分	45

注：税率可能会随着新税法的实施有所变化，建议在做出财务决策之前咨询专业的税务顾问或会计师。

三、税号

在澳大利亚的每个人都有一个税号，无论是澳大利亚本地居民，还是在当地打工留学的人。这个税号是澳大利亚政府为了征税设置的，每个税号都有 18,200 澳元的免税额度。所以有些高收入人士会将收入转移到不需要纳税的家庭成员身上，以降低边际税率而达到节税的目的。

第三节　澳大利亚企业所得税

澳大利亚的企业所得税适用公司、有限合伙企业和一些信托企业。企业所得税的纳税人同样分为居民企业和非居民企业。

一、澳大利亚居民企业的企业所得税

1. 什么是居民企业

澳大利亚居民企业是指在澳大利亚注册成立的企业;或者虽然不是在澳大利亚成立的,但该企业在澳大利亚从事经营活动,其主要管理机构在澳大利亚,或者具有控制表决权的股东是澳大利亚居民,这里的澳大利亚居民可以是居民企业,也可以是居民个人。

2. 澳大利亚居民企业的企业所得税征收范围

澳大利亚的企业所得税适用于公司、有限合伙企业和某些信托企业(企业单位信托和公共交易信托基金)。澳大利亚税务局对居民企业需要依据法规,就其全球来源的应税所得征收企业所得税,包括净资本利得。

3. 澳大利亚居民企业的企业所得税税率和税收优惠

澳大利亚居民企业的企业所得税税率统一为30%。

澳大利亚针对小型企业制定了一些税收优惠政策,比如:2021/2022财年及以后年度,年营业收入累计不超过5,000万澳元的小型企业,减按25%缴纳企业所得税。

除此之外,澳大利亚对企业研发、初创公司、天使投资基金等也有税收优惠政策。

比如在研发费用这部分,目前的税收优惠政策为:

(1)不同性质的研发税收抵免规则与企业的营业额和研发支出规模挂钩。

(2)年度总营业额低于2,000万澳元的企业:一是取消年度可退还税款400万澳元的上限额度;二是享受可退还的税收抵免,加计扣除比例从企业所得税率加13.5%提高到企业所得税率加18.5%。

(3)年度总营业额超2,000万澳元的企业:一是享受不可退还税款的税收抵免额度;二是研发投入占比低于2%的部分,不可退还的税收抵免税率按企业所得税8.5%计算;三是研发投入占比高于2%的部分,不可退还的税收抵免税率按企业所得税16.5%计算。

(4)符合税收抵免的研发费用支出限额,由之前的1亿澳元上调至1.5亿澳元。研发支出超过1.5亿澳元的部分,税收抵免税率等同于企业所得税税率。

4. 澳大利亚居民企业的应纳税所得额

澳大利亚居民企业的应纳税所得额，就是企业每一纳税年度的收入总额减去成本、费用以及不征税收入，然后减去免税收入和各项允许税前扣除的费用和支出，以及允许弥补以前年度亏损之后的余额。

5. 澳大利亚居民企业应税范围

（1）应税收入。

应税收入主要包括一般收入和法定收入。一般收入是指来源于经营活动、利息或特许权使用等的收入。法定收入则是指净资本利得。收入在取得的时候应被计入该纳税年度的应税收入，但不同的收入类型有不同的纳税时点。

（2）股息收入。

澳大利亚居民企业从其他居民企业或非居民企业取得的股息，需缴纳企业所得税。澳大利亚税法中将股东取得的股息分为已付税股息和未付税股息。

已付税股息是指居民企业派发给股东的企业所得税税后利润。已付税股息适用于税收抵免政策。在此制度下，居民企业股东取得已付税股息时，需将其收到的股息折算成税前所得并入其应纳税所得额，同时允许居民企业股东从应纳税款中抵扣其取得的那部分已付税股息中对应的被投资居民企业已缴纳的所得税款。这种方法避免了在被投资企业和股东层面双重征税的情况。

未付税股息则是指在特定情形下，居民企业所派发给股东的这部分利润无须缴纳企业所得税，如抵扣以前年度亏损，此时股东所取得的股息就是未付税股息。

比如，假设公司今年产生了100万澳元的利润，但由于抵扣了以前年度的亏损，当年无须缴纳企业所得税，若这100万澳元作为股息全部分配给股东，这个股息就属于未付税股息。

通常，居民企业股东从非居民企业取得的股息为未付税股息的，不能享受上述税款抵扣政策，但可以享受税收协定下的境外税收抵免政策。

另外，澳大利亚公司从其持有10%或更多表决权的外国公司处取得的股息，可享受免税优惠。

（3）资本利得。

澳大利亚对资本利得征收企业所得税，企业需要在企业所得税申报表中就资本利得进行专表披露。

澳大利亚企业所得税中资本利得的部分内容，适用于 1985 年 9 月 20 日及之后所购置的资产产生的资本利得，其计税基础是处置资产的所得收益扣除该资产的成本后的差额。

纳税人可在下列计算方法中选择适用的方法：

① 对处置前持有 12 个月或以上的资产，不同身份纳税人可能享受不同的优惠待遇，例如个人和信托可减半征收，但公司纳税人无此优惠；

② 对处置前持有不足 12 个月的资产，无优惠政策，按基本公式计算；

③ 对在 1999 年 9 月 30 日前所购置并在处置前持有 12 个月或以上的资产，企业可对资产的成本计税基础根据物价指数进行调整；

④ 对在 1999 年 10 月 1 日后所购置的资产，其计税成本不能按物价指数进行调整。

厂房设备处置的收益按一般应税收入计算，不适用资本利得的税务处理。

另外，对澳大利亚居民企业通过出售其持有至少10%股权的从事一定时间实质性经营活动的非居民公司股权所取得的资本利得，不征资本利得的企业所得税。

（4）不征所得税、不征税收入、免税收入。

① 企业符合特定的条件构成免税纳税人的，可不征所得税。例如：个人经营业务、开办个人独资企业或合伙企业的个人，以及非营利组织，不征企业所得税；政府机构和机密信托基金，不征企业所得税。

②不征税收入，包括企业取得属于境外的非投资组合股利收入，与疫情相关的政府提供的刺激经济的相关补贴大部分都是不征税收入。

③免税收入。包括：一是对用于农牧业初级生产的投入免征批发销售税，比如直接用于农业生产的商品，如筑栏工具、筑栏材料、灌溉设备、羊毛包装材料、散装谷物的手工设备、化肥、某些四轮机动车、摩托车等，没有向澳大利亚税务局登记免征批发销售税的农场主，在支付批发销售税的商品使用后，可以要求税务局减免批发销售税。用于农牧业生产辅助活动的商品给予免税，如用于修理和维修的商品，用于定购农牧业设备的订货簿，等等。用于维持辅助生产的商品也给予免税。如用于带动农牧业机械或修理设备的发电机。所有农牧业产品的销售免征批发销售税。值得注意的是，在计算税务亏损时，免税

收入需考虑在内，而不征税收入则不予考虑。

（5）费用的税前扣除。

税前列支的扣除项目，为经营活动中产生的与取得应税收入相关的费用支出。主要包括企业在经营活动中产生的费用，利息支出，与贷款相关的费用，符合条件的坏账支出，修理费，折旧摊销费，税务申报费，特许权使用费，等等。

法律法规同时明确了特定项目的费用支出，有扣除数额和扣除时间的限制。比如业务招待费的扣除是受到一定限制的，而罚款不能在税前扣除。

资本亏损或支出私人性质的费用，免税收入和不征税收入相关的费用不能在税前扣除，特殊规定除外。

此外，跨国企业对澳大利亚的投资，以及澳大利亚企业的对外投资产生的利息费用，并不一定能全部进行税前扣除，这个扣除额度会受到资本方所在地的政策和规定的限制。

（6）无形资产摊销。

在澳大利亚，无形资产包括信息产权、知识产权、内部适用软件、土地使用权、特许权等，也包括采矿权、采石权、勘探权等，都是可以进行摊销的。

不同的无形资产会按不同的年限进行摊销，例如：采矿权、采石权、勘探权的资本支出，可以按照15年或者资产寿命中较短的年限进行摊销，软件按2.5年进行摊销，商誉则不允许摊销。

（7）有形资产折旧。

企业持有的有形资产可以选择直线成本法或者价值递减法进行折旧，其折旧年限可以按税务局规定的折旧年限或者是纳税人自行制定的年限进行。如果选择纳税人自行制定的年限，企业需要向税务局解释选择这种折旧年限的原因。大部分的房产、建筑物和固定资产使用直线成本法进行折旧。对于资产价值小于1,000澳元的资产，非小型企业的纳税人可按每年37.5%的加速折旧比例进行扣减。

（8）无息利息支出。

一般情况下，无息利息支出不允许在税前扣除，但利息可以在税前列支。

（9）亏损。

亏损分为经营亏损和资本亏损。经营亏损是指在纳税年度内，允许税前扣除的费用超过应税和免税收入的部分,这部分亏损可以无限期结转。如果前一年度亏损,在满足所有权持续性测试和业务同一性测试的情况下,用于抵减未来年度的应纳税所得额,企业可以选择使用以前年度可弥补的经营亏损,抵减当年的亏损,也可以选择不使用亏损继续往后结转。一旦选择了这部分亏损,要先抵减免税收入,再抵减应纳税所得额,一定要记住这个顺序,一旦搞错,就会引发税务风险。经营亏损不得在不同企业间相互转移,但是同一纳税集团内的企业除外。

资本亏损是指企业在投资或经营过程中各种原因导致的资本减少或损失。企业发生的资本亏损,只可以用于抵减资本利得,同时可以无限期结转,用于抵减日后的资本利得。

(10) 应纳税额计算。

应纳税额=应纳税所得额×适用税率-减免税额-抵免税额。

(11) 合并纳税。

从企业所得税的角度来说,同一集团全资控股的澳大利亚企业可选择成立单一纳税实体进行合并纳税申报。

合并纳税不考虑纳税集团内部各个企业之间的业务往来,且允许互相抵消集团各个企业之间的利润和亏损,一旦企业选择合并纳税就不可撤销。

纳税集团的成立与解散、纳税集团成员的退出和加入均受到严格的合并纳税规定限制。

二、澳大利亚非居民企业的企业所得税

澳大利亚非居民企业仅就其来源于澳大利亚境内的所得缴纳所得税,包括被认定为来源于澳大利亚境内的收入,特别是来自澳大利亚房地产的资本利得。

1. 资本利得

澳大利亚非居民企业出售澳大利亚应税财产取得的资本利得,需要按照30%的税率纳税。

以下情形可豁免资本利得所需缴纳的企业所得税:

(1) 出售持股比例不超过10%的澳大利亚公司股权。

(2) 出售的澳大利亚公司股权直接或间接拥有的澳大利亚物业(如土地、

房地产）比例不超过50%。

满足以上两个条件之一的非居民企业可豁免对资本利得部分缴纳企业所得税的义务。

2. 所得地的判定标准

通常来说，判定所得地是否为澳大利亚有两个常见标准，符合其中一个就可能被视为来源于澳大利亚的所得。

一个是企业取得的收入是否为企业在澳大利亚经营所得；另一个是企业取得的收入是否源于澳大利亚居民支付，或源于位于澳大利亚境内的资产所得。

由于澳大利亚是判例法国家，在实际操作中，税务局对所得地的判定，除了根据澳大利亚税法进行判定外，也会根据以往案例和企业实际情况进行综合判定。

3. 预提所得税

（1）股息预提所得税。

居民企业向非居民企业支付股息时，一般按照30%的税率扣缴预提所得税，但存在双边税收协定的情况下，非居民企业可以享受较低的预提所得税税率。

值得注意的是，根据澳大利亚所得税抵免机制，如果分配股息的居民企业已经缴纳了居民企业所得税，该部分股息在分配给非居民企业时，将不再征收个人所得税。但以上的股息应受债资比例的限制，在判断属性的类型时，需要根据交易的经济实质来判断其属于股息还是利息。

（2）利息预提所得税。

居民企业向非居民企业支付利息时，应在澳大利亚缴纳10%的利息预扣税。但存在双边税收协定的情况下，非居民企业可以享受较低的所得税税率。

另外，某些利息收入免征所得税，比如某些特定的公开发行的债券。同样要考虑债资比例的限制和交易的经济实质，即判断是利息还是股息。

（3）资本利得预提所得税。

澳大利亚非居民企业出售应税财产取得的资本利得，需要按照30%的税率进行纳税，但非居民企业仅就其来源于澳大利亚的资产利得向澳大利亚政府缴税。同样地，通过中间企业间接取得的澳大利亚房地产非投资组合收益，也需要向澳大利亚政府纳税。

从 2017 年 7 月 1 日起，非居民企业处置持有的某些澳大利亚应税资产，买方需要按照销售金额的 12.5% 扣缴所得税。若非居民企业股东将其持有的澳大利亚子公司股权计入资本账户，且该公司不被视为"应税澳大利亚资产"（比如：子公司土地资产的市值不超过其非土地资产的市值），该非居民企业股东出售此股权时，所获收益则免缴纳澳大利亚的资本利得股息所得税。

（4）其他预提所得税。

非居民企业取得的管理费用、技术服务费和租金一般不征收预提所得税，除非取得的收入与设置在澳大利亚的常设机构有关。有一些特殊情况，如境外保险公司取得的保险费，非金融企业取得的旅客运输、邮件快递、货物运输等收入，需按 3%～5% 扣缴预提所得税。

如果是澳大利亚非居民企业的分支机构分配利润，则不适用预提所得税的政策规定。

自 2017 年 7 月 1 日起，非居民企业应及时向澳大利亚居民企业（付款方）报告其居民国地址，以便其能按正确的税率扣缴预提企业所得税，否则，澳大利亚居民企业方将按 47% 的高税率扣缴预提所得税。

第四节　澳大利亚商品及服务税

虽然商品及服务税（Goods and Services Tax，简称 GST）在澳大利亚的税收体系中并不占据主导地位，但在人们的日常生活中却是经常会遇到的。无论是购物消费、享受服务还是进行其他交易，GST 都可能作为一个额外的费用被加诸其上，因此成为人们日常生活中不可或缺的一部分。

1. 商品及服务税的纳税义务人

商品及服务税的纳税义务人涵盖多个类别，主要包括：已办理或应办理 GST 注册登记的企业，如年营业额超过 75,000 澳元的企业或年营业额超过 150,000 澳元的非营利机构，所有出租车运营者；进口商品和服务的个人或企业；提供特定服务和数字产品的个人或企业；电商平台卖家；以及其他在澳大利亚境内进行应税交易的个人或企业。

2. 商品及服务税的税率

商品及服务税的税率为 10%，但是有一些商品以及服务适用零税率。

适用零税率的商品及服务有：大多数基本食品、医疗服务、教育服务、幼儿服务、慈善服务、宗教服务、污水处理服务，涉及非居民的部分交通运输服务、国际邮寄服务、贵金属提炼后的第一手销售等。

3. 商品及服务税的税收优惠

不征收商品及服务税的包括：金融服务、住宅租赁、住宅销售（除商业住宅或新住宅外，或者通过签署长期租赁合同出租的住宅外）、贵金属销售（除贵金属提炼后的第一手销售）。

4. 免征商品及服务税的范围

澳大利亚从 2019 年 1 月 1 日起，女性卫生商品免征商品及服务税。对符合资格的受雇佣的残障个人购买或租赁车辆免征商品及服务税。

说明：零税率的税率为零，纳税人实际上不需要缴纳税款；而免税是未达到纳税的起征点或者国家给予优惠政策而不需缴纳税款，是免除纳税人缴纳税款的义务，没有相应的税率。

5. 商品及服务税应纳税额

纳税人销售应税商品或提供应税服务，应纳税额为当期销项税额抵扣当期进项税额后的余额。其中，销项税额按销售商品或提供应税服务的价款及适用税率计算，进项税额，是指纳税人购进应税货物或接受应税服务，支付或者负担的增值税额。

如果当期进项税额大于销项税额，纳税人可以申请退税。当发生含税价超过 82.5 澳元的销售时，销售方必须开具商品及服务税发票给购买方，以便对方可以凭发票进行进项抵扣。

一般情况下，当客户要求提供发票时，开票方应在 28 天内开具发票。发票必须包含以下 7 个基本要素：

（1）发票票据的字样；

（2）销售方识别号；

（3）销售方商业注册号；

（4）发票的开具日期；

（5）商品销售项目件数，包括价格和数量；

（6）商品及服务税金额；

（7）分开列每项应税销售项目。

此外，销售额超过 1,000 澳元的发票上还需要有购买方的识别号。一张发票上同时有应税和免税项目时，应分开标明应税和免税项目应纳税额，并列出总的应纳税额和发票总金额。

商品及服务税纳税人在计算商品及服务税时，可凭发票抵扣其取得的进项税额，每张发票的抵扣年限为 4 年。但是，如果购买商品或服务部分用于私人目的，则对应部分的进项税额不允许抵扣。

纳税人进口商品、服务或技术的价格，包含该进口商品、服务或技术的关税完税价格、境外运输费、相关运输保险费以及关税。

第五节　与房产有关的税务合规与纳税筹划

本节讲述澳大利亚与房产相关的税费，如土地税、印花税、房产的资本利得税，以及房产转让注册费、抵押贷款注册费、律师费、政府城市建设管理费、房屋保险费等其他费用。

澳大利亚是一个移民国家，对外国人的购房限制非常少。不需要办移民手续，只要满足年满 18 岁、有购买能力这两个条件就可以在澳大利亚购房。

在澳大利亚，买房和移民之间没有直接的联系，并不是在澳大利亚买房就可以直接移民，买房不是移民的评估条件。虽然非移民也可以在澳大利亚买房，但会受到一些限制。例如：悉尼所在的新南威尔士州要求海外非移民人士只能购买澳大利亚新房，不能购买二手房。需要注意的是，在澳大利亚买房不需要缴纳房产税，但需要缴纳印花税、市政税等。

一、土地税

如果是自住房产，并实际居住在内的，则无须缴纳土地税。但如果是投资性房产，则需要缴纳土地税。土地税每年征收，州政府以每年12月31日时的房产价值为基数征收土地税。

如果同一个主体名下拥有多处房产，则以其拥有的全部房产总值计算土地税，如果同一房产有一人以上的所有人，则每个所有人按其所有权份额分别计算各自的土地税。

土地税的税率每个州不一样，大概在1.5%～5%。

二、印花税

根据澳大利亚联邦政府规定，每笔房产买卖必须向政府缴纳印花税，每个州均可自主确定具体的税率。印花税在转让过户时，由买方一次性缴付，应付印花税额为房产价值的3%～4.5%。印花税以房产买卖合同签订的时间为纳税义务发生时间，并以房产合同价格或房产市场价值的较高者为计税标准。

三、房产的资本利得税

房产的资本利得税，是对房产卖出价和成本价的差额计税。

如果所有人在购买房产后一直自住而从未产生过任何收入的，不缴纳房产的资本利得税。但如果是投资性房产，持有房产12个月以内的，需要对该房产增值部分的50%进行纳税，持有房产超过12个月的，则仅需要对该房产增值部分的25%进行纳税。

作为投资方，其增值部分可以抵扣相关的费用，如印花税、运输费、保险费、土地税、银行利息和房产维护费等，仅就其净值部分纳税。但在申报个人所得税中已经抵扣了的，则不可在资本利得税申报中重复抵扣。

四、房产转让注册费

澳大利亚各州均有不同的房产转让注册费，该费用在房产过户时一次性由买方向政府支付。

五、抵押贷款注册费

抵押贷款注册费，是指在房产过户时，由买方一次性向贷款银行支付的费用。各州抵押贷款注册费略有差异，但是基本在110～160澳元。该费用为固定费用，不随房产价格的变化而变化。

六、律师费

不管是在买房还是在卖房过程中，必须有律师参与房产过户的整个过程。律师费在房产购入时一次性向律师支付。工作量不同、律师不同，律师费也不同，目前律师参与一项常规房产过户的费用大概在 800～1,500 澳元。

七、政府城市建设管理费

每个房产持有人均需向房产所在地的政府缴纳城市建设管理费，该费用根据当地政府对房产的评估每年支付，支付方式可以选择一次性缴付，也可以选择按季度分次缴付。

八、房屋保险费

房屋保险费主要是用于支付防止因火灾、自然灾害等不可抗力事件对房屋结构造成损失而购买的保险费用。

不同的保险公司有不同的保险产品，房屋保险费也是每年支付。如果是向银行贷款购买的房产，银行一般会强制要求房产所有人购买房屋保险。房产结构和价值不同，房屋保险费也不同，一般房屋保险费大概在每年 300～700 澳元。

九、房屋折旧的相关知识

房屋折旧是很大的一部分费用。

通常，买新房每年会有 1 万澳元左右的折旧退税，年代不太久远的二手房，每年也会有几千澳元的折旧退税。

房屋折旧筹划法，是纳税筹划中很重要的一个方法。

因为不仅房屋会老化，里面的各种设施也会逐渐损耗，所以房屋内的设施也可以申请折旧退税。因此，能够申请折旧退税的包括：

（1）房屋内的设施与物品，包括地毯、炉灶、热水供应系统、空调与供热系统、窗帘、烟雾报警器、电梯以及其他许多在入住时具有确定价值的设施与物品。

（2）建筑物。根据建筑物的使用年限，对建筑物构架部分申请折旧退税。

（3）装修与改造。投资房的装修与改造，包括由前业主实施的部分，都可以申报折旧退税。

所有这些都可以请评估公司完成。评估公司会详细检查房产，并逐条记录任何可折旧的设施与物品，评估建筑成本及所有装置与设备的成本，准确计算最多40年内每年可以申报的折旧额，因为澳大利亚税务局规定，任何建筑物的最长折旧周期只有40年。加速折旧计算法用得比较普遍，因为投资者可以在前五年内实现大部分的折旧退税。

十、负扣税

企业负扣税政策，是澳大利亚政府为鼓励投资者购买投资性房产而实施的税务补贴制度。

确切地说，负扣税并不是一个税种，而是存在于房产投资中的一种计算方式。在一个财政年度中，当投资房产的现金支出如银行贷款利息、水电费、市政费和非现金支出如房屋折旧等超过投资收益时，房租所带来的就是一种负向应税收入，就会产生负扣税。

负扣税之所以和税务挂钩，是因为负向应税收入可以抵减其他正向应税收入，例如工资收入、资本利得等，以此来降低应税收入，达到最终减少缴税的结果。

负扣税通常以年度方式计算，如果纳税人当年除房产投资收入外，没有其他税收来源，或者其他税收来源少于负扣税，在现行政策下，当年没有冲抵掉的负扣税可以累计并延续到之后的财政年度，直到有足够的正向应税收入进行对冲。

十一、投资净收益

投资净收益的计算是用收入减去支出。收入包括房租，或者是用来抵扣房租的商品和服务，还有租客损坏物业所支付的赔偿金，政府为安装太阳能系统所提供的一些津贴等。支出主要包括招租的广告费、物业管理费、地税、贷款相关费用、银行利息、清洁费、市政费、水电费、折旧费、保险费、律师费，以及其他杂费等。

【案例 9-2】

王女士是澳大利亚的居民纳税人，2019 财政年的工资收入为 8 万澳元。王女士在悉尼拥有一套价值 80 万澳元的投资性房产，这套房产给王女士带来了每周 640 澳元的租金，52 周收入就是 33,280 澳元，为这套物业王女士支出了物业管理费 4,800 澳元/年，银行利息 32,000 澳元/年，市政费和水电费 2,500 澳元/年，折旧费 9,000 澳元/年，维修和维护费用 300 澳元/年，物业管理中介费 1,830 澳元/年，支出总计为 50,430 澳元/年。王女士的净投资收益：33,280−50,430=−17,150（澳元），这个负 17,150 澳元就可以用来抵减王女士的应税收入。本来王女士应该就她的年薪 8 万澳元来缴纳个人所得税，现在由于有一部分负扣税，最终她的应税收入为 80,000−17,150=62,850（澳元），所以这部分负扣税为王女士带来了一部分税务收益。

综上，特别提醒：

（1）对于需要向澳大利亚税务局定期上缴预提税的纳税人，如果上个财务年有负扣税，可以在本财务年的年初提交预提所得税更改申请，以减少预提所得税的扣缴；

（2）海外投资人可以无条件使用负扣税，但是因为绝大多数海外投资人在澳大利亚本地没有额外收入，所以这些负扣税只能累计并延后使用。

第六节 常见税务风险及合规策略

一、共同申报准则带来的税务风险

共同申报准则，又称"统一报告标准"。就是两个签署国之间需系统地、定期地披露对方国家公民在本国的经济财产情况，旨在通过加强全球税收合作，提高税收透明度，打击利用跨境金融账户进行逃税的行为。

税收信息收集会围绕国籍、居住地、收入和资产来源等多方面内容展开。

税收居民的认定涉及多个要素的判断，国籍仅是其中之一，家庭以及该公民与这个国家或者地区是否存在密切的经济联系，也是重要的考量因素，这也是税务机关监管的重要方向。

在全球共同申报准则背景下，建议高净值客户明确税务身份，重新审视海外资产的存在形式。因为共同申报准则的合作成员国之间交换的信息仅限于金融资产，金融资产包括在海外银行的存款、保险公司带有现金价值的保单、证券公司的股票、信托架构下的信托收益或投资公司的股权等，而以个人或者公司名义持有的房产、珠宝、首饰、古董、飞机、游艇等并不在此之列。所以投资房产、艺术品，参加人寿保险或者家族信托，以及将金融资产放在非共同申报准则协议国，逐渐成为资产配置的应对方案。

房地产是全球资产配置的重要方向。

澳大利亚是第二批启动共同申报准则信息交换的国家，2018年9月首次进行信息交换，主要是针对税收居民海外金融账户的信息交换。有在澳大利亚配置资产，而没有计划成为澳大利亚税收居民的投资者，需防范共同申报准则的执行导致被确认为澳大利亚税收居民的风险，因为一旦被确认为澳大利亚税收居民，共同申报准则母国将会被认定为澳大利亚，投资者可能会面临较高的税收负担。

房产不被纳入共同申报准则就安全了吗？答案是否定的。首先，房产的相关交易信息很多时候是无法隐藏的，除非投资者在所有环节全部以现金交易，包括购房、卖房、出租、纳税等，否则相关信息也会被传递给税务局。

在世界各大银行打击洗钱的大环境下，除非在相当落后的国家购房，否则是不可能全部进行现金交易的。

部分国家或地区是允许公开查阅房产拥有人信息的，因此，即使相关信息不以共同申报准则传回税务局，税务局也能通过其他方式掌握相关产权的情况。

下面先来了解一下积极非金融机构和消极非金融机构：

（1）积极非金融机构：如果一家非金融机构，在上一个日历年度或其他申报期限内，所获得的被动收入少于总收入的50%，并且在此期间所持有的、能够产生被动收入的资产少于总资产的50%，则该机构属于积极非金融机构。

（2）消极非金融机构，是指那些不属于积极非金融机构的非金融类企业。这些机构的总体行为可能会给金融机构带来潜在的风险。如果一家非金融机构取得的大部分收入是股息、利息、租金、特许权使用费等消极经营活动收入，那么这个机构就属于消极非金融机构。

有人会问，企业持有房产会不会比个人持有房产稍微安全一些？

理论上，位于隐秘性较高的节税地（如开曼群岛）的企业如果持有房产，并且这些企业被认定为积极非金融机构，其账户信息在大多数情况下不会与其他税务局进行自动交换。

又有人会问，如果在持有房产的企业上再加上一层控股企业，是不是就能解决这个问题了呢？

虽然这种架构可以避免个人直接收到任何投资收益，但因为这家控股企业属于消极非金融机构，相关的信息还是会交换给其他税务局。

从理论上讲，只有信托架构（由信托公司、受益人、投资项目和风险管理等组成的法律架构）可以完美解决以上所有问题，但符合要求的信托架构都比较复杂，运营成本相对较高，且具有不可撤销性，财务力量不是很雄厚、收入不稳定的人不建议采用这种方式。

二、如何避免收入和利润被重复征税

随着跨国经济活动的增加，明确各国征税权成为重中之重，这时两国之间签订的双边税收协定起到了重要作用。一般协定会明确缔约国是否有征税权，征税权是否受限，并规定一方征税，另一方必须提供境外税收抵免，从而协助企业规避双重征税的风险。

当一家企业在没有与澳大利亚签订协定的国家投资时，这家企业就可能被两国双重征税。

当一家企业或者个人存在多于一个税收居民身份的情况时，就需要进行税收居民身份的筹划了。

怎样对税收居民身份进行筹划呢？可以从两个方面入手。

一是个人税收居民身份筹划，主要是依据客户的资产情况及收入来源，选择一个最优的税收居民身份，以实现整体税负最优。

二是企业税收居民身份筹划，就是在不同的国家或地区设立子公司、合伙企业等机构，有效利用不同国家签订的税收协定，做到全球税负最低。

三、跨境税务风险与合规

澳大利亚税务局非常关注经济实质、利润转移、转移定价、离岸服务中心、境外城市机构的合规问题。

首先，来看一下经济实质。过去企业为了节税，会在一些低税率国家成立中间控股公司，这种公司也被称为空壳公司。现在这种操作已经不可能实现了。如果中间控股公司没有经济实质，被控股公司所在税务局有权判定中间控股公司滥用税收协定，而不给予税收优惠。

其次，利润转移。有些公司为了节税，会在没有请专业法律或税务团队的情况下，进行不合理的利润转移，比如以"内保外贷"的形式将利润转移至无正式组织结构的个人，或者将利润作为投资款转移至节税地的公司。这些行为已经超出了合规纳税筹划的边界，是澳大利亚税务局严打的对象。

最后，转移定价。有交易就自然有定价。跨国公司之间的交易，避免不了跨境的关联方交易的定价。相关交易必须确保是按照市场定价进行的，否则税务局有权进行纳税调整。

【案例9-3】

雪佛龙集团美国子公司向澳大利亚的母公司提供了25亿美元的贷款，用于西澳大利亚以外地区的天然气存储开发，利率是9%，无担保，而美国子公司在公开市场上使用商业票据，借款利率只有1.2%。该案的核心问题在于雪佛龙集团美国子公司与澳大利亚母公司之间的关联方贷款利率，根据转移定价相关法律规定，该交易利率是否反映了非关联方之间应收取的公平利率？有没有不合理的利润转移在里面？雪佛龙集团称，如果澳大利亚母公司进入公开市场，在没有担保的情况下贷入25亿美元，它支付的利息利率将远超9%。因此，利率是公平交易的利率。

但澳大利亚税务局认为，通过参考无担保贷款来考虑利率的公平性是不合适的，因为雪佛龙集团将始终提供担保。问题是要考虑在雪佛龙集团提供担保的情况下，25亿美元贷款的非关联方之间收取的利率应该是多少。

这个例子不但涉及转移定价，还涉及利率转移的问题。

我们来计算一下澳大利亚母公司到底少缴了多少税。因为利息是可以税前抵扣的，意味着25亿美元乘9%的利率，再乘30%的企业所得税率，相当于

6,750万美元没有纳税。而美国子公司支付的利息费用也只有3,000万美元，这中间的差值是3,750万美元。

最终法院裁定，因为贷款利率已经远超公平原则，要求雪佛龙集团补缴3.4亿美元的税款及罚金。

由此可以看到，澳大利亚税务局严厉打击这种利用转移定价、转移利率的方式来降低税负的做法。那除此以外，还有什么其他方法可以用来拿到更多的税前抵扣呢？增加贷款金额可以吗？下面再来看一个案例。

【案例9-4】

中国A公司在澳大利亚投资开设子公司，比如：投资额为1亿美元，其中30%是向银行贷款，也就是借款3,000万美元，利率5%，一年的利息就是3,000×5%=150（万美元）。再乘30%的企业所得税税率，算出实际抵税45万美元。

但如果换一种架构，让中国A公司在中国香港设立一个子公司并注资5,000万美元，中国香港公司向银行贷款5,000万美元，然后在澳大利亚注册孙公司，并将这1亿美元放贷给澳大利亚孙公司。假设利率仍为5%，那么可以抵多少税呢？

首先，在香港可抵税额：企业所得税为10,000×5%×30%=150（万美元），即可抵税150万美元。

中国香港公司就其利息收入，会在澳大利亚缴纳利息预扣税50万美元，计算公式为：5,000×1%=50（万美元）。

因为在香港这部分利息收入会被认定为离岸收入，不需要缴税。所以总体的税负，就是减税的额度有150万美元，但在澳大利亚要缴利息预扣税的50万美元，实际实现减税：150-50=100（万美元）。

综上两种方案比较：中国A公司直接在澳大利亚投资开设子公司，实际只获得45万美元抵税，而中国A公司在香港设定子公司，再在澳大利亚开设孙公司的架构，比直接在澳大利亚开设子公司的架构进一步减税55万美元。

澳大利亚税务局为了遏制企业利用过高的债务融资来降低税负的行为，实施了资本弱化规则。根据这些规则，税务局设定了一个合理的负债率门槛，通常认为负债率超过公司资产的60%为不合理。因此，当企业的负债率超过这一比例时，超过部分的债务利息将不被允许作为税前抵扣项。

接着上面的例子看，根据规定，如果只有 6,000 万美元债务的利息可以进行税前抵扣，那企业就会损失 4,000 万美元贷款的利息，这就意味着企业需要多缴 60 万美元（4,000 万美元×5%×30%）的税。

再加上预扣税，税费就直线上升了，就不可能实现预期的节税目的了。

四、离岸服务中心在纳税筹划中的作用

离岸服务中心主要包含采购中心、营销中心和物流中心。

跨国企业应怎样利用离岸服务中心的低税率甚至免税优惠进行纳税筹划呢？

首先，要看转移定价和经济实质在其中发挥的作用。

【案例 9-5】

假设 A 公司为中国国内钢厂，B 公司为澳大利亚铁矿石开采商。

假设铁矿石的生产成本为 120 美元/吨，中国市场价格为 150 美元/吨，运费为 5 美元/吨，那么 B 公司向 A 公司出口一吨铁矿石的利润就是 150-120-5=25（美元）。按照税率 30% 来算，税费为 7.5 美元/吨，但如果 A 公司与 B 公司是关联方，可以进行哪些纳税筹划呢？

采购中心：A 公司可以在迪拜成立采购中心 C 公司，通过 C 公司从 B 公司采购铁矿石，采购价格为 125 美元/吨，再以 145 美元/吨的价格销售给 A 公司，将铁矿石直接运至国内。由于迪拜对离岸公司不征收企业所得税，因此税费只有（125-120）×30%=1.5 美元/吨，可以每吨节税 6 美元。澳大利亚税务局会认为 C 公司的采购价格 125 美元/吨远远低于市场水平，不符合转移定价的规则，且如果了解到铁矿石实质被运往了中国，税务局会因此要求 B 公司按照 145 美元/吨这个收入进行纳税调整。

营销中心：A 公司在中国香港成立一家销售中心 C 公司，给 C 公司提供营销服务，C 公司向澳大利亚的 B 公司收取 125 美元/吨作为服务费，B 公司的利润则从 25 美元下降至 5 美元，税费 1.5 美元，节税额 6 美元。B 公司的收入，在香港可以申报离岸免税，因为销售活动都在内地进行。针对在香港设置销售中心，澳大利亚税务局会认为公司收取的营销费用是没有任何具体实质的，因为不管有没有中间的营销公司，A 公司作为关联方都会实质购买。所

以,澳大利亚税务局是不允许 B 公司在香港产生的服务费进行税前抵扣的。

物流中心：A 公司可以在新加坡设立物流中心 E 公司,E 公司为 B 公司提供物流服务,收取 15 美元/吨的物流服务费,使 B 公司的利润下降至 15 美元/吨,税费就是 4.5 美元/吨。

E 公司如果加入新加坡全球销售计划,也可以享受 5% 的企业所得税优惠。仓储及航运服务费 15 美元/吨,扣除原来运费 5 美元/吨的成本后,利润为 10 美元/吨,按照税率 5% 来算,税费为 0.5 美元/吨,这样算下来总税费就是 4.5+0.5=5（美元/吨）,减税 2.5 美元/吨。

针对物流中心的收费,澳大利亚税务局可能会对标行业价格,对超标的收费不允许进行税前抵扣。

当然现实情况要比这些案例复杂很多,所以还是要具体问题具体分析,进行合规、周全、可行性高的纳税筹划。

五、境外常设机构

澳大利亚税务局严厉打击跨国企业人为规避成为澳大利亚的常设机构的行为,因为规避成为澳大利亚的常设机构就可以避免在澳大利亚产生纳税义务。

什么是常设机构呢？常设机构是指一个企业开展全部或部分业务的固定营业场所。常设机构包括营业所在地、办公室、工厂、作坊,还包括一些开采天然能源的场地,比如矿场、油气井、采石场等。

为什么跨国企业要人为规避成为常设机构呢？常设机构是判断这个国家是否拥有企业征税权的一个非常重要的标准。一旦企业在境外有常设机构,境外税务局就会对常设机构所产生的利润拥有征税权,企业就无法享受境外免税的税收优惠了。所以当跨国企业有实质业务,需要在境外设立办公室等常设机构时就会进行纳税筹划,人为规避企业在税务上被认定为常设机构,从而避免当地税务局对企业征税。

六、建立中间控股公司帮企业优化利息税费

【案例 9-6】

中国 A 公司向澳大利亚 B 公司提供股东贷款,A 公司需对利息收入缴纳

企业所得税（税率为25%）和增值税（税率为6%），B公司向A公司支付利息，需要缴纳10%的利息预扣税，但利息费用可以进行税前抵扣。假设A公司的资金全部来源于自有资金。B公司向A公司支付利息需缴纳10%利息预扣税，且满足一定条件后可以税前抵扣（30%所得税）。

对于整个集团来说，税务考量包括：

（1）A公司在中国缴纳15%利息所得税（25%企业所得税减10%在澳大利亚缴纳的利息预扣税作为境外税收抵免）；

（2）A公司缴纳的6%增值税；

（3）B公司在澳大利业缴纳的10%利息预扣税；

（4）B公司的利息费用可以全额抵扣，即节税30%。

以上整个架构安排使集团（A公司+B公司）的税费为1%，即15%+6%+10%-30%=1%。就是15%利息所得税加上6%增值税，加上10%利息预扣税，再减掉30%，节约了企业所得税，那么整体税费就是1%。

如果换一种架构，如图9-1所示，那么整个税务收益率是多少呢？

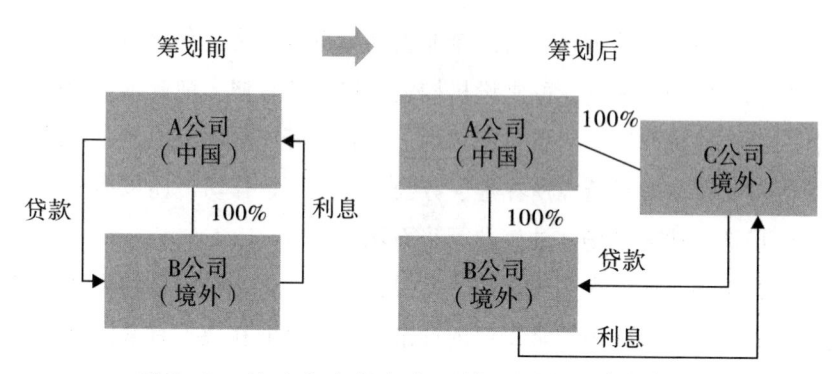

图9-1 利用境外资金中心筹划利息税费对比图

A公司在香港设立境外资金中心C公司，然后向B公司提供贷款。C公司不将利润汇回内地。

对于整个集团来说，税务考量将会优化为：

（1）C公司在中国香港缴纳14.85%利息所得税（16.5%所得税中，10%在澳大利亚缴纳的利息预扣税作为费用抵扣。因为中国香港与澳大利亚无税收协定，不能作为境外税收抵免）。

备注：本案例适用于被中国香港税务局认为经营贷款业务，因此，即使来自境外都是要按 16.5%纳税。

（2）香港不征收增值税。

（3）B 公司在澳大利亚缴纳 10%利息预扣税。

（4）B 公司的利息费用可以全额抵扣，即节税 30%。

以上整个架构安排优化后使集团的税费为负 5.15%（节税），即 14.85% + 0% + 10% - 30% = - 5.15%。

备注：上述 14.85%的计算公式为（100 - 10）×16.5% ÷ 100×100% = 14.85%；上述 30%为澳大利亚的企业所得税税率。

如果 C 公司成功申请税收优惠，中国香港企业所得税可以减半至 8.25%，抵扣澳大利亚利息预扣税费后在香港只缴纳 7.43%，那么整个安排可以进一步节税 12.57%。

相比不进行中间控股的架构来说，有中间控股的纳税筹划后，节税了 11.57%。

虽然可以节税，但是要考量税务风险：

首先，利率是否满足转移定价的要求？

其次，B 公司的利息费用能否在当地抵税？比如：是否满足混合错配的规定。

再次，即使可以抵扣，是否有限额？即资本弱化的规定。

最后，考虑 C 公司是否具备经济实质。

因此，既想税务合规，又想实现纳税筹划，要考量以上四个问题的合理性。

七、个人相关的税务问题及风险

1. 如何规避资本利得税

资本利得税的豁免可以很好地帮助你守护财富。自住房出售后的增值部分是可以免除资本利润费用，但每个家庭在同一时间又只能拥有一套房作为自住房，那么已经用于投资的房产还有机会被认定为自住房吗？这里我们就需要知道"6 点法则"，首先，房子买回来以后，最先用于自住，而且要居住 6 个月以上。其次，房子用于出租的时间最多不能超过 6 年，如果你在这 6 年之内卖掉,或者 6 年内搬回来之后再卖掉,都是可以作为自住房的,增值部分就可以免缴资本利得税。

2. 如何选择适合自己的商业形式

个体创业,既可以选择个体经营,也可以选择合伙或者信托,还可以选择私人公司。

(1) 个体经营。

个体经营是最简单的形式,意味着你将以个人名义开展商业活动。年末报税的时候将商业活动的收入和支出汇总到个人所得税的申报中就可以了。个体经营的缺点是个人和企业是一个整体,理论上个人会对企业承担无限责任,纳税筹划也没有什么用武之地。

(2) 合伙或者信托。

合伙是比较常见的商业形式,通常有两个以上的合伙人共同运营。这种形式的优点是利润和损失可以在合伙人之间分配,缺点是任何一方退出都可能导致原本的合伙解散。

信托,最常见于投资领域,但是也可以用于经营一些商业活动。需要注意的是,如果年末的利润没有分配给受益者,未分配利润的税率是 49%,如果产生损失,也只能用于抵扣未来年度的收入。

(3) 私人公司。

私人公司注册以后的维护成本非常高,但利润分配的形式非常灵活。而且未来小公司的企业所得税税率有可能降低到 25%,这税率对高收入者来讲就非常优惠了。

第十章

新加坡税务合规与跨境纳税筹划

第一节　新加坡的税务环境

一、新加坡为何可以吸引全球财富汇聚于此

2019年6月，英国小家电首富詹姆斯·戴森（James Dyson）斥资7,380万新元买下了新加坡最贵的空中别墅。随后的7月，James Dyson用4,500万新元买下了植物园的山景豪宅。为了奖励James Dyson为新加坡经济做出的杰出贡献，新加坡政府特许James Dyson购买永久性地契房产。而在此之前，新加坡永久性地契房产，只有新加坡公民或永久居民才有资格购买。

除了个人资产的布局之外，在英国脱欧期间，James Dyson更是把公司总部从伦敦搬到了新加坡，因为亚洲市场是其主要利润来源，中国区域的市场增长是全球其他区域的两倍，此次搬迁是为了离利润中心更近。2019年9月，James Dyson旗下的家族办公室在新加坡设立了分支机构，开始积极地招聘科技和金融人才。

新加坡吸引全球富豪的原因离不开以下三点：一是新加坡拥有非常稳定的政治环境；二是新加坡的税收政策非常有吸引力；三是新加坡给予高收入人群的签证政策相对宽松。

新加坡EP签证，是新加坡等级最高的工作签证，是新加坡政府为吸引外国专业人才而设立的。新加坡EP签证会与地址、雇佣关系、收入来源相关联，不仅如此，持有人也可以为配偶和未满21周岁的未婚子女申请家属准证，还可以为父母申请长期签证。

新加坡签证政策主要是以下几种：

（1）13D。13D是离岸基金税收激励计划，源自《新加坡所得税法案》中的家办税务豁免条例，适用于离岸基金，旨在为离岸基金提供税收豁免和优惠政策，以吸引更多的海外投资者和资金进入新加坡市场。

（2）13R。13R是在岸基金税收豁免计划，源于《新加坡所得税法案》第134章第13R条税收豁免条款。它是新加坡税法的一部分，为境内基金税收提供激励计划。

(3) 13X。13X 则是特级基金税收豁免计划，源自《新加坡所得税法案》第 134 章的第 13X 条税收豁免条款。这个计划是增强型基金税收激励计划，为特定投资产生的特定收入提供了免税待遇。

13R 和 13X 自 2019 年 2 月由新加坡财政部部长宣布执行，现延长到 2024 年 12 月 31 日，对于境外投资来说，13R 和 13X 最重要的两个差别：一是可以申请到新加坡的工作签证数量，二是管理的资产规模。13R 可以为管理员申请一个工作签证，同时他的资金规模至少为 500 万新元，而 13X 可以申请到至少三个公司签证，同时资产管理规模为 5,000 万新元起。

2020 年 1 月，新加坡金融管理局（MAS）和新加坡会计与企业管理局（ACRA）正式推出新的公司结构——VCC（Variable Capital Company，可变动资本公司）。是除了公司、有限合伙企业和单位信托以外，一种全新的新加坡基金架构。一家可变动资本公司，类似于一个自由流动的"资金池"，投资者将资产注入池中，再交由专业基金经理进行管理，以达到基金投资、节税、隔离债务等多重目的。

因此，新加坡金融管理局的数据显示，较 2017 年，2022 年新加坡家族办公室的数量增加了 5 倍。

以上，是新加坡吸引全球财富的政策刺激。除此之外，新加坡的投资环境还有如下优势：

第一，新加坡是全球"税收洼地"。在新加坡没有遗产税，也没有资本利得税，企业所得税仅 17%，个人所得税也不超过 22%。

第二，新加坡有着非常广泛的条约网络，与超过 85 个国家签署了避免双重征税协定，也同世界各国签署了 CRS 及多边主管当局间协议。

新加坡虽然与中国签署了 CRS，但并没有签署多边主管当局间协议，这也意味着新加坡与中国需要其他的国际协议作为基础，才能进行数据互换。

第三，金融行业、财富管理行业在新加坡的地位很高。金融行业对于新加坡而言不仅是一个行业，更是国家发展的基石。

第四，新加坡是亚太地区对于财富管理定位最高的国家，金融、医疗、教育、航运、博彩都是新加坡对外取得成功的基石。

第五，新加坡有着优越的法律制度。作为亚洲地区的仲裁中心，新加坡是国际律师事务所及东南亚跨国公司律师的首选基地，新加坡已逐步成为亚洲地区的争端解决中心,它的国际商事法庭也获得了全球的认可。

二、通过 VCC 控股家族办公室的优势

根据《新加坡信托法》,外国人在新加坡进行信托投资时,可以不受"法定继承权比例"的限制。而在一些国家比如日本、美国等,对超出继承权比例获得的财产,政府将征收巨额税负或者直接收缴。

为了吸引全球高净值资产企业家和投资者,新加坡早在 2004 年就推出了全球商业投资者计划(Global Investor Programme,简称"GIP"),目的是推动高净值人士业务和投资增长,并为符合资格的人士授予新加坡永久居民身份。

该计划鼓励外国投资人在新加坡设立单一家族办公室,并通过这些办公室来管理他们的财富和投资。

自新加坡政府在 2020 年推出 VCC 以来,VCC 受到了许多高净值人士的青睐。

在 VCC 控股家族办公室的模式下,VCC 作为投资主体持有家族办公室的股权。家族办公室则作为 VCC 的投资决策和管理机构,负责 VCC 的投资策略制定、资产管理以及家族事务的管理。

在税收方面,VCC 作为在新加坡注册的实体,能够享受双边税务协定所带来的好处,其中包括避免重复征税的优惠。以往,一些离岸基金会在新加坡设立特殊目的实体(SPVs)以享受双边税务协定的优惠政策,从而进行税务优化。现在,VCC 本身就直接可以享受税收减免。

总结下来,通过 VCC 控股单一家族办公室有三大好处:

(1)节省税收。因为按照《新加坡所得税法案》第 134 章第 13R 条和第 13X 条税收优惠计划,通过 VCC 持有的单一加速申请永久居民方式,在经营收益层面最凸显的是可以申请免税。

(2)保证信息的私密性。虽然 VCC 也要在新加坡会计与企业管理局的网站上注册,但公众无法查阅 VCC 的股东和投资人信息。

(3)可以获取政府补贴。政府会给予 VCC 一些政府补贴,它可以弥补单一家族办公室设定时要求的每年 20 万新元的硬性开销。

第二节　新加坡企业的税务合规与纳税筹划

一、新加坡的企业所得税

新加坡的企业所得税标准税率是 17%，新加坡是亚洲税率较低的国家之一。

新加坡政府会给予企业很多税收优惠政策。比如，新成立的公司前三个税务年度可以享受一定的税收减免，按照 2020 年的税收政策，企业首个 10 万新元仅需就该收入的 25% 缴纳企业所得税，有效税率仅为 4.25%；第二笔 10 万新元仅需就该收入的 50% 缴纳企业所得税，有效税率仅为 8.5%，超过 20 万新元的部分才会被要求足额缴税。

新加坡公司的企业所得税遵从的是半属地原则，即仅对来源于新加坡本地的收入，或者来源于境外但汇入新加坡的收入征税。企业所得如果不汇入新加坡境内，就无须缴税。而对于来源于境外的股息、红利、分支机构利润，如果是在境外提供服务所取得的收入，即使汇入新加坡，一定条件下也可以免征企业所得税。

同时，新加坡不征收资本利得税。新加坡公司转让股权或资产所得收入被认为是资本利得而非经营性收入的，不需要在新加坡纳税。

新加坡极低的企业所得税税率让很多中国企业在新加坡设立离岸公司，通过定价转移的方式节税。

什么是定价转移呢？定价转移指的是跨国公司利用不同地区税率的差异，将利润转移到税率较低的分公司，目的是实现节税。

二、新加坡会给企业哪些税收优惠

除了前面讲到的新加坡对新设立的公司前三个税务年度会给予一定的企业所得税优惠以外，新加坡给企业的税收优惠政策还有很多。

新加坡对于本地提供的商品和劳务以及进口的商品会征收商品及服务税（GST），标准税率是 7%。如果企业在新加坡从事的是离岸贸易活动，也就是将新加坡以外的货物销售到新加坡以外的国家或地区，货物并不进入新加坡境内，那企业就不需要缴纳商品及服务税。

根据新加坡商品及服务税的规定，住宅的出售、出租以及绝大多数的金融服务都免征商品及服务税。

新加坡企业向境外企业提供服务所取得的收入，满足一定条件的，适用商品及服务税的零税率。

根据商品及服务税的相关规定，企业当年应征商品及服务税的营业收入或者未来 12 个月应征商品及服务税的收入预计超过 100 万新元的，有义务在新加坡税务局注册为商品及服务税纳税人。

为了鼓励投资和出口，增加就业，新加坡国际企业发展局（IE Singapore）于 2001 年启动了全球贸易商计划（GTP），只要企业符合条件就可以享受 10% 的企业所得税优惠税率。

为了吸引知识产权管理和研发活动，新加坡经济发展局（EDB）推出了知识产权发展优惠计划（IDI），获得 IDI 批准的公司在优惠期内产生的符合条件的知识产权商业化收入，企业所得税税率可降至 5% 或 10%。

将区域总部或国际总部设在新加坡的跨国公司，可适用较低的企业所得税税率：区域总部为 15% 企业所得税税率，期限为 3～5 年；国际总部为 10% 或更低，期限为 5～20 年。

跨国企业在新加坡设立金融和财务中心，从事财务、融资和其他金融服务业务。金融和财务中心从事符合条件的活动取得的收入可申请享受 10% 的企业所得税优惠税率，为期 10 年，最长可延长到 20 年。

获批的风险投资基金收入免税最长可达 15 年。符合条件的基金管理公司或者家族办公室可以享受 13R 和 13X 的税收优惠，取得的特定收入如股息、红利、投资收益等可以免税。

三、中国企业在新加坡的投资模式

中国企业在新加坡的投资模式有三种：

（1）设立贸易平台。符合全球贸易商计划资质的贸易平台，能享受 10% 的税收优惠。

（2）设立运营总部。符合条件的新加坡运营总部可以申请税收优惠。

（3）设立投资基金或从事基金管理的公司。政府对于符合条件的投资基金实施免税，符合条件的基金管理公司可以享受10%的税收优惠。

四、如何在新加坡快速注册一家公司

新加坡允许个人和机构作为公司股东，也允许外商100%持股。在新加坡注册公司，需要至少一位董事是新加坡本地居民。若中国企业在新加坡成立全资子公司，且是只有一位董事的公司，就必须有两位公司法定人员，分别是董事和法定秘书。

公司成立以后，持有工作准证的外国员工如果常驻新加坡，也可以作为公司的本地董事，董事的最低年龄是18岁。

中国投资者在新加坡注册公司时，个人股东和董事需要提供：该股东和董事的地址证明，该证明必须显示股东或董事的名字及其明细地址。这可以是身份证上的地址，也可以是近3个月内有效的地址证明，如信用卡账单、水电费单、电话账单等。如果是机构股东，还需要提供机构股东的营业执照、章程复印件、地址证明、架构图，同时需要穿透到机构股东背后的最终受益人或控制人。

第三节　在新加坡购买房产需要缴哪些税

在新加坡购买房产，会涉及买方印花税、额外买方印花税、卖方印花税、房产税、个人所得税、消费税等，下面来具体了解每一个税种。

1. 买方印花税

无论身份和资产类型，所有房产销售都需要缴纳买方印花税（Buyer's Stamp Duty，简称"BSD"）。该税一般需在买方签订合同的2周内缴纳。买方印花税主要与所购房产的买价或者市场价有关，政府会选择额度较高者来计算税金。

2. 额外买方印花税

额外买方印花税（Additional Buyer's Stamp Duty，简称"ABSD"）是新加

坡政府针对房地产市场过热而出台的一种税费。

从 2011 年开始，新加坡政府开始实行 ABSD，对外国投资者与新加坡公民和永久居民在购买房产时进行限制。随着时间的推移，政府多次调整 ABSD 的税率，以适应房地产市场的变化。

截至 2023 年，对于购买住宅房地产（包括住宅用地），新加坡公民的 ABSD 税率为 30%，永久居民的税率为 25%，外国人的税率为 60%。而对于购买非住宅房地产（如商业用地），新加坡公民和永久居民的税率统一为 25%，外国人的税率为 30%。

3. 卖方印花税

卖方印花税（Seller's Stamp Duty，简称"SSD"）是在房产买卖交易中由卖方支付的税费。

卖方印花税是在 2010 年 2 月推出的，后来几乎每隔几年就会调整一次，最近一次调整是在 2021 年。2010 年 8 月将房产持有期满一年免缴卖方印花税调整为持有期满三年，2017 年将房产持有期满三年免除卖方印花税调整为持有期满四年。若持有房产不到一年出卖，卖方印花税从累进制最高税率 3% 直接拉高到了 16%，持有期不满两年出售税率也将高达 12%。

按现行政策，持有房产不到一年出售，卖方印花税税率高达 16%；持有期不到两年出售，卖方印花税税率高达 12%，卖方印花税依旧是炒房者的大敌。

4. 房产税

房产税主要包括房屋税和地价税。房屋税是根据房屋的市值计算的，税率为 0.4%~0.6%。地价税是根据土地的市值计算的，税率为 0.2%~10%。

5. 个人所得税

如果房产用于出租的话，业主需要缴付个人所得税。

6. 消费税

只有购买商业和工业类房产时，购买者才需要缴纳 7% 的消费税。

下面通过案例来说明在新加坡做房产交易时是怎么缴税的。

【案例 10-1】

一套在 2018 年 2 月之前购买的，价值 2,500,550 新元的公寓，需要缴纳的额外买方印花税是第一笔18万新元按1%计征，税金就是1,800新元；第二笔18万新元按2%计征，税金是3,600新元；超过36万新元的部分，也就是第三笔2,140,550新元按3%计征，税金是64,216.5新元；三项合计税金是69,616.5新元。2018年2月以后，买进同样金额的房产，超过100万新元的部分按照4%缴纳额外买方印花税，额外买方印花税总体就是84,622新元，比2018年2月之前购买要多缴15,005.5新元的额外买方印花税。

按2023年的政策，新加坡公民购买二套房将面临12%的额外买方印花税，新加坡永久居民购买二套房将面临15%的额外买方印花税；新加坡允许外国人在本国置业，不过外国人需要缴纳的额外买方印花税已高达30%。

若投资者想在新加坡市中心购置物业出租，最好地段的房屋租金回报率仅为2.58%，远远低于全球平均水平4.2%。

因此，高额的税收、极慢的房价涨幅、较低的租金回报，使新加坡并不具备炒房的优势。

第四节　个人所得税的税务合规与纳税筹划

一、个人所得税的税务合规

在新加坡，税务居民的个人所得税征收方式为采用累进税率制度。这意味着个人所得税的税率会随着收入的增加逐渐提高。

对于新加坡公民和永久居民，个人所得税的税率从零开始逐渐递增。2023年的税率分为两档：第一档为0%~22%，第二档为22%~35%。新加坡的个人所得税还设有一些税前扣除项，如个人养老金、医疗保险、教育支出等，可以降低个人所得税负担。

为了实现更大的累进性，从2024估税年起，最高边际个人所得税税率将提高。超过50万新元但不超过100万新元的应课税收入将按23%征税，而超过100万新元的将按24%征税。

新加坡的逃税，是指某人故意向新加坡国内税务局（IRAS）提供有关其活动的不准确或不完整信息，以减少其纳税额或获得不当税收抵免和退款。

【案例 10-2】

刘女士在 2008—2010 年少缴了 320,411 新元消费税，2009—2010 年，刘女士个人共隐瞒收入合计 200 万新元，逃避了自己本应缴纳的 310,983 新元的个人所得税，合计漏税 631,394 新元，2019 年被判入狱。

在新加坡，逃税行为面临的法律后果因是否有证据表明有逃税意图而有所不同。

无意图逃税面临的法律后果包括：

（1）罚款高达少征税款的 200%；

（2）罚款高达 5,000 新元；

（3）监禁长达 3 年。

有意图逃税面临的法律后果包括：

（1）罚款高达少征税款的 400%；

（2）罚款高达 5 万新元；

（3）监禁长达 5 年。

因此，在新加坡无论是否有意图地逃避个人所得税，都将面临严重法律后果。而本案中刘女士没有证据证明其是无意图逃税，法律后果只会更严重。

【案例 10-3】

新加坡某公司经理人在 2015—2016 年间，获得了总计 63 万新元的奖金，由于 2017 年申报表中没有这笔奖金，导致政府少收了 100,903 新元的个人所得税，最终被判处补缴少缴的税金，还被判决罚款 201,806 新元，是少缴税款的两倍。

因有提供证据，案例 10-3 所示案件中的当事人被认定为无意图逃税。因此，该经理人无刑事责任，但被认定为个人税务不合规，被判处补缴税款和处以少缴税款两倍的罚款。

在新加坡，个人所得税不合规的行为主要有：

（1）没有申报所有应税收入。

（2）扣除了未发生或不合法扣除的费用。

（3）为虚构的受抚养人申请个人救济。

税务合规建议如下：

（1）及时报税，并确保按时申报个人所得税和其他相关税款。迟延或漏报可能会导致罚款和承担法律责任。

（2）了解并遵守新加坡的税务法规，确保自己的财务活动合法合规。必要时寻求专业税务咨询服务。

（3）合理利用税收优惠政策，确保纳税筹划在合法范畴。

二、个人所得税的纳税筹划

【案例10-4】

A先生在新加坡有一家离岸公司，由新加坡籍的妹妹代持。这家公司并不是消极非金融机构，在海外有真实的贸易往来，所以这家公司的信息，以及A先生妹妹的个人账户信息，并不会面临交换的问题。A先生计划将海外收入转回国内，但国内25%的企业所得税让他有些犯难。

经过纳税筹划，A先生选择以新加坡籍的妹妹为出资人在中国投资成立公司，使这家公司成为外商投资企业，资金以投资款的形式合法回流，未来再给新加坡籍的妹妹进行分红，这样不仅使资金合规回流，同时也在很大程度上节省了税收。

如果想要做好个人所得税筹划，就要尽量找专业人士帮忙，每个人的情况不同，纳税筹划重点和方法可能都会不同。但谨记，纳税筹划一定要以合规为前提。

第十一章

中国香港税务合规与跨境纳税筹划

第一节　香港税制的特点及主要税种

一、香港税制的特点

在世界经济自由度排名中，中国香港曾连续超过20次位列榜首，被评为全球最自由经济体。美国《福布斯》月刊在对全球近30个主要经济体进行比较后，也得出过中国香港税负最轻的结论。

香港的税务体系总结下来，有如下几个显著特点：

（1）只对来源于香港境内的所得征税。比如，你有香港身份证，但是你长期生活在内地，收入来源也是内地，在香港没有所得，那就不需要在香港缴税。

（2）香港的主要税种实行比例税率，税率很低。比如，薪俸税（类似内地个人所得税）最高税率是17%，内地的个人所得税最高税率是45%。

（3）税种少。香港以直接税为主，不征增值税、营业税、资本利得税，除了烟酒等特殊产品之外，也不征消费税，而遗产税也于2006年停征。

（4）税制简单稳定，税法宽松。香港的税法主要由税务条例、印花税条例等组成，兼具实体法和程序法，也没有发票制度。

（5）香港的税法稳定、透明和公正。香港实行立法、司法、行政三权分立的法律制度。税收的立法权由立法会掌握，司法权在法院手中，假如纳税人与税务局发生争议，法院有权进行裁决。

二、香港的主要税种

香港征收的税种可以分为四类。

第一大类是所得税类，包含利得税、薪俸税、物业税，这三个税种也是香港的主要税种，香港税收大都来源于此。

1. 利得税

任何个人和公司，在香港开展经营活动，其收入减去支出后的利润，都要向税务局申报并缴利得税。利得税实行两级制：法团（指有限责任公司）200

万港元及以下应评税利润的税率为8.25%，超过200万港元应评税利润的税率为16.5%；非法团（指无限公司、一人公司）200万港元及以下应评税利润的税率为7.5%，超过200万港元应评税利润的税率为15%。由此可以看出，香港的中小型创业公司，税务负担非常轻。

【案例11-1】

A公司2020—2021年度的营业额是400万港元，全年可扣减支出是150万港元，那么它的应评税利润就是400-150=250（万港元）。A公司需要缴纳的利得税为：

（1）200×8.25%（税率）=16.5（万港元）；

（2）50×16.5%（税率）=8.25（万港元）。

上述两项税款合计24.75万港元，即A公司2020—2021年应缴纳的利得税为24.75万港元。

2. 薪俸税

香港薪俸税相当于内地的个人所得税，是纳税人为其在香港工作赚取的收入所缴的税，范围包括工资、薪金、奖金、津贴、佣金等。

薪俸税有很多项可以免税，比如：个人的基本免税额是132,000港元，已婚人士的基本免税额是264,000港元。供养子女、父母、祖父母、外祖父母、兄弟姐妹等，或者个人进修、慈善捐款等都可以免税。整体来看，薪俸税的负担不大。

薪俸税有两种缴税方法：一是累进税制，跟内地一样，就是超过一定标准就按照相应税率缴税，税率最低为2%，最高为17%；二是标准税制，统一按税率为15%。

香港税务局会用上面两种方法计算薪俸税，然后按照税金较少的方式征税。

【案例11-2】

假设一对夫妻年收入99万港元，他们有一个孩子正在读书，他们的薪俸税是这样计算的：家庭收入99万港元，减去已婚的免税额26.4万港元，再减去一名子女的免税额12万港元，以及其他的免税额，比如强制性公积金（内地叫社保）、个人进修等，预估2.45万港元，那么这对夫妻的应税收入总额就是 58.15 万港元。

以下，分别按照累进税制和标准税制来计算这个家庭应缴纳的税款是多少：

1. 按累进税制计算：上述 58.15 万港元中，第一个 5 万港元的税率是 2%，税费是 1,000 港元；第二个 5 万港元的税率是 6%，税费是 3,000 港元；第三个 5 万港元的税率是 10%，税费是 5,000 港元；第四个 5 万港元的税率是 14%，税费是 7,000 港元；余下的 38.15 万港元，按照最高税率 17% 来缴税，税费是 64,855 港元。五档税率全部计算完毕，税费合计 80,855 港元。

2. 按标准税制计算：税率为 15%，这个家庭应该缴纳的税费为 581,500×15% = 87,225（港元）。

标准税制的 87,225 港元跟累进税制的 80,855 港元相比，标准税制会多缴 6,370 港元的税费，但香港特区政府会自动按照累进税制来收税。

3. 物业税

物业税是香港向土地及建筑物的拥有人就其物业收入征收的一种税。物业包括房屋、建筑物和土地。纳税人是指拥有物业的房产持有人、终身租用人、抵押人等。

物业税是直接税，也是所得税，通常只针对个人，也就是说，只有个人有物业出租、有所得的时候才需要缴纳物业税，而自住、自用、空置的物业是不用缴税的。而香港的公司即使有物业租金收入，缴纳的也不是物业税，而是利得税。

【案例 11-3】

B 有一间物业在 2021 年 7 月 1 日出租，月租 3 万港元，截至 2022 年 3 月，总租金收入为 27 万港元。基本免税额为 20%，需要交差饷 12,000 港元，还需要减掉 20% 的修葺及支出的标准免税额 51,600 港元。

因此，应税收入为 270,000−12,000−51,600 = 206,400（港元），应缴纳的物业税为 206,400×15% = 30,960（港元）。

第二大类是财产税类，主要指差饷，即土地税。

与前面提到的物业税不同的地方在于差饷是间接税。香港所有的地产物业，无论是个人持有还是公司持有，无论是私人物业还是公共房屋，无论是自用、空置还是出租，都需要缴纳差饷。

比如前面提到的物业税的例子，业主出租的租金虽然是 3 万港元，但是根据香港特区政府差饷物业评估数，评估出来的月租金应该是 26,667 港元，那么全年的租金大概就是 32 万港元，乘差饷的税率 5%，9 个月的差饷就是 12,000 港元。

香港特区政府每年还会给一定额度的差饷减免，通常可以高达应缴税款的 30% 左右。

说到差饷，也要顺便提一下地租。地租是香港特有的，从香港特区政府批得土地后，业主每年需要向香港特区政府缴纳一定的租金，这就是地租。地租是香港特区政府根据土地契约向有关业主征收的款项，不管物业是被占用还是空置均须缴纳，现行地租征收额执行政策是相等于物业应课差饷租值的 3%。

第三大类是行为税类，比如印花税、国产税、酒店房租税等，最主要的税种是印花税。

印花税是针对文书征收的税种，主要证明交易文件的存在，但是并不证明交易本身。比如 C 将自己的公司转让给 D，那么买卖双方在签署完股权转让协议之后，要带着相关文件去税务局缴印花税，假如 C 跟 D 之后因为股权转让发生冲突要打官司，那么缴印花税的文件只能证明交易文件的存在，至于双方是否有履行交钱、转让股权的行为，印花税并不能证明。

无论是否为香港居民，在香港买卖租赁不动产、买卖货物、借贷、买卖证券，都需要缴纳印花税。最知名的印花税就是香港特区政府为了抑制楼价过快增长，从 2012 年开始，对非香港永久性居民购买的香港物业征收的买方印花税，税率为物业交易额或物业市值的 15%。

除此以外，非香港永久性居民还要缴纳从价印花税，也叫非首次印花税或者双倍印花税。

香港永久性居民在购买二套房以上的时候也会被征收非首次印花税，税率是 15%。如果是首次买房的香港永久性居民，首次印花税是非常友好的，只有 1.5%～4.25%。

第四大类是消费税类。

大家都知道，香港除了是节税天堂，还是消费天堂。内地游客去香港最喜欢购物，买奢侈品、化妆品、药品等，之所以这些产品的价格相对内地低很多,是因为香港对这些都不征收消费税。香港只对进口或者在香港境内制造、销售的烟草、饮用酒类、碳氢油和甲醇这四类产品征收消费税。

以上,就是香港的基本税制和主要税种的大致情况。

第二节　香港税收居民的认定和纳税注意事项

一、香港税收居民的认定

先来了解一下香港税收居民的定义。

香港税收居民,是在香港境内居住或者在香港境内拥有业务或财产的个人或企业。

以个人来说,香港税收居民主要包括:

(1) 香港是其主要居住地(如家庭、经济利益中心在此)的个人;

(2) 一个课税年度内在香港停留超过 183 天或在连续两个课税年度(其中一个是有关的纳税年度)内在香港停留超过 300 天的个人。

以实体来说,香港税收居民包括:

(1) 当实体为公司时,在香港注册成立的公司,即默认为香港税收居民。如果公司注册地不在香港,但其实际管理或控制中心在香港,也会被认定为香港税收居民。

(2) 当实体为非公司时,根据中国香港法律设立的实体,或者根据其他国家或地区法律设立,但其主要管理或控制中心在中国香港境内进行的实体,会被认定为香港税收居民。

上面讲过,无论是利得税还是薪俸税,中国香港的税率比全球大多数国家和地区都要低。且中国香港无外汇管制,境外投资者无论是在中国香港投资,还是汇出资本、利润或者股息,都没有任何的限制,所以很多个人或者公司愿意主动成为香港税收居民。

但是香港的税务局对此也是有要求的。以公司来说,香港税务局在审核时会考虑的因素包括公司所经营业务的类型、公司的运作模式,比如是否在香港有固定的办事处、是否有聘用员工等。

香港只就来源于香港本地的收入或者利润征税，来源于香港以外的收入或利润一般不需要缴税，因此香港税收居民通常没有双重征税的问题。

但是全球范围内很多税务管辖区都是对其税收居民的收入做全球征税的，这就无法避免产生双重征税的问题。

香港特区政府已经着手建立一个全面避免双重征税和防止偷漏税的管理系统。截至 2021 年 8 月，中国香港已经与中国内地，以及超过 40 个国家和地区签订了全面避免双重课税的协定。

二、纳税注意事项

香港的课税年度与内地不同，是每年的 4 月 1 日到第二年的 3 月 31 日。香港缴税办法也与内地不同，基本不存在代扣代缴制度，实行的是报税制度和预缴税款制度。需要注意的是，香港不允许集团公司合并报税，各公司必须分别报税。税务局在收到报税表后，会寄发税务局的评税通知。

收到评税通知后，要注意以下几个问题：

（1）如果纳税人认为税务局的评税不正确，可以提出书面反对，只要详细列明反对的理由就行。不过，在税务局批准反对有效或者无效之前，纳税人还是需要在规定的时间内缴纳税款。

（2）如果纳税人认为需要缴纳的税款过多，比如同时要缴纳利得税、薪俸税、物业税等，可以在指定的期限内提出书面申请，暂缓缴纳部分税款。

薪俸税，实行预缴，事后多退少补。若预缴税金多于实缴税金，税务局会退税；若预缴税金少于应缴税金，税务局会要求补足。税务局通常在每年 5 月的第一个工作日计发报税表，纳税人须在收到表格的一个月之内自行向税务局递交报税表。

报税表一般以个人为单位提交，已婚人士可以选择合并评税。特别是太太是全职主妇的家庭，建议夫妻合并报税，分开报税的话，先生的免税额是 132,000 港元，夫妻合并报税免税额就是 264,000 港元。

与利得税一样，薪俸税通常在下一年的 1 月份预缴 75%，剩下的 25% 在下一年的 4 月份缴纳。如果纳税人对薪俸税的评税结果不认可，可以提出书面反对。

这里需要提醒的是，一定要在税务局规定的截止时间前完成报税和缴税，否则就可能要缴纳附加费或者罚款。不过，如果想暂缓缴纳薪俸税，也可以提出书面申请。如果你有合理的理由，比如缴税截止日前一周不在香港，就可以写信申请豁免罚款。

第三节　香港与内地税务体系的对比

本节将从多角度对比香港和内地税务体系的差异，以及探讨如何避免双重征税及偷漏税。

一、香港与内地的税务体系差异

（1）香港的税务体系以直接税为主，即纳税人直接承担税收，不能转嫁给他人。而内地税务体系是直接税和间接税并存。如内地的个人所得税、土地使用税、房产税、企业所得税等是直接税，不能转嫁给他人。但增值税、营业税、消费税、关税、资源税和印花税等都属于间接税，纳税义务人虽然表面上有纳税义务，但实际上可以用提高价格或提高收费标准等方法把税收负担转嫁给消费者或相对人。

（2）香港实行单一的地域管辖权，只对来源于香港境内的所得征税；内地实行地域管辖权加居民管辖权，即内地的税收居民要就其来源于境内外的所有所得缴税，而非税收居民只就其来源于境内的所得缴税。

（3）香港的税法和税制都稳定，比如差饷已经征收超过 150 年；内地的税法经历多次改革，并且与政策结合十分紧密，变化较多。

（4）香港法律体系是三权分立，税收的立法权由立法会掌握，司法权在法院手中，有相对普及及完善的申诉制度、程序和独立的司法审查案件作为先例参考。内地法律体系具有以宪法为统帅、法律为主干，注重协调性和统一性、税收立法权由国家立法机关掌握以及独立审判、公正司法的特点。

（5）香港主要税收来源于利得税、薪俸税和物业税；内地的主要税收来源是流转税，包括增值税、消费税、营业税、关税、所得税等。

（6）香港的主要税种实行比例税率，税率较低。比如利得税，也就是内地的企业所得税。香港的企业，200万港元以内的利润，利得税税率仅为8.25%，超过部分的税率是16.5%；内地的企业所得税基本税率是25%。

（7）香港税种少，不征增值税、营业税、资本利得税，除了烟酒等特殊产品之外也不征消费税；内地的税种涵盖多，有些税种是香港没有的，比如资源税、城市维护建设税、土地增值税、固定资产投资方向调节税等。

（8）内地有在全世界来讲都比较独特、复杂、受税务局严格管控的发票制度，而香港则没有。

二、香港与内地的个人税差异

（1）在香港，个人作为主要纳税人的税种主要有薪俸税和物业税，香港没有个人的资本利得税；在内地，个人作为主要纳税人的税种主要是个人所得税，个人获得的利息、股息、红利按20%缴纳个人所得税。

内地的个人所得税有调节收入分配的功能，党中央、国务院多次强调加大对高收入者的税收调节力度，促进社会公平正义与和谐稳定。

（2）香港的薪俸税实行比例税率，税率较低；内地的个人所得税实行累进税率和比例税率并用。

（3）香港的薪俸税实行报税与预缴制度，内地的个人所得税主要由所在单位代扣代缴。

（4）香港的非法团，如独资企业、合伙企业和个人公司，这些个人主体作为自雇人士，都需要成立无限责任公司缴纳利得税；内地的个体工商户、个人独资企业、合伙企业的合伙人等需要缴纳个人所得税。

香港私人公司200万港元利润以内，利得税税率是7.5%，超过部分的税率是15%；而内地个体工商户、个人独资企业、合伙企业的合伙人个人经营所得，在扣除免税额后，3万元以下的税率是5%，3万~9万元的税率是10%，以此类推，最高一档的税率是35%。

三、香港和内地的企业税差异

（1）在香港，企业作为主要纳税人的税种主要有利得税、差饷、商业登记费等，商业登记费是任何人士在香港设立公司都需要每年向税务局缴纳的商业运营牌照费用，差饷可以理解为香港的房产税；内地企业作为主要纳税人的税种主要有企业所得税、房产税、增值税等。

（2）香港的企业纳税人可与税务机关达成税务事先裁定或协议，比如某香港上市公司是其所在领域的全球性的龙头企业，该公司可以跟税务局谈判确定需要缴纳的税款；内地并未广泛实行事先裁定程序，目前仅在某些地区对部分大型企业进行了试点。

（3）香港的企业所得税实行比例税率，两档税率分别是 8.25% 和 16.5%；内地除了海南自贸港、上海保税区、横琴合作区以及深圳前海深港合作区产业准入目录内企业，以及某些国家重点扶持行业的企业，可以享受 15% 的企业所得税优惠税率以外，绝大部分公司都要按照标准的 25% 的企业所得税税率纳税。

（4）香港为了鼓励投资和资本流动，推行多项税收优惠政策，比如研发开支加计扣除，对基金的税项豁免，对企业在香港设立投资中心给予 8.25% 的优惠税率；内地的税收优惠政策，虽然税率与香港相比没有太多优势，但是涵盖范围广，涉及科技创新、绿色发展、金融发展等各个领域，不同省（市）还有当地特有的优惠政策，比如之前影视明星扎堆在新疆的霍尔果斯注册工作室，就是被当地极为优惠的税收政策吸引过去的。

（5）香港有相关的反节税措施，比如保证贷款措施、利息回流措施；内地目前仅有一些反节税的原则性规定，缺乏具体的执行措施。

（6）香港的企业税务合规与申报要求都比较简单，比如企业仅需要报送年度纳税申报表，而不需要报送季度或者中期的纳税申报表；内地的税务合规与申报制度相对复杂，企业需要缴纳的税种取决于企业的资产类型和经营活动，针对不同的税种，报送和申报要求也不尽相同。

四、内地与香港如何避免对所得进行双重征税和防止偷漏税

《内地和香港特别行政区关于对所得避免双重征税和防止偷漏税的安排》（简称《新安排》）是内地与香港特别行政区之间签署的一项税收协定，旨在避免对所得双重征税和防止偷漏税。

《新安排》于 2006 年 8 月 21 日签订，截至 2023 年已进行了 5 次修订（以下分别简称《第一议定书》《第二议定书》《第三议定书》《第四议定书》《第

五议定书》）。

《第五议定书》修改了《第一议定书》的相关规定，采纳了经济合作与发展组织实施税收协定的相关措施。为了防止税基侵蚀和利润转移，OECD制定了《多边公约》。该公约旨在协调各国税收政策，以免跨国公司利用国际税收规则漏洞转移利润，从而避免税收收入的流失。在《第五议定书》中，双方主管当局需要尽力通过相互协商来确定企业的具体税务身份。

如果双方主管当局没有达成一致呢？那这个人就不能享受《新安排》及其议定书中所给予的任何税收优惠或者减免。

下面再来看一下《新安排》及其议定书关于股息的规定。

本来根据《中华人民共和国企业所得税法实施条例》的相关规定，非居民企业就其来源于中国境内的股息红利需按照10%的税率征收预提所得税。但是根据《新安排》及其议定书中的相关规定，如果收益所有人直接拥有境内支付股息公司25%或以上股份的话，预提所得税税率减为5%。

这里有一个案例。张总的香港公司持有内地公司40%的股权，他想将内地公司的留存收益支付给香港的股东。那么他就可以按如下步骤操作。

第一步：张总的内地公司向香港公司支付股息，由于香港公司持有的内地公司的股份超过了25%，那么预扣税只需要缴股息总额的5%。

第二步：香港公司向其股东支付股息，由于股息在香港是免税的，那么香港公司以及香港公司的股东都不需要缴税。

第三步：张总向内地的税务局提交香港税务局确认股息接收人是香港居民，并且向内地外汇管理局提供跨境支付股息的文件即可。

《新安排》及其议定书规定，受雇所得包括受雇所得的薪金、工资和其他类似报酬，通常只在一方纳税。比如，你是内地居民，在香港工作，香港公司发给你工资，你只要在香港纳税就可以了。不过也有一些例外情况，比如国企、央企，在香港有很多派驻人员是内地的机构发工资，或者即使是香港公司发工资，但是派驻人员在有关纳税年度在香港停留的期限没有超过183天。这些派驻人员尽管在香港工作，也从香港公司拿工资，但是需要缴纳的却是内地的个人所得税。

《新安排》及其议定书规定，一方居民作为另一方居民公司的董事会成员，取得的董事费和其他类似款项，可以在另一方征税。现实中，有很多内地公民在香港公司担任董事，比如你在香港开一家私人公司，就可以自己担任董事，那么根据香港的税务条例，你就需要在香港缴税了，不论是否在香港停留超过 183 天。

《新安排》及其议定书规定，如果纳税人相关安排或交易的主要目的之一是获得相关的税收优惠待遇，就不得享受该优惠待遇。该规定也是借鉴了前面提到的 OECD 制定的《多边公约》的相关条款。比如：

假设 B 国的税收居民 B 公司持股 A 国的税收居民 A 公司。A、B 两国之间没有双边税收协定，当 B 公司向 A 公司汇回股息、红利的时候，需要在 B 国缴纳 25% 的预提税。

但是 B、C 两国之间，A、C 两国之间有双边税收协定，可免缴某些税。于是跨国公司在 C 国成立 C 公司，由 B 公司分红给 C 公司，再由 C 公司分红给 A 公司。

在无相反事实证明的情况下，应当认为 A 公司将获得无息款项的权益转移给 C 公司这一安排的主要目的之一，就是免除股息的预提税。这是典型的节税安排，所以这样的安排就不能享受相关的税收优惠待遇了。

综上，无论是个人还是企业需要缴纳的税种，内地的税率普遍高于香港。在做纳税筹划时，除了将企业注册在前海合作区、横琴合作区、上海保税区、海南自贸港等地区外，也可以考虑在香港成立公司，成为香港税收居民，合法合理地利用相关税收优惠政策，降低税务成本。

第四节　香港金融账户涉税事宜

在香港，如果想税务合规，想避免税务稽查，就一定要了解 CRS。CRS 是金融账户涉税信息的交换标准。

一、CRS 是如何诞生的

CRS 是怎么来的？这要从美国说起。2008 年次贷危机之后，美国政府的财政很紧张，又正好苹果公司把总部设在了爱尔兰，目的就是享受当地 12.5% 的企业所得税率,这一税率与美国35%的税率有着巨大差异。这样的操作美国政府当然就不乐意了,于是美国政府想出了一个追回美国公民海外税款的方法——推出了美国海外账户税收合规法案(Foreign Account Tax Compliance Act,简称"FATCA",也称"肥猫法案")。该法案要求其他国家将美国纳税义务人的信息报送给美国税务局。第一个合作对象就是银行业最值得信任的瑞士,在美国提出要求后,瑞士将所有在瑞士拥有银行账户的美国人的存款信息都披露给了美国政府,帮助其征得了大量的税款,美国国库得到了初步的充盈。

这种方法"收效显著",让全世界政府都明白了单独征税效率太低,不如通力合作制定一个全球版的法案,于是 CRS 于 2014 年 7 月正式诞生了。

CRS 于 2014 年批准,于 2017 年 7 月 1 日开始在全球实施,并陆续推出了多个以打击避税为目的的协议和标准,包括金融账户涉税信息自动交换标准、多边管辖权协议(MCAA)等。简单来说,CRS 就是各协议国家和地区之间,以防止双重征税,打击偷税、漏税和洗钱等不法行为为使命,相互通报对方公民在该国家或地区的金融账户信息。该准则要求参与的国家和地区相互交换对方公民的金融账户的信息,建立多边信息交换机制,提高全球税收透明度和公平性。

CRS 的落地实施让很多高净值人士感到恐慌。他们一方面害怕之前钻监管缺失和法律漏洞,或者没意识到自己要缴税,抑或故意不缴税的行为信息被交换,面临补缴巨额税款的风险;另一方面也害怕未来境外资产和纳税情况被曝光。

我国于 2015 年 12 月 17 日加入 CRS 协定,并于 2017 年 7 月 1 日开始实施交换系统(《非居民金融账户涉税信息尽职调查管理办法》),2018 年开始交换。

演员赵某和其丈夫黄某某在开曼群岛、英属维尔京群岛的金融账户信托、投资账户等被曝光,他们用"空手套白狼"的手段给众多投资者造成巨大的损失,最终两人被罚款,并被禁止进入二级市场。这一切都与 CRS 的推进密切相关。

二、CRS 下哪些金融信息会被披露

根据 OECD 规定的自动交换标准,以下金融信息将会被披露:

（1）账户持有人的基本信息，比如姓名、生日、现居地址、税收居民国、纳税人识别号。

（2）金融账户对应的账号，比如银行账号。

（3）账户在公历年度末，也就是每年的 12 月 31 日的余额或者净值。

（4）公历年度内，也就是每年的 1 月 1 日到 12 月 31 日，收到或者计入存款账户和托管账户的利息总额。

（5）计入账户的其他收入总额，包括卖出或者赎回的金融资产等。

三、CRS 对其他守法公民有什么影响

CRS 关注的是海外金融资产，主要包括存款账户、托管账户、现金价值保单、年金合同、证券期货账户、股权债权权益。

从金融机构的角度来说，如果你持有的资产跟存款机构、托管机构、投资机构和特定保险机构没有任何关联，那么通常不用担心受到 CRS 影响。

值得注意的是 CRS 只申报有现金流、有现金价值的金融账户，对于非金融资产如房产、艺术品、字画古董、贵金属、珠宝、飞机游艇、跑车等，不在申报披露的范畴。

四、CRS 下信息是如何传递的

很多人以为参与 CRS 协定的国家或地区间金融信息会自动交换，其实并不是。加入 CRS 的国家和地区还需要相互配对成功，签署多边或者双边协议后才能真正开始进行信息交换。两国相关金融机构将应该报告的对方国家居民在本国的金融账户信息，分别提交至主管税务机构后，两国的税务机构再互相交换信息。

目前，已有 100 多个国家和地区加入了 CRS 并开展信息交换。中国与其中的绝大多数国家和地区、经济体都签署了多边或者双边协议，包括新加坡、英国等，还有传统的节税天堂开曼群岛、英属维尔京群岛、百慕大群岛、瑞士等。

第一批 CRS 参与国的信息交换于 2017 年 9 月完成，第二批是 2018 年 9 月，总共有 90 多个税务管辖区之间互换了金融账户信息。根据 OECD 的统计，这 90 多个税务管辖区的国家和地区，总共获取了 4,700 万个离岸金融账户的

信息，涉及资产价值高达 49,000 亿欧元，约合 35 万亿人民币。

我国是第二批互换信息的国家之一。2018 年 9 月，我国高净值客户，也就是金融账户余额超过 100 万美元的人，已完成了第一次信息交换。此后每年定期自动交换一次，交换的对象不仅包含自然人，还包含公司账户。

香港作为国际金融中心，也积极参与 CRS，并于 2018 年开始实施该政策。香港的 CRS 政策对于个人和企业而言同样具有重要意义。个人需要确保自己的税收居民身份得到正确确认，避免被误认为非税收居民而受到不必要的税务调查和处罚。企业则需要加强内部税务合规管理，确保及时、准确地向税务局报告相关信息。

想要知道自己的海外金融信息是否被交换，先要确认自己是哪里的税收居民。

根据 2019 年新颁布的《中华人民共和国个人所得税法》第一条可知，无论在中国境内有住所，或者无住所，只要一个纳税年度内在中国境内居住累计满 183 天的个人，就是中国的税收居民，境内、境外的收入都需要在中国纳税。也就是说，如果你是内地身份，在内地有房产，长期居住在内地，你在香港金融机构的个人信息和账户信息，包括账户余额、利息收入、股息收入等相关信息，都会每年被交换给内地的税务局一次。

五、CRS 下个人如何进行纳税筹划

全球已经进入资产透明化时代，即使公司注册地是免税群岛，个人持有他国身份或小国护照，也不能幸免，那还有必要做纳税筹划吗？答案是肯定的。

以下是个人进行纳税筹划的方法。

（1）成为香港的税收居民，比如你在香港的某个公司担任董事，那么根据香港的税务条例，无论你在香港居住多长时间，都需要在香港缴税。只要你在香港缴税就会成为香港的税收居民，你在香港的金融账户信息，一般就不需要被交换给内地了。

（2）可以通过申请优才计划、专才计划或受养人计划等，拿到香港的临时身份证，在香港找一份工作或者自己开公司，然后就可以在香港缴税，成为香港的税收居民，这样金融账户信息就不会被交换了。

（3）利用保险、信托或者二者相结合的方式，境外资产信息暂时不会被

交换。

前面提到将会被交换的金融信息，包括账户持有人的基本信息、账户里的金额等，同样是 100 万美元，如果放在香港的银行或者证券账户里，交换给内地的信息就是账户的实际金额，但如果这 100 万美元是放在保险单里，交换过去的账户金额就是这个保险单的现金价值。

有些保险单前几年的现金价值很低，甚至可能是零，因此，投资者可以将手中资金通过买入信托、保险单进行分散投资，利用实际投资金额暂时不会被交换的政策进行纳税筹划。

六、CRS 下企业如何进行纳税筹划

通常，金融机构会按照积极非金融实体和消极非金融实体的标准，划分需要报送信息的企业。

先来了解一下什么是积极非金融实体。假设已设立一家香港离岸公司，该公司主要从事进出口贸易，在香港有实际的办公场所，有雇员负责公司业务，营业收入大部分来源于当地经营所得，这家公司就被称为积极非金融实体，这家公司的开户银行就不会对这家公司进行 CRS 审查。

那什么是消极非金融实体呢？如果你设立的这家香港离岸公司，在香港没有实际办公地址和雇员，公司也没有任何实际经营业务，仅用来做贸易，接收款项是以"壳"的形式存在的，这家公司就属于消极非金融实体，其开户银行就必须对公司的实际控制人进行穿透调查，并将该实际控制人的信息向香港的税务局申报。

在实际操作中，绝大多数的离岸公司，其设立目的就是规避本国的税收和外汇管制，均属于消极非金融实体。那么，根据内地与香港的 CRS 协定，香港银行就有责任对这些公司开设的银行账户进行调查，并将实际控制人的信息给到香港的税务局，继而被交换回内地的税务局。

由此可知，离岸公司如果要做纳税筹划，主要就是针对其实际控制人进行纳税筹划，公司实控人的纳税筹划可以参考前面讲过的个人纳税筹划来进行。

七、如何利用信托进行纳税筹划

假设一个设在百慕大群岛的离岸信托，设立人为中国内地居民，受托人为

中国香港居民，受益人为英国居民，百慕大群岛的金融机构会将这些信息分别报送给百慕大群岛的税务机关，再由百慕大群岛的税务机关分别与中国内地、中国香港和英国税务主管机关进行信息交换。

有没有方法可以避免这种信息交换呢？答案是肯定的。主要有以下两种方法。

方法一，设立受监管的慈善信托或贸易类信托。这种方法的核心在于将离岸信托设计成受特定监管的慈善信托或贸易类信托。这类信托通常会被视为积极非金融机构，从而通常不在 CRS 的调查范围内。CRS 主要关注金融账户持有人的信息交换，而积极非金融机构由于其高度的透明度和非金融特性，通常不需要进行信息交换。

方法二，利用任意受益人和贷款形式支付资产收益。这种方法主要适用于家族信托中的任意受益人。在这种安排下，受托人可以将资产收益以无息、无期限、无抵押贷款的形式支付给任意受益人。这样，任意受益人作为信托的债务人而非权益受益人，其信息在 CRS 下通常不需要被识别和申报。这种方法的优势是通过贷款形式支付资产收益，避免了直接的资金转移，降低了信息交换的风险；同时，任意受益人的灵活性也使得信托资产收益的分配更具策略性。

需要注意的是，这些方法都需要在合法和合规的框架内操作，并需要持续关注相关法律法规的变化。

第五节　内地企业赴港上市前的纳税筹划

本节主要讲内地企业赴港上市前该如何进行纳税筹划。

一、香港的国际金融中心地位和资本市场优势

香港拥有 180 年的国际营商经验，是全球前十大市值的股票交易市场之一，也是亚洲最主要的外币交易、资金管理、风险管理中心之一。根据香港交易所（简称"港交所"）官网数据，香港交易所在过去 12 年中有 7 年登上全

球 IPO 集资排行榜的榜首，2020 年共有 154 家公司在香港交易所上市，集资金额高达 3,975 亿港元。

香港何以吸引这么多企业赴港上市？又何以募集到这么多资金呢？主要源于以下几点：

（1）香港良好的资本市场环境。香港的资本市场建立时间较长，其间经历过数次大大小小的金融危机和各种政治事件的考验，仍然可以为企业和投资者提供宽松、活跃，又不失规范的资本环境。

（2）香港资本市场的金融产品丰富，特别有利于上市企业根据自身情况和需要，通过各种渠道进行融资，为企业的长期发展提供更多的资金支持。

（3）香港资本市场产业链完整而成熟，各中介机构专业且管理规范，能为上市企业提供周到的服务。

互联互通机制下的沪港通、深港通，分别于 2014 年、2016 年开通。沪港通、深港通为香港交易所和上海交易所、深圳交易所之间建立起互联互通机制，这些机制允许两地的投资者通过当地的证券公司或经纪商买卖规定范围内的对方交易所上市的股票。

互联互通机制下，沪港通、深港通已经涵盖了香港、上海和深圳的 2,000 多只股票，为中国离岸投资揭开了新篇章，为国际投资者和内地投资者提供双向投资渠道。

二、中概股回归潮流的形成

中国概念股，是指外国投资者对所有海外上市的中国股票的统称，简称"中概股"。中国概念股主要包括两大类：一类是在我国内地注册、国外上市的企业；另一类是虽然在国外注册，可是主体业务和关系仍然在我国内地的企业。

2014 年阿里巴巴第一次启动上市的时候，本来首选的上市地点是香港，但是当年香港的上市规则不接受像阿里巴巴这样同股不同权制度的公司，最后阿里巴巴只能赴美上市。

到 2018 年规则修改之后，阿里巴巴于 2019 年成功在港交所上市。

新规定允许未有收益的生物技术公司赴港上市，目前香港已经成为亚洲第一大生物科技上市企业的集聚地。

2020年12月，美国国会通过了外国公司问责法案，法案对外国在美上市公司提出了更严格的信息披露和审计要求，还加入了专门针对中国上市公司的额外披露义务。此法案一出，已经在美国上市的中概股股价集体大幅回调。

中概股回归潮开启后，网易、京东、百度、携程、微博、哔哩哔哩等公司纷纷选择回归。截至2023年底，已经有超过20只在美上市的中概股完成回港二次上市。

除了这些大型的中概股以外，香港也是很多内地公司第一次上市的首选地。2017—2021年在香港成功上市的企业共827家，募集资金将近15,000亿港元。

三、为什么内地企业愿意扎堆赴港上市

香港主板市场具有国际吸引力，尤其是对内地企业具有更大的吸引力，因为可以从全球不同市场募集资金，也可以帮助企业建立国际化运作平台，打开国际市场，提高全球知名度。

除此之外，相比赴美上市或在中国内地上市，在香港上市还有如下几个优点：

（1）香港的资本市场发行制度实行注册制，交易所就能决定企业是否上市，一般6～12个月就可以完成上市的流程。而内地的发行制度还没有完全过渡到注册制，需要更长时间排队，并且能否上市还要看监管机构审核能不能通过。

（2）香港允许大型新经济企业采用同股不同权的股权架构模式上市，如阿里巴巴、小米、美团，都是大型新经济企业，也是同股不同权和双重股权架构的公司。

（3）香港也允许企业在未盈利的情况下上市，如前期需要大量研发投入的来凯医药科技（上海）有限公司，未实现盈利也成功在港交所上市。

（4）企业在香港市场的融资规模主要由市场决定，发行价和市盈率都没有限制，可以募集到更多资金。而且企业在香港上市六个月后就可以进行增股融资，通常由股东大会授权董事会即可，不需要额外的行政审批。

（5）在香港可以使用的融资手段更多，包括增发新股、可转债、认股权证、高息债、杠杆融资等，都可以通过资本市场进行，资金供应充足，法制完

善，市场人为干预少，融资非常便利。

（6）香港上市公司将股票用作并购工具的做法非常普遍，并且是市场化运作，无须行政审批。利用香港上市公司进行国际收购，其便利性也优于A股公司。

（7）香港的综合税率较低，香港是全亚洲企业所得税和个人薪俸税税率最低的地区之一。企业既可以合法节税，又可以通过节税体现公司业绩，同时可以吸引到各行各业的国际顶尖人才。